India After Gandhi

印度

The History of the World's Largest Democracy

最大民主國家的榮耀與掙扎

下

古哈

Ramachandra Guha

趙盛慈、林玉菁、周佳欣——譯

目次

第四部

民粹主義興起

第十八章
戰爭與繼任

尼赫魯絕對是在打造自己的王朝，此舉與他的性格和政治生涯不符。

——莫賴斯，政論專欄作家，一九六〇

I

一九六四年五月二十七日早晨，尼赫魯辭世。凌晨兩點，全印廣播電臺的快報，將這件新聞傳到全世界。兩個小時後，內政部長南達（Gulzarilal Nanda）宣示就任代理總理，而政府也立即著手尋找常任的繼位人選。

在挑選新任總理的過程中，國大黨主席卡馬拉伊扮演舉足輕重的角色。他生於一九〇三年，來自泰米爾邦的低階種姓家庭。卡馬拉伊從學校輟學後，加入民族運動，因六項罪名被判二十多年的刑期，在監獄裡關了將近八年的時間。他過著簡樸的生活，終身未娶，因為這樣的生活方式，而在人民心目中擁有穩固的地位。在他帶領國大黨成為全國性大黨之前，他在黨內的地位穩定地向上攀升，同時身兼泰米爾納德國大黨主席與馬德拉斯（現稱清奈）首席部長二職。[1]

卡馬拉伊身型矮壯，蓄著白色的八字鬍——某位記者形容他看起來「像里斯頓（Sonny Liston）和海象的綜合體」。他的話不多，這點和拳王里斯頓一樣（但和卡羅〔Lewis Carroll〕在《艾麗絲夢遊仙境》裡創造的海象角色不同）。媒體打趣地說，他用泰米爾語裡的一個字「Parkalam」（以後就知道）來回答所有的問題。這種沉默寡言的個性對他大有幫助，特別是尼赫魯過世後，他必須傾聽黨員的忠言。五月二十八日，卡馬拉伊向首席部長和黨內大老（這些領袖統稱為「辛迪加派」❶）諮詢尼赫魯的最佳繼任人選。表現優秀的古吉拉特邦行政首長德賽明確表達出任意願，成為他們最初考量的人選。

卡馬拉伊在四天之內見了十多位首席部長，以及多達兩百位國會議員。他從這些討論內容研判，若由德賽出任總理會引發爭議，因為他的行事風格太過強硬。大部分國會議員似乎都比較希望由夏斯特里來出任。夏斯特里也是一位優秀的行政首長，但他的作風比較平易近人，而且夏斯特里來自使用印地語的核心地區。尼赫魯辭世之前，仰仗夏斯特里的地方愈來愈多，也是一項有力因素。卡馬拉伊認為，繼任者應該要在某種程度上承襲前任總理的行事風格，因此他相當看重這幾項因素。

德賽接受說服，不再角逐總理之位。五月三十一日，國大黨執行委員會通過由夏斯特里繼任總理之位。翌日國大黨正式批准夏斯特里的任命，隔天夏斯特里便宣誓就任。新任總理旋即採取行動，樹立自身權威。德賽因為堅持出任副總理一職而被解除內閣官員的身分。要求讓尼赫魯的女兒英迪拉·甘地（Indira Gandhi）入閣的聲浪很高，夏斯特里雖然妥協了，卻讓她擔任無足輕重的資訊傳播部長。為此，甘地夫人提議，將尼赫魯擔任總理時所居住的提姆帝宮改建為她父親的紀念館，透過這個方法來阻止夏斯特里搬進提姆帝宮。[2]

卡馬拉伊向媒體宣布夏斯特里升任總理一職，表示由偉人專制的時代已經被集體領導給取代了。夏斯特里則另有想法。首先，他創立單獨於各部門之外的總理祕書處，精心挑選一群官員，為他草擬國家政策的相關文件。這麼做的目的在於幫助新任總理快速上手——此時有待學習的事比尼赫魯就任時還多——除此之外，祕書處也為總理提供超然、不受政黨左右的意見，使他不會過度依賴內閣。[3]

就在尼赫魯過世之前沒多久，英國也上演了一齣自己的「繼任」劇碼，保守黨為了麥克米蘭（Harold Macmillan）的接任人選而嚴重分裂。左翼《衛報》興奮地指出，「儘管各界並不看好，但比起新的英國總理，新的印度總理在任命過程中受到更多讚揚，也更有尊嚴。」[4]《衛報》派駐新德里的記者採訪尼赫魯的繼任者，發現他「對自己極有信心」，是「非常堅強的人物」，話語簡短、言詞犀利，「不浪費一字一句」。[5]

舊的殖民勢力對此就不那麼樂觀。印度文官機構的官員在通信時指出，尼赫魯辭世令印度的未來充滿不確定，因為「我無法想像夏斯特里有維繫大局的高度，從喀什米爾到科摩林角的麻煩人物，通通盤算著在動盪不安的地方大幹一票，更不用說中國和巴基斯坦了。我們會不會成為更慘的賽普勒斯？活在這個時代真糟糕！」[6]

---

❶譯注：英文為「Syndicate」，意思是因共同利益而結合的集團。

II

隨著尼赫魯辭世，他在喀什米爾發起的行動也跟著煙消雲散。不過，在印度的另一端，有人正在採取行動，試圖解決那迦反叛者與印度政府之間的爭端。在這個地方經過十年的浴血之戰後，那迦蘭邦浸信會組成「和平使節團」，由地下政府和印度政府都信任的人來擔任使節。獲得雙方同意的三位人士，分別是阿薩姆首席部長查里哈（B. P. Chaliha）、廣受尊敬的薩爾烏達耶領袖納拉揚，以及聖公會牧師史考特——那迦族領袖費佐便是受到史考特的幫助，在倫敦接受庇護。

一九六四年夏天，使節團在各地奔走，會見印度政府官員以及「那迦蘭聯邦共和國」的成員。雙方簽訂停戰協議。九月六日，教堂鐘聲響起，表示協議生效。兩個星期後，印度政府與反叛者展開第一次會談。[7]

儘管局勢仍然不明朗，但納拉揚從科希馬寫信給朋友的時候表示：「目前幾乎所有那迦人都強烈盼望擁有長久的和平。那迦人最害怕的一件事，莫過於戰爭再度開打。」接著，他用比較不樂觀的口吻補充：「但我不得不說，雖然印度政府和地下領袖正在安排會談，目前為止並未取得多少進展。」[8]

從府方與反叛軍之間的會談紀錄，確實可以看出，雙方立場存在根本上的差異。那迦民族委員會領袖斯烏（Isak Swu）開宗明義便說：「我們今天以兩個國族——那迦和印度——的身分出席，並肩而立。」外交部長貢德維亞則回應：「我們不是並肩而立的兩個國族。歷史告訴我們，那迦蘭邦是印度的一部分。」查里哈與納拉揚在這兩個截然不同的立場之間奮戰，努力尋求共識。查里哈稱讚那迦人是「一群少見、高尚的人」，希望「雙方找出辦法」，將彼此之間的「鴻溝消除」。納拉揚主張：「妥協有其可能性，因為我們認為，雙方的看法都有一部分是對的。假如有一方百分之百正確，另一方百分之百錯誤，就沒有妥協的餘地。」[9]

那迦要求獨立，對印度作為國家的概念是一大挑戰。印度的另外一項挑戰則是中國在一九六四年十月試射核子武器的舉動。印度國內旋即出現聲浪，要求政府打造屬於印度的原子彈。十月二十四日，掌管印度原子能委員會的巴巴（Homi J. Bhabha）博士，在全印廣播電臺針對核武的問題發表談話。他提到解除核武是世界所向，但他暗示，在實現那點之前，印度可能會發展自己的核子武力。巴巴表示，沒有一個方法能成功阻止已經發射出去的核彈，他補充：「看來只有以牙還牙的能力和威脅報復，才能抵禦這樣的攻擊。」除此之外，「擁有原子武器的國家，能有足夠的威嚇力量，用來抵禦比其強大好幾倍的國家。」談話接近尾聲時，巴巴博士計算了打造原子武器的成本。根據他的計算，打造五十五顆炸彈的成本大約是一億盧比，比「許多國家的軍事預算都要來得少」。[10]

這位科學家的談話，讓某些政治人物看到大好機會。這些政治人物主要來自印度人民同盟，他們長期倡導印度應該測試自己的原子彈。來自德瓦斯的國會議員卡齊瓦（Hukum Chandra Kachwai）在下議院提出動議，想要促成這個目的。他在一場演講中大談中國是印度的主要敵人（dushman），並且大聲疾呼：「無論敵人持有什麼武器，我們都同樣必須持有。」他喚起大家對一九六二年之戰的回憶，說在這個國家取回被中國偷走的每一吋土地之前，都不能懈怠。他主張，擁有原子武器也會提升印度在世界上的地位。

接著，印度興起一陣辯論，有些議員支持卡齊瓦，有些議員則以「印度是和平的力量」為理由，反對卡齊瓦的論調。印度總理在專訪中表示，支持打造原子彈的人誤解了巴巴博士的用意。這位科學家是要解除核武，而生產成本是參考美國的例子，他們已經打造出原子武器的基礎設施，所以才有可能花一點錢，來多打造幾顆原子彈。夏斯特里表示，在印度，這樣的成本太過高昂，而且無論如何，製造致命武器，將違背甘地與尼赫魯傳承下來的精神。值得注意的是，印度總理的談話，不是從狹隘的國族主義出發，而是從人類的觀點出發。他說，這些炸彈會威脅到世界的存續，對全人類來說是一種侮蔑（manushyata）。

夏斯特里的談話帶有一絲防禦的意味，當然不比反方的主要發言者來得激勵人心。儘管如此，下議院中的多數國大黨議員仍然輕而易舉地將要求印度採取核武手段的議案否決了。[11]

III

每年一月二十六日——印度共和日（India's Republic Day）——政府會在新德里的拉杰大道舉辦遊行慶典，代表各邦的華麗花車會在國王大道上，與坦克車、架在地上的潛水艇爭相吸引人們的目光。一九六五年的共和日，不僅僅是顯示國族驕傲的一個象徵，也是展現出對全國團結一致的高度肯定。一九四九年時，制憲會議已經決定以印地語作為印度聯邦的官方語言。這條憲法，於一九五〇年一月二十六日生效。但在十五年的寬限期內，中央政府和聯邦政府可以同時使用印地語和英語來進行溝通。現在寬限期結束了，印地語將在全國各地通行。

南方的政治人物對此始終憂心忡忡。一九五六年，泰米爾文化學院（Academy of Tamil Culture）通過決議，力勸政府「繼續使用英語作為聯邦官方語言，以及聯邦政府與邦政府、邦政府與其他單位之間的溝通語言」。安納杜拉伊（C. N. Annadurai）、拉馬斯瓦米「偉人」（E. V. Ramaswami 'Periyar'）、拉賈戈巴拉查理等人皆在連署行伍。這項活動主要由達羅毗荼進步聯盟（DMK）所籌畫，他們多次舉辦抗議集會，反對強制通用印地語。[12]

雖然中印戰爭發生後，DMK便揚棄分離主義，不再追求建國，但是他們無庸置疑想要保護泰米爾人的文化和語言。DMK公認的領袖安納杜拉伊，即外界所知的「安納」（或大哥），是一位才華洋溢的演說家，致力於讓DMK在印度國內成為一股不容小覷的力量。安納認為，印地語只不過跟其他印度語言一樣，屬於地區語言，並未有何「特別之處」；事實上，比起其他印度語言，印地語是發展程度較低的語言，比較不適合這個科技快速進步的時代。有人主張，印地語是印度最多人使用的語言，針對這一點，安納語帶諷刺地回應：「假如我們以數量上的優勢，作為選擇國鳥的準則，那麼我們的國鳥就不會是孔雀，而是隨處可見的烏鴉。」[13]

先前，尼赫魯一直對南部各邦的看法謹慎以待，對東部和東北部普遍抱持的意見也是如此。一九六三年，他讓《官方語言法》（Official Language Act）順利通過。此法規定，自一九六五年後，英語「得」與印地語在官方通訊中繼續並用。結果，這個條件句引發問題，尼赫魯沒多久便出面澄清，「得」的意思是「應當」，但其他國會議員卻認為，這個字的實際意思是「不一定要」。[14]

隨著一九六五年一月二十六日即將到來，反對以印地語作為官方語言的人準備採取行動。共和日前十天，安納杜拉伊寫信給夏斯特里，表示他的政黨會看到這一天成為「哀悼日」。但他在信中列了一個有趣的附加條件，要求政府將實施日延後一個星期。如此一來，DMK的成員就可以和其他印度人一起在共和日同歡。

夏斯特里政府堅持原本的決定，在一月二十六日將印地語定為官方語言。因此，DMK發起全邦抗爭活動。許多村莊燃起營火，將邪惡的印地語肖像燒掉。印地語書籍和這條憲法的相關文書，也在燃燒的物品之列。火車站和郵局的標示牌被人拆下來，燒成焦黑的樣子。邦中的各個市鎮，都有警察和憤怒的學生爆發激烈衝突，有時候甚至爆發死亡衝突。[15]

這些抗爭者通常採取集體行動，方式有罷工、停工、遊行和靜坐抗議。從《印度日報》的新聞標題可見一斑：

孔巴托大罷工
擁護人士拒絕工作
學生分批絕食
馬都來和平罷工
維路普藍持棍驅趕
烏塔馬帕拉耶姆使用催淚瓦斯

另外有一種抗議方式屬於個人行為，但同樣令人不安：自殺。在共和日當天，有兩名男子在馬德拉斯引火自焚。其中一人留下遺書，表示他是為泰米爾犧牲自己。三天後，有一名二十歲的男子在提魯浦（Tiruppur）服農藥自殺。結果，這些殉難行為，又引發好幾十件罷工和聯合抵制活動。

有一名負責鎮壓的警察，將這起抗議事件描述得很生動。一隊員警抵達提魯浦市區的時候，發現暴動已經結束了，但群眾還在路上逗留，有的好奇，有的繃著一張臉。街上和稅捐機關內，有翻倒的警用貨車和吉普車，已經被人放火燒過，車身還有火苗在持續悶燒。警局一片混亂，備用對講機被翻倒，所有玻璃都被打破，陽臺欄杆被拆了下來。受傷的員警在局裡休息，督察臉朝上躺著，肚子上面有傷口。抗爭者的屍體散落各處，警局階梯上有一具，後方的街道上也有一具。第三具一槍貫穿肚臍，陳屍在附近的河邊。在這具屍體後方，有一幫憤慨的群眾，被手持來福槍的警隊繼續扣留在原地。

這名員警寫道，「真正的錯誤」在於政府「不了解」強行將印地語定為官方語言會引起「深刻的情緒感受」。有些新德里的官員認為，「只不過是一次地區性的暴亂」，實際上卻是「一場小型國族主義運動」。[16]

反印地語抗爭愈演愈烈，使中央政府驚慌失措。沒過多久，國大黨顯然因為這個議題一分為二。一月最後一天，有一群國大黨的知名人士在邦加羅爾會面，發表一份聲明，要求「印地語支持者不要試圖強迫非印地語地區的人使用印地語」。他們指出，匆忙推行印地語，會害這個國家失去團結。

這份聲名的連署人有邁索爾首席部長尼查林加巴（S. Nijalingappa）、孟加拉國大黨（Bengal Congress）主席葛許（Atulya Ghosh）、資深聯邦部長列迪（Sanjiva Reddy），以及國大黨主席卡馬拉伊。同一天，國大黨地位崇高的領袖德賽對他們做出回應。他在蒂魯帕蒂（Tirupati）對媒體發表談話，表示學習印地語，只會讓泰米爾人在印度的整體影響力獲得提升。他說，馬德拉斯的國大黨領袖應該要「告訴人民（反對印地語）是錯誤的，並且說服他們」。對於印地語沒有在一九五〇年代、抗爭者成形之前就實施，德賽感到遺憾。只有印地語能成為印度的橋梁語言，因為與其相對的英語「不是我們的語言」。德賽堅持：「政府努力進一步統合國家，不該受地方意見影響。」[17]

夏斯特里總理現在面臨一個難堪的局面。他的心和印地語的支持者站在一起，但他的頭腦強烈主張要傾聽其他意見。二月十一日，兩位來自馬德拉斯的聯邦部長辭職，使他不得不採取行動。當天晚上，總理在全印廣播電臺上，表示他對「悲劇事件深感痛心與震驚」。他說，為了消除所有「錯誤的理解與誤會」，他將兌現尼赫魯的承諾，只要人民想要，就可以使用英語。接著，他做出四點承諾：

第一，各邦將擁有百分之百的自由，可以自行選擇用哪一種語言處理事務，可以使用地方語言，也可以使用英語。

第二，邦與邦之間的溝通，可以使用英語，或附上英語翻譯。

第三，不以印地語為母語的各邦，可以自由使用英語與中央政府往來通訊，除此之外，若不以印地語為母語的各邦不同意，則不得更動此項約定。

第四，中央層級的業務，仍以英語辦理。

後來，夏斯特里加入第五項重大承諾——全國公務員考試將繼續以英語辦理，而不是像說印地語的公務員所希望的那樣，只以印地語招考公務員。[18]

總理在廣播電臺上談話完一個星期後，國會針對泰米爾邦的暴動事件展開漫長而激烈的討論。印地語支持者堅持，反對印地語的人違背憲法，與國家主義背道而馳。他們還主張，政府屈服於暴力，是鼓勵更多暴力事件發生。泰米爾邦議員則在回應中表示，他們已經「為印地惡魔犧牲太多」。有兩位來自孟加拉的議員支持他們——左翼的穆赫吉（Hiren Mukherjee）指控印地語的狂熱支持者「以輕蔑的態度對待」不使用他們語言的人；右翼的查特爾吉指出，「今天印度的最強統合力道，是司法與法律上的統一」，而這樣的統一性之所以能夠實現，在於最高法院和高等法院是以英語運作。印英混血議員安東尼（Frank Anthony）的看法是，「那些意圖為印地語代言的人，其偏狹心態、蒙昧主義、沙文主義益發高漲」，而他對此深感遺憾。克里帕拉尼則是以比較輕鬆的口吻，說出他對印地沙文主義抱持絕無希望的看法。他表示，現在就連印度的小嬰兒都「不說阿媽（amma）或阿爸（appa），而是說媽咪（mummy）和爸鼻（papa）。我們也對我們養的小狗說英文」。克里帕拉尼表示：「安東尼先生完全不必為他的母語是何命運而感到激動，〔英語〕可能會在英國消失，〔但〕它不會在印度消失。」[19]

一九五〇年代，除了語言問題，也發生了一些非比尋常的事件。那時，也是因為印度出現大眾參與的社會運動，促使當時擔任總理的尼赫魯重新考慮官方語言的問題，以及他的個人偏好。尼赫魯反對「語言邦」（linguistic states）；夏斯特里則相信，印地語應該成為聯邦的唯一官方語言。但是當抗爭在街頭遍地開花，抗爭者寧死不從時——一九五三年有斯里拉穆魯一人，一九六五年有十幾名泰米爾青年赴死——夏斯特里總理也不得不重新考量這個問題。令人驚訝的是，國大黨的基層似乎和反對者站在同一邊，而不是和他們的政府站在同一邊。夏斯特里和尼赫魯一樣，他之所以會改變心意，原因在於要維繫黨內團結，也要維繫印度作為國家的統一性。

IV

讓我們從印度南部回到有老問題的北部地區喀什米爾。一九六五年三月，謝赫動身前往麥加朝聖。他有一個兒子住在倫敦，所以他遠從倫敦繞道而行。夏斯特里請曾經與聖雄甘地共事過的上議院議員甘許（Sudhir Ghosh）轉告謝赫，他最多只能在印度聯邦擁有一個自治谷地。甘許認為，如果慢慢來，喀什米爾之獅會對這個想法讓步。他寫信給與印度始終保持友好的貴格會教徒亞歷山大（Horace Alexander），請他盯著身在倫敦的謝赫。「假如謝赫因為過度熱心的英國記者施加壓力，而在倫敦發表一些不明智的談話……只要說錯幾句話，就會給那群急著捅謝赫一刀的國大黨員，足以毀掉所有約定的把柄」，為喀什米爾安排好的解決方案將因此「破滅」。[20]

謝赫似乎沒有在英國說出什麼輕率的話。他繼續往麥加前進，回程途中，他在阿爾及爾稍作停留。在那裡，他做出了比對英國記者輕率發言還要糟糕的事——與剛好也在阿爾及利亞首都的中國總理周恩來會面。他們的對話沒有公開，但光是和敵人共進晚餐這件事就夠糟糕了。外界假設，謝赫和周恩來談了喀什米爾獨立的事（就跟他在一九五三年和史蒂文森會面時一樣）。那一次，經過四個月，謝赫才被關進牢裡。這一次，他在新德里的國內機場一下飛機就遭到逮捕。謝赫先是被人帶到一間位在首都的公有平房，沒多久，就橫跨印度，被人送到南端科代卡納的山間小鎮。他被安排住進一間擁有美麗山景的迷人小屋，但這樣的景致和喀什米爾的壯麗差多了。住的地方很好，但如果沒有政府允許，謝赫不能離開這個市鎮，也不能會見訪客。

謝赫遭到逮捕的新聞，令上下議院歡欣鼓舞。大家之所以會認為他背叛了印度，原因不只是他和中國領導人談話，也是因為在這個時間點上，印度的另外一個敵人——巴基斯坦——正在對印度的邊界鯨吞蠶食。在謝赫朝聖的途中，巴基斯坦和印度都聲稱擁有所有權的刻赤（Kutch）鹽沼地爆發衝突。四月第一個星期，雙方在刻赤鹽沼地交火。巴基斯坦用他們的美國坦克朝敵人的陣營開火，一舉成功，迫使印度軍隊撤退到四十英里外的旱域。怒不可遏的電報在兩國之間你來我往，直到雙方同意在英國的主持下進行國際仲裁為止。[21]

有一個人對主戰論的興起感到沮喪，這個人就是亞歷山大。他寫信給甘地夫人，而甘地夫人在回信中客觀地分析這股激憤的氛圍。甘地夫人寫道：「謝赫不明白，中國入侵印度，以及巴基斯坦最近的行動，使得喀什米爾的地位完全改變。」原因在於，喀什米爾的邊界鄰近中國、蘇聯，同時也與印度、巴基斯坦接壤。除此之外，「在目前的世界局勢底下，喀什米爾獨立會成為陰謀的溫床，除了上述提及的國家，也會引來美國和英國在此展開間諜行動或其他活動。」[22]

謝赫遭捕與刻赤鹽沼地爆發衝突，令巴基斯坦總統阿尤布·汗產生一個念頭。他想在屬於印度的喀什米爾地區激起叛變，在引發一場戰爭之後讓喀什米爾歸屬於巴基斯坦，或是讓國際仲裁介入，產生相同的結果。一九六五年夏末，巴基斯坦軍隊開始籌畫「直布羅陀行動」（Operation Gibraltar）——名稱由來是中世紀摩爾人在西班牙的一場勝仗。喀什米爾的武裝分子受過使用小型武器的訓練，他們的軍事單位是以伊斯蘭歷史上的傳奇戰士來命名，包括蘇萊曼（Suleiman）、薩拉丁（Salahuddin）等。[23]

八月第一個星期，非正規反叛團體跨越喀什米爾停戰線，動身轟炸橋梁並對政府的軍事設施投擲炸彈。他們想要混淆視聽、引發動亂。巴基斯坦廣播電臺（Radio Pakistan）宣布，喀什米爾谷地展開人民起義。實際上，當地人的態度大部分都很冷淡——有些入侵者甚至被當地民眾交給警方。[24]

引發叛變的希望幻滅時，巴基斯坦啟動代號為「大滿貫行動」（Operation Grand Slam）的備案。巴基斯坦軍隊跨越查謨防區的停戰線，用重型火砲和迫擊砲快速取得進展。印度還以顏色，在烏里防區成功奪下哈吉皮爾（Haji Pir）的出入口，作為提防滲透的戰略要地。[25]

九月一日，巴基斯坦軍隊在千普（Chhamb）發動大規模攻擊。一個步兵師團和兩個美國巴頓坦克軍團跨越邊境。此舉令印度軍隊措手不及，巴基斯坦軍隊因此在二十四小時內占領了三十平方英里的土地。他們的目標是奪下阿克努爾（Akhnoor）的橋梁，阻斷查謨、喀什米爾與旁遮普邦之間的連結。此時守軍出動空軍，以三十架飛機對敵人投遞炸彈。巴基斯坦以軍刀戰鬥機還擊印度的吸血鬼戰鬥機。

巴基斯坦在阿克努爾窮追不捨，到九月五日的時候，印度這一方的局勢變得更加險峻。為了舒緩壓力，新德里政府命令軍隊開闢新戰線。九月六日早晨，數支坦克團在步兵的支援下，跨越將旁遮普一分為二的國境。他們打算直搗巴基斯坦的第一大城市拉合爾。巴基斯坦的士卒與坦克迅速從喀什米爾行動撤回，重新部署。這一戰或許可說是第二次世界大戰結束以來，最激烈的一場坦克戰爭。雙方在每一寸土地上交戰，有時候是荒地，有時候是甘蔗田裡。印度在阿薩爾烏塔（Asal Uttar）附近將巴基斯坦打得落花流水，但他們為了拿下凱姆卡蘭（Khem Karan）也元氣大傷。印度的指揮官是經歷過第二次世界大戰的老兵，他說他「從來沒有見過這麼多被摧毀的坦克，像被人丟棄的玩具一樣倒在戰場上」。[26]

戰鬥機在頭頂上呼嘯而過，攻擊敵人的營地。雙方投下大量炸彈，但是，如同某位印度編年史家後來所描述的，「不知是幸還是不幸，有些炸彈沒有爆炸，這些炸彈很老舊，交戰雙方的炸彈主要都是同一個來源。」[27]

隨著戰事愈演愈烈，中國介入戰爭，表態支持巴基斯坦。九月四日，中國的陳毅元帥造訪喀拉赤，譴責「印度的擴張主義使停火線蕩然無存」，並且為「巴基斯坦政府抵抗印度軍事挑釁的合理行動」背書。三天後，北京發表聲明，表示印度「仍然繼續侵犯」許多中國領土。隔天，周恩來表示，「印度的侵略行為，對這塊亞洲地區構成威脅。」[28]

回到新德里，一股愛國的氛圍在國內湧現。每日例行記者會上，記者向政府發言人提問：「拉合爾機場攻陷了嗎？」、「廣播電臺是否在我們的掌控之中？」印度從來沒有攻陷拉合爾，不過原因始終沒有定論。印度政府表示，拿下這座城市從來就不在他們的計畫當中，為何要在居民懷有敵意的地方進行巷戰？巴基斯坦則是聲稱，印度參謀長誇下將在拉合爾金卡納（Gymkhana）喝晚餐酒的豪語，但這座城市勇敢的抵禦者沒有讓他這麼做。[29]

印巴之間敵意升高，讓幾個世界超級強國有所警覺。九月六日，聯合國安理會集合討論這個問題。聯合國祕書長吳丹飛到南亞次大陸，在兩國首都會見兩位領袖，之後雙方都同意停戰。這件事之所以輕易就達成，原因在於，印度和巴基斯坦都在旁遮普的戰事中陷入僵局。九月二十二日，敵對狀態終於解除。

這次戰爭主要發生在東北的兩個防區：喀什米爾和旁遮普。信德省出現幾次交火，但將孟加拉一分為二的東部邊境始終未受戰火波及。在這樣的情況中，通常雙方都會聲稱自己獲勝，誇大敵方損失，而對己方損失三緘其口。事實上，這場戰爭必須算平手。如一間相當獨立的機構所指出，巴基斯坦損失三至五千人，大約失去兩百五十輛坦克和五十架戰鬥機；印度的傷亡人數則是四至六千人，大約損失三百輛坦克和五十架戰鬥機。由於印度人口較多、軍隊陣容較強盛，所以他們比較能吸收這些損失。[30]

《讀者文摘》（*Reader's Digest*）為西方國家的民眾撰寫了一段生動的摘要，描述這場遠在千里之外的戰事：「巴基斯坦和印度將士血染旁遮普的麥田和喀什米爾多石的山脊；禿鷹在大幹道（Grand Trunk Road）的屍體上方盤旋——這是吉卜林（Kipling）小說《吉姆》（*Kim*）裡那條永恆的公路；難民擠在傾斜的牛車上，對啟程返家猶豫不決。」[31]

V

戰爭爆發前的一九六四年十月，夏斯特里曾經在喀拉赤和阿尤布・汗見過一次面。當時，這位印度領袖要從開羅返國，中途在喀拉赤稍作停留。兩人照了一張照片，軍人阿尤布・汗身穿一襲西裝，比身材矮小、穿著腰布（dhoti）的甘地傳人夏斯特里高出許多。阿尤布・汗對這個印度人一點印象也沒有，他告訴副官：「所以，這就是繼承尼赫魯的人！」[32]

有一個小問題，就是巴基斯坦的領導階層嚴重低估印度想要對抗的決心。外界認為，刻赤鹽沼地的衝突發生後，「印度看起來沒有什麼希望」，巴基斯坦人正處在直布羅陀行動成功的「歡愉氛圍」之中。[33]在一九六五年六月第一週，《黎明》刊登一篇高官化名撰寫的社論，作者先分析印度軍隊部署，然後建議巴基斯坦應該採取的策略，是要「像拳王阿里一樣，將對手一拳擊倒」。[34]巴基斯坦軍令上，自信滿滿地寫著：「通常，在對的時間和地點進行幾次強烈轟炸，印度的士氣就會撐不下去。」[35]

確切來說，巴基斯坦穆斯林代表他們的喀什米爾教友發起行動，有特定的宗教意味。這次行動，在人們心中喚起一千年前勝仗的記憶。巴基斯坦的激進分子相信，這些不信主者（Kafir）會在伊斯蘭狂熱和美國武器的結合下遭到摧毀。[36]他們希望在喀什米爾起義後，他們的兄弟會阻斷敵人的通訊，「展開期盼已久的計畫，將坦克從大幹道開向德里」，迫使印度人屈服。[37]戰士口中哼著：「我們讓巴基斯坦人歡笑，我們將與印度一戰。」

事發之後，這場攻擊讓印度人團結在一起。許多喀什米爾人和軍隊一起抵抗入侵者。有一名來自喀拉拉邦的穆斯林士兵獲頒印度最高榮譽戰時勇氣獎（Param Vir Chakra）。另外一名來自拉賈斯坦邦的穆斯林（諷刺的是，他的名字叫做阿尤布・汗），破壞好幾輛巴基斯坦的坦克。在印度各地，穆斯林的知識分子和牧師發表聲明譴責巴基斯坦，並且表達他們為母國赴死的強烈意願。[38]

阿尤布・汗一行人因為一九六二年印中戰爭印度戰敗而受到鼓舞。但那場戰爭是發生在又濕又滑的喜馬拉雅，而這次則是印度更為熟悉的地形。一九六五年的軍隊指揮官，在第二次世界大戰的平地坦克對戰中率先嘗到了甜頭。除此之外，自從與中國對戰慘敗之後，這幾年他們一直在擴充（比較優良的）軍備。新任國防部長查凡在一九六四年大肆採購，他造訪西方國家的首都和蘇聯，購買軍隊所需要的坦克、軍機、來福槍和潛水艇。[39]

在軍隊裡，這位國防部長比一九六二年的那一位更受人尊敬。查凡不是克里什那．梅農，以戰爭的角度來說，夏斯特里也不是尼赫魯。夏斯特里絕對是比較支持和平的，他在刻赤鹽沼地的衝突事件後，寫信給一個朋友，表示在他看來，印度和巴基斯坦之間的問題，應該以友好的方式一步一步解決。他希望「雙方的衝突和爭端，不會演變成無可避免的戰爭」。[40]但戰爭來臨時，他快速、果斷地接受指揮官的建議，並且下令在旁遮普邊界發動攻擊（一九六二年，在與這件事相當的情況中，尼赫魯拒絕出動空軍來解圍）。衝突結束時，他穿著腰布，開心地在他們奪過來的巴頓坦克（Patton tank）上與眾人合照；前任總理就無法像他這樣，輕易展現出勝利的姿態。

但在一個方面，夏斯特里確實與尼赫魯相似——他拒絕將邦的問題與信念問題混為一談。停戰後數日，印度國內愛國情緒高漲，他在德里拉姆力拉廣場的公開集會上發表談話，並在此地駁斥英國廣播公司的報導。那則報導宣稱：「由於印度總理夏斯特里是印度教徒，他準備好與巴基斯坦人一戰。」夏斯特里表示，雖然他是印度教徒，但「主持這場會議的穆斯塔克（Mir Mushtaq）是穆斯林，向大家發表談話的安東尼先生是基督徒。在場還有錫克教徒和拜火教徒。我們的國家之所以獨一無二，正是因為我們有印度教徒、穆斯林、基督徒、錫克教徒、拜火教徒，以及信仰其他各種宗教的人。我們有寺廟、清真寺、錫克教廟宇和教堂。但我們不會將這件事泛政治化……這是印度和巴基斯坦的不同之處。巴基斯坦自稱伊斯蘭國家，把宗教當作政治手段，但我們印度人有選擇任何宗教和依照心意選擇與敬拜神明的自由。就政治上來說，我們和所有人一樣，都是印度人」。[41]

VI

在印巴之戰中，印度總理發明了一句標語：「為士兵歡呼，為農人歡呼。」在甘地和平主義下誕生的國度，向士兵致敬是件特別的事；而在被教導要欣賞高爐和水力發電大壩的國度，會提到卑微的農人，也是一件特別的事。

實際上，夏斯特里繼任總理之後所做的頭幾件事之一，就是提高農業預算。他非常關心近年來糧食生產短缺的問題。穀物增加的速度，只能剛好追上人口增加的速度。如果沒有下雨，就會爆發恐慌，當商人開始囤積穀物，政府就不得不將庫存的糧食，從剩餘地區送到匱乏地區。一九六四年發生一場旱災，一九六五年又發生一場。為了找出長久的解決之道，夏斯特里指派蘇曼尼（C. Subramaniam）擔任糧食與農業部長。蘇曼尼生於一九一〇年，來自農家，擁有科學和法律的學位，他在參加自由抗爭活動前，就是一名倡議者。他曾經加入制憲會議。入閣前，他在馬德拉斯擔任部長，廣受愛戴。蘇曼尼有聰明和幹勁十足的名聲，這就是尼赫魯讓他掌管鋼鐵礦石部的原因。將他從鋼鐵礦石部調到農糧部，可說是一次重大調動。[42]

蘇曼尼滿腔熱忱地接下新工作。他將焦點放在重整農業科學上，希望能改善科學家的薪資和工作條件，讓他們不受官僚體系的干擾。先前欲振乏力的印度農業研究院（Indian Agricultural Research Institute, ICAR），獲得新的生命和新的身分。除了復興ＩＣＡＲ，蘇曼尼也鼓勵各邦成立農業大學，將研究重心放在該地區特有的農作物上。他開始成立實驗農場，並且設立印度種子公司

（Seed Corporation of India），大量生產高品質的種子，以符合農業集約化的計畫需求。

蘇曼尼有兩位同樣來自泰米爾邦的重要幫手。其中一位是能幹的農業部長西瓦拉曼（B. Sivaraman）；另外一位是負責指揮研究團隊改良墨西哥小麥，讓墨西哥小麥適應印度環境的科學家斯瓦米納坦（M. S. Swaminathan）。新政策就是繞著墨西哥小麥打轉。值得注意的一點是，小麥主要生長在印度北方，但三位打造印度農業政策的人，都是來自（非常）南邊的地區。[43]

同時，蘇曼尼說服美國提供糧食援助，直到印度能夠擴大自己的糧食生產為止。他和美國的詹森（Lyndon Johnson）總統見面，令詹森印象深刻，並與美國農業部長傅利曼（Orville Freeman）建立密切的關係。一九六五年十二月，蘇曼尼和傅利曼在羅馬簽訂協議。根據協議，印度將大力投資農業、改革農村信用體系、擴大肥料的生產與使用，美國方面則為印度提供低息貸款，並且同意持續為印度提供小麥，以協助印度克服糧食短缺的問題。[44]

蘇曼尼在簽署有「羅馬條約」此一非正式稱呼的條約時，印度總理正準備前往莫斯科，與巴基斯坦總統阿尤布・汗簽訂另外一項條約。印巴戰爭結束後，蘇聯協助雙方達成和平協議。一九六六年一月的第一個星期，夏斯特里和阿尤布・汗在塔什干會面，由蘇聯總理柯錫金（Alexei Kosygin）擔任主要調停人。經過一個星期極力協商，雙方同意放棄他們最看重的事情——對巴基斯坦來說，他們最希望看到的，是由國際社會來仲裁喀什米爾爭端；對印度來說，則是保留在戰爭中奪下的重要駐紮地（例如哈吉皮爾的出入口）。《塔什干協議》（Tashkent Agreement）規定，雙方必須將軍隊撤回一九六五年八月五日前的駐紮地、以和平的方式移交戰犯、恢復外交關係，並且承諾不再以武力手段解決爭端。[45]

協議於一九六六年一月十日下午簽訂。當晚，夏斯特里在睡覺時心臟病發逝世。十一日，一架蘇聯飛機將他的遺體載回新德里。隔天早上，一行送葬隊伍將放在砲架上的遺體送到加木納（Jamuna）河邊，在甘地和尼赫魯火化地的不遠處進行火化。《生活》（*Life*）雜誌用這起事件當作封面故事——二十個月前，夏斯特里的前一任總理去世時，他們也做過封面報導。在一張張鮮明的照片中，足足上百萬人前來弔唁這位「在許多〔印度人〕心中，比尼赫魯還有親和力的人」。《生活》雜誌寫道，夏斯特里帶給印度的，「主要是一種心境——一種新的堅毅態度，以及全國團結一心的感覺」。對中戰爭讓這個國家瀕臨瓦解，但這一次，當戰爭來臨之時，「一切都在軌道上，火車在跑，軍隊快速動員，沒有市鎮暴動。自欺欺人的舊道德情操、幻滅和飄蕩、恐懼和沮喪，都已遠去。」[46]

這是相當高的讚揚，但更加值得注意的或許是，那些原先將夏斯特里視為攪局者的人，也稱讚夏斯特里。這位新總理上任的前幾個月，甘地夫人曾經抱怨，夏斯特里正在遠離她父親留下來的傳統。才不到一年，她便不得不承認：「我認為，夏斯特里先生變得更加強大，也對自己更有信心。」[47]此外還有彭迪特。彭迪特對於從前由她兄長執政的時期，更加難以忘懷。一九六四年七月，她表示印度政府士氣「低落得不可置信」，而且「現在沒有尼赫魯挺身而出，重建人們的信心」。但是，她也對夏斯特里的辭世感到「非常難過」，因為「他開始成長了，而且我們都認為他會帶印度走上正確的道路」。[48]這是典型的優越感，但如果我們去思考寫出這句話的人和時機，應該要將此視為一句大力稱讚。

夏斯特里之於尼赫魯，或許可以看成杜魯門（Harry Truman）之於小羅斯福（Franklin Delano Roosevelt）。尼赫魯和小羅斯福都來自上流社會，長期握有權力，他們的社會和國家都發生根本的變化，也因為推行這些變化而大受尊敬。夏斯特里就像杜魯門，他是來自小康之家的小鎮男孩，雖然缺乏魅力，卻隱藏著堅定意志和獨立心智。他和杜魯門一樣，因為這樣的背景而具備強烈的務實感，這點和他的前任總理不同，尼赫魯比較偏向聰明睿智的風格（但不會到有意識型態的程度）。但在任期上，他們就不一樣了。杜魯門當了整整七年的美國總統，而夏斯特里就任印度總理不到兩年就辭世了。

VII

夏斯特里去世，南達再度宣誓就任臨時總理，卡馬拉伊也再度開始尋找常任的繼位人選。德賽再度宣布角逐總理大位，卡馬拉伊還是拒絕他，希望能夠找到接受度比較高的人選。

黨主席心中屬意繼任夏斯特里的人選，是甘地夫人。她剛滿四十八歲，還很年輕，也很有魅力，世界各國的領袖都認識她，而且她的父親是印度最受愛戴的人物。要緩解兩次迅雷不及掩耳的損失所帶來的全國性打擊，她似乎是再明顯不過的人選。沒錯，甘地夫人的行政資歷不足，但這次國大黨的「辛迪加派」會確保在甘地夫人繼任後，他們要推行「集體」領導。

卡馬拉伊諮詢的首席部長紛紛為甘地夫人背書。目前為止，除了德賽決定角逐領導大位，都沒什麼問題。所以，新德里政府現在「成了聯合拉票、大規模遊說和忙著私下磋商的戰場」。甘地夫人和德賽與重要領袖會面，他們的助手則負責遊說基層人士。[49]

以資歷和能力來說，德賽應該會是比較有可能勝出的人選。尼赫魯曾經在描述他的時候說：「就公正、能力、效率和公平而言，沒有幾個人能像德賽如此令我尊敬。」[50]他會不會寫下相同的話來形容他的女兒，就不得而知了——他從來沒有期待過，有朝一日甘地夫人會繼承他，成為印度總理。不過，我引述的那句話是來自一封私人信件，德賽和他的支持者都不知情。即便他們知情，也應該不會產生什麼幫助。在卡馬拉伊和辛迪加派鼎力支持甘地夫人的情況下，尼赫魯的女兒在國大黨獲得大部分黨員的支持。一九六六年一月十九日，國大黨投票選總理的時候，她以三百五十五票對一百六十九票勝出。一名德里的記者語帶諷刺地寫到，卡馬拉伊「讓對國家有決定權的人在甘地夫人背後排排站好」，因為「這些國家領袖只接受由無害的人來出任總理要職」。[51]

VIII

甘地夫人是第二位獲選擔任自由國家領袖的女性——錫蘭（現稱斯里蘭卡）的班達拉奈克（Sirimavo Bandaranaike）夫人是第一位；此外，甘地夫人是家族中第二位出任印度總理的人。其實，她就任後的頭幾個月和她父親一樣困難重重。二月沒有發生什麼大事，但三月時，米佐丘陵爆發重大的反叛事件。這是與東巴基斯坦交界的部落地區，連綿起伏的山丘上只住了三十萬人。但就跟那迦蘭一樣，這些人裡面，有一些積極的青年矢志開拓屬於自己的一片疆土。

米佐之所以爆發衝突，要追溯到一九五九年的饑荒。當時，一大片枝繁葉茂的竹林地導致鼠群數量激增。這些老鼠吃光田裡和村莊倉庫裡的作物，導致人類食物嚴重不足。人們創立了米佐民族饑荒陣線（Mizo National Famine Front），但政府卻沒有適當的回應。於是，米佐民族饑荒陣線中的「饑荒」兩字被拿掉，米佐民族陣線（Mizo National Front）於焉成立。剛開始，米佐民族陣線的訴求是在印度聯邦中獨立為一個邦，後來則是要求獨立建國。

米佐民族陣線的領袖拉爾登加（Laldenga）曾經是一名會計師，他深受那次饑荒影響，便在書中尋找救助。剛開始他看切尼（Peter Cheyney）的偵探故事，後來逐漸發展成邱吉爾的書和游擊戰的入門讀物。一九六三年至一九六四年冬天，拉爾登加和東巴基斯坦的軍政府簽訂協議，軍政府承諾為他提供槍枝和金錢，以及發動攻擊的基地。雙方在邊界的森林裡遞交和收受武器。[52]

拉爾登加用好幾年的時間耐心籌畫，招募許多米佐青年，並訓練他們使用現代武器，然後在一九六六年二月最後一天起義。米佐民族陣線的士兵攻擊政府的辦公機關及設施，掠奪銀行，還破壞通訊設備。道路被他們堵起來，不讓軍隊進入這個地區。三月初，米佐民族陣線宣布，這個地區已經脫離印度聯邦，成為一個「獨立的」共和國。[53]

米佐民族陣線奪下一個叫做隆萊（Lungleh）的主要市鎮，並向該地區的首府艾札爾（Aizawl）逼進。印度政府的反應是召集陸空兩軍猛烈砲轟隆萊，希望藉此逼退叛軍；這是有史以來第一次，印度政府用空軍來對付自己的人民。叛軍躲進叢林裡，夜晚便潛入村莊，跟那迦蘭邦那次一樣。兩個星期後，一名在該區傳教的威爾斯傳教士，想辦法把下面這份報告，私下傳給一名在英格蘭的友人：

> 星期六早上，我們盡量把東西都帶進貨車裡……收拾好〔行囊〕穿越叢林，前往德蘭（Durlang）……就在我們要出發前五分鐘，一架軍機在空中盤旋，用機槍掃射……他們不是隨意掃射，而是瞄準叛軍所在的位置……我們在那待了一整天，人們在挖戰壕，每次軍機一來掃射，我們就躲進去。帕卡利拉（Pakhlira）看見他家失火了。我們在小屋子裡煮飯，但我們認為在那裡睡覺不安全，所以我們都跑到叢林裡的梯田露天而睡，那裡有遮蔽的田埂。我們睡得不多，半夜起來的時候看見，從最遠的那端一直到共和路，整個道盧披（Dawrupi）都在熊熊火焰之中。他們說，是拉爾登加的追隨者要用火把阿薩姆步槍隊趕出市鎮。

這封信生動地傳達出米佐的百姓夾在叛軍和政府的戰火中所感受到的恐懼。信裡接下來用反思的角度來訴說這場衝突——

將成為國家的嚴重挫敗……政府不得不派出這樣的軍容，從一開始就阻止叛變，以免事情演變成那迦事件。我們只能期盼叛軍投降，這樣局勢才會盡快恢復正常，但教育有一段時間會陷入一團亂。下星期本來應該要進行大學入學考試。讓國家處於這種悲哀的狀態，拉爾登加和薩卡拉瓦利安納（Sakhlawliana）這些〔叛軍領袖〕要承擔非常大的責任……[54]

反叛軍不但沒有投降，反而繼續回擊。接下來一整年和隔年，這場衝突都沒有停止。在此同時，那迦蘭邦的和平使節團解散了。一九六六年二月的最後一個星期，納拉揚退出使節團，表示他對那迦人失去信心。納拉揚已經告訴地下組織，印巴戰爭後，他們應該要取消獨立的要求，接受成為印度聯邦的獨立自治區。在印度聯邦體系中，外交和國防掌握在中央政府手裡，但最重要的事務——教育、衛生、經濟發展和文化——是由各邦自己管理。所以使節團建議費佐的人放下武器、參加競選，用和平的手段掌握行政事務。[55]

就在納拉揚不對叛軍懷抱任何希望的時候，印度政府也對史考特失去信心。他們指控他找上聯合國，讓那迦成為「國際」問題。史考特建議那迦蘭邦可以採行類似不丹和錫金的模式——在一般人的認知裡，這兩個地方是獨立國家，有自己的旗幟、貨幣、統治者，但軍隊隸則屬於印度政府。一九六六年五月，新德里要求史考特離開印度，表明不歡迎他回來。[56]

史考特在那迦的問題上投入很深，這點無庸置疑。一九六二年到一九六六年之間，他代表費佐造訪印度絕對不下十次。遺憾的是，他看不出來，印度政府無法接受那迦在政治上獨立。他們打算特赦費佐，讓他安全前往那迦蘭邦，甚至如果他有意願，就讓他成為那迦蘭邦的首席部長。可是這個反叛的老頑固堅持要求更多東西，而史考特也支持著他。因此，另外一個長期和印度交手的英國人——記者溫特（Guy Wint）——只好寫下：「阻礙和平的主要障礙，在於史考特和艾斯特等人的狂熱態度。他們兩個都讓自己被費佐給利用了，沒有想到接受那迦完全脫離聯邦要冒什麼樣的風險。」[57]

一連串以平民為目標所展開的攻擊事件，是雙方和平談判破裂的徵兆。四月二十日，北阿薩姆的一輛火車遭到炸彈攻擊，五十五名乘客因此喪生。三天後，類似的攻擊事件又奪走了四十條性命。那迦激進分子現在和北京搭上線，他們向北京尋求協助，想要重新展開一波反抗。[58]

邊境部落噪動不安，中心地帶也有一些地方不安分。印度中部巴斯塔（Bastar）的饑荒地區，爆發由廢黜大君迪奧（Pravi Chandra Bhanj Deo）所帶領的人民運動。迪奧和他的追隨者宣稱，只有身為正統繼承人的他回到大君的位子上，社會才會重返繁榮的盛況。根據當地傳統，大君具有一半的神格，在人民和他們的神祇之間扮演重要的中間人。儘管迪奧舉止怪異，幾近瘋狂（這就是政府讓他的兄弟取代他的原因），但他還是受到當地人民所愛戴。發生好幾次要求讓他復位的抗爭活動後，三月二十五日，在舊首府加格達浦（Jagdalpur），足足好幾千人上街示威遊行。手持弓箭的部落群眾與使用催淚彈和手槍的警方爆發衝突。煙霧散去之後，大約有四十人死亡，其中一名是警察，其他都是部落的人。迪奧也在這些人當中。用中央邦首席部長的話來說，這是一次「悲慘的事件，令人震驚和遺憾」。[59]

新上任的印度總理從這幾次叛亂事件中鬆一口氣，轉而處理錫克教徒獨立建邦的問題。印巴戰爭中，許多錫克教的軍事將領和士兵表現非常傑出。旁遮普百姓也不遑多讓。農人打開路邊的田舍，為軍隊供應上等的美味佳餚。有些人則是提供自己的住處，還有人照顧受傷的士兵。指揮軍隊的將軍如此回憶：「整個省在激勵下同心協力，為此提供協助在所不辭。」[60]

他們在戰爭中的英勇表現，使印度政府不得不對錫克教徒長久以來的訴求讓步。一九六六年三月，國會議員組成的委員會建議將當時的旁遮普邦一分為三——山區歸喜馬偕爾邦，以印度教徒為主的東部地區則組成新的哈里亞納（Haryana）邦。經過這樣的劃分，旁遮普終於成為一個使用旁遮普語的邦，同時也是以錫克教徒為主的邦。[61]

IX

印度總理也在三月第一次到國外出訪。她在巴黎和倫敦停留，但她的主要目的地是美國；美國釋出的善意（與援助），印度需之孔亟，因為印度實施的新農業政策需要時間才能獲得成效。蘇曼尼在他位於德里的平房外闢了一塊地，種植各式各樣高產量的新品種小麥。這是一系列檢驗新小麥種子能否適應當地環境的實驗之一。此時，美國的農人們也不得不在餵飽印度人這件事上出一份力。[62]

「印度新領袖前來乞討」，一份阿拉巴馬州的報紙對甘地夫人的造訪下了這樣一個新聞標題。她在美國東岸則是留下了比較正面的印象，除了將媒體打點妥當，還用優雅穿著和高尚舉止令民眾印象深刻。詹森總統似乎也對她十分熱情。[63]但是等她回去之後，詹森總統卻選擇嚴格管控有求於他的人。印度方面希望美國能每年提供食物援助，美國總統卻按照月份放行船隻。美國駐新德里大使私下形容詹森總統的態度「冷酷無情」，而「印度不得不遵守，他們被迫搖尾乞憐，自尊心必定大受打擊」。對於印度人無法振作起來，詹森感到非常失望，他曾一度建議，加派一千人到印度去教他們怎麼種植作物。詹森的大使認為這個想法「令人震驚」。這些美國人不知道怎麼在亞洲種東西，而且他們還帶了「九百五十個太太、兩千五百個小孩、三千臺冷氣機、一千輛吉普車、一千臺冰箱（當中有很多不能用），以及八、九百隻狗和兩、三千隻貓」。[64]

一九六五年與一九六六年，印度在美國公共法案四八〇計畫（PL-480）的實施下，進口一千五百萬噸美國小麥，為四千萬人供應糧食。一份由美國農業部草擬的備忘錄上露骨地寫著「印度很貧窮」。一九六六年，印度再度缺雨的時候，大家認為印度將「再次發生乾旱，又有一年要大力仰賴四八〇計畫輸入糧食，又有一年要成為各國眼裡的窮困國家」。[65]

華府裡，有一些人認為印度是偽善的國家，一手向美國求援，一手卻在攻擊美國的外交政策。新德里出言批評越戰，最令美國耿耿於懷。印度總統拉達克里希南向外界警告，「美國單方面行動，從未承諾停止轟炸北越」，還說在這樣的情況下，「其他國家將透過輿論的力量促成談判」，讓詹森相當不悅。[66]

X

向國外採購武器和作物，以及進口工業發展所需的機器設備和物料，導致印度外匯存底減少，至一九六六年三月，印度外匯存底僅剩六億兩千五百萬美元，金額少得堪憂。為了補強，印度政府決定讓盧比在六月的時候貶值。先前，印度盧比以四點七六比一釘住美元，現在，匯率則是來到七點五〇盧比兌一美元。[67]

雖然跌幅超過預期，但世界銀行和國際貨幣基金組織都建議盧比貶值。只是，這項措施在印度遭到左派強烈抗議。共產黨國會議員穆赫吉聲稱，印度是「在美國的援助詭計下」被迫貶值。有一個共產黨的工會將此稱作「可恥的賣國行為」。

甘地夫人自己所屬的政黨裡，有很大一部分的人反對貶值。例如，卡馬拉伊認為這樣會妨礙自給自足的政策。但自由市場派的自由獨立黨支持這項措施，他們在國會的主要發言人馬薩尼表示：「假如貶值是第一步，代表經濟現實主義政策取代國大黨政府追求的教條主義式政策，那麼它將刺激出口、吸引外資流入，產生令人滿意的結果。」

印度總理在寫給友人的信件中提到，貶值是「最為艱難、痛苦的決定」，由於「過去兩年嘗試了各種緩和手段，都無法產生滿意的結果」，才會採取這項措施。[68]德里的自由派雜誌《思想》（*Thought*）進一步表示，這是「印度政府自從獨立建國以來最艱難的決定」。這份週刊希望貶值能使經濟政策轉向，朝生產出口商品和強化印度貿易條件的方向前進。《思想》指出，「從邏輯上來看」，貶值表示「我們不再以巨大主義（giganticism）發展國家經濟」。[69]

不過，印度最後並未因為貶值而發生貿易體制自由化。資本流入管制繼續實施，也沒有推升出口的積極作為。來自黨內外的批評聲浪，似乎阻礙了甘地夫人推動更全面的改革。自由獨立黨的支持也沒有助益——要說有的話，也是傾向於將尼赫魯的女兒推回左派。

XI

一九六六年一整年，有一個平靜得不尋常的地方，就是喀什米爾谷地。一九六五年的戰爭讓分離主義者處於不利的位置。與巴克希相比，顯然現任首席部長沙迪克處理政務既有效率又很清廉。喀什米爾的觀光貿易蓬勃發展，手工藝品市場也很熱絡。

一九六六年夏末，納拉揚寫了一封值得注意的信給甘地夫人，向她尋求一勞永逸的辦法，解決「傷害這個國家十九年」的問題。他說：「喀什米爾扭曲了印度在世界上的形象，讓大家認為在這個問題之外，印度一事無成。」即使是現在，表面上一片和平，但骨子裡「人民普遍深感不滿」。唯一的解決辦法就是，先承諾給予喀什米爾「完整的內部自治權，換言之，恢復原先簽署的條件」，然後再釋放謝赫。納拉揚相信，與謝赫達成協議「或許是我們解決喀什米爾問題的唯一機會」。理由在於，「謝赫是喀什米爾唯一的領袖，他能讓喀什米爾穆斯林的意見倒向他這邊」。

謝赫因為和周恩來談話，而被冠上「叛國」的罪名，但在納拉揚看來，他這麼做雖然輕率，但絕對不是通敵叛國。無論如何，謝赫當時仍然返回印度，以此回應詆毀他的人。納拉揚的同僚得塞（Narayan Desai）在科代卡納與這位喀什米爾領袖會面，知悉謝赫可以接受完整自治權的主意。前陣子印度與巴基斯坦交戰，戰爭結束後，謝赫很清楚，喀什米爾獨立是完全不可能的一件事。所以納拉揚建議政府釋放謝赫，允許他參加一九六七年即將來臨的大選，並向喀什米爾保證：「他們會擺脫專橫的印度警察，擁有完整的自由，可隨心所欲安排自己的生活。」假如謝赫出馬並在競選中獲勝，假如結果「顯示，在有自己真正領袖參與的選舉中，他們〔喀什米爾人〕自由地做出決定……巴基斯坦將沒有立場對他們的事務指手畫腳」。

得塞表示：「在謝赫入獄時舉辦大選，就像英國在尼赫魯入獄時命令印度舉辦大選，沒有心智正常的人會說這是公平的選舉。」甘地夫人應該也會重視這一點，但為了以防萬一，納拉揚憂心忡忡地提出他的先見之明：

假如我們錯失機會，沒有利用下次大選拉攏〔喀什米爾〕人民，讓他們同意待在聯邦中，我不知道印度還有什麼辦法能解決這個問題。以為我們終將壓制住這些人，逼迫他們至少被動地接受聯邦，這麼做是在欺騙自己。假如喀什米爾不是處在這樣的一個地理位置，還說得過去。就這個地理位置，還有人民怨聲載道的情況來看，巴基斯坦絕對不會讓這裡平靜無波。[70]

總理回了一封短箋，感謝納拉揚「提供對喀什米爾以及謝赫的看法」。[71]但她卻沒有針對這封信採取行動，謝赫依然遭到監禁。不過，一九六六年十月，總理就任以來第一次造訪喀什米爾谷地。她在斯利那加的體育場發表談話，提到自己「特別愛」喀什米爾和喀什米爾人。一大群民眾到場聽她演講。事實上，甘地夫人在喀什米爾谷地的時候，所到之處沿路萬頭攢動。[72]

XII

如今，喀什米爾暫時安定下來，當地人民也沒有動作。但南部的安德拉邦，有人正在搧風點火。這裡的抗爭活動由學生帶領，他們的訴求，是立刻執行計畫委員會打算在維沙卡帕特南（Vishakapatnam，簡稱維沙卡〔Vizag〕）興建鋼鐵廠的提案。這項提案好幾年前就通過了，但政府受財務危機所苦，便將提案擱置一旁。

維沙卡鋼鐵廠的建置作業遭到延宕，在安德拉邦引發抗議聲浪。對年輕人來說，大型國營工廠仍然有其吸引力，而且大型國營工廠意味著就業機會可望提升。抗議人士阻斷道路，讓火車停駛，攻擊商店和辦公建築。抗議活動擴大到整個安德拉邦——一名記者表示「整個干土爾（Guntur）學生聯盟的人似乎都走上街頭了」。許多城市動員了警察，維沙卡當地的重要設施則由海軍負責警戒。有一個火車站遭人放火，另外一個火車站則有群眾遭警方開槍射擊。學生要求維沙卡的燈塔聽從他們的指揮，並且強迫電臺停止廣播。所有行經維沙卡的火車通通停駛。[73]

在此同時，北方的比哈爾邦眼看就要爆發饑荒。災情最慘重的地方是部落地區——孟基爾（Monghyr）地區的原住民阿迪瓦西人（Adivasis）被迫吃植物的根來維生。飲水和飼料嚴重不足。貧窮的人們四處劫掠穀物，讓住在郊區的上流階層人士，生活在全面叛亂的恐懼之中。[74]

除了罷課的學生和肚子餓扁的農人，還有一群奇特的人也在與政府作對，這些人是印度教的修行者，也就是「苦行僧」（sadhus）。長久以來，正統派的印度教徒一直要求國民停止殺害神聖的牛隻。現在，這個訴求在人民同盟的幫助下，已經轉化成一場社會運動。

十一月六日，大批民眾在首都走上街頭示威遊行。在這十萬名遊行人士之中，有許多揮舞三叉戟和矛的苦行僧。遊行進入高潮時，人群聚集在國會外面。率先發表談話的，是以反對《印度教法典法案》而聞名的卡帕垂（Swami Karpatri）。接下來，拉米許瓦南德（Swami Rameshwaranand）令群情更加激憤。他是人民同盟的議員，最近因為不遵守規定而被下議院解職。拉米許瓦南德號召苦行僧包圍國會。「激動的人群衝向議會，口中大喊『拉米許瓦南德勝利！』」此時，人民同盟的領袖瓦巴依請這位上師收回號令。但為時已晚。苦行僧衝到議會門口，被警察擋了下來，雙方爆發激烈衝突，一方出動催淚瓦斯和橡膠子彈，另外一方則揮舞棍棒和丟擲石頭。國會大廈上空燃起縷縷濃煙，人群向後撤退，只能朝路上的東西發洩怒氣。全印廣播電臺的警衛亭被損毀，國大黨主席卡馬拉伊的住所也遭人縱火。除此之外，大約有兩百五十輛汽車、一百輛機車和十輛巴士被破壞。到了晚上，軍隊在街道上四處巡邏，這是自從一九四七年黑暗時期以來的頭一遭。

一名記者諷刺地說，由修行者帶頭煽動的事件，引發「極端暴力、大肆破壞和流氓行為」。瓦巴依發表聲明，譴責「為了抗議屠宰牛隻而訴諸暴力的不良分子，嚴重傷害這項宗教訴求」。[75]

XIII

在西方國家中，很多人的想法是，只有尼赫魯這樣的人格特質和典範，才能讓印度團結起來和民主化。尼赫魯去世後發生幾次突然的改變，接二連三的旱災，小型叛亂數也數不清，加上與巴基斯坦發生大規模戰爭，這些事件加在一起，似乎只是應驗了眾人心中的恐懼。一九六五年十二月，《雪梨晨鋒報》（*Sydney Morning Herald*）指出印度的民主體制未來堪憂，認為在這個國家裡「國族主義銳不可擋」，而且印度「對西方強權的怨恨與日俱增，有轉變成沙文主義的危險」。這種偏狹的態度，似乎也向內發展，「印度人似乎面臨無法自由表達意見的危機，這是許多外國觀察家感到特別憂心的一點。」[76]

一九六五年，作家席加爾（Ronald Segal）將他的重要研究出版成書，書名是《印度危機》（*The Crisis of India*）。他在印度遊歷途中，發現印度「處在經濟災難的邊緣……下方根基正在土崩瓦解」。同時，印度的「外匯存底水位很低，不斷下降」。貧窮、物資缺乏、地區衝突、貪腐事件，通通嚴重得不得了，令席加爾想起在威瑪共和國時期的德國，還有國民黨統治之下的中國。他對民主制度在印度生存下來不抱什麼希望。「當權者的選項」有「左派的共產主義」和「右派的好戰共產主義」，不管哪一個，都有可能在短短幾年之內占據上風。[77]

史考特牧師也對這個國家的未來感到絕望。一九六六年五月，他的朋友和他見面時，發現他——

非常沮喪，但原因不是沒有解決那伽問題，他是對整個印度感到失望。他認為，比較有能力的老一輩正在消逝，被貪腐、完全沒有能力的小人所取代。他強烈主張，印度遲早會瓦解，整個國家可能會陷入跟越南一樣的泥沼之中，把英國和美國都拉下水。[78]

一九六六年，雨季又沒有下雨，此時大家都認為，印度會發生大規模的饑荒，而不是預料印度會崩盤、揚棄民主制度。對許多西方的環境保護論者來說，印度似乎提供了驚人的證據，可以證實馬爾薩斯預言的「人口成長有一天將超越食物供給的速度」。受人尊敬的史丹佛大學生物學家艾利希（Paul Ehrlich）在著作中表示，雖然他「一直都對人口擴張有智識上的理解」，但他「在德里度過熱得不得了的一晚」，才「對人口擴張有了情感上的理解」。他搭計程車在街上徐徐前行的時候，看見他的身旁「有人吃東西，有人洗滌，有人睡覺；有人閒聊，有人爭吵，有人尖叫；有人用手猛拍計程車的車窗乞討；有人排泄、排遺；有人攀在公車上面；有人在放牧動物。人、人、人、人」。[79]

艾利希寫下這些文字的那一年，還有兩位美國生物學家即將完成他們的著作，他們在書中寫道，「今天，在所有餓肚子的國家裡，印度是離爆發饑荒和大災難最近的國家」，明天「饑荒就會到來」，而且「必定伴隨暴動和引發國內緊張關係，中央政府會弱得控制不住」。他們預測，到一九七五年的時候，「內亂、無政府狀態、軍事獨裁、惡性通貨膨脹、交通運輸癱瘓、動盪不安將司空見慣。」[80]

事實上，就連一些博學多聞的印度觀察家，都開始替他們國家的命運感到擔憂。一九六六年十一月第一週，有一份向來支持國大黨的報紙，刊登了一篇以〈十九年來最令人擔憂的情況〉（*The Grimmest Situation in 19 Years*）為標題的社論。學生罷課和糧食不足，成為「當權者實質崩盤」的原因。這篇文章預測：「這個國家有許多地方正在步上比哈爾邦的後塵，暴力之勢將愈演愈烈。」《印度斯坦時報》指出：「這個國家的未來是黑暗的，理由很多，全都可以直接歸咎於國大黨十九年來的統治。」[81]

第十九章
轉向左派

千萬不要低估政治人物的求生意志……我可不會犯下錯誤，低估喀什米爾人的政治直覺，尤其她還是尼赫魯的女兒。

——印度匿名專欄作家，一九六六年五月

I

一九六七年初的選舉，是印度獨立以來的第四次普選，尼赫魯逝世後的第一次。一九六六年最後幾個星期，美國雜誌派記者到印度評估局勢。「宗教狂熱、語言障礙、長期地區性爭鬥，五花八門的問題在印度洶湧翻騰」，令他留下非常深刻的印象。除了這些不安定的因素，還有糧食不足和通貨膨脹，以及「幾乎阻礙一切進步的持續性人口擴張」。各式各樣的衝擊，令各界「開始懷疑〔一九六七年的〕選舉可能不會舉辦」。這名美國雜誌記者的看法是，或許「法律和秩序會全面失靈，導致軍方接管政權，步上鄰國巴基斯坦和緬甸的後塵」。還有一個更糟糕的可能性，也就是，假如「〔印度〕當局垮臺，會對美國在越南的行動——致力確保亞洲的政局安定以及擁有經濟實力——增添不利因素」。[1]

對一般西方遊客來說，印度從以前到現在都是一個奇異的地方——甚至可以說是奇怪得不得了。這名記者是第一次（就我所知，也是目前為止最後一次）造訪印度，但他的預測，碰巧獲得另外一個人的認可；這個人當時已經在印度住了六年，絕對比他更加了解印度。

他是《泰晤士報》的麥斯威爾（Neville Maxwell）。麥斯威爾在一九六七年的頭幾個星期，寫了一系列報導「印度民主瓦解」的文章。麥斯威爾認為，印度「饑荒問題危機重重，政府施政捉襟見肘，而且外界普遍認為其行政體系貪汙腐敗，政府和執政黨失去人心，也失去了對自己的信念」。這種種危機，形成「**一股反對議會民主制的情緒狀態**」。麥斯威爾訪問的幾位「資深印度政治家」表示「深受打擊」，而且他們「警覺到未來不僅黑暗，還充滿不確定性」。

麥斯威爾本人的看法是「印度面臨危機」。他看出「這個國家已經鬆動」，各邦「已經開始以次國家（sub-nations）自居」。他的結論很明確：雖然印度人不久就要在「第四次（**也絕對是最後一次**）大選」中投票，但是「讓印度在民主的框架中發展，這個偉大的嘗試已經失敗了」。

麥斯威爾認為，民主制度即將在印度瓦解，會讓印度開始瘋狂尋找「其他解決社會問題的辦法」。在他看來，「當前這個趨勢會在印度持續發展，食物和人口問題永遠沒有解決的一天，有秩序的人民政府結構將無法維繫有秩序的社會結構，掌握軍隊將成為把持權力和建立秩序的**唯一方式**。軍隊免不了插手內政，問題只是怎麼插手？」

麥斯威爾認為，「社會動盪不安，地區性饑荒或許也從中推波助瀾」，會引發要求總統鞏固政權的聲音，他們會要求總統「維護中央和國家政權的安定」。在背後當靠山的軍隊，會掌握「愈來愈多內政事務的權力」。如此一來，總統不是「實際掌握政治權力，就是淪為傀儡，被軍人和少數政客組成的團體把持」。[2]

II

一九六七年的印度大選，有熟悉印度文化和社會結構的學者，針對不同的選區進行實地研究，提供了詳實的民族考察紀錄。從他們的描述可以看出，選舉已經不再是在貧瘠的土地上施肥；選舉已經徹底本土化了，成為印度人生活中的一部分，是一場自有獨特儀式的慶典，每五年舉辦一次。五年復五年，這場慶典的活力和張力，清清楚楚表現在：大批民眾出席造勢大會和政治領袖的演講場合，以及使用色彩繽紛的海報和標語，來美化政黨或爆對手的料。無論是邦內選舉還是全國選舉，競爭都非常激烈。國大黨的反對者，有比較左派的共產主義和社會主義黨派，也有比較右派的政黨，例如人民同盟和自由獨立黨。在某些邦裡，國大黨的競爭對手來自地區團體，例如旁遮普的阿卡利黨和馬德拉斯的達羅毗荼進步聯盟（DMK）。

這些民族考察紀錄顯示，二十年來的經濟發展，讓政治競爭的過程變得更深入，也更加複雜。角逐立法機構或國會席次的候選人，通常都是管理過學校、大學、合作團體的人。這些機構是獲得聲望和贊助的工具，掌握這些機構，本身就很有價值，而且這些機構也能動員選民支持某位候選人。[3]

一九六七年的選舉是我記憶中的第一次選舉。我記得最清楚的一件事情是，我住的喜馬拉雅山腳市鎮，人們沿街活力十足地喊著一句口號：「Jana Sangh ko vote do, bidi peena chhod do/ Bidi mein tambaku hai, Kangressswala daku hai.」

這句口號要傳達的訊息是：國大黨裡都是賊，雪茄菸（cheroot）有危險的菸草成分，拒絕兩者，迎向人民同盟——鎮上最大的反對黨——選民就能淨化自己和淨化政府。印度首位民調專家——印度輿論研究所（Indian Institute of Public Opinion）的艾瑞克（E. P. W. da Costa）❶——針對十三個邦進行調查後發現，許多民眾顯然都對這個訊息產生共鳴。這份民調是在投票之前做的，結果顯示國大黨「魅力盡失」；這是國大黨「第一次將以敗者之姿，而非以必勝之姿參加選舉」。

這份民調預估，國大黨仍然會掌握中央政權，但得票率會下滑二至三個百分點，或許會在下議院輸掉五十個席次。更糟的是，國大黨甚至會在邦內選舉輸得更慘。根據艾瑞克的說法，喀拉拉邦、中央邦和拉賈斯坦邦，會組成非國大黨政府，奧里薩邦、西孟加拉邦、北方邦和旁遮普邦或許也會。

國大黨的支持度為何會下滑？這份民調發現，曾經是忠實票倉的少數民族已經不再對國大黨抱持希望，而且年輕和教育程度較低的族群裡，有很大一部分的人也跟他們一樣。另一方面，這是反對黨有史以來最團結的一次。在大部分的邦裡，非國大黨的政黨針對席次進行調整——意味著，國大黨不能再像從前一樣，輕輕鬆鬆透過操作三分法或四分法來從中獲益。

艾瑞克認為，第四次大選將開啟「印度近代史上第二次非暴力革命」。第一次是聖雄甘地在一九一九年開啟的，最後結果是讓印度在一九四七年獨立。從那時起，除了喀拉拉邦發生非常短暫的政黨輪替，國大黨就掌握中央和其他各邦的政權。現在，這場選舉將顯示出「國大黨獨攬大權的做法已成明日黃花」。艾瑞克的結論具有引述價值：「對候選人而言，或許是場權力之爭；對政治科學家而言，就跟將近半個世紀之前一樣，這是告別過去的起點。這絕對不是造反，但最後可能會成為一場革命。」[4]

民意調查的預測結果，向來給人不可靠的印象，印度的情況甚至又比其他地方都來得嚴重。但是當實際選舉結果出來的時候，艾瑞克必定有洗刷汙名的感覺。在下議院，國大黨的席次總共從三百六十一席掉到兩百八十三席，在邦議會輸掉的席次更多。國大黨的席次下滑情形，歸併於表19-1。

III

國大黨最大的恥辱發生在南方的馬德拉斯邦，DMK囊括大量選票，在總共兩百三十四席邦議員席次中，奪下一百三十八席，而國大黨僅拿下五十席。DMK領袖安納杜拉伊宣示就任首席部長。

馬德拉斯長期以來一直都是國大黨的大本營。不論過去還是現在，許多國家層級的領袖都來自馬德拉斯邦。現在，就連德高望重的卡馬拉伊，都在這次慘敗中垮臺。他在家鄉維魯杜那迦爾

❶ 譯注：艾瑞克為印度輿論研究所的創辦人，也是一九六〇年代在印度從事選舉民意調查與統計分析的先驅。二〇〇三年四月於邦加羅爾辭世。

表19-1 國大黨在印度選舉中的表現（1952年至1967年）

	下議院		邦議會	
	百分比總數		百分比總數	
年分	得票率	席次比率	得票率	席次比率
1952	45.0	74.4	42.0	68.4
1957	47.8	75.1	45.5	65.1
1962	44.5	72.8	44.0	60.7
1967	40.7	54.5	40.0	48.5

（Virudhunagar）輸給一名二十八歲、名叫斯里尼瓦桑（P. Srinivasan）的學運人士。消息傳到馬德拉斯邦的時候，喜出望外的DMK核心幹部找來一名和勝選者同名的人，讓他騎著馬在市區遊行。關於國大黨主席落選這件事，有一份受人尊敬的週刊寫道：「不管是本地還是外地，就政治聲望而言，這絕對都是卡馬拉伊先生所帶領的政黨，在印度獨立前和獨立後，前所未見的一次慘烈打擊。」[5]

國大黨在馬德拉斯邦一直表現很好——他們的施政，在大家心目中既清廉又有效率。有些評論家認為，DMK能夠取得勝利，是因為一九六五年才剛發生過反印地語的騷動。話雖如此，這場運動本身之所以可能實現，是因為先前十年，相關組織持之以恆地努力。DMK在市鎮和村落裡四處拓展，設立當地社團和黨部分支。關鍵在於，DMK和廣受歡迎的泰米爾電影產業有所連結。DMK的重要領袖卡魯納尼迪（M. Karunanidhi）是一名暢銷劇作家。更重要的是，DMK——不論在精神上還是金錢上——都獲得當紅電影英雄拉馬錢德蘭（M. G. Ramachandran）的支持。

拉馬錢德蘭的家鄉是喀拉拉邦，但他出生自斯里蘭卡的務農家庭，他在泰米爾邦的農村有一票瘋狂影迷。他在電影裡擊敗各種邪惡的力量，這些邪惡力量在電影中，以警察、地主、外國人和邦政府的形式呈現。他主演的電影場場滿座，觀眾一遍又一遍地重看這些電影。最死忠的影迷很多都是女性。

拉馬錢德蘭的影迷俱樂部在馬德拉斯邦各處成立。這些俱樂部的成員討論他的電影，也討論他對政治的看法。拉馬錢德蘭長期以來支持DMK，他捐錢給聯盟，也經常在聯盟的集會和會議上發言。

一九六七年選舉的一個月前，拉馬錢德蘭遭到和他競爭的電影明星拉達（M. R. Radha）持槍射傷（兩人發生爭執的原因，顯然是一般人——尤其印度電影明星——經常吵架的議題）。電影明星拉馬錢德蘭受傷的照片，被大量使用在那次選舉當中。拉馬錢德蘭本人決定出來競選，而他不費吹灰之力就勝選了，他所支持的政黨也是如此。[6]

根據一位學者的說法，DMK執政時，採取「獨斷和家長式的民粹主義」。國大黨在馬德拉斯邦實施大型工業計畫，而DMK則是把焦點放在可能會立即獲得選民支持的計畫上。因此，他們提高了為低階種姓保留的公務員職缺百分比——低階種姓是他們獲得支持的重要來源。穀物交易受到嚴格控制，城市裡窮人可以請領糧食補貼。而且，為了提升地區的驕傲感，邦政府辦了一場以泰米爾文化、語言為主題的國際會議，有來自二十個國家的學者共襄盛舉，首席部長在會中表示，希望泰米爾語能成為全印度的橋梁語言。[7]

IV

國大黨也在喀拉拉邦敗給一個左派聯盟。一九六四年，印度共產黨（CPI）分裂成兩派，比較新的一派稱為印度共產黨（馬克思主義）（Communist Party of India (Marxist), CPM，簡稱印共（馬派）），他們的政治領袖比較活躍，南波迪里帕就是其一。這次CPM在喀拉拉邦議會拿下一百三十三席中的五十二席，國大黨三十席，CPI十九席。兩個共產黨結盟共組政府，南波迪里帕第二次就任首席部長。

國大黨先前也在喀拉拉邦敗陣過，但令國大黨苦惱的是他們也在西孟加拉邦失勢（自一九四七年以來，國大黨便一直在此屹立不搖）。在西孟加拉邦勝出的是聯合陣線與左翼陣線聯盟（the United Front-Left Front alliance），其主要成員有孟加拉國大黨（Bangla Congress），從名稱可以看出是從國大黨分裂出來的政黨），以及CPM。國大黨在喀拉拉邦議會，拿下兩百八十席中的一百二十七席。另一邊，CPM拿下四十三席，孟加拉國大黨拿下三十四席，再加上各式各樣的左翼團體和獨立參選者，剛剛好在議會形成多數。

孟加拉國大黨的領袖穆希里（Ajoy Mukherjee）當上首席部長。副首席部長由巴蘇（Jyoti Basu）出任，他溫文儒雅，是一名在倫敦接受教育的律師，始終是孟加拉共產主義黨派中，品德涵養出眾的一號人物。巴蘇和其他幾個人認為，他們的政黨可以從體制內影響政府的政策。其他CPM的成員——尤其是主要幹部達斯古普塔（Promode Dasgupta）——則是認為，CPM無論如何都不能加入政府。[8]

已經有很多書討論印度共產運動在共產主義信條上的爭論。在此，我們只需要知道印度共產黨在一九六三年，因為兩個差異而分裂：一個差異跟國外事務有關，一個差異跟國內事務有關，兩者之間互有關聯。身為母黨的CPI非常依賴蘇聯共產黨，導致共產黨宣示放棄武裝革命——原因只是蘇聯要和印度政府保持良好關係。從母黨脫離出來的CPM相信，必須與俄羅斯和中國的共產黨都維持友好的關係。他們認為，印度聯邦被資產階級和地主聯手掌控，議會民主制基本上是個騙局——合乎自身利益便利用，不合自身利益便揚棄。[9]

CPM加入政府之前有過一場激烈的辯論。巴蘇表示支持，而達斯古普塔則持反對意見。最後結果是，CPM加入政府，這麼做的目的，只是要讓核心幹部燃起更多期待。首先，他們就以世界共產運動英雄的名字，將一條路重新命名為哈靈頓路（Harrington Road），跟越戰打得如火如荼的時候，美國領事館的地址改為「加爾各答市胡志明薩蘭尼路七號」的做法如出一轍。

這是一件容易辦到的事，但之後的決策就比較困難了。一九六七年春天，大吉嶺區的納薩爾巴里（Naxalbari）爆發土地之爭——印度和尼泊爾在大吉嶺西邊接壤，和巴基斯坦在東邊接壤，而且西藏、半獨立狀態的不丹王國和錫金王國都離此地不遠。這些喜馬拉雅山下的丘陵地區以種植茶葉為主，經營者很多都是英國公司。這裡土地資源長期不足，經常因此爆發衝突——茶園的工人爭取自己的土地，本地佃農則是想要從收取暴利的地主那裡解脫。

在納薩爾巴里地區，動員貧窮農民的是一個效忠CPM的小農組織。這個組織的領袖是中產階級基進分子桑亞爾（Kanu Sanyal）。他放棄自己的社會背景，寧願在農村裡工作，為他贏來人數可觀的支持者。一九六七年三月末以來，這個組織籌畫一連串的抗爭活動，抗議地主驅逐佃農、囤積穀物。抗議活動中，使用武力的情形愈來愈多，後來演變成和警方之間的武裝械鬥，成為一場暴力事件。有一名警察遭到殺害。為了報復，警方對群眾開槍射擊。農民領袖決定拿起武器，沒多久，地主遭人斬首。

這些抗議人士在孟加拉北部極為不公平的農耕結構裡扎根。但是假如CPM沒有加入政府，他們也不會採取這樣的行動模式。有些行動主義者，或許還有許多農民，都覺得既然現在他們的政黨掌權了，那麼他們就有自己矯正封建結構的自由。結果CPM的反應是站在法律和秩序的那邊，出乎他們的意料。一九六七年夏末，預估有一千五百名警察在納薩爾巴里執行任務。桑亞爾和一起行動的領袖被捕入獄，其他反叛者則躲進叢林裡。[10]

納薩爾巴里很快就在印度革命運動中取得代表性的地位。這個農村的名字成為地區的名字，而且不久之後，不管在哪裡，不管是誰，只要代表受到壓迫和繼承權被剝奪的人，以武力去對抗印度邦政府，都能使用這個名字。「納薩爾派」（Naxalite）成為「革命」的簡稱，這個名詞在政治光譜的一端，會喚起浪漫情懷、令人著迷，但在另一端，卻是使人厭惡和淪為笑柄。[11]

在認同納薩爾派的人之中，有一些是中國共產黨的領袖。一九六七年六月最後一個星期，北京廣播電臺發布：

印度共產黨在西孟加拉邦大吉嶺區的農村發起革命，帶領農民進行武裝抗爭。這是印度人民遵循毛澤東的教誨，發起革命性武裝抗爭的前腳，代表當前印度革命的大方向。印度人民、中國以及整個世界，皆為這次革命性武裝抗爭歡呼喝采。[12]

當最早的幾次革命火花在納薩爾巴里燃起，另外一個毛派團體，則準備在安德拉邦發起行動。安德拉邦的「納薩爾派」在兩個地區很活躍：一個是共產黨在一九四六年至一九四九年間引發大規模暴亂的泰倫加納邦，另外一個則是和奧里薩邦接壤的斯里卡庫藍（Srikakulam）區。兩地的爭議點都是土地和森林的問題；主要的剝削者都是邦政府和地主，主要的受害者都是農民和部落居民（尤其是後者）；共產黨動員的活動，焦點都放在自由取用森林產品、給工人更好的薪資和重新分配土地。

在斯里卡庫藍，帶頭抗爭的是一位名叫薩提納拉亞納（Vempatapu Satyanarayana）的學校老師。他帶領部落民族發起一連串的罷工，並從富有的農場主人那裡搶走農作物，重新分配給需要的人。一九六七年底，地主向警方尋求協助，警察介入並逮捕數百名抗爭人士。此時，薩提納拉亞納和他的追隨者決定進行武裝抗爭，地主和債主的住家遭到突襲，他們的檔案和文件則被燒毀。邦政府的回應是派來更多警察，一九六九年初，有多達九隊的武裝特警部隊在這裡執行任務。

泰倫加納邦的抗爭活動由瑞迪（Tarimala Nagi Reddy）帶領，他長年組織農民，有豐富的共產主義運動經驗，而且當過好幾屆邦議員。此時，他宣稱議會制路線已經不可行，不但放棄邦議會的職務，也從CPM退出，再度從事農村活動。他和基層工人聯手動員農民，以提高薪資和終結邦政府的貪腐現象為訴求。泰倫加納邦被分成好幾個區域，每個區域都有數個革命團體派駐其中。[13]

回到西孟加拉這邊，聯合政府不到一年就瓦解了。中央政府實施《總統管制令》（President's Rule），接著一九六九年初舉行改選，CPM在議會席次大幅增加。這一次，他們奪下八十席，使其成為孟加拉國大黨和其他黨派最重要的合作夥伴，新的政治聯盟成形。穆希里再度出任西孟加拉首席部長，CPM則選擇派人出任關鍵的議長一職，大抵而言，由CPM扮演「老大哥」的角色。

在這幾年當中，西孟加拉邦經歷非常嚴重的社會動盪。這個情形從《西孟加拉的創痛》（*The Agony of West Bengal*）和《失去文化傳統的邦》（*The Disinherited State*）等書籍標題可見一斑。其中一個主要的衝突點，發生在中央政府和邦政府之間。印度政府擔心法律和秩序的問題，執政的國大黨對於他們在西孟加拉邦失勢感到氣惱。邦長成為替中央向地方政治人物傳達意見的要角（雖然比較不合理，但他也替國大黨傳達意見）。議事經常因此中斷；有一次，邦長不得其門而入，無法按照慣例在議會致開幕詞，只能在警方的護送之下逃離現場。[14]

第二個主要的衝突點，發生在邦政府的兩個主要政黨之間。穆希里和他所屬的孟加拉國大黨試著讓邦政府正常運作，但力道薄弱；CPM則是不惜發動街頭抗議，甚至暴力行動，來推動他們的目標。在加爾各答與其附近的工廠，工人在工廠外對峙，將管理階層團團圍住，要求提高薪資和改善工作條件。先前，管理工廠的人可以叫警察來處理，但新的政府堅持，一旦發生像這樣的停工事件，要先交給勞動部長處理（他是CPM的成員）。這麼做，等於是歡迎工人罷工——根據一項估計資料，聯合陣線與左翼陣線聯盟政府執政的頭六個月，就發生超過一千兩百場對峙。[15]

停工事件在英國媒體上激起漣漪，部分原因是，許多加爾各答的大工廠是英國的工廠，另一方面，這裡曾經是英國統治時期的首都。有一則新聞的標題是〈西孟加拉將出現更多違法事件〉（West Bengal expects more law-lessness）；另外一則新聞的標題則為〈西孟加拉邦議會因暴動無法開會〉（Riot stops opening of West Bengal Assembly）。不管是印度還是歐洲的工廠老闆，很多人都因此決定關閉工廠。有些人則把工廠業務轉移到別的地方，在這個資金外移的過程中，加爾各答因此失去了印度工業重鎮的領導地位。[16]

除了資本家擔心賺不到利潤，到處發生違法事件也讓西孟加拉的首席部長感到憂慮。他認為這是CPM惹出來的事端，土地勞動部（麻煩不斷的領域）和內政事務部（可以掌控卻沒有掌控的領域）部長都是他們的人。因此，奉行甘地主義的穆希里決定組織自己的非暴力不合作運動，來對這些抗議活動表達抗議。他到各個行政區發表演說，控訴CPM激化社會紛爭。然後，十二月一日的時候，他在一個非常公開的地方——加爾各答南部的寇松公園（Curzon Park）——展開七十二小時的絕食抗議。在印度的歷史上發生過好幾次非暴力不合作運動，但這次絕對可以算是最奇怪的一次：首席部長用絕食的方式，抗議他自己帶領的政府無法維持社會和平。[17]

第三個主要問題發生在CPM和納薩爾派之間。納薩爾派現在組成新的政黨，叫做「印度共產黨（馬克思—列寧主義）」〔Communist Party of India (Marxist-Leninist), CPIML，簡稱印共（馬列派）〕。一個地區接著一個地區的政黨幹部離開母黨，加入這個新的黨派——就像一九六三年至一九六四年，他們離開印度共產黨，加入CPM那樣。兩黨之間競爭激烈，經常爭得你死我活。CPIML的領袖馬宗達（Charu Mazumdar）強烈主張淘汰地主（他們是「階級敵人」）和CPM的幹部（他們是「右派異端分子」）。在CPM這邊，他們有一支私人軍隊（它有一個委婉的名稱，叫做「志願部隊」）。這支軍隊的目標是進一步實現「人民民主革命」的願景。[18]

跟英國統治的時期一樣，情報局的報告最能呈現政治上的動盪不安。有一份情報局報告上，列了一百三十七次「在西孟加拉邦發生的重大不法事件」。這項紀錄的記載時間從一九七〇年三月十九日到五月四日，只不過短短的六星期而已。這些不法事件又分成好幾種。有些事件是兩個黨派之間的競爭：CPM和CPI之間的糾紛、CPM和國大黨之間的糾紛、CPM和CPIML之間的糾紛。有時候，不滿情緒是衝著邦政府而來：例如，CPM和警察團體之間的糾紛，或極端分子和警方之間的糾紛——這裡是指馬爾達（Malda）地區發生的警局攻擊事件，納薩爾派的人用矛刺死一名員警，並將警方的武器搶走。此外，還有一個案例是極端學生分子和副校長發生衝突。這是加爾各答的加達維普大學（Jadavpur University）爆發的事件，當時基進的學生們把副校長抓起來關了好幾個小時，然後破壞副校長室的擺設，並把毛語錄抄在副校長室的牆上。[19]

在農村裡，納薩爾派一直希望以將地主斬首的方式來催化紛爭；在城市裡，他們認為，隨機攻擊警察可以達到相同的效果。吉卜林曾經將加爾各答描述為「可怕的夜之都」。現在，市民白天也活在恐懼之中。商店開始下午兩三點就關門不做生意，到黃昏的時候街道就空了。[20]一名記者寫道：「在這座動盪不安和扭曲的城市裡，沒有一天是沒有幾顆炸彈丟向警方的糾察隊和巡邏隊的。」警方這邊，則是突襲住家和大學宿舍，搜捕極端分子。在某次突襲行動中，警方查扣了足以製造三千顆炸彈的火藥。[21]

V

泰米爾的民族榮譽感在南方再度燃起，階級之間的衝突則在東方日漸高漲。然而，在其他地方，國大黨的凝聚力也大受打擊。在奧里薩邦，自由獨立黨和當地菁英組成的政黨組成合作夥伴將國大黨澈底擊敗。他們的競選活動以兩名國大黨代表人物——帕特奈克（Biju Patnaik）和米特拉（Biren Mitra）——作為主要目標，攻擊他們疑似做出貪腐的行為和過著豪奢的生活。據說，帕特奈克和米特拉在邦政府任官的時候，曾經收受商人的賄賂，還將有利可圖的政府合約案指派給他們的親朋好友。[22]在德拉敦地區，有一個可以說是因地制宜的流行口號：「只要有酒瓶的地方，就找得到帕特奈克和米特拉。」自由獨立黨、人民同盟、國大黨三黨聯盟在即將執政之際，立即籌組委員會，要求調查前朝的貪腐事件。[23]

國大黨不僅受到左右兩派夾攻，內部也受傷慘重。國大黨在印度北方大部分的邦裡只以些微之差成為議會多數。這些邦成為掠奪的對象，一些有野心、想要成為首席部長的政治領袖在這些地方組黨組派。國大黨在北方邦、中央邦、哈里亞納邦、比哈爾邦等地組成政府，但有一群不滿的背叛者轉而加入另外一個陣營，讓國大黨政府因此垮臺。有一個政治意涵已經很豐富的縮寫字，又多了一個新的意義，這個字就是「SVD」——聯合議員黨（Samyukta Vidhayak Dal）。從名字可以看出，這個黨派是一群烏合之眾，有左派、右派和中間派的議員，他們只是為了奪權才聯合組黨。

SVD組成的政府，成員有人民同盟、社會主義者、自由獨立黨、當地政黨和背叛國大黨的人——背叛國大黨的人往往是有可能形成多數的關鍵人物。在某種程度上，SVD象徵低階種姓的崛起，之前他們在土地立法中受益，但沒有因此取得政治上的實力。在北方，這些種姓包括哈里亞納邦和北方邦的賈特人、比哈爾邦的庫爾米人（Kurmis）和柯里斯人（Koeris），以及這些邦都有的亞達夫人（Yadavs）。南方則有馬哈拉什特拉邦的馬拉塔人（Marathas）、邁索爾的沃卡利加人（Vokkaligas），以及安德拉邦的雷迪人（Reddys）和迦馬斯人（Kammas）。這些種姓位於社會的中間階層，地位比婆羅門低，但比賤民高。他們是許多地區的「主要種姓」，因為這些種姓具有人數上的優勢，而且很有組織。他們只是少了在邦裡取得政權的方法。SVD主要由這些種姓所組成，其他成員還有在北方得票率增加的社會主義分子。值得注意的是，許多背叛國大黨的人都是來自這個社會階層。

從另外一個層面來看，SVD政府只不過是個人野心的產物。以中央邦的例子來說，國大黨的問題在選舉還沒舉辦之前就發生了。當時，瓜里爾的土邦太后因為國大黨沒有在推派人選之前諮詢她，而退出國大黨。她和兒子馬德赫拉夫（Madhavrao）一起強烈反對國大黨。有一份情資報告上面記載，這位太后在這次選舉當中花了三百萬盧比。雖然國大黨重新取得政權，但在瓜里爾地區，國大黨輸得一蹋糊塗。根據這份報告的內容，此時，這位太后正在計畫用更多的錢「來破壞國大黨議員的忠誠度……讓新上任的國大黨內閣垮臺」。[24]

瓜里爾地區的首長名叫米西拉（D. P. Mishra），是個精明圓融的人，對此早有準備。他親自爭取其他政黨的背叛者——他在寫給國大黨主席的信件中表示，他「對所有想要加入國大黨的人敞開大門」。[25]不過，最後太后成功了，國大黨的重量級背叛者納蘭·辛格（Govind Narain Singh）把另外二十八個人一起帶離國大黨。在議會的重要投票日前，納蘭·辛格將他的人關在他自己家裡，用一把來福槍看住他們，防止他們被人綁架或受到敵營的誘惑。

SVD不確定他們的政府可以維持多久，所以每一天都要有用。或者說，每一道命令都要收到「成效」。部長針對批准和中止官員調動明訂費用。因為這樣，「命令——尤其是調職命令——發布或取消的速度快得不得了」。一如既往地，人民同盟想要教育部長的職位，這樣「他們就能透過小學建立長期支持者」。他們最後掌控內政部，透過持續監控追隨者來維繫公共和平；同時也特別留意，「不讓重要的部會職位落到穆斯林手中」。[26]

儘管一九六七年的選舉與這些背叛脫黨和貪汙腐敗的情事牽扯在一起，但是如艾瑞克所言，選舉過後，印度實際上發生了第二次非暴力革命。此時，如果從新德里搭火車到加爾各答，在這段直接穿越印度核心地帶的一千英里路程中，不會經過任何一個由國大黨治理的城市。

VI

一九六〇年代晚期，新的地方主義情緒燃起。舊海德拉巴邦的某些地區在一九五六年與安德拉邦合併，現在這些地區想要自立門戶。這場運動由奧斯馬尼亞大學（Osmania University）的學生領導，他們對安德拉邦只照顧沿岸菁英的利益感到不滿，要求以被忽略的內陸地區為重心成立一個新的邦。這個叫做「泰倫加納」的邦，首府將設在海德拉巴。人們進行罷工和遊行，火車停駛了，大家口中喊著「安德拉人殖民統治」和「警察恐怖統治」。[27]

事實上，在印度的另一邊，有一個新的邦在阿薩姆部落地區成立。這個地方運動歷史悠久。一九五五年的時候，東印度部落聯盟（Eastern Indian Tribal Union）成立，代表卡夕、賈因提亞和加洛等山地區域的居民。五年後，東印度部落聯盟更名為超黨派山地領袖會議（All-Party Hill Leaders Conference, APHLC）。一九六七年，國大黨在山地區域被APHLC擊潰。受到這個因素的影響，再加上害怕會激起像那迦和米佐那樣的暴動，中央政府在一九六九年十二月設立新的省分，叫做美加拉雅（Meghalaya）邦，意思是雲的住所。[28]

同時，旁遮普有一個剛成立的邦正在尋找他們的首府。自從一九六六年哈里亞納從旁遮普劃分出來，昌第加就是旁遮普和哈里亞納的首府。錫克教徒基於某個理由，相信這座城市應該屬於他們——中央政府其實已經表明將昌第加歸給他們。現在，旁遮普人開始催促政府兌現承諾。一九六八年和一九六九年，他們經常以此為訴求發起示威活動。一九六九年十月，資深自由鬥士費魯莫（Darshan Singh Pherumal）在一場要求新德里政府交出昌第加的絕食活動中喪生。總理在慰問聲明中表示哀悼——她希望費魯莫的辭世「能讓旁遮普的人民，以及哈里亞納的人民，齊心同力，重歸於好」。[29]

正如錫克教徒希望昌第加專屬於他們，有些馬哈拉什特拉人也希望孟買能夠屬於他們。孟買有一個新的政黨，叫做希瓦吉之軍（Shiv Sena），名稱來源是中世紀馬拉塔帝國的戰士：希瓦吉大帝。在某種程度上，希瓦吉之軍可以說是馬哈拉什特拉統一社會的延續——只不過形式比較極端。現在，運動口號變成「馬哈拉什特拉人的孟買」，而不是「馬哈拉什特拉邦的孟買」。希瓦吉之軍是漫畫家塔克雷（Bal Thackeray）一手催生的，他的主要目標是南部的印度人，他認為，這些人正在奪走原住民的工作。塔克雷在他創作的文章和漫畫中，嘲諷穿腰布的「馬德拉斯人」；他的追隨者則攻擊位在烏杜皮（Udupi）的餐廳，以及說泰米爾語和泰盧固語的人的住家。他們的另外一個目標是共產主義者，他們想透過和管理階層達成協議，破壞共產主義者對紡織工會的掌控。

孟買是印度的**第一大都會**，是印度的金融和工業重鎮，以及娛樂產業的核心城市。在這個極為國際化的都市裡，本土主義竟然推行得非常成功，這一套對受過教育的失業人口尤其管用。一九六八年，希瓦吉之軍在孟買的地方選舉中大贏四十二席，成為當地第二大黨，僅次於國大黨。[30]

除了核心地區要求提高自治權，周邊地區也不平靜，有些團體和領袖從一開始就沒有完全接受成為印度的一部分。一九六八年三月，謝赫從科代卡納的軟禁中獲釋，政府允許他回到喀什米爾谷地。這是在一九六七年選舉過後的一年，在喀什米爾，那場選舉無論如何都不是真正的自由、公平選舉：七十五個選區中，有二十二個選區，因為對手的提名參選文件遭到駁回，使國大黨的候選人在沒有競爭對手的情況下得以回鍋。[31]甘地夫人的幕僚現在勸她釋放謝赫。他們得到的資訊是，謝赫「正在逐漸適應，喀什米爾加入印度是無可挽回的事」。[32]

一九六四年，喀什米爾之獅開著敞篷式吉普車進入喀什米爾谷地，在家鄉受到英雄式的歡迎，大約五十萬景仰他的人，夾道為他獻上花環。他的聲明和以前一樣，包含許多不同的意思。他在一個場合中表示，他會與印度政府討論「各種可能性」，在另外一個場合則表示，他絕對不會犧牲喀什米爾的「自決權」。他在英國報紙的採訪中提出三管齊下的解決方案：查謨歸給印度、「自由」喀什米爾歸給巴基斯坦、喀什米爾谷地——真正的爭論焦點——則交給聯合國託管五年，之後再投票決定要加入印度、加入巴基斯坦，還是獨立。謝赫在政治上出現矛盾，但他一如以往，直截了當地捍衛世俗主義。當威脅要激化印度教和穆斯林暴動的學生之間出現爭端，謝赫出面安撫這些爭執不下的人，然後走上斯利那加的街頭，力勸所有人冷靜下來。他讓夥伴發誓「隨時可以用鮮血來保護喀什米爾少數民族的生命、榮譽和財產」。[33]

在此同時，那迦蘭邦的叛軍也在尋求新的解決辦法。費佐人在倫敦，這場運動交到了年輕基進分子的手裡，例如斯烏和穆維阿（T. Muivah）等人。年紀較長的費佐反對向中國共產主義者尋求援助（因為中國對基督教信仰懷有敵意），但這些年輕一輩沒有這樣的顧忌。報告顯示，有一千名那迦人從緬甸進入雲南，到那裡接收中國提供的機關槍、迫擊砲和火箭彈發射器。在那迦蘭邦這邊，印度軍隊和反叛軍之間發生非常激烈的衝突。[34]

《觀察家報》的艾斯特長期支持那迦獨立，他肯定接觸北京的做法。艾斯特預測，那迦蘭邦將按照愛爾蘭的模式發展——殖民政府不願意讓愛爾蘭島的南部地區獨立。由於那迦人和愛爾蘭人一樣固執，這位報業大人物認為，他們「現在可以借助中國的支持……成功生存下來」。艾斯特希望，「友善的英國輿論會告訴德里，我們在雷同的愛爾蘭挑戰中，學到怎樣重要的一課。」[35]他會提出這樣的建議，雖說不到可悲，但也嚴重低估了印度的火力。

VII

一九六〇年代末期，印度教徒和穆斯林之間的暴力衝突愈來愈多，令人不安。根據國家整合議會（National Integration Council）的數據，一九六六年發生一百三十二次公共暴力事件，一九六七年發生兩百二十次，一九六八年更是多達三百四十六次（一九六九年與一九七〇年持續呈現上升的趨勢）。這些衝突的起因通常是小爭執，例如在清真寺前面播放音樂，或在印度教的寺廟前面殺牛。有時候，則是攻擊女性或爭產而引發的問題。就衝突事件的數量來看，比哈爾邦和北方邦是衝突最嚴重的地方。[36]

暴力事件激增，其中一個原因在於邦政府力量薄弱。尤其是SVD組成的政府，他們對於是否鎮壓暴動和暴亂人士舉棋不定。另外一個原因在於，一九六五年的戰爭過後，人民對巴基斯坦的憤慨情緒高漲，這種情緒很容易就會導引到印度的穆斯林身上，因為穆斯林（很不公平地）被認為是替敵方效力的第五縱隊。「受人民同盟啟蒙的印度教徒」尤其有像這樣嘲弄穆斯林的傾向。現在，爭端爆發了，除了原本就有的宗教口號「偉大、偉大的濕婆」和「真主至大」，印度教這邊又多了一句新的口號：「滾到巴基斯坦，否則就把你們送進墳墓。」[37]

最嚴重的一次暴動發生在艾哈邁達巴德，這是一座古吉拉特城市，聖雄甘地曾經將這裡視為他的家鄉。諷刺的是，暴動發生在甘地逝世一百週年的前一晚。因此，從世界各地請來達官顯要，打算盛大慶祝的政府，感到顏面盡失。一九六九年九月十二日，有一群苦行僧牽著牛隻正要走回寺廟，紀念穆斯林聖人的慶祝遊行隊伍與他們偶遇。雙方在言語上激烈交鋒，穆斯林的年輕人進入寺廟，將幾尊神像打破。穆斯林代表團在一位德高望重的律師帶領下，立刻到場致歉，但祭司不接受他們的安撫。此時，褻瀆神明的汙言穢語四起，印度教群眾開始集結，尋找攻擊的目標。有一個地方在焚燒《古蘭經》，另外一個地方的穆斯林商店則是被人攻擊。隨著穆斯林出手反擊，問題擴大到艾哈邁達巴德各地，沒多久，就波及艾哈邁達巴德周邊的其他市鎮。由於警方袖手旁觀，幫派在舊城的狹窄街道內互相械鬥。經過一個星期的打鬥，政府派軍隊前來恢復和平。超過一千人因此喪生。三萬人則是因此無家可歸。不管是喪生者還是無家可歸者，主要都是穆斯林。[38]

一九六七年夏天，比哈爾邦的蘭契（Ranchi）發生非常嚴重的暴動。三年後，在馬哈拉什特拉邦的加爾岡也發生一次慘重的動亂。在這三年之間，印度北部和西部的其他市鎮，也有群眾之間的暴力衝突事件。作家庫什萬特・辛格（Khushwant Singh）苦澀地指出，印度的青少年男女現在是透過謀殺的歷史來學習本國地理。阿利加爾、蘭契、艾哈邁達巴德不再是教育、文化、信仰的中心，而是印度人以宗教之名殺害他人的地方。庫什萬特・辛格指出，在這些暴動事件中，「十個被殺害的人裡面，有九個是穆斯林。十幢被摧毀的住家和商業建築裡面，有九幢屬於穆斯林。」此外，那些被迫無家可歸的人，以及被警察逮捕的人，大部分都是穆斯林。庫什萬特・辛格問道：「印度的穆斯林，在印度社會中不再感覺安全，有什麼好奇怪的呢？他覺得遭人歧視。他覺得自己是二等公民。」[39]

一九六七年至一九六八年間，群體中的氣氛開始緊張時，印度選出了具有穆斯林身分的總統——海珊（Dr Zakir Hussain）——以及具有穆斯林身分的最高法院大法官——希達亞圖拉（M. Hidayatullah）。不過，如一份德里的報刊指出，這絕對不是代表「穆斯林在印度生活的地位全面提升」。在工程、醫療、工業、貿易、軍事等領域工作的穆斯林，在比例上是少之又少。部分原因是穆斯林的上流社會人士逃到巴基斯坦去，加上社會偏見隱隱作祟。穆斯林長期以來都是國大黨的忠實後盾，但在一九六七年的選舉中，他們很多人將票投給其他政黨，藉此表達失望之情。穆斯林遭受的困境，起因在於印度教徒抱持偏執想法和採取族群政治的做法，也在於他們自己的領導階層受到蒙昧主義影響。[40]

VIII

在歷史學家眼裡，一九六〇年代晚期是令人想起一九四〇年代晚期的一段時間，當時危機衝突四起，階級、宗教、族裔與地區問題激起人民之間的仇恨，眼看就要分崩離析。我很好奇，活在這些時代的人們，尤其掌權的人，特別是當時的兩位總理，是否意識到他們面臨相似的狀況。

相互呼應的情形，不僅存在於國家、社會當中，也具有家族性。一九四六年，在英屬印度邁向滅亡前的陣痛時期，尼赫魯當上臨時政府的總理，隔年印度獨立，總理的位置獲得鞏固；一九六六年，甘地夫人意外上臺，隔年她帶領國大黨勝選，總理之位正式鞏固。她和尼赫魯一樣，在德里握有大權，但她也和尼赫魯一樣，不確定在德里之外的地方，政府命令可以傳得多遠。他們都要對抗共產主義者的造反和族群衝突。除此之外，尼赫魯還要面對王邦的問題，她則面對好幾次反國大黨的邦政府引發的問題。

到這裡，兩個年代的相似之處出現了分歧。為了讓四分五裂的印度成為一個團結的國家，尼赫魯提出一個以四大支柱為主軸的思想體系。第一個支柱是民主，人民要有選擇朋友和表達意見的自由（還要能夠自己選擇使用什麼語言來表達）——最重要的是，依據成年即擁有公民權的普世價值，透過定期選舉來選擇自己屬意的領袖。第二個支柱是政教分離，在宗教議題上政府要保持中立，並且承諾維持社會和平。第三個支柱是社會主義，在試著提高生產力的同時，也要確保所得分配是平等的（社會機會也要均等）。第四個支柱是不結盟，將印度置於強權的競爭之外。這樣的世界觀縱使沒有那麼吸引人，但重要的元素在於刻意發展多黨並存的體制（國會辯論是尤其重要的管道），尊重司法和行政自治。

雖然尼赫魯重申這些觀點的時候印度剛剛獨立，但這些信念已經發展二十多年。尼赫魯是博學多聞、見多識廣的人。他透過旅行和閱讀的經驗，將社會主義和自由主義結合在一起，認為這樣非常適合印度。換句話說，他提出（並歡迎印度人民散播）的政治信念，是他自己的創見。

至於甘地夫人，我們便無法如此斷言。她並未廣泛閱讀，也沒有四處遊歷。她很愛國，這點無庸置疑；在自由運動方興未艾的時候長大，身邊都是這些自由運動的領袖，她誓言維護印度在國際之間的利益。她打算如何維護印度的利益，這點就不是那麼確定了。在她參與政治的這些年，她沒有向國大黨，也沒有向大眾揭示她的核心理念。大家不清楚她對市場經濟、冷戰、宗教關係、民主制度和民主進程究竟抱持什麼樣的想法。尼赫魯在他的《著作選集》（*Selected Works*）裡寫滿他對這些議題的看法——關於這些議題，一九六七年之前，甘地夫人鮮少提起。

總理甘地夫人可以說**沒有**一套思想體系——但她的幾位顧問，在這點上與她不同。她的其中一位主要顧問是祕書長哈克薩（P. N. Haksar）。哈克薩在倫敦政經學院接受教育，回安拉阿巴德擔任律師之前，他曾經在英國執業。獨立革命時期，他加入外事服務處，擔任印度駐澳洲大使，以及第一位派駐奈及利亞的高級專員。一九六七年，甘地夫人請他加入祕書處的時候，他正在倫敦擔任副高級專員。哈克薩和甘地夫人是同鄉，家世背景也一樣——他們都來自喀什米爾潘迪特（Kashmiri Pandits）——而且有許多共同的朋友。

哈克薩是相當博學的人：他在學校攻讀數學，也對歷史非常有興趣，尤其是外交和軍事歷史。他的興趣還有人類學（他參加馬林諾斯基〔Bronislaw Malinowski〕在倫敦政經學院舉辦的研討會）和食物（他是廚藝高手）。哈克薩的淵博知識和強烈主張，經常讓朋友和同事吃不消。不過，在他身上，聰明才智不等於城府很深。他的政治觀點和一九四五年左右的左翼英國工黨一樣——在經濟議題上支持政府、反對市場，在外交政策上支持蘇聯、反對美國。一定要提的是，他還是一個正直而不受動搖的人。[41]

這本書能付梓，有很大一部分是哈克薩的功勞，他的文件共有五百份檔案，讓我們有幸一窺那個時代的歷史。但當時的總理更該感謝他。因為，正如法蘭克（Katherine Frank）所寫：「甘地夫人毫無保留地完全信任哈克薩的智慧與判斷。一九六七年至一九七三年之間，他可能是政府裡最有影響力和最有權力的人。」[42]哈克薩將他的影響力和權力分給職業外交官考爾（T. N. Kaul）、由政治人物轉換外交跑道的答爾（D. P. Dhar）、由經濟學家轉換官場的達爾（P. N. Dhar），以及由警察改行安全分析師的高奧（R. N. Kao）。他們幾個人組在一起，人們（私下）稱他們是「般度五兄弟」（Panch Pandava）。這個名稱來自馬哈拉什特拉邦的五個英勇的兄弟。無獨有偶，他們都是喀什米爾的婆羅門。除此之外，也有一些外圍核心顧問，這些人也是政府官員或知識分子，本身並不是政治人物。

這不是偶然，甘地夫人比夏斯特里更需要顯示出她不需要依靠選她擔任總理的國大黨「辛迪加派」。在社交方面，她和這政黨大老沒有什麼往來——她自己的朋友背景單純得多。她不能確定他們什麼時候會把她拉下臺。因此，她仰仗身邊這些官員的建議，這些人沒有政治野心。但是他們的確可以提供政治上的意見，可以及時供她參考，又能貼合她的需求。

IX

一九六七年的選舉過後，德賽再度明確表示他希望成為總理，後來他妥協，擔任財政部長和副總理——副總理一職，自從帕特爾去世後就懸空了。

在辛迪加派的包圍和德賽的威脅之下，總理想要用社會主義者的身分來凸顯出自己的主體性。這是哈克薩給她的建議。一九六八年一月，他在寫給甘地夫人的便箋上提到，要剪斷德賽的羽翼，或許可以另外指派一兩位「副」總理。她在挑選對她忠心的部長時，也要吸收「更多由她個人直接指揮的革新派盟友」。為了達到這個目的，她必須「越過〔她的〕同事和政黨同志，直接向人民更強力地展現出〔她的〕個人意識形象」。[43]

雖然社會主義是她父親提出的四大支柱之一，但在一九六七年之前，甘地夫人鮮少訴諸「社會主義者」一詞。值得注意的是，這是她的官員最強力支持的主張。在某個程度上，這是一種消極的訴求，來自於婆羅門對商業行為和商人的反感。但是社會主義的概念，也包含正面的認同。他們相信，國家在經濟裡扮演要角，是確保社會平等和促進國家融合的必要手段。有一名官員寫道，公部門是「團結印度裡的大宇宙」。在私部門裡，旁遮普人僱用旁遮普人，馬爾瓦人只信任馬爾瓦人，但在印度鐵路公司和大型鋼鐵工廠裡，泰米爾人和比哈爾人、印度教徒和穆斯林、婆羅門和哈里真，一起並肩工作。無論社會主義在經濟上是否可行，都是不可或缺的「社會要素」，因為「社會主義和大型公部門……是有效的武器，能夠打造出團結、融合的印度」。[44]

哈克薩和他的同志提出社會主義，有強烈的道德核心價值。但對總理來說，這是一項實際的訴求，是讓她與國大黨不願改革的老人做出區隔的手段。一九六七年五月，她向黨內提出十項改革計畫，其中包括對銀行業進行「社會控制」、廢除王公貴族的私人財源，並且保障農民和勞工的最低薪資。辛迪加派對此興趣缺缺，但這些計畫訴求的對象是年輕一輩。在年輕世代的心中，國大黨受挫是因為這些年來，他們的承諾並沒有兌現。[45]

甘地夫人再度當選後發表演說，表明她與貧窮和弱勢的人們站在同一邊。一九六八年，她在下議院的演說中，強調工人沒有土地是個問題，表示她「為印度的所有少數民族感到憂心」，並為公部門沒有賺取利潤而遭受批評辯護（她回應：公部門在為經濟發展打下基礎，不需要賺取利潤）。八月在上議院演說時，她要求「重新處理人們受壓迫的問題」，尤其是「表列種姓」和「表列部落」，誓言「持續關注並努力解決這個問題」。幾天後的獨立紀念日，她站在紅堡的城牆上發表演說，針對「工廠主和商人」，說他們膽敢指責工人沒有紀律，卻依然「賺取高額利潤和領取高薪」。[46]

這些觀點與國大黨內所謂「少壯派」（Young Turks）的想法不謀而合，因為他們國大黨開始出現激進派社會主義。他們利用國會作為講壇，向比較保守的部長提出尷尬的問題。青年土耳其黨的謝卡爾（Chandra Shekhar）指控德賽的兒子坎蒂（Kanti）收受賄賂。他還暗指財政部長沒有按照時間規定，將執照發給一間大型工廠。外界相信，他這麼說是總理的意思——她無論如何都拒絕譴責他的發言。[47]

有一名傳記作者寫道，一九六八年和一九六九年這兩年，甘地夫人是「受挫的領袖。她沒有強到可以公然挑戰〔國大黨〕組織，但也沒有輕率到辭職下臺」。[48]一九六九年，她的機會來了。當時，海珊在共和國總統的任期當中過世了。辛迪加派希望由他們的人——列迪——來接任總統。列迪先前擔任下議院議長和安德拉邦的首席部長。但甘地夫人比較希望由副總統吉里（V. V. Giri）來出任——他是勞工領袖，和甘地夫人的關係非常好。

一九六九年第一週，全印度國大黨委員會（All-India Congress Committee, AICC）在邦加羅爾開會。顯然，在總理動身參加會議前，哈克薩告訴過她，「扳倒辛迪加派最好的辦法，就是將爭奪個人權力轉化成意識型態上的爭奪。」[49]甘地夫人在邦加羅爾公開攤牌，表示和少壯派站在同一邊，要將主要銀行立即國有化。她還反對列迪出選總統，但她的意見被執行委員會駁回。

甘地夫人在回德里的路上，免除德賽的財政部長職務。大家都知道，德賽反對銀行國有化，他曾經告訴國會，這樣會「嚴重濫用政府的行政資源，置基本問題於不顧」。德賽相信，「國家接手銀行，會讓經濟發展的資源變少，加重形式主義和繁文縟節。」[50]

解除德賽的財政部長職務後，甘地夫人發布國家掌管十四間私人銀行的命令。她在全印廣播電臺上解釋這麼做的理由。她說，印度是個「古老的國家，但民主剛剛起步，必須特別留意被少數人把持社會、經濟、政治體系」。根據這項命令，「大銀行不但要屬於社會，也要屬於公眾」，如此一來，除了借錢給大企業，這些銀行也能借錢給「數百萬的農民、工匠和其他自僱人士」。[51]

總理在向媒體發表的聲明中表示，關於國有化這件事，「國內反應良好」——百分之九十五的人支持國有化，只有代表商業利益的大報持反對意見。不過，有一份小型獨立週刊指出，此舉可能是以意識型態鬥爭來包裝個人目的。《思想》週刊表示，甘地夫人「選擇突然採取基進的立場，作為在國大黨中替自己爭取主導地位的策略——她現在想要「展現出她是全國重要人物，比起她需要國大黨，國大黨更需要她」。[52]

銀行國有化在最高法院受到挑戰，最高法院堅決反對國有化。但是這一次，最高法院的裁決立刻就因為總統簽署新的政府命令而失去效力。銀行國有化的前六個月，銀行大幅擴張——多達一千一百間新分行開張，其中有很大一部分是開在農村地區，這些地方先前從來沒有正式的信貸服務。[53]

X

現在，大家的注意力轉移到總統選舉上，所有國會成員和邦議員都要投票表決。國大黨正式推舉的候選人是列迪。吉里決定獨立參選，反對黨則推舉德希穆克——他先前是一名公務員，擔任過內閣部長。總理不顧國大黨的做法和黨紀，決定支持吉里。這項決定並沒有公開，但她將決定傳達給她的人馬，他們四處遊說年輕的國大黨議員投給吉里。此時，國大黨主席尼查林加巴向總理施壓，要她公開表示支持列迪。她沒有照做，於是尼查林加巴找上人民同盟和自由獨立黨，要他們從勞爾（Subba Rao）轉而支持列迪。這個舉動讓甘地夫人的陣營抓到小辮子，指控尼查林加巴和敵方過從甚密。他們正式請求執行委員會召開會議討論這個問題，但委員會拒絕。

總統大選（一九六九年八月二十日）四天前，甘地夫人終於表示意見。她要求議員進行「良心投票」，意思是要國大黨的黨員反抗組織，投給與國大黨競爭的對手。有相當多的黨員這麼做。許多年紀較大的國大黨員投給列迪，但最後，吉里在第二輪投票中勝出。這段時間，國大黨主席和總理書信來往言詞激烈。最後，在十一月十二日，甘地夫人因為「未遵守黨紀」而被退黨。在這個節骨眼上，有許多議員與她共進退。十二月，互相競爭的國大黨派系成形，母黨在艾哈邁達巴德開會，新的挑戰黨派則在孟買開會。這兩個派系，一個稱為國大黨組織派，一個稱為國大黨訴求派；又稱老國大黨和國大黨改革派。[54]

將甘地夫人趕出國大黨的時候，尼查林加巴指控她助長個人崇拜，將她自己置於黨和國家之上。他表示，二十世紀的歷史——

> 充斥各種使民主制度大受打擊的悲慘事例，領袖搭著大眾的浪潮或在民主組織的支持下掌權，卻在政治中自我陶醉，受到不知廉恥的同志進讒言慫恿，這些小人用賄賂和恫嚇消滅反對的聲音，試圖引發呼應當權者的公共輿論。作為致力推行民主和社會主義的組織，國大黨必須對抗這樣的趨勢。[55]

尼查林加巴畢生奉獻給國大黨，他來自農家，非常年輕就加入自由運動。他在邁索爾組織政黨，後來當過三任邁索爾邦首席部長。[56]他為國大黨和民主奉獻的決心無庸置疑，但「社會主義」則是另外一回事。銀行國有化讓與他競爭的對手更能聲稱自己站在社會主義這一方，而尼查林加巴尋求人民同盟和自由獨力黨的支持，讓他比較站不住腳。在哈克薩和同伴的操刀下，甘地夫人的演講和信件不斷擴大這樣的對比。總理在這些演講和信件中，化身為經濟社會主義和政教分離主義的代表，既支持貧窮的人民，也支持國家的整體發展。另一方面，國大黨主席則被認為在經濟上支持資本主義，在宗教上支持地方自治主義。[57]

這樣的表現方式成功了。在七百零五名國大黨執行委員會的成員當中，有四百四十六名加入國大黨改革派；在四百二十九名國大黨議員（包括上下議院）當中，有三百一十名加入總理的陣營。這些議員，有兩百二十名來自下議院，改革派差四十五個席次就能成為最大黨。為了補足人數，他們找上獨立參選人和印度共產黨。CPI欣然加入，將甘地夫人轉向左派視為擴大影響力的機會。一九六九年八月，一名具有影響力、親近印度共產黨的記者，在描述國大黨的派系之爭時，幸災樂禍地寫道：「所謂的辛迪加派已經四分五裂。國家事務出現一股潮流。想必……英迪拉．甘地正在順水推舟……象徵這股潮流的，是來自各行各業熱情的群眾，每天聚集在總理住所外。他們可不像一般人，想要瞻仰美麗的容顏；他們代表一股新的群眾力量。」這位記者期盼政府「實施基進的經濟計畫，以堅定的立場對抗地方自治主義」。[58]

一九五〇年到一九五二年曾經發生過類似的情況。當時，尼赫魯面臨考驗。在丹頓等保守派的挑戰下，他想辦法帶領國大黨走出困境，而不是將國大黨一分為二。但是現在，如一名博學多聞的觀察家所言，甘地夫人「向國大黨傳統展現出他們不熟悉的戰鬥性」。與尼赫魯、夏斯特里的漸進作風相反，她「代表強硬和新的事物。她冷靜判斷、精準掌握時機，以誇大的生動姿態現身，這些天賦令人們大感驚訝；最重要的是，她有戰鬥到底的能力，甚至能讓這個致力於自由解放的八十四年政黨分裂」。[59]

XI

銀行國有化後，甘地夫人將矛頭轉向廢除王公貴族的特權。王邦加入聯邦的時候，王公貴族獲得憲法保障，可以保留他們的頭銜、珠寶和宮殿。除此之外，他們每年可以按照邦的大小來領取私用金，免繳中央稅和進口關稅。印度有這麼多赤貧的人，這些特權讓大家覺得「不恰當也不合時宜」——這是哈克薩的話，但不管是不是他這個圈子的人，大家都普遍這麼認為。[60]

早在一九六七年七月的時候，國大黨執行委員會就通過一項決議，要求取消王公貴族的頭銜和私用金。內政部擬了一份詳盡的備忘錄，建議透過立法的方式，不要透過行政命令來執行。內政部長查凡奉命和由德蘭加卓（Dhrangadhara）大君代表的王公貴族進行協商。他們希望王公貴族能接受改變；如果不接受，就要修改憲法。[61]

查凡和德蘭加卓在一九六八年開過好幾次冗長的會議，卻沒有達成協議。國大黨內部的權力鬥爭，令他們無論如何不敢輕舉妄動。有很多議員不是王公貴族就是受到王公貴族的掌控，而且甘地夫人需要他們的票，來讓她支持的總統候選人出線。在吉里選上之後，政府和王公貴族持續對談，兩邊都像對方一樣堅持。在一九六九年十二月的這個階段，納瓦納嘉（Nawanagar）的薩伯（Jam Saheb）向新德里提出一項有意思的建議。他兩邊都批評，指責王公貴族「採取堅決不讓步的立場」，也指責政府「背棄〔憲法上的〕堅持和承諾」。薩伯建議，要打破僵局的話，政府可以廢除王公貴族的特權，但要付給他們二十年的私用金：百分之二十五以現金支付，百分之二十五以公債支付（二十年後贖回），百分之五十交給以王公貴族之名義開設的公益信託基金。這個基金的目的在於推廣體育、改善落後種姓受教情形，以及最重要的，保護「我們正快速消失的野生動物」。[62]

薩伯認為，這是「符合國家尊嚴」的計畫。甘地夫人將這項計畫交給內政部長，表示這項計畫是由「有建設性的目的推動」，結果卻不了了之。一九七〇年五月十八日，國會夏季會期的最後一天，查凡提出一項法案，要求修正憲法，以取消王公貴族的特權。這項法案進入下一個階段，甘地夫人形容，這是「讓我們的社會更加民主化的重要步驟」。

下議院以過三分之二的票數——三百三十六票對一百五十五票——通過這項法案。然而，在上議院，這個法案被用一票制否決了。總理顯然預料到上議院會投票反對，沒多久，總統就頒布命令，取消承認王公貴族的身分。

四天後，一九七〇年九月十一日，一群大君請最高法院撤銷這項命令。這件案子由首席法官開合議庭進行審理。十二月十　日，合議庭判決，這是一項專制命令，違反憲法精神。有些法律學家認為，這項判決表示民主勝利，但左翼基進分子認為「最高法院傾向於保護既得利益」。

銀行國有化這件事，最高法院也從中加以阻撓。總理的權威面臨新的挑戰，讓她決定解散國會，重新尋求民意授權。國會還有一年的任期。甘地夫人在全印廣播電臺上說明這項決定，表示雖然她的政府希望「確保大部分的國民都能擁有更好的生活，滿足大家對社會公平正義的期待……反動分子卻千方百計加以阻撓」。[63]

XII

至少有一個方面，甘地夫人的政府收到非常好的消息——新的農業政策開始收到成效。一九六七年發生嚴重的乾旱，比哈爾邦受到的影響尤其慘重，但隔年作物大豐收，總共收成九千五百萬公噸的莊稼。收成增加主要來自旁遮普和哈里亞納邦，那裡的農夫栽種印度科學家以墨西哥模型改良的新種侏儒小麥。除此之外，新品種的稻米、棉花、花生也長得很好。

蘇曼尼的策略是找出可以灌溉的地區，以及最有可能種植新種子的農業社區，並且讓他們大量施肥。結果非常驚人。一九六三年至一九六七年間，在嘗試新方法之前，印度的小麥年產量是九百萬到一千一百萬公噸。一九六七年至一九七〇年間，產量是一千六百萬到兩千萬公噸。同一時期，稻米的產量從先前的三千萬到三千七百萬公噸，提升到後來的三千七百萬到四千兩百萬公噸。[64]

在這些數據底下，各個地區的差異很大。還是有很多地區靠雨水灌溉，每年只能栽種一種作物。不過，大家認為地方性缺糧是過去的事情。現代科學已經擺脫馬爾薩斯提出來的困境。一九六九年八月，一名對印度事務很有經驗的英國記者寫道：「我到這個國家，這麼多年來，第一次出現經濟上的凝聚力，第一次不覺得經濟完全仰賴雨季是否來臨。」[65]

糧食問題解決了，但印度依然可能四分五裂——根據麥斯威爾和其他人的描述，原因在於太多元化了。《紐約時報》在紀念印度建立共和國二十年的報導中說這是「了不起的成就」，然後又說：「這些日子以來，印度聯邦和民主制度承受的壓力愈來愈大，兩者的未來都令人存疑。」[66]不過，這時大部分印度人都對國內的兼容並蓄適應良好。他們可以看見是什麼將不同的宗教、族裔和地區連結起來——也就是共同的政治歷史（從一場國族運動之後開始）、一套多元化的憲法，以及定期選舉的傳統。他們不認為邦的挑戰會威脅到國家團結。如一位評論家所寫（他反駁麥斯威爾等悲觀人士的看法）：「強而有力的中央不見得對民主有益。」聯邦制和地區政黨執政，能幫助印度維持民主制度；（舉例來說）印尼和迦納（Ghana）就是對照組，蘇卡諾和恩克魯瑪（Nkrumah）建立起強大的中央政府，只是導致獨裁而已。[67]

當時，在好思考的印度人心中，有些擔心一九六〇年代晚期的事件會成為國家分裂的預兆，又或者身穿戎裝的軍人會取代選舉產生的政治家。軍方統治是不可能發生的事，但武裝共產運動可能會吞噬這個國家的許多地方。綠色革命可能會染紅，因為農業發展也會製造社會對立。納薩爾巴里的位置非常重要：這塊狹長的地帶，夾在東巴基斯坦和尼泊爾之間，距離中國不遠，又是進入東北各邦的唯一通道。這裡是發動革命的「理想地點」，共產主義者可以從這裡逃到巴基斯坦或尼泊爾，也可以透過這裡從中國取得武器。因此，新德里政府擔心這些與北京友好的共產主義分子，會「從納薩爾巴里擴散，和他們在孟加拉的基層組織聯手，直搗加爾各答的中心地帶。在他們身後的，會是威脅喜馬拉雅邊界的中國軍隊」。[68]

另一方面，有些人期待即將發生的革命。這些人，當然就是納薩爾派，但也有他們的西方同路人。一九六八年、一九六九年，信奉馬克思主義的人類學家高福（Kathleen Gough；她是美國裔，但當時在加拿大教書）在文章中表示，「印度最大的希望是從農村發起的革命運動」，那裡有很多貧窮的人民。高福表示，納薩爾派和他們的思想在各個地方取得進展，會衍生出信心，「議會制度終將失敗，共產黨的反抗手段才是唯一的希望」。[69]

除了高福，還有其他人認為共產革命是印度最大的希望，或許可以說是唯一的希望。同一年冬天，一對年輕的瑞典夫婦受到一九六八年的潮流所鼓舞，在印度農村四處遊歷。他們走遍各個地方，從北方邦東部乾涸的田地，到南部科弗里（Cauvery）盛產的稻田。他們看見受到壓迫的人們產生新的重要覺知，從「印度社會日益高漲的敵意」可以看出。種姓衝突轉化成階級衝突（就像馬克思的理論提及和希望的那樣）。他們發現（也樂見）知識分子對議會民主制抱持懷疑的態度。一名左翼學生領袖表示：「我們不能讓自己被每五年選舉一次的花招給蒙騙了。」

前述兩位瑞典社會學家預言，這些改變「會對印度的未來造成廣泛的影響」，將血濺四處（馬克思主義主張必定如此）。「有時候敵意強烈到難以想像的程度」，所幸，「新的革命運動……在今日的印度萌芽」。這兩位學者在著作中明白指出：「唯有數百萬名貧窮百姓將自己的未來掌握在手中之時，印度的貧窮與壓迫問題才能告終。」他們讓讀者看到希望：「或許，納薩爾巴里確實代表印度的革命。」[70]

第二十章
致勝妙方

啞巴娃娃（Gungi gudiya）。

——羅希亞對甘地夫人的形容，約一九六七年

I

一九六九年十一月，德里的《思想》週刊評論：「國大黨的全國凝聚力似乎已經被自己給扼殺掉了。」這個權傾一時的政黨，現在分裂成爭論不斷的派系。《思想》週刊寫道，下次大選舉行的時候，「國大黨員將與國大黨員互相爭鬥，讓地方或派系團體漁翁得利」。因此「甘地夫人的派系可能無法在國會保住三分之一以上的席次。其他團體看樣子更沒機會」。[1]

一年後，總理宣布在原定時間的前十四個月舉行選舉。她的國大黨改革派希望獲得人民授權，推動他們發起的進步改革——此時，改革在國會受到「反動」力量的阻礙。這項改革旨在推動「澈

澈底底的經濟和社會發展方案」，維護小農和無地勞工的權益，幫助小企業主對抗大資本家。它所代表的，是低階種姓的提升，以及少數族群的保障。當中特別提到，烏爾都語「目前為止都未獲得應有的地位，應當予以恢復」。改革宣言承諾，將成立「強健穩定的政府」，呼籲人民對抗「黑暗及邪惡的右派力量」，這些力量「意圖摧毀民主及社會主義目標的根基」。[2]

甘地夫人發現，她在一九七一年的處境，與她的父親在一九五二年的處境有許多雷同之處。甘地夫人和當時的尼赫魯一樣，在選戰中力抗自己的同黨同志；她和尼赫魯一樣，以嶄新、進步的言語向人民尋求支持；她也和尼赫魯一樣，是黨內的主要競選者和發言人，一舉一動都代表黨的立場。

這位總理以提早選舉的方式，巧妙地讓大選和各地的邦議會選舉脫鉤。在以前，邦議會的選舉總是和大選一起舉行。那樣的話，地方上的種姓和族裔問題，會和比較廣的國家問題混在一起。一九六七年就證明了這樣對國大黨不利。這次，甘地夫人宣布在地方選舉之前舉辦大選，確保兩者可以分開進行。

在此同時，反對派正在結盟對抗執政黨。大力推動反對派結盟的拉賈戈帕拉查理，此時已經年過九十。他表示，在無法就共同領袖取得共識的情況下，「要以遍地開花的形式」來打這場仗。我們「一定要以反對撕裂憲法、抹煞人民自由、將權力集中在政府手中的陰謀，在各地反對英迪拉的候選人」。[3]

反對派組成一個「大聯盟」，成員有人民同盟、自由獨立黨、國大黨組織派、社會主義者和地區團體，概念在於減少多重競爭。一名廣告文字撰稿人想出一句口號：「終結英迪拉。」針對這句口號，總理本人以一句強而有力的話作為反駁：「他們要求終結英迪拉，但我們要的是終結貧窮。」

不管是總理，還是某個已經遭人遺忘的下屬想出這句口號，「終結貧窮」都是受啟發而創造出來的詞彙。它讓國大黨改革派站在道德層次比較高的位置，成為代表進步、對抗反動的政黨。將選舉個人化，讓反對派嘗到嚴重的反效果。與執政黨高瞻遠矚的計畫比起來，他們的計畫被形容成消極的負面行動。

甘地夫人不斷努力為她的政黨拉票。一九七〇年十二月的最後一週，國會解散，十週後舉行選舉，這段期間之內，她總共跑了三萬六千英里的行程，在三百場會議中演講，大約兩千萬人聽到她演講或直接到場看她。甘地夫人在寫給一名美國友人的信件中，高興地轉述這些數字。她顯然很享受這個過程，她說：「看見他們（人民）的眼中散發光芒，感覺真好。」[4]

總理在演講中，大談她離開的黨派和她創建的黨派之間有何不同，有些是個人認知，有些是實際差異。「老」國大黨深受「保守元素」和「既得利益」的影響，而「新」國大黨則為貧窮的人們打拚。從銀行國有化和廢除私用金還看不出來嗎？這個訊息引起廣大的回響，原因如一名語帶諷刺的記者所寫：

> 躺在水溝裡的人最重視的事情，莫過於擁有比衛生稽查員優越的想法。讓有錢人威嚴掃地，似乎可以保證窮人將因此增光。立即「消弭貧窮」的口號，在經濟上是一件荒唐的事。但是，基於前述原因，在一個與理性和邏輯發生衝突的群體裡，這句口號在心理和政治上，卻是有利的關鍵因素。[5]

總理在印度各地奔走，讓她的聲望比一九六七年還高。為了拉票，她用上「個人魅力」、「父親的歷史地位」，以及最重要的，那個激勵人心的口號——「終結貧窮」。沒有土地的人，屬於低階種姓的人，通通投給了國大黨改革派，前一次對選舉心灰意冷的穆斯林，也投給了國大黨改革派。這個新政黨在組織上的弱點，因為年輕的志願者而彌補起來。這些年輕人到農村四處闡述領袖的話。選舉當天出現大量投票人潮，顯示「人民在救贖的新希望下受到激勵」。[6]

一九五二年時流傳著這樣一句話：打著國大黨的旗幟，連路燈都能勝選。結果，甘地夫人比她父親更勝一籌。國大黨改革派在五百一十八席之中拿下三百五十二席；第二名的CPM僅拿下二十五席。勝利者和被擊敗的人都同意，主要是一個人的功勞。如作家庫什萬特．辛格所評論：「英迪拉．甘地成功擴大自己的形象，讓大家認為她是國家事務的唯一領袖。」接著，他以不祥的口吻補充：「不過，假如大部分人民都自願將權力交給一個人，而且反對派變得無足輕重，這個人一定會在誘惑下，不顧合理批評而一意孤行。讓英迪拉．甘地擁有不受拘束的權力是危險的事，必須避免。」[7]

一九七一年的選舉帶來好幾個結果，其中之一是執政黨的名字變了。國大黨改革派現在叫做國大黨英迪拉派，後來甚至把英迪拉派幾個字拿掉。英迪拉帶領的國大黨大勝，正統國大黨的地位確立，後面不必加上表示派別的字眼。

在選舉中大獲成功，讓甘地夫人更加堅決地對抗王公貴族。整個一九七一年，雙方嘗試找出解決之道卻失敗了。王公貴族願意放棄他們的私用金，但他們希望至少能夠保留頭銜。可是總理的人在國會裡占絕大多數，所以她不需要妥協。十二月二日，她提出廢除王公貴族一切特權的憲法修正案。這項法案在下議院以三百八十一票對六票通過，在上議院則以一百六十七票對七票通過。總理在演講中邀請「王公貴族成為現代菁英」，表示「現代菁英憑藉自己的才能、活力和對人類進步的貢獻，來贏得他人的尊重；這些事情，唯有人人平等、不具特殊地位，大家一起攜手努力，才能辦到」。[8]

II

第五次大選的詳細統計數字，忠實地呈現在中央選舉委員會（Chief Election Commissioner, CEC）的報告裡。該年選舉人數為兩億七千五百萬人，比一九五二年第一次大選多出一億人。但所有印度人都不必走超過兩公里，就能實行投票權。現在有三十四萬兩千九百四十四間投票所，比一九六二年多十萬間。每間投票所裡，都提供四十三種物品，從選票、投票箱到不褪色墨水和封蠟；總共印製兩億八千兩百萬張選票，比合格選民的人數還要多上七百萬張（以防發生意外或出錯）。一百七十六萬九千八百零二名印度人參與選務工作——大部分都是邦政府和中央政府的官員。

接著，CEC轉而提及沒那麼光采的不當選舉行為。一份一九六七年的選舉報告當中，有三百七十五起各式各樣的選舉暴力事件被發現。在這些事件之中，有九十八起發生在比哈爾邦。[9]一九七一年，選舉委員會的報告記載六十六起「占領投票所」的事件，投票箱被強奪，塞入支持某個候選人的選票。在喀什米爾谷地的阿南特納格縣，有一名女性把投票箱藏在罩袍（burqa）底下帶走，還回來之後，票箱因為多了好幾百張選票而變重。這一次，最嚴重的暴力事件同樣發生在比哈爾邦——六十六間投票所裡，有五十二間被種姓派系領袖僱來的流氓占領。CEC相信，比哈爾「或許是全印度種姓影響最大的一個邦，而且種姓主義過盛的禍害，嚴重影響政治氛圍」。

儘管發生種種缺陷，印度仍然可以為舉辦第五次大選而慶賀——CEC在序言裡奇怪地以感性的口吻如此寫道，隨後才提供實際的數字分析。前一次和這一次投票間，「印度被困在最深、最黑暗的森林裡，摸索著出路。」隨處可見黨派之爭，聯合議員黨（SVD）政府上了臺又下臺，共和國總統辭世，令「已經很黯淡的政治局勢……更加黯淡」。接著，權勢極大的國大黨分裂。在CEC看來，只有「一七九六年英國輝格黨（Whig Party）的大分裂」能與之比擬。在這樣「緊張、壓力、困惑、變遷的狀態下，無論國內外，都有不看好的人開始嚴重擔心和懷疑民主無法在這片偉大的土地上存續下去」。

選舉委員會主席表示，這些不看好的人沒有考慮到「印度命運的主宰者」（Bharata Bhagya Vidhata），這位主宰者「為印度的靈魂注入致勝妙方，讓它在生命、道德、精神上獲得新的活力」，從「古時候」便替它擋下「不利和具有惡意的情況」。有些人可能並不同意這樣的觀點，他們認為這次選舉代表的不是精神上的勝利，而是證明了民主選舉此一現代政治制度的可行性。[10]

III

印度舉辦第五次大選的三個月前，巴基斯坦舉行了有史以來第一次成人普選。宣布舉行選舉的人是繼阿尤布·汗之後，就任總統和軍事管制法執行官的葉海亞·汗（Yahya Khan）將軍。

這場選舉由兩個政黨主導——在西巴基斯坦，是布托的巴基斯坦人民黨（Pakistan People's Party）；在東巴基斯坦，是拉赫曼（Sheikh Mujibur Rahman）的全國人民聯盟（National Awami League）。布托是大地主的兒子，曾經在牛津和柏克萊大學念過書，他承諾每個巴基斯坦人都能擁有「食物、衣服和頭頂上的一片屋頂」，希望藉此擺脫自己的社會地位——至少在言語上說服他人相信這點。拉赫曼則訴諸東巴基斯坦的受害情結、對孟加拉語受壓迫的憤怒感，以及西巴基斯坦軍方政權對該地豐富的天然資源進行濫墾。[11]

葉海亞・汗宣布選舉，似乎是想讓布托的巴基斯坦人民黨勝出，讓他可以繼續擔任總統。這場選舉在一九七〇年十二月的第三個星期舉行。巴基斯坦人民黨在西巴基斯坦拿下一百四十四席中的八十八席，而人民聯盟則在東巴基斯坦獲得比他們還要大的勝利——拿下一百六十九席中的一百六十七席。這樣的結果令拉赫曼感到驚訝，也讓葉海亞・汗大吃一驚。總統原本打算，新選出來的國會能夠塑造民主憲政體制；現在，他擔心人民聯盟占大多數，會堅持採取聯邦制度，讓東巴基斯坦管理自己的事務，中央政府只能制定國防和外交政策。拉赫曼已經表示，他會讓東巴基斯坦掌控當地產品賺來的外匯，也有可能發行自己的貨幣。

葉海亞・汗的保留態度，因為布托的野心而受到加強。巴基斯坦兩派之間的關係向來是一種殖民的關係，由西巴基斯坦以軍力、經濟甚至文化上的力量掌控著東巴基斯坦。對百姓和權貴來說，讓孟加拉人決定自己的命運，想到就很可怕。西巴基斯坦那邊的穆斯林，認為孟加拉的穆斯林軟弱無能，隨隨便便就會因為接近印度教徒而腐敗墮落（當時還有超過一千萬印度教徒住在東巴基斯坦）。在這些印度教徒裡面，有很多人是專業人士，例如律師、醫生、大學教授。西巴基斯坦的菁英分子，害怕如果拉赫曼的人民聯盟組成政府，「會有印度教徒強力介入他們的憲政體制」。[12]

另一方面，東巴基斯坦的穆斯林認為，西巴基斯坦的穆斯林是「統治階級、外來統治階級，以及剝削他們的外來統治階級」。他們痛恨統治者將他們使用的孟加拉語排除在外；他們抱怨豐富的農業資源因為拿去餵西邊的人而枯竭；他們認為，孟加拉人在巴基斯坦的官僚體系、司法體系，尤其是軍事體系中，擔任高層的人數比例非常低。多年來遭受歧視的感覺愈來愈深。到一九七〇年選舉的時候，「政治意識強烈的」東孟加拉人對「千里之外的中央政府很感冒」。[13]

一九七一年一月，葉海亞．汗和布托分別造訪東巴基斯坦的首都達卡（Dacca）。他們和拉赫曼會談，卻發現拉赫曼堅持實施聯邦制。於是，巴基斯坦總統延後召開全國大會。作為反擊，人民聯盟決定發起無限期大罷工。在東巴基斯坦，所有商店和辦公機關都拉下大門，就連火車站和機場都關閉了。每天都有警察和抗議人士爆發衝突。

軍方決定以武力鎮壓抗議群眾。增援部隊搭乘飛機或船隻進入東邊的主要港口吉大港。三月二十五日及二十六日晚間，軍隊對一間大學展開大規模的攻擊行動。這所學校的學生，是人民聯盟最主要的支持者。一列坦克開進校園，對宿舍開火。學生被集中起來，槍殺後推進臨時挖掘的墳場，再用坦克車輾平。另外還有軍隊派到這座城市的其他地方，以孟加拉報社和當地政治人物的住家為攻擊目標。同天晚上，拉赫曼在家中遭到逮捕，被用飛機載到西巴基斯坦的祕密處所。[14]

巴基斯坦軍隊向外擴張到農村地帶，一有任何叛變的跡象就出兵鎮壓。許多地方的東孟加拉軍隊紛紛叛變，吉大港也是其中之一，有一名少校在吉大港占領廣播電臺，宣布成立孟加拉獨立人民共和國（Independent People's Republic of Bangladesh）。[15]為了對抗游擊隊，軍方在當地招募好幾批稱為「拉扎卡」的反獨立分子，他們主張將宗教——乃至於巴基斯坦的團結統一——置於語言的訴求之上。村莊和小城鎮，甚至臨時機場，都落入反叛軍手裡，然後又被政府軍收復。報復行動愈來愈激烈。一名美國領事館的官員在報告中指出：「軍官和士兵身上的種種跡象顯示，他們相信自己在進行聖戰，對象是被印度教汙染的孟加拉人。」[16]

事後，有一名士兵針對鎮暴行動、「重申國家權力」、收復「被反國家分子占領的地方」，寫下一段生動的回憶。在他的記憶中，「不法之徒的抵抗，沒有地形的阻礙來得強烈。地區間的連絡通道遭到大規模的破壞，敵人和平民百姓隨意混在一起，因而難以取得進展。」[17]

在第一次襲擊行動之後，外國記者被趕出東巴基斯坦，但到了夏天，又允許部分記者回來這裡。一名德國記者看見到處都是內戰的跡象：城市裡的市集被燒毀，村莊裡的家園也被夷平了。「曾經充滿生機和活力的聚居地，現在成了空蕩蕩的鬼城。」一名美國記者發現，達卡是「一座被軍方用武力、恫嚇和恐怖手段占領的城市」。軍方特別針對印度教的少數族群反覆進行攻擊。當權者「破壞印度教的廟宇，不顧是否有印度教徒使用這些地方」。世界銀行派隊前往東巴基斯坦，發現「城市、鄉鎮、村莊裡的財物普遍遭到破壞」，導致當地人產生「全面性的恐慌」。[18]

達卡的軍事行動讓人民急著逃出這座城市。內陸地區的鎮壓行動使逃亡規模擴大，難民紛紛跨越國界進入印度。一九七一年四月底，有五十萬東巴基斯坦難民逃到印度；到五月底，有三百五十萬人；到八月底，超過八百萬人。雖然並非全部，但大部分的難民都是印度教徒。[19]在西孟加拉邦、特里普拉邦、美加拉雅邦，難民營沿著邊界搭建起來。為了分散壓力，中央邦和奧里薩邦也開設難民營。難民住在用竹子和聚乙烯塑料搭建而成的簡陋小屋；比較幸運的人，則是在學校和大學的走廊上棲身。食物來自印度的糧倉（綠色革命之後，糧倉就沒有那麼空了），西方國家的援助機構也為難民提供補給品。[20]

從一開始，印度政府就實施「敞開大門」的政策，來者不拒。負責難民營的主要是中央政府，不是邦政府。實際上，從衝突爆發開始，新德里政府就非常關心「為孟加拉而戰」的未來（在機密官方通訊中，「為孟加拉而戰」是這起事件的代稱）。在伊斯蘭馬巴德（Islamabad）那邊，則是暗中指稱「印度的猶太復國主義者密謀對抗伊斯蘭巴基斯坦」。[21]這麼說是言過其實，因為問題源於巴基斯坦內部，跟以色列一點關係都沒有。不過，紛爭一產生，印度也為了達到自己的目的而火上加油。

一九六八年，印度以美國中央情報局為範本所設立的情報機構「研究分析處」（Research and

Analysis Wing, RAW），在其中扮演關鍵角色。RAW的宗旨是在世界各地為印度謀取利益，其活動不需接受國會調查，直接聽令於總理辦公室。RAW的主管是喀什米爾的婆羅門人高奧（或許必然如此），處內官員來自警方，有時則是來自軍方。巴基斯坦一宣布要舉行選舉，RAW便開始忙著撰寫有關這個國家的報告。一九七一年一月，有一份備忘錄針對巴基斯坦的軍事力量提出警告：備忘錄上列出軍隊、坦克、軍機、軍艦的數量，表示這個國家已經「進入隨時可以與印度發生衝突的備戰狀態」。備忘錄裡的意見是，攻擊印度的「潛在威脅千真萬確，從中巴勾結的角度來看尤其如此」。此外，憲政危機可能會鼓勵將領採取冒險性的牽制行動，像一九六五年那次一樣，從「滲透查謨與喀什米爾」開始。[22]

一九七一年一月葉海亞．汗是否有這樣的計畫，只有從巴基斯坦的內部文件才知道。我們從印度這邊的文檔得知，印度有自己的謀略，對象當然是針對巴基斯坦。擬訂戰略的人是哈克薩和他的同僚——當時擔任印度駐蘇聯大使的答爾。一九七一年四月，答爾去函哈克薩，表達對印度在宣傳戰勝過巴基斯坦的欣喜之情——這場宣傳戰的進行方式，主要是救助巴基斯坦鎮壓下的難民。有些分析師建議採取迅雷不及掩耳的軍事行動，但答爾認為，印度不該採用「警力和輕率的計畫」，印度的規畫「不是要立刻擊退訓練有素的西巴基斯坦（軍隊），我們要讓東孟加拉成為無底洞，吸光西巴基斯坦的力量和資源。我們要從一、兩年的角度去思考，而不是一、兩個星期的角度」。[23]

IV

一九七一年夏季，除了上百個難民營，印度也為孟加拉游擊隊設立訓練營。這些孟加拉的鬥士稱為「自由戰士」（Mukti Bahini），共有約兩萬人，包括曾經在巴基斯坦軍隊服役的正規官兵，以及學著使用輕型武器的自願青年。起初，他們聽命於準軍事組織「邊境安全部隊」（Border Security Force），但進入秋季後，印度軍隊便直接將自由戰士納入麾下。這些游擊隊員會從印度的基地出發，冒險進入東巴基斯坦，攻擊那裡的軍營並阻斷當地的聯外通訊。[24]

一九七一年四月，中國總理致信巴基斯坦總統，對印度「嚴重干預」他的「國內問題」表示譴責，認為抵抗行動是「少數人想要破壞巴基斯坦的團結」而不屑一顧。他向葉海亞．汗保證，「要是印度的擴張主義者膽敢侵略巴基斯坦，中國的政府與人民將一如以往，在巴基斯坦政府、人民合理捍衛主權及國家獨立性時給予支持。」[25]

周恩來的信在巴基斯坦的媒體上刊登出來，與巴基斯坦接壤的印度一定也看到了。同時，新德里政府派資深內閣部長到歐洲和非洲國家，告訴他們正在發生的慘劇，以及印度在這個問題上付出的努力。印度總理致信世界領袖，敦促他們制止巴基斯坦的軍隊。一九七一年七月第一週，當時擔任尼克森總統安全顧問的季辛吉博士與甘地夫人在新德里會面。此時他才知悉「東孟加拉局勢緊張」。難民湧入對印度造成很大的負擔——印度總理表示：「我們完全憑意志力撐著」，唯有「與東孟加拉的真正領袖達成協議，讓東孟加拉的人民滿意」，危機才能解除。她要求美國對西巴基斯坦的軍事領袖施壓，讓他們與東孟加拉達成協議。[26]

季辛吉從新德里前往伊斯蘭馬巴德，再從伊斯蘭馬巴德「祕密地」前往中國的首都北京。巴基斯坦在兩國長期交惡的關係中扮演破冰的中間人。他們幫助中國，則是美國堅定支持伊斯蘭馬巴德將領的另外一個原因。因此，季辛吉為尼克森帶了一封信給甘地夫人，請她幫忙讓難民安全回國，並且維持巴基斯坦的完整性。印度總理反擊，表示一九六五年美國為巴基斯坦提供武器對抗印度，現在這批武器用來讓他們「攻擊自己的人民」，並對此事表達遺憾。在她看來，人民「錯就錯在認真看待葉海亞・汗總統恢復民主制度的承諾」。美國總統要求聯合國觀察員監督難民遣返，但甘地夫人反問：「難道聯合國觀察員會在猶太人和納粹的政治對手持續被打壓的情況下，說服從希特勒的專制統治下逃出來的難民回去嗎？」[27]

最近解密文件指出，尼克森總統和他的首席顧問的看法大相逕庭。季辛吉從歷史學的角度預測「孟加拉終有一天會獨立」。他還認為──如同他告訴印度駐華盛頓大使的──「印度有成為世界強權的潛力，而巴基斯坦自始至終都只是地區強權。」

儘管如此，尼克森將希望放在動用軍事力量來解決東孟加拉的問題。他對印度這個國家深感厭惡──他告訴季辛吉「印度不是什麼好東西」──而對另外一個國家的領袖抱持好感。尼克森認為，葉海亞・汗是「正直、理性的人」，他對美國很忠誠，應該要支持他鎮壓東孟加拉的反叛以回報他。一九七一年四月，季辛吉在照會中建議，未來東巴基斯坦應該要有「更大的自治權，甚或最終成為獨立國家」，美國總統在上面評注：「不要在這個時候逼葉海亞・汗。」

季辛吉語帶失望地告訴同僚：「總統對葉海亞・汗總統懷有特殊情感，不該根據這個基礎來制定政策，但這就是現實人生。」尼克森強烈展現他的偏見──他在一九七一年八月對下屬說，雖然巴基斯坦人「直來直往，有時候還笨得不得了」，但「印度人比較拐彎抹角，有時候太過聰明，我們會被他們的話欺騙」。尼克森總統堅持，美國「絕對不行──不可以──讓印度把難民當成分裂巴基斯坦的藉口」。[28]

印度疏遠這個超級強權的同時，正在向另外一個超級強權靠攏。[29]莫斯科贊同新德里主張「東、西巴基斯坦不可能復合」。蘇聯和印度此時打算增加兩國之間的原物料和成品流通，來進行更緊密的經濟合作。俄羅斯提議將他們的幾架TU-22轟炸機出售給印度空軍，作為合作的誘因。印度大使答爾建議政府採納這項提議，他承認這些轟炸機比西方的戰機差，但是如果向北大西洋公約組織的國家購買戰機，會導致「政治上無法接受和財務上不可行」的狀況。[30]

印度外交部長薩達爾・斯瓦蘭・辛格預計在一九七一年六月造訪莫斯科。他抵達蘇聯外交部的前一天晚上，答爾來找他，向他建議讓蘇聯和印度簽署友好條約，「以此強力嚇阻巴基斯坦和中國有任何採取軍事行動的念頭。」斯瓦蘭・辛格告訴答爾：「印度不需要擔心巴基斯坦，但要小心北方無法預測的敵人（即中國）。」[31]後來，印度和蘇聯的外交部長會面，印度和蘇聯都對中國抱持疑慮，這件事在議程中占了很重要的一部分。斯瓦蘭・辛格表示，中國是唯一「傾全力明確支持」巴基斯坦軍方政權的國家。葛羅米柯（Andrei Gromyko）回覆：「中國一向反對蘇聯支持的任何事物。只要我們表示支持，他們就會反對；只要我們認為不值得支持，他們就會支持。我想不出這條準則有什麼例外狀況。」[32]

印度對中國的敵意要追溯到一九五九年到一九六二年間的邊界衝突。蘇聯與中國交惡則是比較近期的事。毛澤東曾經嘲笑「俄羅斯修正主義」，一九六九年，兩國軍隊在烏里河（Uri River）爆發衝突。印度和蘇聯沒有接壤的地方，但都和中國有很長的邊界，聯手對雙方都有好處。不過，前面提到的祕密文件顯示，跟一般認知不同的是，印度和蘇聯組成聯盟，提議的一方不是未開發的貧窮國家，而是蘇聯這個超級強權。

斯瓦蘭・辛格與葛羅米柯見面後，與蘇維埃主席團主席柯錫金討論簽訂可行的條約。雙方互相提出草約之後，於一九七一年八月九日，由兩國的外交部長在新德里簽署條約。印度共和國與蘇維埃社會主義共和國聯盟之間的《和平友好合作條約》（Treaty of Peace, Friendship and Co-operation）

全部都是迂腐的內容，用意在於宣告「締約國」永遠維持友好關係。重點是第九條當中的一句話：

> 若締約雙方任一方遭受攻擊，或因此受到威脅，締約國應立即展開磋商，以消弭威脅情事，並採取適當之有效措施，確保兩國和平、安全。[33]

一九七一年夏季末，南亞次大陸上形成壁壘分明的聯盟：一邊是（西）巴基斯坦與中國、美國結盟，一邊是（東）巴基斯坦與印度、蘇聯結盟。

V

一九七一年九月最後一週，印度總理造訪蘇聯。隔月，她造訪好幾個西方國家的城市，最後一站來到自由世界的首善之都。她在各個地方談論東巴基斯坦愈演愈烈的危機。她告訴位於華盛頓的美國記者俱樂部：「這不是一般認知的內戰，而是對實行民主投票的國民進行屠殺式懲罰。」她還說：「巴基斯坦的所有問題，起因是對民主進行鎮壓。假如民主對你來說是好事，對我們印度人來說是好事，那麼對東孟加拉的人們來說也是一件好事。」[34]

甘地夫人在十一月出訪途中，曾經與尼克森總統會面兩次。在季辛吉的印象中，這是「典型的各執己見」。尼克森說，美國不會成為推翻葉海亞・汗的一方，並警告印度「採取軍事行動後果不堪設想」。甘地夫人回應，是巴基斯坦提到要進行「聖戰」。她還指出，西巴基斯坦「用奸詐和虛假的手法對付孟加拉人……總是把他們歸為次等公民」，而印度「則是始終對本國的分離主義分子寬大為懷」。[35]

甘地夫人出國期間，衝突加劇了。從十月底開始，邊界砲火在印度軍隊的推波助瀾下更加猛烈。印度軍隊認為，交戰能為叛亂分子偷偷進出邊界提供掩護。十一月的第三個星期，軍方開始啟用重型火砲。據說在二十一日的一場戰事中，巴基斯坦損失十三輛坦克車。[36]葉海亞・汗向尼克森報告此事，抱怨印度「選擇無緣無故、大剌剌地進行侵略」。十二個印度師團在東巴基斯坦附近集結，企圖將「地區攻擊變成一場公開的大規模戰事」。[37]

在雙方的歷史上，這一次，兩國軍隊實力懸殊。印度在過去十年擴充軍用設備，將軍事組織現代化，並為國內的武器產業奠定基礎。印度的情資高估了巴基斯坦的實力，但國際戰略研究所（International Institute of Strategic Studies）的研究顯示，實際上印度的坦克車和大砲比他們的鄰國多出一倍。此外，巴基斯坦的軍隊士氣，因為孟加拉官員變節，以及要和那些應該是自己人的人對戰，而在內戰之中嚴重受挫。[38]

在這場戰爭當中，弱勢的一方試圖掌握主動權。十二月三日下午，巴基斯坦一路沿著西側邊界轟炸機場。在此同時，有七個砲兵團攻擊喀什米爾的軍事陣地。

印度人以一連串的大規模空襲還以顏色。他們在喀什米爾和旁遮普以陸攻反擊，在外圍海域則第一次出動海軍，朝喀拉赤前進。西側邊界爆發衝突，為印度提供了讓軍隊和坦克車跨越東巴基斯坦邊界的完美藉口，將一場若有似無的爭端變成一場舉世注目的戰爭。[39]

起初和事後看來，葉海亞・汗決定從西邊攻擊印度，都有些令人吃驚。某位軍事歷史學家甚至用「不可置信」來形容。[40]或許巴基斯坦希望發動快攻，在衝突失去控制前要求聯合國或美國介入。某些伊斯蘭馬巴德的將軍也相信中國會派兵增援。所以，十二月五日，在東巴基斯坦出任務的巴基斯坦軍隊指揮官尼亞齊（A. A. K. Niazi）中將接獲司令部傳訊，表示「中國應該很快就會有所行動」。[41]

儘管中國的援軍本來就可能不會出現，但在十二月，喜馬拉雅山上覆蓋大雪，機率更加渺茫，甚至成為印度軍隊前進達卡的理想時機。三個月前，雨季的雨水應該要讓腳底下踩的土地變得鬆軟；三個月後，中國就有機會跨越他們和印度、東巴基斯坦交界的地區。天氣站在印度這邊，當地居民也站在印度這邊。如此一來，印度便享有極大的優勢。

印度軍隊從四個方向朝達卡推進。恆河三角洲有許多交叉匯聚的河流，但自由戰士知道該在什麼地方搭橋，也知道哪些城鎮住著怎麼樣的敵軍。自由戰士得到居民的幫助——一名巴基斯坦的指揮官事後回憶：「印度軍隊透過當地人掌握我們的每一個軍事陣地，連每一座地下碉堡都知道。」[42] 印度軍隊因此長驅直入，快速取得進展。達卡和另外一個主要城市吉大港之間的通訊突然切斷。軍需品的鐵路運輸終點被印度軍占領，讓守軍進退不得。[43]

十二月六日，印度政府正式宣告醞釀已久的意圖——也就是支持及催化新的國家，來取代舊的東巴基斯坦。這一天，印度政府正式承認「孟加拉人民共和國臨時政府」。拉赫曼不在，所以由伊斯拉姆（Syed Nazrul Islam）擔任這個新成立國家的代理總統。一群稱職的內閣官員和他一起上任。他們之於印度，如同戴高樂的「自由法國」（Free French）部隊之於同盟國——他們焦急地等待，讓老大哥替他們收復熱愛的城市，並把城市交還給他們。戰爭爆發後的一週內，印度軍隊就直逼達卡。軍隊從北方、南方、東方三路進攻，砲火猛烈襲擊這座城市。美國將第七艦隊航空母艦，以「記錄我方軍事陣地」之名（根據季辛吉的說法）開進孟加拉灣，讓印度軍隊暫時受挫。[44]

這個威脅只是虛晃一招。美國人陷在越戰當中，根本無法抽身跳進另外一場可能會無法收拾

（因為《印蘇條約》的關係）的戰爭裡。隨著達卡即將被攻陷，東巴基斯坦總督和受困軍隊的指揮將軍產生歧見，前者想要投降，後者想要繼續對抗。十二月九日，總督發電報給伊斯蘭馬巴德，請伊斯蘭馬巴德提出簽訂「立即停戰協議」的要求。否則「再過幾天，一旦印度軍隊從東側擴散出去，連西側也會受到威脅」。他認為「西巴基斯坦的犧牲沒有意義」，並且表示，「尼亞齊將軍不同意這點，他認為他收到的命令是要對抗到底，這等於放棄達卡。」[45]

巴基斯坦的兩個主要盟友——中國和美國——不約而同地證實了東巴基斯坦總督的觀點。十二月十日，季辛吉與大使黃華在華盛頓會面。這位中國外交官嚴詞抨擊，表示孟加拉建國後，將成為「下一個滿州國」，也就是印度按照日本在中國扶植政權的模式所打造出來的傀儡。季辛吉回應：「很遺憾，我們研判，巴基斯坦軍隊已經在東側潰散，兩個星期之內，將在西側潰散。」接著，他語帶安慰地說：「我們正在想辦法保護巴基斯坦還擁有的部分。我們不會承認孟加拉。我們不會與孟加拉進行協商。」[46]

十三日晚間，印度轟炸達卡總督府。當晚，尼亞齊收到葉海亞．汗的訊息，建議他停止攻擊，因為「繼續抵抗已非人力所及之事」。尼亞齊將軍經過整整一天，才做出不得不遵守命令的決定。十五日早上，他會見美國總領事，對方答應向新德里轉達訊息。隔天，十二月十六日，印度軍隊東部軍區的奧羅拉（J. S. Aurora）中將飛抵達卡，接受對方簽署的投降協議。[47]同天晚上，印度總理在下議院宣布「達卡現在是自由國家的自由首都」。國會議員高喊「英迪拉．甘地萬歲」。連反對她的國會議員都說：「總理會名留青史，成為解放孟加拉的一把金劍。」[48]甘地夫人從國會前往全印廣播電臺，在那裡單方面宣布西部戰線停戰。二十四小時後，葉海亞．汗將軍在廣播上發言，表示他也已經下令軍隊停火。[49]

這場戰爭維持將近兩個星期的時間。印度方面宣稱他們損失四十二架戰機，巴基斯坦損失八十六架；印度損失八十一輛坦克，而巴基斯坦則損失兩百二十六輛。[50]但是此時差別最大的是兩國的戰犯人數。在西邊，雙方都捉了數幾千名戰俘，但在東邊，印度俘虜大約九萬名巴基斯坦士兵。

尼克森總統對這場戰爭的結果感到不滿。「印度人就是混帳」，他這樣告訴季辛吉。他說：「巴基斯坦的事情讓你的心生病了。我們已經警告那個臭婆娘，印度人還敢這樣做。」尼克森在想，甘地夫人十一月造訪華盛頓的時候，他是不是「對這個該死的女人太好了」——「向這個老巫婆大力示好」似乎錯了。此時，就連季辛吉都與印度分道揚鑣。他對自己低估印度的軍力而感到氣惱——他曾在十月的時候表示：「印度人是非常糟糕的飛行員，連飛離地面都辦不到。」他現在希望看到「自由派人士表現出愚蠢的樣子；印度占領東巴基斯坦，會令巴基斯坦的自由派看起來像在扮家家酒」。[51]

至於美國的媒體，《時代週刊》公平地譴責雙方，表示葉海亞・汗「對反抗的孟加拉人做出殘忍的暴行」，而英迪拉發動「全面戰爭」，兩者加在一起，為「次大陸帶來更多傷害」。不過，影響力很大的《紐約時報》專欄作家詹姆士（小史）・雷斯頓（James "Scotty" Reston）則是比較偏向一方，寫了一篇令人憂心忡忡、帶有謀略意味的文章。他表示，「這場惡劣的悲劇」真正得利者是蘇聯。蘇聯的新盟友印度會「讓莫斯科正在崛起的海軍進入印度洋，還會在中國南側為他們提供政治和軍事行動的基地」。雷斯頓表示：「蘇聯現在可能會在印度擁有軍事基地。」他認為這個國家的民主經驗搖搖欲墜，質疑「印度本身並不支持其他黨派獨立運作——包括在喀拉拉邦很有影響力的共產派系」，在這種情況下，他們是否能夠「支持巴基斯坦的派系獨立」。[52]

VI

打贏巴基斯坦，在印度激起一股強烈的愛國氛圍。人民認為這是「印度數百年來的第一次軍事勝利」——不是從印度作為國家的角度來看，而是以印度作為大陸和人口統計地區的角度來看。[53] 十一到十六世紀，國外軍事力量接連從西北方的通道進入印度，對印度進行掠奪和征服。後來，統治者從穆斯林變成基督徒，從陸路改以海路進來。到了近期，印度遭中國人出手狠狠打擊。印度人長久以來經常遭受屈辱和挫敗，這次至少可以嘗到軍事勝利的甜美滋味。

在邊界的另一端，看法則是完全不同。軍隊投降的消息傳回來之後，拉合爾的烏爾都語報紙寫道：「今天，整個國家都流下帶血的淚……今天，印度軍隊進入達卡。今天，千年以來頭一遭，穆斯林被印度教徒打敗……今天，我們喪氣地屈服了。」只是沒過幾天，這間烏爾都語媒體便試圖從歷史教訓中尋找慰藉。儘管戰敗的確造成「伊斯蘭堡壘的破壞」，但就連古爾的穆罕默德這樣偉大的人物，都在南亞次大陸上首嘗敗仗。不過，另外一間拉合爾報社則是提醒他們的讀者，古爾回來的時候，「重新下定決心，誓言要在印度這片不信主者的土地上，張開伊斯蘭的大旗。」[54]

在印度，勝利的果實屬於數不清的無名英雄，以及一位政治人物——印度總理。甘地夫人因為挺身對抗美國的霸道陰謀，也因為冷靜制定計畫瓦解敵軍而受到人民的愛戴。她的國會同僚誇張地向她致敬，就連反對她的政治人物現在都說她是「杜爾迦」（Durga）——印度神話中戰無不勝、攻無不克的女神。對政治和政治人物通常抱持懷疑態度的知識分子和專業人士，也極力稱許這位總理。

像這樣一致好評，最具代表性的例子，是一場討論孟加拉解放的研討會，主辦者是新德里的甘地和平基金會（Gandhi Peace Foundation）。起先，《印度時報》的編輯杰恩（Girilal Jain）表示：「在甘地夫人的領導下，國大黨時來運轉，讓印度的自尊和在世界上的形象大幅提升。」接著，印度國民志願服務團（RSS）的思想提倡家馬爾卡尼（K. R. Malkani）將一九七一年描述為「印度政治演進的分水嶺」。這一年發生許多事件，「有力的新形象正在取代和平的舊形象，舊形象只能激起愛國的笑容，但新形象能夠博得關注與尊敬。」再來，外交官梅達（G. L. Mehta）表示：「人民現在擁有新的自信，為國際上剛贏來的聲望而感到驕傲，不無道理。」左翼記者塔帕（Romesh Thapar）表示同意，說「孟加拉政策成功」，讓「好思考的印度人」獲得「成就感和擁有力量的感覺」。左翼法官伊艾則是從最近的事件看見印度領導者愈來愈成熟：「甘地時代的模糊信念，在尼赫魯的時代愈來愈清晰，成為行動主義社會哲學，並在甘地夫人的領導之下，成為具體而靈活的政府行動方案。」[55]

甘地夫人在危機中表現出來的沉著冷靜，也在印度以外的地方受到一位經歷過時代風浪的女性所讚許——這位女性是哲學家鄂蘭（Hannah Arendt）。十一月初，鄂蘭和印度總理在共同朋友位於紐約的家中見面。一個月後，印度軍隊挺進達卡，她寫信給小說家麥卡錫（Mary McCarthy），形容她在派對中見到的甘地夫人「美麗動人、非常有魅力，向在場的每一位男士送秋波，一點都不做作，非常冷靜——她一定已經知道自己即將發起戰爭，或許還不恰當地享受這件事。一旦女性得到她們要的東西，她們所展現出來的堅毅，真是了不起！」[56]

VII

印度總理和她帶領的政黨，自然想要讓戰果變成政治上的資本。一九七二年三月，十三個邦重新舉行選舉，其中有一些邦由反對黨組成政府，其他邦雖然由國大黨主導的聯盟組成政府，政權卻不穩定。這次國大黨在十三個邦大獲全勝，包括舉足輕重的比哈爾邦、中央邦、馬哈拉什特拉邦。人民同盟的領袖瓦巴依沮喪地表示，反對黨派出兩千七百名候選人，但執政黨在每個選區都派出同一個人——英迪拉·甘地。[57]

儘管如此，至少在一個邦，總理現身和作為榜樣並沒有發揮作用，就是西孟加拉邦。國大黨在那裡用恐嚇、威脅、詐欺的手法，才贏得選舉。幫派流氓在警察的漠視下，將選票塞進投票箱裡。加爾各答發生「大規模黑箱作業」——一名行動主義者回憶，暴徒收了國大黨的錢，告訴聚集在投票所外面的選民可以回家，因為他們已經把票投好了。[58]這次，國大黨和印度共產黨聯手，在邦議會拿下兩百八十席中的兩百五十一席，終結五年來的政治騷動，讓西孟加拉邦穩穩掌握在新德里的手裡。

印度總理穩住內政之後，將注意力轉向與巴基斯坦之間的和解。此時葉海亞·汗已經退位，由布托接下他的位置。布托告訴前英國首相道格拉斯—霍姆爵士（Sir Alec Douglas-Home），他強烈希望與印度建立「嶄新的關係」，就從與甘地夫人一起召開高峰會開始。英國首相將訊息轉告印度，並且建議，由於巴基斯坦自尊受創，應該由印度提出邀請。[59]

由於布托是個捉摸不定的人，而且他長久以來對印度懷有敵意，所以印度起初覺得有所疑慮。

巴基斯坦總統的幾位密友，急著向印度這邊保證布托立意良善。經濟學家哈克（Mahbub ul Haq）告訴印度這邊的經濟學家，布托現在「很愧疚而且很實際」。[60]在《黎明報》擔任編輯的記者阿里・汗（Mazhar Ali Khan），告訴前共產黨同志扎赫爾（Sajjad Zaheer），布托努力將過去拋在腦後。新德里應當助他鞏固權力，否則軍隊和宗教右派（religious right）會聯手推翻他，對印度和巴基斯坦來說，都會成為一場災難。[61]

印巴分治之前，扎赫爾和阿里・汗都是印度學生聯盟（Student Federation of India）的行動主義者。此時，受到過去與他們同路的哈克薩鼓勵，一九七二年三月的第三個星期，雙方在倫敦見面，討論兩國領袖可能簽訂的協議條件。阿里・汗的提議有：以釋放所有巴基斯坦戰俘作為承認孟加拉的條件、將軍隊撤退到衝突爆發之前的陣地，以及共同發布和平聲明。阿里・汗最後來到喀什米爾，他表示，「聲明中完全不該提及」這場爭端，「因為這樣會打開潘朵拉的盒子」。扎赫爾回應：「巴基斯坦必須向印度保證，再也不會在喀什米爾進行攻擊、滲透、顛覆和反印度的宣傳活動。」阿里・汗同意，但他表示：「這點必須要由印度『實際』提出要求。我們要知道，沒有一個巴基斯坦政府能在公然聲明支持喀什米爾自決權的情況下存續。」[62]

阿里・汗直接向布托報告結果，扎赫爾則透過哈克薩向甘地夫人報告。一九七二年六月的最後一週，巴基斯坦總統受邀前往英屬時期的避暑勝地西姆拉，在那裡開高峰會。他和女兒貝娜齊爾（Benazir）以及一大群官員一起抵達。首先是官員會面，再來才是領袖會面。印度希望簽訂完整的條約，一次解決重大問題（包括喀什米爾的爭端）；巴基斯坦這一方則是比較希望逐項處理。布托在不公開會議中告訴甘地夫人，他不能「空手」回到人民那邊。巴基斯坦想盡辦法協商。印度希望簽訂「不交戰協約」，雙方都要答應「放棄武力」。印度要求簽訂「條約」，最後卻得到一份「協議」。印度表示，他們可以等待更適當的時機，來解決喀什米爾的爭端，但他們要巴基斯坦同意，「雙方必須重視印巴實際控制線」。布托則是成功堅持「任一方的公認軍事陣地皆不得受到侵害」。[63]

甘地夫人的重要顧問答爾希望她能堅持，「在與巴基斯坦的協議中，解決喀什米爾的爭端，是不可或缺且不可割捨的內容」，而且要以此作為遣返戰俘的先決條件。[64]答爾是**道道地地的**喀什米爾人，他在這片谷地出生，也在這片谷地長大。但總理只有一點點喀什米爾血統，她對這個議題感受沒有那麼強烈。她也比較清楚世界各國的看法，而且對布托在國內地位不穩的情況比較關注（如阿里・汗所警告的那樣）。最後，雙方在七月三日中午過後沒多久簽訂協議，協議上只談到要維持印巴實際控制線。儘管如此，在印度的堅持下，協議裡加入一項條件，要求兩國必須「透過雙邊協商或其他雙方同意的和平手段」，來消弭兩國之間的所有歧見——如此一來，便把第三方調停排除在外，也不會在喀什米爾引發暴力衝突。[65]不過，布托顯然向甘地夫人做出保證，表示等他的地位比較穩固，他就會說服人民接受以印巴實際控制線作為兩國之間的邊界。

《西姆拉協定》（Simla Agreement）上面的墨水都還沒乾，布托就違背了這個諾言（那確實不是一項正式承諾）。七月十四日，布托在巴基斯坦國民議會上發表三個小時的談話，內容密密麻麻地印了六十九頁書寫紙。他談到自己如何「從十五歲就開始為一個巴基斯坦的理念」打拚。他拿「東巴基斯坦分裂的不幸和悲劇」來責怪拉赫曼、葉海亞・汗以及每一個人，就是沒有責怪自己。然後，他談起讓巴基斯坦和印度之間依然存在歧見的問題——查謨與喀什米爾的未來。布托表示，身為戰爭中勝利的一方，「牌都握在印度的手裡」——但他仍然在不平等的起跑線上，簽了一份平等的協議。他主張，這份《西姆拉協定》是一項勝利，因為巴基斯坦會要回他們的戰犯，以及被印度軍隊奪走的土地，而且這份協定「沒有犧牲查謨與喀什米爾人民的自決權利」。他向「巴基斯坦人鄭重許諾，如果明天喀什米爾人民展開自由運動，如果明天謝赫、法魯克（Maulvi Farooq）或其他人開始從事人民運動，我們將與他們站在一起」。[66]

印度人抱怨布托食言。[67]他們或許會想到他們在一九六二年最後那幾天的感受。當時中國讓印度遭受恥辱，不管是印度的領袖還是來自各種不同背景的國民都受到影響。一九七二年，巴基斯坦人敗給印度，這個類似的遭遇，讓巴基斯坦人也有同樣的感想。事實上，他們的感受甚至更糟，因為中國只是從印度奪走某些領土（大部分沒有用處），但印度幫助孟加拉建國，讓巴基斯坦民族的基本意識型態大受打擊。這件事只有一個解決辦法，就是幫助喀什米爾脫離印度。如此一來，印度政教分離主義的基本概念，同樣也會大受打擊。

第二十一章
對手

英迪拉即印度，印度即英迪拉。

——巴羅（D. K. Barooah），國大黨主席，約一九七四年

I

一九七二年八月十五日，印度慶祝獨立建國二十五週年。下議院在午夜舉辦一場特殊活動，總理在那裡回憶一八五七年兵變至今，為了爭取自由所做的抗爭，標示出這一路走來的重要里程碑。甘地夫人表示，印度追求的是「與所有人友好，但不向任何人屈服」。[1]隔天早上，她站在紅堡（Red Fort）的城牆上，向全國人民發表演說。「印度比二十五年前強壯，」總理說，「我們的民主已經扎根，我們的思維清晰，我們的目標堅定，我們為了達成目標而規畫道路，我們從來沒有像現在如此團結一致。」甘地夫人堅持：「國家要向前邁進，靠的不是向別人看齊，而是要有自信心、有

決斷力，並且團結一致。」[2]

值得注意的是，甘地夫人的演講沒有談到經濟。自從獨立以後，印度的經濟就以每年百分之三至百分之四的速度成長。工廠部門的產出，大約提升到百分之兩百五十，與消費性物品相比，重工業的產出增長更為顯著。新的企業家階級如雨後春筍般竄出，他們在舊工業中心地帶以外的地方設置工廠。國家基礎設施大幅增加：一九七一年產出五千六百萬度電（一九五〇年僅產出六百六十萬度電），鋪有路面的道路多出一倍以上，鐵路運輸貨物幾乎增加到三倍之多。[3]

這些發展幫助了農村生產者，也幫助了城市的生產者。不管是透過水壩還是管井，只要可以進行灌溉，農人就能提升穀物，以及棉花、辣椒、蔬菜等作物的產量。先前與世隔絕的農村，現在和外面的世界整合在一起了。新的道路讓車輛得以將農作物從農村載運出去，並將商品送進農村。這些道路也帶著村民往來城市，讓他們接觸到新的思想。腳踏車、電話，以及最重要的學校等新事物，在農村裡慢慢擴散開來。[4]

這些整體上的進步，遮蓋了地區之間的顯著差異。綠色革命的影響地區不到印度農村的十分之一，大部分耕作地區仍然靠雨水灌溉。因此，儘管工業成長和農業生產幅度增加，貧窮依然充斥鄉間。總理發表週年演說的前一年，兩位浦那的經濟學家——丹德卡爾（V. M. Dandekar）和拉特（Nilakantha Rath）——發表一篇題為〈印度的貧窮〉（Poverty in India）的重要論文。這份研究進行全國調查並得出結論：百分之四十的農村人口與百分之五十的都市人口連「最低生活水準」（以全年人均支出農村三百二十四盧比、都市四百八十九盧比為標準）都沒有達到。過去十年以來，貧窮的問題愈來愈嚴重。一九六〇年代初期，百分之三十三的農村人口和百分之四十九的都市人口，生活水準低於這條「貧窮線」。丹德卡爾和拉特預估，一九七〇年左右，大約兩億兩千三百萬名印度人處於貧窮狀態。當時印度總人口大約五億三千萬，貧窮人數在四成出頭。

其他經濟學家有不同的估算結果：有些人認為赤貧人口的百分比，甚至比丹德卡爾和拉特估算的還要高，有些人則說他們估算的要稍微低一些。經濟學家對於印度究竟有多少貧窮人口出現歧見，但他們都同意，貧窮人口實在太多了──即使用最保守的估計方法也有兩億人。這些研究發現，印度農村的貧窮人口將大約百分之八十的所得花在食物上，另外百分之十花在燃料上，僅有百分之十花在衣服和其他物品上面。[5]

教育在印度也非常失敗。提供科學及人文學科教育的大學，數量增加非常多；工程及醫學等專業課程，更是大量開設。儘管如此，基礎教育卻辦得很差。比起一九四七年，一九七二年的文盲更多。雖然有數千間新學校開辦，但是以上百萬名無法讀寫的成年人為對象，教他們讀書識字的課程，卻是少之又少。即便是就學人口，也只有一小部分的人畢業──輟學率高得驚人，尤其是低階種姓家庭出身的女性與兒童。[6]

甘地夫人在紅堡演說的幾個月後，經濟學家巴格瓦蒂（Jagdish Bhagwati）在海德拉巴邦南方的城市，對一群比較特定的觀眾發表演講。獨立建國後的印度呈現出混合經濟的樣貌，同時具有社會主義和資本主義的特徵。但巴格瓦蒂指出，印度在這兩個方面都失敗了。要歸為「資本主義」經濟，印度成長太慢了，而要自稱「社會主義」經濟，印度又沒有辦法根除文盲或減少不平等的情況。[7]

II

總理表示，民主已經在印度「生根」。在某些重大方向上的確如此。印度已經成功舉行過五次大選，也舉行過將近百次的邦內選舉；這些邦，面積跟某些歐洲國家差不多大。除了自由選舉，人民運動和思想運動也沒有受到限制，印度人在非常自由的媒體上，強力表達各種思想。

在其他方面，印度的民主基礎就沒有這麼穩固。全印度國大黨委員會曾經從邦裡選出代表，所以這些代表來自國大黨的鄉級和區級組織。而且，更重要的點，是在國大黨執政的邦中，首席部長是由當地的立法委員直接選出。儘管如此，一九六九年國大黨分裂之後，甘地夫人可以在重要位置上安插她的候選人。她在一九七一年的選舉大獲全勝後，確立了這種中央集權的做法。那年稍晚，她採取一連串快速的行動，將拉賈斯坦邦和安德拉邦的首席部長免職，用她自己屬意的人來取代他們。一份報刊指出，安德拉邦的新任首席部長是誰並不是很重要，因為「登上寶座的人，能不能存活下來，取決於德里那位女士，而不是海德拉巴邦的立法委員，也不是整個安德拉邦的選民」。[8]

一九七一年選舉過後，總理的次子桑傑（Sanjay）在公眾事務上的曝光度增加了。桑傑被第一間印度學校退學之後，勉強從第二間學校畢業。之後，他在英國的勞斯萊斯（Rolls-Royce）公司短暫當過一陣子學徒，然後回到國內開自己的汽車工廠。在尋找汽車工廠用地的時候，他開始涉足政治。一九七一年五月，他的母親派他到德里，為國大黨的德理地方自治選舉進行宣傳。隔月，他接受一間擁有廣大讀者群的週刊採訪。訪問他的人認為，桑傑沒有「特別想要討論或深談……似乎很在意結果」。而且桑傑告訴大家：「印度年輕人膽子很小，沒有擔當。他們的思維符合父母的思想框架。」[9]

總理的長子拉吉夫（Rajiv）是一名訓練有素的飛行員，在印度人航空（Indian Airline）上班。她對桑傑比較擔心，曾經在一九七一年二月一封寫給同事的信中表示：「拉吉夫有一份工作，但桑傑沒有，而且他還參與花錢的投機事業。他跟那個年紀的我很像——有一些小問題之類的——我想到他可能要承受的痛苦，就覺得心痛。」[10]就這麼剛好，桑傑的車廠計畫在非常倉促的情況下通過了。政府收到十八份小型汽車生產執照申請書，儘管總理的兒子先前沒有相關經驗，卻只有他獲得批准。國大黨的哈里亞納邦首席部長拉爾（Bansi Lal），以極為低廉的價格，將三百英畝的土地撥給桑傑的馬魯蒂（Maruti）汽車公司。[11]

反對黨國會議員對此表示質疑。甘地夫人駁回了這些疑慮，但就連與她最親近的顧問哈克薩，都對此抱持保留態度。一份報告指出，他「建議總理放棄馬魯蒂計畫，和桑傑的所作所為劃清界線」。[12]哈克薩的意見沒有被採納——桑傑與他的母親愈走愈近，而哈克薩本身在祕書處的影響力則益發低落。

到了一九七二年，國大黨深受巴結討好的裙帶關係和急遽惡化的貪腐所影響。一九七一年六月，哈克薩提醒總理，在國大黨執政的拉賈斯坦邦，有「根深蒂固和制度化貪腐」的情形。[13]部長與公務員沆瀣一氣，從政府的計畫中分一杯羹。中央層級的官員也不例外，這樣的做法愈來愈多。一名來自阿薩姆邦的聯邦部長，用不為人知的手法獲得一大筆財產。據說，另外一名來自中央邦的聯邦部長，與法國軍火商勾結，以合約來換取回扣。[14]

III

在社會方面，印度的輿眾不同表現在一項指標上，就是印度有一位女性總理。可是，印度的女性普遍來說情況如何？在甘地夫人勝選和參與戰爭的時候，印度社會科學研究委員會（Indian Council of Social Science Research, ICSSR）針對女性地位，分別委外進行了七十五項研究——涉及法律、經濟、就業、教育、健康等議題。[15]並非所有研究結果都令人感到振奮。在許多方面，獨立建國後變得更現代化，使性別差距加大。例如，衛生設施改善，主要受惠者是男性。如此一來，性別比被拉得更大——一九七一年，男女之間的比例是，每千名男性對九百三十一名女性。此外，在工業勞動力中，女性比例從一九六一年的百分之三十一點五三，降到一九七一年的百分之十七點三五。工廠以前會僱用夫婦，現在，因為科技進步的關係，先前由女性從事的工作，變成不需要特殊技能的多餘工作。

大部分的女性在偏遠的鄉下地方工作。在務農的家庭中，每一百名從事勞動的男性人口中，有五十名女性勞動者；在沒有土地的家庭裡面，這個數字竄升至七十八人。危險性最高的工作通常交給女性來做，例如移植稻米——女性因此更容易發生腸道感染和寄生蟲感染。除了這些風險，女性還有養育兒女、準備燃料、採集飼料的負擔，從事這些工作的人都是婦女。[16]

識字率普遍來說不高，但女性識字率更是低落：一九七一年，百分之三十九點五的男性有讀寫能力，但只有百分之十八點四的女性有讀寫能力。比哈爾邦只有百分之四的女性識字。包括比哈爾邦和奧里薩邦在內，有些邦貧窮到發生男性大幅向外遷移尋找工作的情形，讓女性的負擔更重。

ICSSR的報告顯示：「理論上女性應該享有的事物，實際上大部分都享受不到。」委員會的研究指出：「社會無法建立新的規範和制度，好讓女性成功扮演當今印度期待她們扮演的多重角色。大部分的女性都沒有享受憲法保障的權利與機會。嫁妝提高加上其他情況，使女性的地位更加低落，這些現象顯示，自由運動時期發展出的新規範，已經在開倒車了。」

社會改革的力量只在城市裡、對高階種姓、能夠讀寫英文的家庭產生影響——他們讓家中的女孩接受教育和就讀專科學校。在這些上層階級當中，女性醫師、教授、公務員，甚至女性科學家，人數都大幅增加。而在另一方面，許多社會階級較低的農村聚落，從要求男方提供結婚聘金，轉為要求女方提供嫁妝，清楚顯示出，這些聚落的女性地位愈來愈低。快速都市化和男性人口外移，也導致性工作者的買賣情形增加。

令人振奮的跡象則是，舉行選舉的時候，女性投下的合格選票增加了：從一九六二年的百分之四十六點六增加到一九六七年的百分之五十五點四，以及一九七一年的百分之五十九點一。一九七〇年代早期，還有女權運動萌發的跡象。當時，許多先鋒組織成立，保障女性工作者與女性勞工的權利，並對物價上揚表達抗議。[17]

至於低階種姓，這個問題要從兩個方面來看。一方面，女性仍然受到嚴重剝削；另一方面，由於獨立建國時的比較基準實在很低，而且不管在歷史還是傳統上女性都長期受到壓迫，在這樣的前提之下，女性權益確實有所提升。所以，雖然識字率仍然低得可以，但是如表21-1所示，和一九四七年之前的狀況相比，進展「非常驚人」。

最顯著的進展發生在印度最南端的喀拉拉邦。在這裡，女性對男性的比值是一點〇一九，將其他邦遠遠拋在後面（確切來說，這是唯一女性多過男性的邦）。喀拉拉邦的女性平均壽命（六十點七歲）、女性受教比率（超過百分之六十；全國平均比率低於百分之二十）、人均醫療支出，以及由訓練有素的助產士接生的比率，都高居全國之冠。喀拉拉邦的女嬰死亡率也最

表21-1　1947年與1971年在教育機構就讀的女性人數（每百名男性）

	小學	國中	高中	大學
1947年	36	22	14	19
1971年	62	43	36	31

低：每一千名新生兒當中，死亡女嬰為四十八點五名。[18]

喀拉拉邦不僅在女性議題上表現突出，這裡的男性也接受比較良好的教育，而且可以使用比較好的衛生設施。這些統計數據顯示社會平等大幅提升。比較低層的種姓，以及比較低層的社會階級，都強力維護自身權利——將人視為穢不可觸的賤民，這種分別或多或少被消滅了——喀拉拉邦是印度工會運動發展最蓬勃的地方。

喀拉拉邦為何如此特別？我在第十四章解釋過，在喀拉拉邦的歷史上，有做法先進的大君和傳教士，而且比較低層的種姓和社會階級，都發動過重大的社會運動。一九五七年至一九五九年之間，最初的共產黨政府將這些改革傳統延續下去。到了一九七〇年代初期，印度共產黨和國大黨在喀拉拉邦組成聯合政府，由共產主義者阿楚塔．梅農（C. Achuta Menon）擔任首席部長，這些傳統更在他們的領導下，進一步推陳出新。此時，政府將許多土地，從外地地主的手中轉給耕種的佃農，並且通過一項新的《農業工人法》（Agricultural Workers Act），為沒有土地的人提高薪資和改善生活條件。雖然這些改革沒有達到基進知識分子要求的標準，卻大幅領先其他地方的改革成果，就算還沒有達到真正平等的程度，也讓喀拉拉邦因此擁有全印度不公平情況最少的名聲。[19]

IV

一九七三年三月，政府為最高法院指定一位新的首席法官。以前，首席法官退休時，由法院最資深的法官接任。這一次，雷伊（A. N. Ray）法官在還有三個人比他資深的情況下獲得拔擢。之所以選中雷伊，有政治動機在背後，顯示出政府愈來愈想掌控司法。法務部長高凱勒（H. R.

Gokhale）就曾在國會表示，看不起最高法院訴諸「過時已久的黑金石集團理論，將財產視為天賦人權」。他警告，這樣的態度，會妨礙政府「透過持續加強國家干預」來重建「我國的社經結構」。[20]

那幾年，最高法院一直在批評政府試圖干預憲政體制的基本結構。最近，針對銀行國有化以及私用金這兩件案子，最高法院的判決都對政府不利，讓政府不得不動用國會的力量去修改憲法。在此同時，海迪（K. S. Hegde）法官在孟買公開演講的時候表示，擔心「政治上的緊急狀態和個別領袖的私人利益，扭曲了行政機構的運作」。他認為，「中央利用憲法之外的手段，對邦政府擁有的權力加以干涉」。他還批評政府愈來愈腐敗，「一心只想追求不義之財和資助」。[21]

一九七三年的前幾個星期，最高法院受理一樁申訴案。這件申訴案質疑的是一條提高國會憲法修改權的新法。所有法官都出席審理這件案子——六位法官投票限制國會的權力，七位法官支持國會。雷伊是其中一位站在國會那邊的法官，海迪則是站在另外一邊。雷伊的升遷與這件案子有關，而且牽涉到一個比較廣泛的觀點，也就是法官和公務員應該「效忠」於警方及現任政府的施政哲學——哈克薩是最堅持這種看法的人。

對雷伊的任命案批評得最凶的人，是資深的薩爾烏達耶運動的領袖納拉揚。他寫信問總理，這些不恰當的升遷案，是不是要讓最高法院成為「當今政府的怪物」。總裡回應，「這種悲觀看法無憑無據」，還說堅持「資深原則」的做法「會導致首席法官的流動率過高」。[22]另外一個批評的人是憲法專家諾拉尼，他寫了一篇思想深刻的論文，探討法官（許多法官已經開始針對職權以外的事物發言）與司法的政治化；這件事從雷伊與其他公開「積極表現」的法官獲得升遷，便可見一斑。諾拉尼擔心，媒體和司法界都對司法獨立遭受威脅不夠警覺。他警告，除非上訴成功，否則「在印度，我們可能也會被迫失去個人自由」。[23]

事實上，即便在新首席法官選出來之前，政府單位裡許多重要的工作，都是指派給與甘地夫人及其顧問有相同社會主義思想的官員。[24]到了一九七三年，這樣的意識型態延伸到更新的領域。現在，政府成立壟斷與限制性貿易委員會（Monopoly and Restrictive Trade Commission），其目的在於限制大企業成長、鼓勵小型企業發展。公部門持續擴張，又發生一波新的私有產業國有化。那些重要的資源（煤炭與石油）現在都屬於政府。不過，一九七三年四月，石油危機依然衝擊了印度。那時，總理以誇張的手法，刻意公開展現冷靜態度——她從住所搭乘馬車前往國會。

甘地夫人的第三次任期過了一半，情況似乎都在她的掌控之中，她甚至開始與謝赫進行協商。兩派人馬長期激烈爭奪的喀什米爾谷地，局勢已經因為印度在一九七一年十二月的戰爭中大獲全勝而有所改變。現在，據說分離主義者的陣營開始「幻想破滅」。就連喀什米爾谷地的基進分子，都在談論按照印度的憲法架構來解決分歧。[25]

謝赫在最近發表的幾份聲明中，沒有說明他所謂的「自決」是什麼意思：是擁有自主權，還是獨立？一九七一年，他都住在德里，所以親眼見到甘地夫人以國家領袖的姿態崛起。這場戰爭讓他比較清楚，現在他的人民想要獨立，似乎已經不太可能。一九七二年六月，他與總理會面。他們的談話沒有公開，但在那之後沒有多久，謝赫就獲准回到喀什米爾。他跟以往一樣，受到一大群人民熱烈歡迎。但也有反對者，手裡拿著「不要拿喀什米爾來協商」和「我們想要公民投票」的標語牌。[26]

回到一九六四年，當時，尼赫魯派謝赫去見阿尤布·汗，顯然尼赫魯接受讓巴基斯坦一起解決喀什米爾的紛爭。現在，既然巴基斯坦已經一分為二，甘地夫人明白表示情況已經與從前不同。謝赫回到喀什米爾谷地後，告訴他的人民，他們不該向伊斯蘭馬巴德求助，而是要以有尊嚴的方式與新德里和解。九月，謝赫在六十七歲壽宴上發表談話，甚至表示：「我是印度人，印度是我的家鄉。」[27]

謝赫希望回任首席部長，在這個職位上，提升喀什米爾的自主權。他希望政府舉行期中選舉，他有信心，他的國民會議黨會勝出。但喀什米爾的國大黨領袖表示反對，不願如此輕易交出他們的位置。

一九七二年與一九七三年，貝克代表謝赫，帕塔沙拉西代表總理，進行過好幾回合的商談，討論如何在不破壞喀什米爾氛圍和國大黨目標的情況下，讓謝赫官復原職。[28]

在喜馬拉雅的另一端，也有跡象顯示，打算在印度生活的那迦人變多了。自從一九六三年那迦蘭邦成立，這裡就由遵循印度憲政體制的黨派治理。叢林裡仍然有叛軍，時不時就對軍方的車隊和主流政治人物發動攻擊。但是也有正常運作的跡象。舉例來說，一九七二年十一月，福音派牧師葛培理（Billy Graham）到科希馬布道，有兩萬五千名那迦人從喀什米爾各地前來聽他宣講。葛培理牧師在三天內辦了三場布道會，他稱讚喀什米爾谷地是個美麗的地方，表示對當地教會組織鬆散深感痛惜，要求那迦人「全心全意信仰上帝」。一年後，印度的足球強隊莫亨巴根（Mohun Bagan）到科希馬踢友誼賽。第一場比賽「約一萬五千名觀眾，熱血沸騰、群情激動」，科希馬十一（Kohima XI）以一分踢贏客隊。隔天，兩隊再度交鋒，莫亨巴根以五比零贏回訪賽，讓印度重返榮耀。

一九七三年十二月一日，甘地夫人前往科希馬，慶祝那迦蘭邦正式加入印度聯邦十週年。大約一萬五千人到場聽她演講，她在演講中，敦促地下組織「走出來，承擔起建設那迦蘭邦的責任」。那時已經有數百名反叛分子投降，一九七四年二月那迦蘭邦舉行選舉前，更多人公開現身。不管是好是壞，那迦人都開始接觸到印度的民主制度。因此，這場選舉舉辦的時候，街上到處都是聲嘶力竭地喊著「投給……」的年輕人，「只要一頓飯菜、一口酒或幾張紙鈔，就能讓人為任何準候選人高聲拉票。」此時，「各界慷慨允諾，尤其是總理，他們承諾建設俱樂部、藥房，承諾替長期受到忽略的學校蓋校舍，在沒有道路的地方鋪路……即便過去十年來，沒有人為他們做任何一件事。」[29]

選舉過後，由聯合政府執政，成員包括幾名先前的反叛分子。他們表示，希望透過「信任」而不是透過「槍枝」，找出「經過協商的最終解決之道」。有一份德里報紙以充滿希望的口吻報導，「整體而言，那迦人已經接受和解，假如印度政府多撥一點教育、就業、經濟發展經費，『死忠派』就會隨時間瓦解，這個邊境邦亟需的和平就會到來。」[30]

V

獨立建國後的時間裡，印度面臨大量衝突——土地、語言、地區及宗教衝突——其中，喀什米爾和那迦蘭邦的問題可能最為嚴重。自從一九四七年以來，這兩個地方都出現擁有個人魅力的領袖，以成立自由的國度為目標。他們的訊息在人民之間獲得廣泛的回響。如果能夠選擇，那迦山區和喀什米爾谷地的居民，很有可能會選擇獨立，而不是成為印度的一個邦。

不過，一九七三年至一九七四年間，謝赫準備重新加入喀什米爾的政治體系時，許多那迦反叛者已經選擇公開露面並參與選舉。狂暴一時的極端作為已經平息下來。彷彿補償一般，現在發生問題的是中心地帶——長久以來，在歷史、政治、傳統和語言上，這些地方都以印度共和國不可或缺的部分自居。

問題從印度國父甘地的出生地古吉拉特（Gujarat）邦展開。古吉拉特邦被因貪腐而臭名遠播的國大黨把持，大家都稱首席部長奇曼巴伊・帕特爾（Chimanbhai Patel）為「小偷奇曼」。一九七四年一月，學生發起運動，要求解散邦政府，這場運動被取名為「革新運動」（Nav Nirman）。抗爭後來演變成暴力事件，巴士和政府的辦公機構被人縱火。小偷奇曼被迫辭職下臺，古吉拉特邦開始實施《總統管制令》。[31]

古吉拉特邦發生的事件，促使比哈爾邦的學生決定發起行動，抗議比哈爾邦政府治理不當。比哈爾邦發生嚴重的政治動盪，退黨事件頻繁，政府組成之後又解散。國大黨政權在一九七二年上位，但這個政權內部嚴重貪腐。農村土地分配極度不均，人民怨聲載道；而在城市裡，民生必需品的價格漲幅非常劇烈。左翼團體以印度共產黨為首，組成一個目標簡單、名稱卻很複雜的陣線，叫做「比哈爾邦勞工雇員對抗物價上漲與職業稅鬥爭委員會」（Bihar Rajya Mahangai Abhaab Pesha Kar Virodhi Mazdur Swa Karamchari Sangharsha Samiti）。一九七三年的最後一個星期，這個陣線組織了一系列大規模抗爭活動，抗議人士高喊：「給我們工作，給我們食物，否則我們會讓日子過不下去。」他們確實這麼做了。

這個左派發起的抗爭行動，與人民同盟支持的學生團體「全印學生聯盟」（Akhil Bharatiya Vidyarthi Parishad, ABVP）開始彼此較勁。ＡＢＶＰ和其他非共產黨學生團體聯手組成自己的陣線，叫做「學生抗爭委員會」（Chatra Sangharsh Samiti, CSS）。這個委員會發展非常快速，沒多久就在比哈爾邦大部分的市鎮都成立分支。校園裡一團亂，課堂上的教學活動就這麼突然中止。

一九七四年三月十八日，ＣＳＳ在位於帕特納的邦議會遊行抗議。警察把他們趕回去，向後撤退的暴亂群眾對政府機關、印度食品公司（Food Corporation of India）的倉庫和兩間報社縱火。警方和抗議人士在帕特納各地發生衝突，數名學生嚴重受傷，至少三人死亡。發生問題的消息傳開來，比哈爾邦各地都出現學生和警察之間的衝突事件。[32]

三月十八日的事件過後，學生要求納拉揚介入此事，帶領他們發起行動。納拉揚此時已經七十一歲，不管是激進運動還是和平運動，他都經驗老道，支持和發起過上百場目標崇高的活動。近幾年來，他努力在那迦蘭和喀什米爾推動和解，希望大家能用同理心去理解納薩爾派，並且說服欽巴（Chambal）河谷惡名昭彰的土匪把武器放下。學生的請求，他不可能拒絕。因為，許久之前，他自己也是從一名學生基進分子開始從事運動的。只是當時，他身在美國的威斯康辛州；現在，這裡是他的家鄉比哈爾邦。

尼赫魯在世的時候，納拉揚與這位印度總理交手過許多次。年紀較長的尼赫魯試著讓納拉揚加入內閣，但納拉揚寧願不加入。他對尼赫魯疾言厲色，但也對尼赫魯忠心耿耿，因為尼赫魯辭世而深受打擊。因為這層友誼關係，他也認識尼赫魯的千金。甘地夫人當上總理的時候，他率先道賀，並在往後幾年，經常為她（主動）提供意見。他為甘地夫人在孟加拉之戰的領導表現喝采，但他不贊成甘地夫人在總統大選時的作為，也不贊成她（如前所述）插手最高法院法官的接任。[33]

CSS請納拉揚帶領他們的時候，納拉揚同意了，但有兩個條件——委員會必須小心不使用暴力，而且運動不該局限於比哈爾邦內。三月十九日，就在帕特納衝突事件之後，納拉揚表示，他不能再「繼續對帕特納、德里或其他地方的不當治理、貪汙等所有情事袖手旁觀」。他還說：「我不是為了這些事情爭取自由。」他現在「決定起身對抗貪腐、不當治理、黑市交易、牟取暴利和囤積行為，努力爭取全面檢視教育體系，爭取真正屬於人民的民主」。[34]

納拉揚代表偉大的情操，他是爭取自由的英雄，他跟許多同道之人不同，並未因為官場上的物質利益而有所汙損。這場抗爭運動因為他的加入而獲得很大的助力，而且本來稱為「比哈爾運動」的抗爭，在他加入之後改成了「納拉揚運動」。納拉揚請求學生罷課，離開學校一年，致力於喚起人民的覺知。企圖關閉學校和大學的學生，與校方找來的警察，在比哈爾邦各地發生衝突。至少在鎮上，支持抗爭的活動十分普遍。例如，加雅（Gaya）有「來自有頭有臉的家庭、（因為深閨制度而）鮮少露面的家庭主婦，帶著小男孩加入（抗議人群）」。相關政府單位試圖把人群從街上趕走，但這麼做激起暴力衝突，學生不斷將瓶罐和棍棒丟向警察，警察則以子彈回敬他們。在這場暴動事件中，有三人死亡，二十人受重傷。[35]

加雅事件發生的時候，是一九七四年四月中旬。納拉揚運動的訴求現在已經有所改變，因為邦議會已經解散了，而且比哈爾邦也跟隨古吉拉特邦的腳步實施了《總統管制令》。六月五日，納拉揚帶領一大群人在帕特納的街道上遊行。遊行隊伍最後來到甘地廣場，納拉揚在這裡呼籲政府「全面改革」，實踐自由運動尚未完成的承諾。納拉揚表示，印度已經獨立二十七年了，但「饑荒、上漲的物價和貪汙腐敗」卻是「處處猖獗，人民受到各式各樣的不公不義所打壓」。

他對人群之中的學生演講，警告學生前方路途艱險：「你們會做出犧牲，經歷磨難，面對棍棒和子彈，擠滿監獄。身家財產也會賠上。」但是，他深信最後這場奮鬥會是值得的：「聖雄甘地曾說一年之內就會帶來（自由）。今天我說一年之內就會帶來真正的人民政府。一年之內，就會有適當的教育體系。給我們一年的時間來打造新的國家、新的比哈爾邦。」[36]

在這次集會上，納拉揚第一次提到「全面革命」。這個說法、這場抗爭活動，以及這場抗爭所選定的目標，都令人想起十年前中國共產黨主席發起的運動。毛澤東晚年時曾號召年輕人（即中國紅衛兵）打破社會上由來已久的貪腐習氣，消滅修正主義分子和資本主義分子的同路人，因為這些人對打造完美社會來說是種阻礙。利夫頓（Robert Jay Lifton）指出，中國之所以推動文化大革命，是因為中國領導人對期望和現實之間的差距感到失望，他急於在離世前讓他的國家轉變。我認為這個說法很有說服力，尤其這也說明了比哈爾邦和印度在一九七四年的事件，一個多年來完全拒絕參與政治的人，突然之間改採基進政治手段。整個一九五〇年代和一九六〇年代，納拉揚都在扮演社會工作者、調停者和斡旋者的角色。現在，他跟毛澤東一樣，轉向他稱之為年輕力量（yuvashakti）的學生，實現他自己年輕時所夢想的全面革命。[37]

從加雅發生開槍事件到納拉揚在帕特納發表談話的這段期間，印度因為鐵路罷工而陷入停擺。這場鐵路罷工活動，在社會主義分子費南德斯（George Fernandes）的領導下維持了三個星期，不管是乘客還是貨物，都中止運輸。參與罷工的鐵道工人多達一百萬人。作為印度工業樞紐的西部鐵路公司（Western Railways）受到最嚴重的打擊。許多市鎮都發生激烈抗爭——好幾個地方出動軍隊進行維安。[38]

罷工進行期間，印度完成一場核武試爆。多年來，科學家一直對政府施壓，要求測試原子武器。總理終於在一九七四年五月允諾，因為這麼做有助於將焦點從比哈爾邦鐵道工人和學生造成的威脅上轉移開來。這場試爆在某些階層引發愛國情操。一名記者寫道，試爆的消息傳出來的時候，「德里的興奮氣氛展露無遺」。國會議員在國會中央大廳互相道賀——對他們而言，「鐵路罷工和這個國家的種種經濟問題，都在轉眼之間煙消雲散。」[39]

其他人的評價就沒有那麼高了，這些人表示，加入菁英核武俱樂部，也不可能擺脫印度人均所得在世界排名第一〇二名這件事。巴基斯坦也對這次核試表示譴責，將此視為兩國之間關係倒退。[40]核武試爆後，甘地夫人和納拉揚通了許多書信，剛開始語調都很客氣，最後則是在言詞上激烈交鋒。五月二十二日，總理寫信關心納拉揚的健康狀況，並希望雙方看在兩家人交情久遠的分上，在表達不同的政治理念時，能夠「不帶私人恩怨，或質疑對方的動機」。納拉揚回應表示甘地夫人虛偽做作，因為她最近在巴內什瓦爾演講時，拐彎抹角地說納拉揚維護有錢人的公司，而且「住在大商人的豪奢招待所裡」。他說，這些話「使我受傷和氣憤」，還說，她最近的言論似乎「不僅對我誤解很深，而且輕忽自底層翻湧而上的浪潮代表什麼意義——如此一來，會有發生悲劇的危險」。

甘地夫人立刻回信，澄清在那些談到薩爾烏達耶運動領袖貪腐的話裡，「我沒有提到你的名字，也沒有提到任何貶低你個人人格的話。有些報紙加入自己的詮釋，這我沒有辦法。」（這**就是**虛偽，在這種況下，也只有報紙詮釋這種可能性。）她間接表示，即使納拉揚不會被收買，或許他的同事不是這麼回事，正因如此，他的理念「在我看來太理想化，如果全印度都是納拉揚的話，或許有可能實現」。甘地夫人也質疑他聲稱自己是這個國家的道德良心。她寫道：「也請容我滿懷謙卑地告訴你，或許其他人——這些人可能不是你的追隨者——也同樣擔心這個國家，關心人民的福祉，希望除去公領域的缺點和貪腐。」

六個星期以來，兩人之間你來我往，最後一封信是納拉揚寫的。他表示，希望甘地夫人能展現善意，**公開**澄清她在巴內什瓦爾說的那些話，不是在中傷他的誠信和人格。他希望，她不會這樣傷害他——納拉揚說，「我只是一介平民，但我有我的自尊」，顯然「誤會愈來愈多，我們的通信無法減少誤會」。[41]

該回到那場運動上了。八月，納拉揚前往比哈爾邦鄉下，在那裡受到熱烈歡迎。記者巴特坦哈基（Ajit Bhattacharjea）在日記中寫道：「納拉揚的車隊往前開……路邊的群眾沿街歡呼。每一百碼左右，就有一座拱門。車隊緩緩穿過群眾，開向講臺——納拉揚在攙扶之下走上階梯，每一階都停一下。」出訪行程結束後，納拉揚召集所有反對黨開會（印度共產黨除外），希望能「將人民的激情導向全國性的人民運動」。納拉揚寫道，比哈爾的抗爭「對全印度來說都具有重要性，這個國家的命運與其成功與否息息相關」。他呼籲工會、農民組織和專業機構一起參與。[42]

至少有一個反對黨已經加入納拉揚的運動，就是人民同盟。人民同盟的學生支派ABVP從一開始就參與其中，其他歷史比較悠久的幹部，現在也成為重要角色。納拉揚的甘地主義同伴寫信警告他：「這場運動的領導權，至少在各個地區，正在逐漸落入人民同盟的手中。」他還擔心，「一般大眾還需要教育，才會符合這場運動的進行方式和價值觀，而對一般人來說，這場運動的訴求變得愈來愈負面，而不是愈來愈有建設性。」[43]

帕提爾（R. K. Patil）先前在印度文官機構擔任官員，後來成為馬哈拉什特拉邦農村一位受人尊敬的社會工作者。他對納拉揚的運動提出了比較詳細的批評。帕蒂爾在納拉揚的邀請下，在比哈爾邦待了兩個星期，他在比哈爾邦四處遊歷，並與各個階層的人談話。一九七四年十月四日，他寫了一封很長的信給納拉揚，勉強承認「這場運動廣泛激起熱烈的回響，這點無庸置疑」。他表示，從來沒有看過「這麼多人參加你的集會，卻一點聲響也沒有」。可是，這些群眾私底下就沒有這麼有紀律，他們攻擊邦議會，還以蠻橫的方式不讓比哈爾邦長發表年度演說。

帕提爾質疑，比哈爾邦抗爭活動所採用的方式，是否完全符合甘地主義的標準。但他提出更深層的問題：「在像我們這樣的形式民主裡……不合作運動和直接行動的範圍在哪？」帕提爾主張，解散透過適當方式選出來的議會，會使「比哈爾邦的抗爭運動不符合憲法，也不符合民主」。的確，選舉過程必須改革，必須更加透明，除去權力和金錢的影響，可是一旦舉行選舉，就要尊重選舉的結果。因為「除了自由公正的選舉，沒有其他方式能夠確認民族國家裡的人民意見」。

帕提爾在結論中寫道，他「很清楚英迪拉・甘地帶領的政府有著什麼樣明顯的缺點」。儘管如此，他不確定「取代『討論型政府』（Government by Discussion）、『公眾意見型政府』（Government by Public Street Opinion）是否明智」。帕提爾寫給納拉揚：「今天你是一股好的力量，但在歷史上，人民也會塑造出羅伯斯比（Robespierre）❶這樣的人物。我對比哈爾邦這類運動直覺上沒有好感，或許就是這個原因。」[44]

一九七四年十一月一日，甘地夫人和納拉揚在新德里展開漫長的會議。總理同意，只要比哈爾的運動放棄解散其他邦議會的訴求，就解散比哈爾邦政府。這項折衷方案遭到拒絕。會議上雙方雖然激烈交鋒，但最後仍以令人鼻酸動容的氣氛收場，納拉揚交給甘地夫人一封信，這是甘地夫人的母親卡瑪拉・尼赫魯（Kamala Nehru）寫給納拉揚近日辭世的妻子普拉巴瓦蒂（Prabhavati）的信。[45]

三天後，納拉揚前去參加帕特納的公眾集會，在途中遭到警方粗暴對待。他在躲警棍的時候跌到地上——翌日，各家報紙紛紛刊登這張照片。納拉揚不僅年邁，健康狀況也不好（他受糖尿病所苦），雖然傷勢輕微，但他受到屈辱，使群情更加激憤。比哈爾邦政府被人拿來和先前的殖民政府比較——有一份報刊略顯誇張地寫道：「納拉揚是自由印度第一個遭警察鎮壓的受害者。」[46]

VI

一九七四年九月，印度共和國納入先前處於半獨立狀態的錫金（Sikkim）邦。錫金有自己的旗

❶ 譯注：法國大革命時期的政治人物，推行恐怖政治，毀譽參半。

幟和貨幣，由世襲的君主治理，稱為「法王」（Chogyal）。但錫金的經濟和軍力都仰仗新德里。一九七三年，有些百姓要求錫金王國成立代表人民的議會。法王向印度政府求援，找印度政府來平息叛亂。但新德里反而火上加油。議會人選提名和選舉過後，支持印度的政黨除了一席沒有拿下，其他席次都是這個政黨的人。法王被迫退位，印度憲法將錫金定為印度的「副邦」（associate state），國會裡有錫金的代表席次。[47]

錫金是個非常美麗的邦，而且與中國接壤。如果換作其他時期，總理會因為印度擴大領土而感到安心。但在當時，併吞錫金只是讓甘地夫人暫時從她和納拉揚的戰爭中轉移注意力而已。因為，一九七四年底，比哈爾運動演變成真正的全國性運動。支持納拉揚的信件從全國各地湧入，安德拉邦的支持者在信中向納拉揚致敬，說他「在人們退休的年紀做出創舉」，並且向他表露：「對您指揮的運動感到敬佩。」[48]重要政治人物來到比哈爾邦，承諾會將這場抗爭活動的理念帶回他們的邦內。十一月最後一週，納拉揚在新德里與反對黨召開會議，並在會中表示，比哈爾邦讓大家明白，我們需要「在憲法上、道德上全面改變，包括中央政府和邦政府的政策，都要進行根本的改變」。[49]

納拉揚的運動，讓人自然而然將其看作喀拉拉邦在一九五八年至一九五九年發生的共產主義對抗運動。兩者之間的相似之處令人嘖嘖稱奇。一邊是合法選出的政府，遭人懷疑企圖推翻憲法。另外一邊則是吸引反對黨和許多非政治或厭惡政治的團體加入的大眾運動。納拉揚和帕曼納布罕一樣，是絕對正直的領袖，也是應要求出面、從政治人物手中拯救政治的聖人。（在大家眼裡）他的行為與對手截然不同，因為甘地夫人（就像一九五八年至一九五九年的南波迪里帕），無意接受對手的要求，也不願自動放棄權力。

這是一場政治角力，但也是個人競爭。納拉揚是自由抗爭的老手，同時也是尼赫魯的夥伴，在他眼裡，甘地夫人是突然竄出頭的人物。在甘地夫人這邊，她最近剛贏得選舉和戰爭，對她來說，納拉揚對政治太過天真，比較適合繼續從事社會工作。

一九七四年底，兩人之間幾乎澈底對立。許多不屬於右翼人民同盟的印度人也都認為國大黨太腐敗，而甘地夫人對批評太遲鈍。有些人甚至認為納拉揚的運動是「第二次自由抗爭」，能夠完成第一次自由抗爭尚未完成的目標。還有許多印度人，不見得是國大黨員，卻也為納拉揚和人民同盟聯手而感到痛心，認為納拉揚的運動破壞民主代議制度。第一種人批評甘地夫人，他們的批判力道較強；第二種人批評納拉揚，只不過他們批得沒那麼凶。[50]

一九七五年一月的第一個星期，總理有一名得力助手在納拉揚的家鄉比哈爾邦遭到暗殺。他叫米斯拉（L. N. Mishra），曾在甘地夫人執政時期多次入閣，更重要的是，他是國大黨的主要募資者。米斯拉是完全**沒有**思想體系的政客，他同時從蘇聯人和印度商界那裡募得許多資金。是誰謀殺他至今未明——是他的敵手，還是對他在一九七四年鎮壓鐵路罷工懷恨在心的工會成員？總理將此歸咎於，據說納拉揚和他發起的運動激發「對暴力的崇拜」。[51]

米斯拉的死沒有阻止納拉揚預計在春天到國會遊行抗議的計畫——對從全國各地前來抗議的人士來說，春天是比較舒適的氣候。一月和二月的時候，納拉揚到印度各地爭取支持。[52]他在演講中敦促人民不要採取暴力行動，任何不幸事件都會促使總理掌握獨裁權力。他在許多地方表示，甘地夫人正在尋找逮捕他的藉口。他預測，如此一來，抗爭運動的範圍會擴得更大，就像一九四二年，聖雄甘地入獄，導致退出印度運動（Quit India Movement）愈演愈烈那樣。

納拉揚暗裡將自己比喻為甘地，明裡將國大黨政權比喻為當時的殖民國家。總理自然不會接受這樣的比喻。她在接受日本記者採訪時表示，雖然她不確定納拉揚的運動目的何在，但「這場運動顯然是衝著我的政黨而來，衝著我個人，以及所有我曾經和現在代表的事物而來」。

實際上，甘地夫人的政黨裡，現在也有一些同情對手的人。其中包括青年土耳其黨的謝卡爾和德里拉（Mohan Dharia）。謝卡爾和德里拉呼籲展開全國對話，討論物價上漲、貪腐和失業的問題——他們表示，這些問題清清楚楚列在一九七一年的國大黨宣言裡。

另一個在兩者之間遊走的人是謝赫。印度政府終於與他達成協議，查謨與喀什米爾的大會立法黨（Congress Legislature Party）將選他擔任他們的領袖，他也將因此成為該地的首席部長。在他就任的前兩天，他前往位於德里的甘地和平基金會，希望他的老朋友和支持者納拉揚能祝福他。報紙上登出兩人相擁的照片，喀什米爾人謝赫，比信奉甘地主義的納拉揚高了一大截。

納拉揚告訴媒體，他歡迎謝赫回到喀什米爾，這個邦需要他來掌舵。但他在人民同盟的朋友，抨擊讓喀什米爾之獅重新掌權的協議。人民同盟主席阿德瓦尼（L. K. Advani）表示，謝赫依然「想要運用權力來達成喀什米爾獨立的個人野心」。其他人的看法與此截然不同。謝赫在二月二十五日宣示就任首席部長後，《印度快報》將此稱為「自由印度史上的劃時代事件」。謝赫在被迫退位二十三年後，重新宣示就任，「證明印度的民主政治具有恢復力和成熟度，因為唯有在真正的民主環境中，連極端分歧都得以協調，並在全國一心的架構下成功調停。」

喀什米爾這一章似乎終於要告終了。納拉揚對謝赫重返主流感到高興。在這件事情上——或許只有這件事情——甘地夫人和他看法完全一致。謝赫在查謨宣讀誓詞的那一天，納拉揚號召「全國動員」，讓「貪腐的國大黨領袖」下臺。人民同盟雖然在喀什米爾議題上立場與他相異，但他們也加入了這場運動——印度政壇就是如此矛盾。

三月二日，國會遊行前四天，甘地夫人將德里拉從內閣拔除。他做錯一件事，就是要求甘地夫人與納拉揚重啟對話。納拉揚的回應是要求查凡和拉姆等資深部長辭職抗議，以此「拯救他們的政黨免於瓦解」，復興國大黨的「傳統價值」。

三月三日，德里警察督察長召開會議，商討如何因應即將到來的抗議人潮。預計將有多達一萬五千名員警執勤。為了不讓遊行抗議的人數愈來愈多，當局禁止臨近各邦的貨車和巴士開進德里。

儘管當局禁止巴士開入，人們還是開始湧入首都。他們在紅堡——現在叫做迦耶魯拉卡什．那迦爾（Jayaprakash Nagar）——外面紮營。六日早上，他們開始走向集會場所，也就是國會旁邊的船隻俱樂部（Boat Club）草坪。納拉揚在敞開的吉普車上帶領群眾，受到人群熱烈的夾道歡迎，他們向他獻上花環，朝著他撒花瓣。他們的口號衝著他的對手而來。有一句英文口號是「退下寶座，人民來了」，印地語的改編版則是「人民的心在高唱，英迪拉的政權在沉淪」。納拉揚後面跟著反對黨領袖的吉普車。一行人組成德里有史以來最長的遊行隊伍，估計吸引了七十五萬人參與。全印度都有代表參加的人，但人數最多的代表團來自北方邦和比哈爾邦。

納拉揚在船隻俱樂部草坪上以「充滿情感的聲音」發表談話。他將當天的活動比作甘地具有歷史意義的「食鹽長征」，並呼籲民眾準備好長期抗戰。集會結束後，他率領代表團前往國會，在那裡向議長提出一份訴求清單，要求解散比哈爾邦議會、進行選舉改革，並設立法庭調查國大黨貪汙猖獗的情事。

兩天後，甘地夫人在鋼鐵之都魯吉拉演講時回應納拉揚。她說，煽動者一心想要破壞印度的民主結構。她在沒有提及對手姓名的情況下，指稱他的運動有外國資金贊助。

三月十八日，納拉揚在帕特納帶領民眾遊行，紀念這場運動滿一週年。到處都有人在唱歌、跳舞、丟擲顏料。這一天，也是印度色彩節（Holi Festival）。納拉揚在演講中敦促大家組成一個反對黨，或是至少組成一個共同陣線，好在未來的每一場選舉之中對抗國大黨。

納拉揚的運動在北部各邦深深扎根。他在西部有支持者，尤其是古吉拉特邦，但南部地方大部分都還沒有伸入觸角。所以，此時他動身前往文迪雅（Vindhyas）山脈南方的幾個邦。在這趟漫長的旅程中，他受到許多民眾歡迎，但歡迎他的完全談不上是廣大群眾。在泰米爾納德，民眾則是熱烈回憶當年納拉揚挺身反對強制通用印地語。[53]

VII

在納拉揚運動取得進展的時候，總理又面臨了另外一項挑戰；這項挑戰並非來自街頭激動的標語製作者，而是法律的冷酷語言。場景發生在安拉阿巴德高等法院（Allahabad High Court），庭上正在審理納拉因（Raj Narain）的申訴案。身為社會主義分子的納拉因，曾經在一九七一年的雷巴勒里（Rae Bareilly）縣國會議員選舉中敗給甘地夫人。他在申訴案中指出，總理透過貪汙手段贏得選舉，尤其她發出去的錢超過規定的金額，而且她的陣營動用國家機器和公家機關的人員。這件案子耗了一九七三年和一九七四年整整兩年，正反論點在辛哈（Jag Mohan Lal Sinha）法官面前交互攻防。[54]

一九七五年三月十九日，甘地夫人成為第一位出庭作證的印度總理。她在證人席上待了五個小時，回答跟她的選舉有關的問題。甘地夫人將桑傑留在德里，由大兒子拉吉夫陪她來安拉阿巴德。拉吉夫在母親出庭時，「帶義大利裔妻子索妮雅（Sonia）前去參觀尼赫魯的祖居。」[55]

四月，德賽——他也是甘地夫人的對手，但比納拉揚的年紀還大——開始在古吉拉特邦絕食，抗議政府繼續實施《總統管制令》。新德里讓步了，宣布在六月重新舉行選舉。反對黨開始組織共同陣線，與國大黨對抗。

古吉拉特邦在六月第二週舉行選舉，阿德瓦尼表示，這場活動「促使政黨朝兩極分立的方向發展，人民同盟會試著進一步推動這個過程」。他期盼他的政黨能夠力量「倍增」。[56]選票還在計算，讓我們先把焦點拉回安拉阿巴德的高等法院。六月十二日早上，在甘地夫人的父親和祖父都曾經執業過的法院第十五室裡，辛哈法官針對三年前納拉因提出申訴的案子進行宣判。他的判決是，十四項指控中，總理有十二項無罪。有罪的指控包括：第一、北方邦政府替她打造演講高臺，讓她「以主導的姿態」在選舉集會上演說；第二、她的選舉代理人卡普（Yashpal Kapoor）在選舉展開的時候仍然在政府機關工作。根據他的判決，甘地夫人的國會議員選舉結果無效。但法官判給甘地夫人二十天的中止執行期，讓她可以向最高法院提起上訴。[57]

六月十二日對甘地夫人來說是糟糕透頂的一天。一大早，她就收到老同事答爾於晚間辭世的消息。沒多久，古吉拉特也傳來殘酷的消息，人民陣線（Janata Front）即將在古吉拉特邦的選舉中成為多數。接下來，最後一件，來自她的家鄉安拉阿巴德，是最令她頭痛的事。

人們開始熱烈討論法官為何做出這樣的判決。辛哈法官在阿利加爾接受教育，成為地區法官之前，他曾經在巴勒里執業十四年。他在一九七〇年當上法官。有些人聲稱，因為他和納拉揚同樣出身卡雅斯塔（Kayasth）種姓，所以他的判決有失偏頗。有些人則相信，判決出爐前幾天，總理的人向他保證，讓他升到最高法院，只要他的判決對他們的主子有利。[58]

甘地夫人的選舉因為一項小罪名而翻盤，但辛哈法官的判決，還讓社會大眾注意到納拉揚運動對甘地夫人提出的嚴重指控。判決出爐隔天，反對派政治人物開始在印度總統府外面絕食靜坐，要求總統讓「貪腐」的總理去職。納拉揚在帕特納發表聲明，表示如果甘地夫人聽身邊「應聲蟲」的話，繼續待在職位上，是「既丟臉又諷刺」的一件事。他還指出，古吉拉特邦的選舉結果顯示，「英迪拉風潮」和「英迪拉魔法」已經是過去式了。

另一方面，這些應聲蟲其實非常忙碌。十三日當天，國大黨的哈里亞納邦首席部長拉爾開始將支持者送進德里，公開表示他們對甘地夫人忠心耿耿，總理官邸外面的馬路塞滿支持她的人。他們高喊支持她的口號，並且燒毀辛哈法官的肖像。甘地夫人出來向他們演說，談論外國勢力如何與她的國內對手密謀將她除掉。她宣稱，她的對手有「很多供他們使用的金錢」。

每天，都有一批新的支持者在甘地夫人住所外面集結。每天，她都出來向他們發表談話。有些國大黨員私下譴責這種民粹式的宣傳做法，有些人則公開表示鼓勵。國大黨在新德里舉辦黨員大會的時候，主席巴羅在會中表示：「制定法律的是人民，而人民的領袖是甘地夫人。」有些法官和律師，包括地位崇高、曾經加入甘地夫人內閣的傑出法學家查格拉（M. C. Chagla），則認為總理在道德上應該辭職，至少在她的案子審理完結之前應當如此。另一方面，有五百一十六位國會議員連署敦促甘地夫人留在職位上。一萬名來自卡納塔卡邦的國大黨員用鮮血簽了一份類似的連署書。在正反意見交鋒的過程中，出現一個來自邊界的聲音，是布托，他擔心甘地夫人會想辦法利用「與巴基斯坦對抗的險招」來逃脫困境。

六月二十日，甘地夫人在船隻俱樂部草坪上對一大群人發表談話。據說有一百萬人參加集會，人數比納拉揚三個月前在這裡辦的集會還要多。總理表示，反對人士意圖讓她從這個世界上消失。巴羅在她演說結束後，朗讀他為這場集會專門創作的對句：

英迪拉，我們向您的日日夜夜致敬。
我們歡慶您的名字，也歡慶您的成就。

兩天後，反對派集結眾人，作為回應。當天下著傾盆大雨，但成千上萬人出席這場集會。納拉揚是主講人，但他要飛往加爾各答的班機在最後一刻被取消飛行（根據印度人航空的說法，是「機械問題」）。主要反對黨的代表在會上發言，德賽呼籲眾人發起一場「不成功便成仁」的運動，來推翻甘地夫人的政權。

六月二十三日，最高法院開始審理甘地夫人的上訴。隔天，伊艾法官裁決安拉阿巴德的判決中止執行：他表示，總理可以參加國會議事，但在上訴案審理完結及宣判之前不得投票。《印度快報》認為，這就表示，甘地夫人「必須為了國家及個人利益，立即辭職下臺」。

現在，至少有一些資深的國大黨員認為，總理辭職對國大黨比較有利。如果她不能在國會投票，就無法帶領她的政府達成任何目標。有人建議她暫時下野，讓內閣官員占住這個位子（或許由無爭議的斯瓦蘭．辛格出任），直到最高法院對她的上訴案做出有利裁決（她的律師對此有信心），讓她回任總理為止。

力勸甘地夫人不要辭職的人有：她的兒子桑傑，以及西孟加拉邦首席部長拉伊（Siddhartha Shankar Ray）；拉伊是受過優良訓練的律師，他從加爾各答來到甘地夫人跟前。甘地夫人很快就採納他們的建議，她後來告訴一名傳記作者：「除了留下，我還有什麼選擇？你知道這個國家處在什麼樣的局勢當中。如果沒有人來帶領，會發生什麼事情？你知道，我是唯一能夠帶領國家的人。」[59]

這個決定一下來，就火速付諸執行。二十五日，拉伊便幫忙起草一份條例，宣布印度國內發生緊急狀態，這份條例一送到順從的總統艾哈邁德（Fakhruddin Ali Ahmad）面前，他就簽署了。當晚，德里的報社通通被斷電，二十六日沒有任何一份報紙出刊。警察突然找上反對派領袖，把納拉揚、德賽和許多人都關進監獄。翌日，國營廣播電臺告訴德里及全印度的民眾，印度進入緊急狀態，所有公民自由權都暫時取消。

在當時以及後來，人們認為甘地夫人的反應遠比起初激怒她的原因還要激烈。辛哈法官指出甘地夫人觸犯兩項輕罪。最高法院不太可能認定講臺高度足以構成「不當選舉」的條件。至於第二項指控，卡普在投入選舉活動前就辭職了，爭議只在於辭職是哪一天獲准的。大部分的律師相信，最高法院會撤銷安拉阿巴德的判決。然而，一位德高望重的德里記者表示，總理拋棄「正常法律救濟途徑的優點，反而以極端、非民主、不符憲法的緊急狀態作為手段」。60

緊急狀態宣布前四個月，《印度快報》才稱頌「印度民主的政治具有恢復力和成熟度」，講述印度「連極端分歧都得以協調……成功調停」。《印度快報》現在可以收回他們的話了。一九七五年左右的印度民主制度，可以讓喀什米爾谷地心甘情願加入印度聯邦，卻不能讓甘地夫人與納拉揚和解。

第二十二章
女總理凋零

未來的世代不會記得我們辦過幾次選舉，而是記得我們取得的成就。

——桑傑．甘地，一九七六年十二月

I

一九七五年六月二十六日早上六點鐘，聯邦內閣召開會議。睡眼惺忪、沒有思考能力的部長們接到國家於午夜進入緊急狀態的消息。甘地夫人得到他們的正式同意後，前往全印廣播電臺的錄音室，向同樣沒有料到這件事情的人民公告這個消息。甘地夫人宣告全國：「總統已經宣布進入緊急狀態。大家不需要驚慌。」她表示，這項必要措施所針對的是「自從我開始實施對印度國民有益的進步措施以來，便開始醞釀的廣大、深層陰謀」。「瓦解的力量」和「群體的激情」正在威脅印度的團結。她宣稱，「這並非私人恩怨，我是否繼續擔任總理並不重要」，但她希望，情況可以「快速改善，讓我們盡快解除這項措施」。[1]

宣布進入緊急狀態，就發生在最高法院命令她不得在國會進行投票之後，這份聲明不攻自破。當時，與總理親近的友人——設計師賈亞卡（Pupul Jayakar）——正在美國。二十七日，甘地夫人寄了一份內容冗長的便箋給賈亞卡夫人，說明此舉乃是回應「愈演愈烈的暴力行為」，這些行為來自於「以仇恨和誹謗為本質的行動」。她表示，僅有九百人遭到逮捕，而且大部分的人不是關在監獄裡，而是被「舒適地留在家中」。「社會大眾的反應很好」，而且「全國上下一片祥和」。總理告訴她的朋友，實施緊急狀態「是為了恢復正常的民主運作程序」。[2]

印度各地都有人被捉進監獄，包括非國大黨的領袖和立法委員、學運分子、工會成員，甚至是所有跟人民同盟、國大黨組織派、社會主義黨或其他反對執政黨的團體扯上一點邊的人。有些遭到居留的人，例如納拉揚和德賽，被安置在離德里不遠、位於哈里亞納邦的公營旅館。但是，大部分的人都被送到已經人滿為患的監獄裡。很快就證明，甘地夫人的數據與事實相去甚遠。成千上萬人被依照《國內安全維護法》（Maintenance of Internal Security Act）逮捕——受害者將此法稱為「英迪拉與桑傑維護法」（Maintenance of Indira and Sanjay Act）。而且，他們還用了其他法律手段。瓜里爾和齋浦爾的王邦太后是甘地夫人在政治上的老對手，她們被依照原本用來處置黑市交易和走私販的法律逮捕入獄。[3]

緊急狀態實施頭幾個月，總理大量接受採訪，為宣布實施緊急狀態辯護。這些作為同樣顯示出她在極力捍衛自己。她告訴倫敦的《週日泰晤士報》：「說我實施緊急狀態是要留任總理就大錯特錯。而我們以符合憲法的方式因應〔納拉揚運動帶來的〕超出憲法範圍的挑戰。」緊急狀態「是為了拯救這個國家免於瓦解和崩潰」，它「讓我們得以取得經濟方面的進展」，帶來「新的國家自信」。她告訴紐約的《週六評論》（*Saturday Review*）：「這麼做不是廢除民主制度，而是拯救民主制度。」她在這些採訪中抨擊西方媒體「迫害印度」，對她的國家指手畫腳，卻不指責巴基斯坦和中國等明顯獨裁的國家。[4]

總理在訪問和廣播節目中談到，這個國家需要注入一股「新的紀律和士氣」。政府的文案撰寫人開始動作，編出「紀律讓國家偉大」、「少說多做」、「當印度人，買印度貨」、「我們以效率為呼召」等口號。其他還有一些比較沒那麼客觀的宣導語，例如：「她站在秩序與混亂中間」，以及「勇氣與高瞻遠矚，您的名字叫英迪拉．甘地」。這些口號有印地語也有英語版，漆在公車上、橋梁邊，以及政府機關豎立的巨型廣告看板上。

這些都是暗中進行獨裁的跡象。甘地夫人和透過政變奪權的軍人一樣，聲稱自己是在保護國家不受國家本身的傷害。而且，她也和他們一樣，還說雖然她沒有給人民自由，但她用給他們麵包來交換。緊急狀態實施一個星期之內，她提出一份《二十項經濟進步方案》（Twenty Point Programme for Economic Progress），承諾降低民生必需品的價格、快速實施土地改革、廢除債務與抵債勞動、提高工資，以及降低中產階級的稅負。[5]

女性獨裁者在歷史上的總人數很少——二十世紀可能就只有甘地夫人這麼一個。但是，身為女性獨裁者，她可以運用男性獨裁者所不能運用的形象和象徵。十一月十一日，進入緊急狀態四個半月後，總理在廣播節目上與國人「見面」及「談心」。她談了一個小時以上，表達對紀律的需求，講述她的經濟方案，以及古印度的光榮和現代公民的責任。總理表示，「我們的對手」想「癱瘓中央政府的運作」，因此——

我們發現自己身陷困境。而我們採取了一些措施。但國內有許多朋友不明白英迪拉做了哪些事情，不明白這個國家未來將會如何。我們覺得國家生病了，如果要趕快好，就要投藥，即便這是一劑苦藥。不管孩子有多可愛，如果醫生開出一劑苦口良藥，他們都要服用這帖藥，病才會好……所以，我們為這個國家投下這劑苦口良藥。

……現在，孩子在受苦，母親也受苦。我們也不願意採取這個措施……但我們看見成效，就跟醫生開的藥有效果一樣。[6]

II

一九七五年八月十五日，倫敦《泰晤士報》登出一則「釋放納拉揚活動」的全版廣告。這則廣告的出資者是個人：名字列在最前面的是哈德爾斯頓（Trevor Huddleston）主教，列在最後面的是阿許克勞芙（Peggy Ashcroft）女爵。其他簽署人還有與印度長期友好的社會主義家布洛克威（Fenner Brockway）、經濟學家舒馬克（E. F. Schumacher）、政治科學家莫里斯—瓊斯，以及與印度沒有特別關聯的知名人士，例如：演員傑克森（Glenda Jackson）、歷史學家泰勒（A. J. P. Taylor）和評論家泰南（Kenneth Tynan）。除了一長串名字，廣告上登了一段文字，這段文字是聖雄甘地本人所寫，聲明納拉揚具有高尚的人格和愛國情操。

廣告上寫著：「今天是印度獨立日，別讓印度的民主之光熄滅。」簽署人呼籲甘地夫人釋放所有政治犯，尤其是納拉揚。特別提出納拉揚，不是因為他領導印度這場反對運動才敬他三分。「釋放納拉揚活動」的主要倡導者，早在他發起「全面革命」之前就認識他了。左翼的工黨支持者（如布洛克威）從一九三〇年代就知道納拉揚是偉大的獨立運動英雄。環境保護主義者（如舒馬克）從一九五〇年代就知道，他跟他們一樣，是熱心支持分權化發展的人。政治科學家莫里斯—瓊斯在印度獨立前就認識他，並在獨立後與他往來，將他視為永遠在場、始終具有影響力的典範人物，莫里斯—瓊斯稱他為印度政治上的「神聖典範」。

這些關心印度自由的外國朋友都有點年紀，所以知道尼赫魯和納拉揚之前關係有多密切。他們對於尼赫魯的女兒將納拉揚關進監獄一事感到震驚，希望訴諸過往歷史能夠讓納拉揚重見光明。偉大的和平主義者團體「貴格會」也是如此。貴格會教徒雖然沒有將名字列在《泰晤士報》的廣告上，但他們試著透過非正式管道進行調停。這個團體長久以來與印度維持著體面的關係，哈里森（Agatha Harrison）和亞歷山大等貴格會教徒，在英國的殖民主義者和印度的民族主義者之間扮演重要的橋梁。先前，他們才和納拉揚一起試著調停印度和巴基斯坦之間的問題，以及那迦叛軍和新德里政府之間的問題。

八月，進入緊急狀態後一個月，社會學家艾爾德（Joe Elder）奉命代表他的貴格會同伴，前往印度了解實情。他見了很多人，有納拉揚的支持者、國大黨政治人物，還有總理本人。他發現自己「有不去譴責任何一方的傾向」。納拉揚發起群眾運動，卻沒有將自願者組織成一支有紀律、非暴力的核心幹部，他在這件事上犯了錯。他的理念「讓很多人覺得天真、未經檢驗或不具說服力」。他的運動裡有極端的左派和右派分子，可靠度因此降低。另一方面，總理實施緊急狀態，顯然是過度反應。這麼做在人民心中引發恐懼，而且破壞了民主流程及民主制度。[7]

如艾爾德的描述所指，緊急狀態是納拉揚和甘地夫人一起寫出來的劇本，兩個人都表現出對代議制度極度缺乏信心：納拉揚要求提前解散經選舉產生的政府，而甘地夫人則是將合法選出的國會議員和立法委員關進監獄裡。對於現代民主體制中，國家扮演什麼樣的角色，他們都沒有正確的認知。納拉揚的訴求簡單來說就是讓國家消失，要警察和軍隊「違抗不道德的命令」。另一方面，甘地夫人希望，這個國家最終能夠按照某個特定掌權者的意志來運作。

發生衝突的兩方曾經是彼此的朋友，歷史和傳統上的關聯，以及維持好幾個世代的密切個人關係，令這場衝突顯得傷感。對於將納拉揚關進牢裡，甘地夫人做何想法，我們不得而知，但我們知道，她的屬下有很深的矛盾心態。總理的情報顧問普薩德（H. Y. Sharada Prasad），本身是一位長年對國家忠心耿耿的自由鬥士。一九四二年，那場讓納拉揚一躍成為全國知名人物的退出印度運動，曾經讓普薩德被捕入獄。但普薩德和艾爾德的看法不同，他不承認總理反應過度，而是像他在寫給友人的信中所說，「在國家民族生死存亡之時，納拉揚這樣的人選擇印度國民志願服務團和印度共產黨（馬克思主義），而不選擇國大黨」，令他感到痛心。「我無法理解如此不合理的做法，實在沒有藉口。我只能安慰自己，假使〔他的妻子〕普拉巴瓦蒂尚在人世，他就不會如此想不開。」[8]

對納拉揚入獄感到不滿的還有經濟學家達爾（他接任哈克薩的位子，成為總理的主任祕書）。他派了好幾名特使到牢中和納拉揚談判，想要知道如果政府在一九七六年初的國會選舉前，及時釋放政治犯並撤銷緊急狀態，雙方是否可能達成和解。特使得知納拉揚有進行協商的意願。納拉揚的家鄉比哈爾邦發生水災，讓他很想趕快出獄和災民並肩救災。有人說是他不負責任的做法導致國家進入緊急狀態，這個說法傳到了他的耳裡。他表示自己沒有重新發起人民運動的想法，但選舉時，他會組織陣線對抗國大黨，並設法拉攏國大黨的候選人。[9]

納拉揚非常希望由他的老朋友謝赫——身為查謨與喀什米爾首席部長的謝赫現在也是印度統治集團的一分子——來擔任他和甘地夫人之間的調停人。他讀到一份報導，上面寫著謝赫表示自己支持「全印度大和解」，而且總理「非常希望終止緊急狀態」。於是，納拉揚寫信告訴謝赫，不論謝赫在調停反對黨和政府之間的歧見時採取什麼行動，他都「全力配合」。儘管如此，這封信無意之間透露出，雙方還有裂痕沒有復原，納拉揚提到自己的時候，將自己描述成「破壞和平的人、主謀者、頭號罪人」，而他要提出最後的挑戰，他說：「第一個〔總理是否真的〕渴望做到〔結束緊急狀態〕的考驗就是，這封信能否獲准送到你的手上，以及你是否獲准前來見我。」[10]

總理沒有通過考驗。這封信並沒有送到謝赫手上，和解之路因此告終。然而，一九七五年十一月，納拉揚的健康狀況急轉直下。他因為腎衰竭而被送到昌第加的醫院。當地醫生對此束手無策。於是，他獲得假釋，被轉到位於孟買的賈斯洛克醫院（Jaslok Hospital），在那裡接受腎臟醫學專家瑪尼（M. K. Mani）的治療。政府動作很快，因為他們知道，如果納拉揚死在牢裡，可能會掀起滔天巨浪。[11]

儘管納拉揚躺在孟買的病床上，身上接著洗腎透析儀器，但是其他為數眾多的政治犯都還關在牢裡。根據估計，有三萬六千人因為《國內安全維護法》而入獄，遭到未審先押。這些人來自印度各地，其中一千零七十八人來自安德拉邦，兩千三百六十人來自比哈爾邦，按照邦名的英文字母排列下去，最後則是七千零四十九人來自北方邦，以及五千三百二十人來自西孟加拉邦。[12]

這些政治報復下的受害者，飲食、衣著、住處都跟一般的罪犯沒有兩樣——事實上，他們要跟普通罪犯共用牢房（因此，有人打趣地說，甘地夫人最自豪的社會主義，至少在牢裡實現了）。年紀較大的犯人緬懷英屬印度的時代，那時的監牢比較乾淨，獄卒也比較有人性。女性犯人似乎會被挑出來，接受差別待遇。瓜里爾和齊浦爾的太后此時活在她們所不習慣的清苦和骯髒環境裡。比較習慣過簡單生活的社會主義人士戈爾（Mrinal Gore），則被要求跟隔壁牢房的女性囚犯共用馬桶

——她剛好是一名痲瘋病患。在她對面的牢房裡，住著一位精神錯亂的女士，她不穿衣服，而且日夜不停地尖叫。[13]

III

一九六三年，甘地夫人在寫給友人的信中抱怨，民主「不僅會讓平庸的人物嶄露頭角，還會讓多數人的聲音得到力量，不管這些人的知識和理解能力有多貧乏」。[14]三年後，甘地夫人的身分是總理，她告訴一名參訪記者，「國大黨在垂死掙扎」，還說：「我有時候覺得，連國會體制都在垂死掙扎。」除此之外，「我們的公共服務惰性很強；我們用朽木來取代朽木。」這位全世界最多人口的民主國家剛選出來的總理表示：「有時候我希望，獨立建國的時候，能夠發生一場真正的革命，像法國或俄羅斯那樣。」[15]

她對民主程序沒有耐心，先前就能看出端倪，舉例來說，公務部門、司法部門和國大黨裡，都是對這位總理死心塌地的人。但緊急狀態讓情況惡化許多。現在，反對她的國會議員已被關押，國會開始通過一系列的憲法修正案，用以延長甘地夫人的任期。第三十八次憲法修正案於一九七五年七月二十二日通過，此案規定不得對緊急狀態進行司法審查。第三十九次憲法修正案於兩週後提出，規定最高法院不得對總理選舉提出異議，僅國會組成的機構能對此提出異議。這項修正案，適時替選舉結果遭受司法審查的甘地夫人解圍。由於新的憲法修正案溯及一九七一年的選舉，甘地夫人當時的行為不屬於法律管轄範圍，所以法院現在認定無案可審。[16]

幾個月後，最高法院還幫了一個大忙。有律師代表千萬名因《國內安全維護法》入獄的犯人主張，國家不得剝奪人身保護令賦予人民的權利。最高法院以下的法院，判決似乎都贊同這個觀點。但這個案子送進最高法院的時候，最高法院認定，按照新的例外規定，未審拘留屬合法作為。五名法官中，僅有一名表示反對——這位法官是卡納（H. R. Khanna）法官，他表示：「任何熱衷個人自由的人，都會厭惡未審拘留。」[17]

有人認為，這樣的判決受到法律之外的因素影響——其中三名法官期盼自己有一天可以當上首席法官，也有法官害怕被推動緊急狀態的官員挾怨報復。《紐約時報》上登出一份悲觀的社論，標題是〈印度的希望正在消逝〉（Fading Hopes in India），該社論指出：「獨立的司法屈從信奉專制主義的政府，正是民主社會崩解的最後一步。」[18]

事實上，還有其他步驟尚待施行，其中包括第四十二次憲法修正案，這是一份總共二十頁的文件，裡面的條文賦予國會前所未見的權力。現在，國會可以自行延長任期——他們也立刻延長了。根據這項修正案，立法機關制定的法律，不必交付司法機構複查，而且進一步擴大了中央政府對各邦的管轄權。最重要的是，第四十二次憲法修正案賦予國會「不受限制的權力，足以維護憲法，也足以毀壞憲法」。[19]

一九七六年一月，達羅毗荼進步聯盟政府在泰米爾納德的任期結束。中央政府沒有重新舉辦選舉，而是下令實施《總統管制令》。兩個月後，相同的命令也下達古吉拉特邦，人民陣線在那裡因為議員變節而失去最大黨的地位。

甘地夫人和國大黨現在稱霸全國。一九七六年三月，藝術歷史學家米德瑞（Mildred）和阿徹（W. G. Archer）與甘地夫人會面時，甘地夫人表示對緊急狀態取得進展感到滿意。她告訴他們，新的治理方式「令國務部長個個心驚膽顫」。「早就應該這麼做，而且成效極佳」，因為「權力過度下放是印度的致命傷」。甘地夫人堅持：「我必須讓印度團結。絕對要這麼做。」[20]

IV

媒體自由也成為緊急狀態下的其中一個受害者。緊急狀態第一個星期，政府實施「媒體審查」制度，報刊主筆必須將認定為批判政府或政府官員的文章，送交政府單位審查批准。政府公布一套準則，規定什麼是「新聞」，什麼不是「新聞」。媒體不可以報導遊行或罷工的消息，也不可以報導政治上的反對意見或監獄裡的情形。跟公開異議有關的報導，自然遭到**嚴格禁止**，但事實上就連對政府略有微詞的報導都遭到了禁止。[21]旁遮普的一份報紙回顧當時的情形，表示被審查制度「扼殺」的內容包括：

> 昌第加的巴吉瓦拉（Bajwara）市集，為了抗議政府逮捕店主而關門不做生意；鎮上六年來沒有管理衛生事務的官員，沒有人監督鎮上的衛生環境，尤其是開放的排水設備……三封寫給主筆的投書，提及喜馬偕爾邦大學課程薪資異常和不恰當的薪資區間；對巴士服務表達不滿；昌第加一篇針對番茄價格上漲所做的報導；兩個人在阿木里查附近的鐵道巡邏時死亡；以及一篇針對必要藥品黑市所做的簡短報導。[22]

刪掉內容的地方要填補；用總理的談話或宣揚政府的故事來填補。（如果主筆要刊出泰戈爾、甘地、尼赫魯稱頌自由的文章，馬上就會被要求做出解釋。）一名西姆拉的讀者在寫給英國友人的信件中表示：「我們的報紙在報導世界新聞時完全沒問題，但其他跟這個國家有關的新聞，除了總理的談話，就不是這麼回事……我決定放棄讀報的快樂。」[23] 事實上，就連記者自己也有同樣的反感。孟買《閃電戰》週刊的記者告訴他的英國友人：「我的報紙支持緊急狀態，但如果我們只是宣揚政府，那麼讀者會如何看待我們？」[24]

語帶嘲諷的玩笑尤其不能刊登。泰米爾語詼諧作家拉瑪斯瓦米（Cho Ramaswamy）想偷偷刊登一則漫畫，內容是總理和她兒子桑傑在講話，下面的標題寫著「全國修憲辯論」，但是遭到了禁止。有一名讀者問拉瑪斯瓦米：「誰是英迪拉．甘地？」拉瑪斯瓦米回答：「她是穆提拉．尼赫魯（Motilal Nehru）的孫女、賈瓦哈拉爾．尼赫魯的女兒、桑傑．甘地的母親。」這段話當然也被刪掉了。審查很嚴格，但還是有一兩則古怪的笑話逃過法眼。所以，巴拉舒伯拉曼雅姆（V. Balasubramanyam）才能在《東方經濟學家》（*Eastern Economist*）上刊登一篇題為〈印度的牲畜問題〉（Livestock Problems in India）的文章，開宗明義寫道：「這個國家目前有五億八千萬頭羊。」❶此外，一位匿名的民主主義者在《印度時報》上登了一則廣告，公告「D. E. M. O'Cracy辭世，妻子T. Ruth、兒子L. I. Berti及女兒Faith、Hope、Justice同悼」❷。[25]

隨著緊急狀態繼續實施，政府對資訊散布箝制得愈來愈緊。印度聯合新聞社（United News of India）和印度新聞信託社（Press Trust of India）兩間獨立新聞機構，和另外兩間規模比較小的報社

---

❶ 譯注：在英文中，羊隻（sheep）有懦夫的意思，這句話暗諷印度人膽小懦弱。

❷ 譯注：這幾個英文姓名看似普通，其實別有深意。D. E. M. O'Cracy等於Democracy（民主），T. Ruth等於Truth（真實），L. I. Berti等於Liberty（自由），Faith、Hope、Justice的意思分別是信念、希望、正義。

合併，成立一間叫做「新聞」（Samachar）的公營新聞服務機構。獨立存在的監督機構「新聞評議會」（The Press Council）遭到裁撤，法律賦予記者對國會進行報導時享有的豁免權也被取消。包括《印度快報》的那亞（Kuldip Nayar）、《印度時報》的桑德（K. R. Sunder）、《祖國》（*Motherland*）的馬爾卡尼在內，多達兩百五十三名記者被逮捕入獄。[26]

有些熱愛自由的記者堅持立場，但他們的報社老闆大部分表現得十分順從，害怕政府會關閉報社或查扣他們的財產。他們害怕打壓，但對甜頭歡迎得很。從視聽宣傳局（Directorate of Audio-Visual Publicity）付錢刊登政府公告，便可以看出這一點。視聽宣傳局「大方付錢在所謂的『友善』報刊上刊登廣告，對批評政府的報刊則取消贊助。因為這樣的金錢誘因而改變態度的，不止一間報社、一名主筆、一個老闆」。[27]

願意遵守新聞規範的報紙有《印度日報》和《印度時報》，《印度斯坦時報》更是樂意之至。《印度斯坦時報》的主筆是非常受人尊敬的維傑斯（B. G. Verghese），但身為實業家的報社老闆比爾拉（**K. K. Birla**），只是因為要取悅甘地夫人，就把維傑斯解僱了——比爾拉是總理衷心耿耿的左右手，安拉阿巴德高等法院判決於六月十二日出爐後，他率領五百名商人組成的代表團勸諫總理留任。[28]勇於對抗來維持自身獨立性的報社則有《印度快報》和《政治家報》。這兩間報社都拒絕乖乖聽政府的話，不接受威脅，也不接受勸誘。權力被政府剝奪的時候，他們透過法院恢復權力。報導內容被政府審查的時候，他們選擇留白，而不是填入政府的文宣。他們還巧妙地在外國媒體上重新刊登印度局勢的報導，不對局勢做出評論，為報導下中性的標題，例如：〈新聞摘要〉（News Digest）或〈我們的當代人怎麼說〉（What our Contemporaries Say）。[29]

大眾化的報紙受到的影響最大，但政府也沒有放過素質高、銷量少的報刊雜誌。有兩份備受推崇的德里刊物——《主流》（*Mainstream*）週刊以及《專題研討》月刊——寧願停刊，也不願意交給審查員審查。孟買的《勇氣》（*Himmat*）週刊頑強地對抗審查員，但政府要求他們繳交一筆天價款項，作為乖乖聽話的保證金（罰款名義是他們在報導中引述好幾個人的話，聖雄甘地的話也包括在內），最後他們只好歇業。文學雜誌也被迫歇業，因為他們的獨立性遭到箝制，使他們無法生存下去。

就某些方面而言，政府更害怕小型雜誌。他們的負責人無法用金錢收買，所以只能逼他們就範，或讓他們破產倒閉。由印度文官機構官員葛瓦拉（A. D. Gorwala）在孟買創辦的四頁時事通訊刊物《觀點》（*Opinion*），便是政府的其中一個目標。葛瓦拉是一位以正直聞名的人，他專門報導政府單位對個人發動攻擊的事件。他也長期挺身對抗貪腐。實施緊急狀態一年後，《觀點》被政府下令停業，但葛瓦拉還是想辦法發行最後一期，並在刊物中寫出他的觀察：

當前的英迪拉政權於一九七五年六月二十六日建立，它透過謊言誕生，受謊言滋養，因謊言而茁壯。它的主要成分就是謊言。因此，有一份追求事實、以理性邏輯思考的刊物，每個星期對它進行檢驗，道破它的虛假，對它而言是件無法容忍的事情。[30]

V

緊急狀態宣布實施的隔天，一名英國記者發現德里的街道上「出奇尋常」。這座城市裡「叮噹作響」的腳踏車「大隊」在早晨出發上班去。「沒有聚集憤怒的群眾，商店和工廠如往常一般開張運作，乞丐乞討，有錢人豢養的健壯賽馬接受日常操練……」[31] 資深記者馬爾霍特拉（Inder Malhotra）寫道：「至少在頭幾個月，緊急狀態讓印度恢復到許多年未曾出現的平靜狀態。」[32]

這種平靜的狀態，和先前衝突不斷的十年相去甚遠；這是緊急狀態廣受中產階級歡迎的其中一個原因。犯罪率下降，火車不會誤點。一九七五年季風帶來豐沛雨量，所以物價下跌了。一名德里的官員告訴美國的參訪記者，只有外國人才在乎言論自由這種東西。這名官員表示：「我們不想再替失敗的民主制度做實驗，是時候拿過度誇大的個人權益來換取經濟發展了。」

這名記者發現，商界對於實施緊急狀態特別高興。德里的飯店老闆告訴他，現在的生活「太棒了」。「以前工會帶給我們很糟糕的問題，現在，他們製造麻煩的時候，政府直接把他們關進牢裡。」這名記者在孟買和塔塔（R. D. Tata）見面——塔塔可以說是印度最受人推崇的實業家。他也認為「之前太誇張了。你無法想像我們經歷了什麼——罷工、杯葛、示威抗議。有時我連從辦公室走到街上都沒辦法。國會制度不符合我們的需求」。[33]

中產階級的靜默，有一項有力證據，就是沒有幾個官員以辭職的方式來抗議實施緊急狀態。在英國統治時期，甘地號召眾人「不配合」當權者，讓成千上萬名教師、律師、法官，甚至印度文官機構的官員紛紛辭去職務。現在，只有少數公務員抗議民主制度被取消。在這些抗議的人之中，納立曼（Fali Noriman）辭職不續任副檢察長，丹特瓦拉（M. L. Dantwala）拒絕繼續擔任印度儲備銀行的顧問，圖普勒（Bagaram Tulpule）則是辭去在公家單位的高階職位。

儘管如此，印度國會還是有一些抗拒的力量。七月二十三日，國會召開會議，準備批准緊急狀態。三十四名國會議員在牢裡，國大黨輕而易舉地取得多數地位。能自由出席會議的反對派國會議員，在步出國會之前發表抗議演說。印度共產黨（馬克思主義）黨員戈帕蘭（A. K. Gopalan）表示，逮捕議員讓國會淪為「鬧劇和遭人輕視的對象」。一位人民同盟的國會議員指控甘地夫人，為「個人目的」背叛祖國。[34]

反對派國會議員後來杯葛國會（或是被關進牢裡），繼續出席會議的只有艾哈邁達巴德的馬瓦蘭卡（P. G. Mavalankar）；他的正職是政治科學家，他的父親是下議院的第一屆議長。他的家世背景讓政府不便逮捕他，所以他留在國會裡，並把握機會引述印度民族獨立運動「三位一體」——泰戈爾、甘地、尼赫魯——說過的話，用他們的話來稱頌自由，用他們的看法來對比「嚴酷的」《國內安全維護法》；後者被拿來替「惡意的政府」推動「政治目的」，這是「近代印度史上最令人憎惡的法規」。[35]

街上也有不服從的人們。一九七五年十一月十四日——尼赫魯生日當天——一個自稱人民抗爭委員會（Lok Sangharsh Samiti）的團體在孟買展開不合作運動。每天都有一群抗議人士站在繁忙的十字路口，大聲喊口號，例如「獨裁政權下臺」和「納拉揚萬歲」。一個月內，有一千三百五十九人遭到逮捕，包括一百四十六名女性在內。抗議活動蔓延到其他邦，公車站牌、火車站、政府辦公處，變成呼喊口號和招致逮捕的場所。一份新聞報導指出，不合作運動展開的前三個月，多達八萬人遭到關押。[36]

一九七六年八月十五日（印度獨立日），艾哈邁達巴德也有一場「食鹽長征」，帶頭者是瑪尼班・帕特爾（Manibhen Patel），印度第一位內政部長瓦拉巴伊・帕特爾的女兒。五十名遊行人士手上舉著「撤銷緊急狀態」、「釋放政治犯」等標語，一路走向丹地（Dandi）；四十六年前，甘地在這條路遊行，來打破殖民政府的食鹽法。瑪尼班才走了一英里，就遭到逮捕，但隔天法官下令將她釋放。她繼續往前走到海邊，身邊有幾名便衣警察陪同。[37]

知名馬拉提語作家巴格沃特（Durga Bhagwat）也在孟買的不合作運動中遭到逮捕。她的同行則是以更符合作家身分的方式來進行抗議。有一群卡納達語作家以**地下出版**的形式，流傳挖苦緊急狀態和緊急狀態推動者的詩詞。請看希瓦魯德拉帕（G. S. Shivarudrappa）在詩作〈在這個國家〉（In this Country）中創作的詩節：

在這個國家
英雄崇拜，家族驕傲
都應放棄，但是
要我放棄家神信仰
萬萬不可

在這個國家
每個人都該閉上嘴
一言不發
但是
他們最好打開耳朵
聽聽我的話[38]

其他作家以不同方式來表達異議。孟加拉語散文作家雷（Annada Sankar Ray），宣布他將「在不合作的盛怒下停止一切創作」。「只要緊急狀態繼續實施」，他就拒絕「將筆放到紙上」。漫畫家費賴（K. Shankar Phillai）曾經諷刺地將多話的尼赫魯比喻為尼加拉瀑布（讓尼赫魯的受害者叫好），現在他要在緊急狀態結束前，讓雜誌停止出刊。他悲涼地表示：「獨裁政權承受不了歡笑。希特勒掌權的那些年，始終沒有出過好的喜劇，沒有好的卡通，沒有用來嘲諷的模仿作品，也沒有諷刺文章。」印地語小說家雷努（Phanishwaranath Renu）退還印度政府頒發的蓮花士勛章（Padma Shri），這個舉動令人想起泰戈爾在札連瓦拉園（Jallianwala Bagh）大屠殺發生後拒絕受封爵士。除此之外，卡納達語博學家卡倫斯（Shivarama Karanth）則是退還榮譽更高的蓮花裝勛章（Padma Bhushan）。一九二〇年代，他就在甘地的啟發下參與自由運動；現在，努力維繫自由價值五十年後，卡倫斯覺得自己「不得不去抗議強加在印度人民身上的屈辱」。[39]

最後，還有來自地下的抵抗力量。此一力量的關鍵人物是善於煽動的社會主義分子費南德斯，他曾在一九七四年帶頭發起鐵路罷工。緊急狀態宣布實施的時候，費南德斯在奧里薩邦的哥帕浦（Gopalpur）海灘。他低調行事幾個星期，在這段時間留鬍子，裝扮成錫克教徒的樣子。然後，他去了好幾個城鎮，和志同道合的人見面，計畫破壞政府設施。他們收集、儲存炸藥，訓練年輕人用炸藥攻擊橋梁和鐵路。費南德斯不斷更改藏身地點，在那些地方寄出指示攻擊「獨裁者」、「那個女人」、「尼赫魯王國」的信件，敦促人民起義對抗這個政權。

沒有火藥真的被引爆，但印度政府顯然對抓不到費南德斯感到怒火中燒。費南德斯的兄弟勞倫斯（Lawrence）在邦加羅爾的家中被帶走，遭到嚴刑拷打和虐待。他的朋友——演員瑞蒂（Snehalata Reddy）——也被逮捕入獄。她被關在潮濕的監獄裡，沒有正常的食物可以吃，氣喘嚴重惡化。假釋出獄後沒有幾個星期，瑞蒂就去世了。費南德斯的妻小逃出國外，害怕留在國內會遭到迫害。費南德斯本人最後在一九七六年六月十日於加爾各答被捕；此時，緊急狀態已經實施將近一年。[40]

一九七六年夏季，在少數幾個反對當前政權卻還保有自由的人當中，耄耋之年的克里帕拉尼是其中之一。他抱怨他的朋友都被賦予坐牢的特權，而他卻被屏除在外。此時他想起一句信德族諺語：「女巫經過大街，毀了一切，獨獨留下一間屋子。」[41]一九七五年十月二日，甘地冥誕當天，他在新德里的聖雄甘地紀念碑舉辦禱告會——現場有人發表演講，許多人遭到逮捕，但他卻沒有被捉。不是他的年紀讓他免於被捉，而是因為他的地位非常崇高。卡倫斯及德賽，甚至就連納拉揚，在愛國情操上都沒有像克里帕拉尼這般堅不可摧的地位。他曾經參加聖雄甘地一九一七年在查姆帕蘭發起的不合作運動，比尼赫魯參加不合作運動的時間還要早好幾年。三十年後，當他恢復自由之身時，他當上國大黨的主席。其後，他曾代表三個不同的邦入主國會。總而言之，因為他有這樣的經歷，如果總理以威脅國家「團結與穩定」的名義將他逮捕，連總理都會感到汗顏。

一九七六年四月，克里帕拉尼向政府提出挑戰，問政府敢不敢公布被捕入獄者的姓名。隨後他的健康狀況急轉直下。克里帕拉尼被送到醫院裡，在那裡插上各式各樣的管線。朋友去探望他的時候，他又抱怨了別的事：「我沒有憲法，只剩下修正案而已。」[42]

VI

緊急狀態再次引發印度究竟能不能、應不應該，甚至會不會成為可靠民主國家的辯論。一九七五年十月，《時代週刊》的記者造訪印度，對他的所見所聞印象非常深刻。他認為，「在印度的六億人口當中，大部分的人都對」媒體自由這類事物「沒有多大的興趣」，他們「比較關心」通貨膨脹率（過去一年下降了百分之三十一）。他寫道：「印度總理獲得廣大的支持，掌握強行推動社會改革的難得機會。這段期間，印度人全心全意、熱烈投入宣導活動，推廣紀律、守時、整潔和禮貌。」[43]

所以，至少有人認真看待那些口號。《時代週刊》的記者認為民主不適合印度，《雪梨晨鋒報》則是絕望地認為，這個國家曾經是「亞洲——甚至是開發中國家——民主制最大的希望」，而民主已經在這裡消逝殆盡。《雪梨晨鋒報》表示，如果印度「重新陷入亞洲的傳統獨裁體制」，「英迪拉女皇」和她的父親都要承擔這個罪過，是她父親「打著『社會主義』的名義，在印度的企業精神、蘇聯風格上，推動重工業化和全國化官僚制度」。女兒英迪拉為了實現他的社會主義，只是加入蘇聯風格的獨裁政體作為補充而已。[44]

大家或許猜得到，「印度與民主」這個問題，在英國媒體上討論得最激烈。英國的政治人物存在分歧；有些國會議員在「釋放納拉揚請願活動」中連署，但甘地夫人的政權獲得工黨的富特（Michael Foot）和珍妮．李（Jennie Lee），以及托利黨的柴契爾（Margaret Thatcher）認同——富特的理由是尼赫魯的女兒不會錯；珍妮．李和柴契爾都去過印度，她們的結論是，緊急狀態整體而言對印度的國民有好處。保守黨國會議員葛瑞菲斯（Eldon Griffith）造訪印度，與國大黨領袖會面談話，之後向《泰晤士報》投書，抗議印度政權沒有像報紙報導的「那麼專制」。他還建議，西敏寺的模式不適合非西方環境。莫里斯—瓊斯在第二次回應時砲火猛烈地表示，他發現，這種詆毀的說法，讓「高高在上的托利黨和追求革命的馬克思主義分子找到共同樂趣」。莫里斯—瓊斯指出，「愈來愈多印度人開始將自由民主內化成一種習慣」。「許多印度人本來被政治所遺棄」，但他們已經成功舉行過五次選舉，擁有自由的媒體和獨立自主的制度。緊急狀態實施後，「大肆破壞了這二十年來，人們以公民身分參與的政治生活。」[45]

未來將會如何？緊急狀態實施滿週年的時候，《觀察家報》對緊急狀態進行評估，表示他們看見平靜之下波濤洶湧。季風如果沒有帶來適當的雨量，會動搖脆弱的經濟，導致通貨膨脹，「暗中點燃大眾不滿的火苗。其結果可能會引發比一九七五年六月還要嚴重的政治危機。」《觀察家報》認為，在各種可能的後果之中，可以將回歸民主排除在外，而「最有可能接替國大黨的仍然是軍隊」。[46]

VII

《觀察家報》犯了一個錯，就是只看制度而忽略個人。印度發生的情況是在國大黨政權的表象背後並非軍隊崛起，而是總理次子成為最有可能的接班人。

回想一下，是桑傑警告母親不要辭職，也是他最大力支持緊急狀態。在緊急狀態實施的頭幾個月，他的知名度大開。他經常出現在甘地夫人的身旁，甚至對內閣任命提出意見。當自由派的古杰拉爾（I. K. Gujural）對媒體過於寬厚的時候，他在資訊廣播部的官位，就被態度比較強硬的舒克拉（V. C. Shukla）給取代了。當經驗豐富的斯瓦蘭．辛格（他曾經是尼赫魯的資深內閣成員）對緊急狀態毫不熱衷的時候，他的國防部長職位就被桑傑的朋友拉爾取代。[47]

緊急狀態實施六個星期時，德里的雜誌《巨浪》（*Surge*）刊出一篇桑傑的長篇採訪。他在訪問中談論自己的個人生活——他不抽菸、不喝酒——以及他和母親的關係。（「是的，她顯然會聽我的意見，」他在回答問題時表示，「我五歲的時候，她就會聽我的意見。」）他談論自己的工作——

他表示自己在馬魯蒂公司每天工作十二至十四個小時——以及他即將生產的汽車，說他的車子會「大勝飛雅特和大使牌汽車」（主導印度市場的兩大車款）。他表示支持自由企業制度，說這是「最快的成長方式」；他認為，政府應該取消所有對工業生產方式的限制。當他被問到對民主的看法時，他說民主「不代表擁有摧毀國家所有東西的自由」。當他被問到對國大黨的看法時，他說國大黨應該成為「以幹部為基礎」的政黨。當記者指出，人民同盟和共產主義分子都以幹部為基礎時，桑傑反駁，說人民同盟是「以恩惠為基礎的政黨」。至於共產主義分子，他表示：「如果你把共產黨的人通通檢視一番，我想你不會在別的地方找到比那些主要的大人物——甚至沒那麼重要的人物——還要有錢或更貪腐的人了。」[48]

《巨浪》是剛創立的雜誌，這次採訪是他們的搶先報導。雜誌主筆很快就將這篇報導賣給代理機構，由代理機構轉售給印度國內外的報社。這些報社選擇強調桑傑對自由企業制度的看法——與他母親公開宣稱的社會主義很不一致——以及他將母親那些忠誠的盟友描述為「貪腐」的事情。這些摘錄片段刊登出來的時候，總理傳了一張驚慌失措的便箋給她的祕書達爾。她寫下，桑傑的言論「愚蠢至極」，這樣「不僅大大傷害幫助過我們的人」，而且對「整個社會主義聯盟」造成「嚴重問題」。達爾不讓傷害擴大——媒體不可以再節錄訪談內容，而且《巨浪》雜誌不得刊登這篇訪問。桑傑本人在被說服後，發出一份聲明，澄清人民同盟和自由獨立黨的領袖比較「貪腐」，而印度共產黨支持「進步的政治」，應該對他們表示敬意，「尤其是那些與窮人站在一起的人士」，更該致上敬意。[49]

不過，桑傑沒有因此就斷了再接受訪問的念頭。當《印度圖畫週報》（*Illustrated Weekly of India*）問他對約束媒體有何看法時，他回答，報章雜誌「總是公然說出帶有惡意的謊言。審查制度是唯一能夠終結這件事的方法」。當他被問到緊急狀態的利弊得失時，他說：「最大的收穫在於紀律，以及工作速度加快。」他還表示：「這個國家失去什麼？走私？黑市交易？囤積？燒毀巴士？上班遲到的習慣？」[50]

《印度圖畫週報》主筆庫什萬特・辛格現在成為這名當紅炸子雞的啦啦隊長，開始吹捧桑傑。桑傑被譽為「把事情辦妥的人」，還選上「印度年度風雲人物」。《印度圖畫週報》大量刊登桑傑和他年輕妻子瑪內卡（Maneka）的特別報導，一頁又一頁照片，必定伴隨著奉承諂媚的文字。（例如：「他堅忍不拔，充滿正義感和冒險精神，沒有絲毫恐懼」、「桑傑・甘地為政治領導帶來新氣象：他不與名聲不好或奉承諂媚的人妥協；他滴酒不沾，過著儉樸的生活……他不會空口說白話，言出必行」。）[51]

至於全印廣播電臺和國營電視頻道全印電視臺（Doordarshan）對總理公子展現關注，或許也就不那麼令人意外。一年之內，全印廣播電臺的德里電臺就報導了一百九十二則桑傑的新聞。同一時期，全印電視臺製作兩百六十五個與桑傑的活動有關的電視節目。桑傑展開二十四小時的安德拉邦之旅時，電影部門拍了一部叫做《值得紀念的一天》（*A Day to Remember*）的完整紀錄片，以三種語言錄製旁白解說。[52]

桑傑在印度政壇愈來愈重要的確切跡象，就是聯邦部長和首席部長都對他敬重三分。國防部長拉爾決定要升哪名海軍上將之前，將兩名人選拿去請示桑傑。年輕的桑傑造訪拉賈斯坦邦時，拉賈斯坦邦首席部長到機場迎接。桑傑在驅車前往齋浦爾的路上，經過五百零一座向他表示敬意的拱門。他造訪北方邦的時候，也上演類似的劇碼——他在勒克瑙機場的飛機跑道上絆了一跤，拖鞋從腳上掉下來，北方邦首席部長親自幫他撿起鞋子，畢恭畢敬地將拖鞋奉上。[53]

VIII

總理曾經叱責印度的王公貴族看重血統，而不看重才能。現在，她自己也屈服於那樣的誘惑。她的兒子顯然是按照封建的路線向上攀升。就像法定繼承者會在年輕的時候受封那樣（某某公爵或某某親王），桑傑奉命帶領國大黨的青年團（理論上他只是行政會議的成員，但國大黨青年團的主席聽命於他）。而且，正如蒙兀兒皇帝的兒子在統治整個王國之前會先受封一個省治理，印度的首都事務也是交給桑傑處理。緊急狀態實施沒幾個月，就有人流傳：「總理想把所有跟德里有關的事都交給她的兒子處理。」[54]

此時，桑傑規畫了一項五點計畫，來補充他母親的二十一點計畫。這五點的目標分別是：家庭計畫、植樹造林、取消嫁妝、消除文盲，以及清除貧民窟。在這幾項目標之中，對國家來說最重要的是第一點，對德里來說最重要的則是第五點。首都德里到處都是貧民窟，這些貧民窟之所以會出現，是因為在人口聚居地和政府單位從事低薪工作的移民需要居住的地方。貧民窟裡住著清潔工、家庭幫傭、辦公小弟以及他們的家人。德里有將近一百個這樣的居住地區，住了將近五十萬人。[55]

桑傑想拆掉這些貧民窟，讓貧民窟的居民住到亞穆納（Jumna）河對岸的田地。這個想法與胸懷大志的德里發展局（Delhi Development Authority）副局長賈格莫漢（Jagmohan）不謀而合。賈格莫漢最崇拜的英雄是奧斯曼男爵（Baron Haussmann）；他希望能效法這位都市規畫師為巴黎所做的，替德里做出相同的貢獻。奧斯曼男爵透過清除貧民窟和興建大馬路，令法國首都改頭換面。那裡曾經是「醜陋粗鄙的市鎮」，現在已經變成「蓬勃文化的所在地」。不過，賈格莫漢大方欣賞獨裁體制。他稱讚中國共產黨在上海的成績，譬如他表示這是「堅定推動國家政策與承諾的成果」，而「另一方面，在印度，我們依然處在任其自然發展的狀態」。這位德里發展局副局長曾經感嘆自己——

並非奧斯曼再世
不可能成為魯琴斯
也不是尼赫魯支持的柯比意❸
我是一介平民
是這些街道上的孤兒

儘管如此，

我的肩頭
擔著沉重的擔子
我昂然挺立
孜孜矻矻、積極進取
願奮力一搏
願懷此夢想……[56]

這首詩寫於一九七四年，當時緊急狀態還沒實施。一年後，桑傑出現，替賈格莫漢解除煩憂，卸下肩頭沉重的負擔。這位都市規畫師長久以來因為貧民窟這個「沒有靈魂的病城」跡象感到心煩意亂。等不及要肅清貧民窟的賈格莫漢，受到民主程序的繁文縟節所阻礙——要取得同意、提供適當的安置場所，還要應付聲稱代表人民的政治活動分子。

賈格莫漢是桑傑身邊竄起的派系要角，其他要角還有市長祕書曹拉（Naveen Chawla），以及資深警官賓德（P. S. Bhinder）。替桑傑做事的女性則有國大黨青年團主席索尼（Ambika Soni），以及投身社會工作的社交名流蘇塔納（Ruksana Sultana）；蘇塔納被視為桑傑派去見貧民窟居民的非官方代表。每天早上，這群人在桑傑的辦公室開會，聽桑傑下令和把報告交給桑傑。除此之外，與會的還有總理的速記員達萬（R. K. Dhawan），他是這個德里祕密集團和印度政府行動之間的連結橋梁。接待他們的是布拉馬恰里（Dhirendra Brahmachari）——一位蓄著長髮的上師，他本來在甘地家擔任英迪拉的瑜伽老師，後來深得英迪拉兒子的心。布拉馬恰里接受印度聖者的訓練，穿著打扮也是印度聖者的樣子，但他還是很現代，在喀什米爾經營一間槍枝工廠。

這個小團體在德里變得很有名，大家私下偷偷討論他們的所作所為。據說，想讓政府做出對你有利的行為，最有效的辦法就是去跟這幾個人談（以及討他們歡心）。想要取得證照或減免稅負的商人會直接找上他們，想要入閣的國會議員也是。大家將桑傑最主要的「旁遮普黑手黨」和他母親權傾一時的喀什米爾遊說團拿來對比；大家認為前者自以為是，而後者比較懂人情世故。儘管如此，兩個團體想要達成的目標，在風格上差別很大。喀什米爾遊說團「致力於」實現他們的社會主

---

❸ 譯注：柯比意（Le Corbusier）是二十世紀極重要的建築師之一，曾經參與昌第加的城市規畫。

義理想，他們的領袖也是如此；而桑傑的幫派，則是效忠桑傑一人。[57]

在這個大原則當中，例外的人是賈格莫漢。他以整頓德里的市容為一生的目標——而且他很高興總理的兒子支持這個目標。現在，有了桑傑的支持和緊急狀態的掩護，這位德里發展局副局長偏好的高壓手段（而非說服的方式）成了一種正當的做法。推土機可以開進貧民窟裡，連媒體都不會來問東問西。在緊急狀態實施的十五年間，德里發展局十五個月就趕走六萬個家庭，在那之後，被趕走的家庭是這個數字的兩倍以上。[58]

賈格莫漢的行動主力放在舊德里。在那裡，蒙兀兒帝國的遺址和清真寺，與貧民區的房屋和暗巷緊緊相連。一九七六年四月十三日早晨，推土機開進阿薩夫阿里（Asaf Ali）路後方的圖克曼門（Turkman Gate）區（阿薩夫阿里路將舊德里與新德里劃分開來），兩天就把最近才出現的一個貧民窟拆掉。這個貧民窟住了四十個家庭。接著，推土機開向一區年代不知有多久遠的水泥石造屋。那裡的居民聯絡他們的國會議員——甘地夫人的老同事、國大黨的約西。約西夫人接著找上德里發展局的官員，向賈格莫漢本人求助。

經過協商，拆除行動暫時中止，但是沒過幾天又繼續拆除。三輛推土機表示奉賈格莫漢的命令行動。他們拆了一百多間房屋，當時，一群婦女和孩童在絕望之下，蹲在路邊表示，推土機要拆房屋，就要先輾過他們。他們拒絕離開那裡，德里發展局便把警察叫來。附近的商家因為同情抗議的人，紛紛關門不做生意。

警察試著用警棍把蹲在地上的人趕走，但沒有用，然後他們就改用催淚瓦斯，於是抗議人士向警察丟擲石頭。雙方打得不可開交，衝突蔓延到狹窄的巷弄裡。暴民人數愈來愈多，警察從催淚瓦斯改成子彈攻擊。經過大半天，才恢復秩序。在械鬥中死亡的人，估計有十至兩百名。舊德里開始實施宵禁，整整實施了一個月才解除。[59]

印度的幾間主要報社，設在巴哈杜爾沙扎法爾路（Bahadur Shah Zafar Marg），距離圖克曼門不到一英里的距離。儘管如此，因為實施緊急狀態的關係，沒有報社可以報導這起事件。但地下媒體利用這件事來做文章。這則新聞傳到謝赫耳裡，他對警察開槍感到「憂心忡忡」。他向總理抱怨這件事，總理同意謝赫可以到那個區域訪視。謝赫在國大黨政治人物的陪同下，到舊德里訪視，與當地人民談論他們最近的遭遇。[60]他得知，抗議人士自然是不願意離開他們的家園，但除此之外，他們還因為桑傑的第一點計畫——家庭計畫——而感到痛苦。一九七六年六月，地下報《真理新聞報》（*Satya Samachar*）報導，謝赫告訴國大黨的國會議員：「問題的起源在於，年輕人、老人、甚至病人都被強行帶去集體絕育。沒有人質疑總理的經濟政策，但我很確定，政策的施行方式，將會導致衝突爆發。」[61]

IX

平心而論，桑傑不是唯一擔心國家人口過多而且持續增長的人。馬爾薩斯的幽魂一直纏著印度不放，這一點我們應該已經講得很清楚。西方國家的記者害怕會爆發大規模的饑荒；西方的生物學家全部都對這個國家不抱指望。許多印度人也擔心人口增長會毀掉國家的其他成就。一八五七年到一九四七年間，印度的國民生產毛額呈現停滯的狀態，有幾段時期甚至在下降。印度獨立之後，國民生產毛額每年成長百分之三。但是，在人口快速增長之下，人均所得每年僅成長百分之一。

與印度人口有關的辯論，從印度剛獨立沒多久的時候就開始了。社會改革家在一九四九年設立印度家庭計畫協會（Family Planning Association of India）。計畫協會自從一九五〇年、一九五一年成立以來，便開始提倡家庭計畫的重要性。教育發展有所落差，表示女孩依然被視為負責養育孩子而不是賺錢回家的人。經濟上持續依賴農業，使兒童特別受到重視。在印度的穆斯林和天主教徒這邊，有神職人員禁止他們進行家庭計畫。印度教徒夫妻則是非常重男輕女，會不斷嘗試，直到生出兒子為止。

一九〇一年，印度人口大約兩億四千萬，到了一九七一年，印度人口將近五億五千萬。這段期間，出生率稍微降低，從每一千名印度人對五十名新生兒，降到四十名新生兒。儘管如此，死亡率下降得卻快得非常多，從世紀交替之際的每一千名印度人對四十二名死亡人口，降到一九七〇年代的十五名死亡人口。醫療進步以及有營養價值的食物增加，讓所有印度人（包括先前容易早產的嬰兒）壽命延長。但是由於出生率和平均家戶人口並未以對等的比例下降，人口仍然持續增長。[62]

我們很難斷定桑傑是什麼時候開始注意到家庭計畫。他在一九七五年八月接受《巨浪》採訪時，完全沒有提到這個議題。但一年之後，《印度圖畫週報》提到：「桑傑在全國各地大力推動家庭計畫方案。」桑傑聲稱，他的方案實施之後：「我們的問題有百分之五十將得以解決。」他表示自己支持強制絕育，應該「直接在村落層級」設立相關機構。[63]

桑傑的傳記作者寫道，在他的五點計畫之中，其他四點平凡無奇、無法令人心生嚮往，「不是什麼能夠增添領導魅力的內容」。但「家庭計畫可以。大家都知道，如果這個國家想要存續下去，甚至繁榮興盛，關鍵就在解決這個問題，這是一項艱鉅的任務」。因此「家庭計畫成為桑傑在緊急狀態時期的重點」。[64]

桑傑到印度各地訪視的時候，在各邦之間挑起競爭。他會告訴某個首席部長另外一個首席部長聲稱他們完成什麼——「兩週之內進行六萬次手術」——並鼓勵他超越這個成績。這些目標會下達給地區官員，如果他們達標或超越目標就會得到獎勵，否則就會調離工作崗位。這個過程導致高壓手段隨處可見。層級較低的政府官員必須讓醫生替他們進行絕育手術，才能拿到拖欠的薪資。卡車司機如果沒有拿到絕育證明，就無法換發執照。貧民窟的居民如果不絕育，就得不到安身之所。[65]

政府的干預主要發生在城市地區，但村莊也無法倖免。一位在馬哈拉什特拉邦的沙塔拉（Satara）進行田野調查的人類學家指出，緊急狀態前幾年帶來的影響不大。根據二十一點計畫，他們蓋了幾棟屋子給沒有土地的居民。村子裡漆掉了幾句譴責專制政權的口號。然後，一九七六年九月，桑傑訪視馬哈拉什特拉邦沒多久，強制節育活動開始在各個村莊裡實施。當地官員擬出幾份「符合者」清單。這些人已經生了三個以上的小孩。警察的小貨車開進村裡，把他們帶到最近的衛生中心。有些男人逃到山裡躲避來捉他們的人。那些已經切除輸精管的人，則是丟臉到不敢告訴別人。[66]

至於貧民窟，也有人反抗。一九七六年九月，一份地下報紙報導，德里和北方邦出現家庭計畫「抗議浪潮」。衛生官員和拒絕絕育的商店老闆爆發衝突。根據報導，包括蘇坦布爾（Sultanpur）、坎浦、巴勒里（Bareilly）等地在內，北方邦有許多市鎮發生反抗事件。學校老師非常憤慨，他們被要求執行絕育倡導活動，挨家挨戶地進行調查。有多達一百五十名教師因為拒絕執行命令而遭到逮捕。

最慘的事件發生在德里西北方七十英里的穆扎法拉巴德鎮，堪稱家庭計畫的「圖克曼門」。這裡的地方行政官以狂熱和地方自治主義而臭名遠播——在該行政官的指揮下，以印度教徒為主的警察，特別愛捉穆斯林工匠和勞工。十月十八日，推廣絕育的官員和要被帶去絕育的人發生扭打。受到壓抑的怒火被釋放出來，暴動民眾放火燒衛生診所，丟擲石頭和瓶罐。警察前來鎮壓，很快就拿出槍枝對付他們，超過五十人因此喪命。反對派的國會議員團火速趕到那裡，但他們被禁止對居民發表談話。但相關報導被透露給外國媒體，總理不得不在國會承認穆扎法拉巴德發生這起「事件」。[67]

在桑傑的家庭計畫中，廣受歡迎的流行歌手基紹爾（Kishore Kumar）無端遭到波及。其他電影明星和音樂家都答應在節目中表演，替絕育計畫募資，但基紹爾不答應。因為這樣，他的歌被禁止在全印廣播電臺專門播放電影音樂的多元印度人電臺（Vividh Bharati）播出。電影審查委員會接獲指令，暫緩上映由基紹爾演出或演唱的電影。桑傑的人還警告唱片公司不得販售基紹爾的歌曲。就時代發展的角度來看，這是一種充滿惡意的行為。[68]

X

在政治上的關鍵時刻，總理選擇仰仗桑傑，而不是哈克薩和同伴，這麼做偏離理智，就連她最親近的朋友都認為難以理解。這件事出現各種說法——有人說可以從中看出，身為職業婦女和單親媽媽，甘地夫人心中有愧；有人說，她對暗殺行動非常敏感，除了家人誰都無法信任；有人說，桑傑知道她最黑暗的祕辛，所以能夠控制她；有人說，她很感謝兒子在緊急狀態宣布時支持她。不管這些臆測對傳記作家而言多麼有吸引力，對歷史學家而言，這些臆測都沒有用處。重點不在意圖為何，而是這麼做的後果——甘地夫人選擇大力仰仗年紀輕輕的兒子，原因並不重要；重要的是，她仰仗兒子，對印度和印度人而言意味著什麼。

很多人會把甘地夫人的政治生涯分成兩個階段，是緊急狀態和桑傑構成了分水嶺。可以說，在桑傑之前，她贏得選舉、讓孟加拉建國、改革國大黨、大膽重建經濟。在桑傑的不良影響之下，她轉身背叛這些大方向的社會目標，開始一味保護自己和她的家庭。[69]

可是，如果我們全面檢視總理的政治生涯，會發現桑傑和緊急狀態所顯現出來的，並非突然偏離過去的做法，反而是種加強。從國大黨分裂開始，甘地夫人就致力於將對她忠心耿耿的人放在權力核心，將公家體制當作實現個人意志的工具。行政、司法、總統、國大黨，這些機關體制早在緊急狀態實施前就已經腐敗了。桑傑的出現，讓這個過程惡化——有些人可能會說是大幅惡化。這個過程變得俗氣、腐敗，也更加極端。但過程本身是在桑傑插手印度政治之前就開始了。

一九七五年六月，甘地夫人的總理任期即將屆滿十年。如果我們拿她的任期來跟她父親的任期比較，會因為一個令人驚訝的矛盾情況而感到震驚——尼赫魯在階級制度嚴密的社會中，雖不完美卻正直地推廣著民主的信念，這樣的努力卻被他自己的女兒，以決絕和誇張的方式給抹煞了。撇開解散喀拉拉邦共產政府這起可悲的事件不談，尼赫魯很重視反對派的意見。但甘地夫人不太將其他政黨看在眼裡，她不像尼赫魯那樣經常列席國會，在國會上的發言次數也少很多。尼赫魯和其他政黨的政治人物建立起長久的友誼——這種事在甘地夫人身上實在難以想像。除此之外，他們對待自己的政黨，方式也不一樣。在尼赫魯當總理的時期，國大黨是一個權力下放、相當民主的組織。就算他很想做某件事，他也無法讓首席部長違背邦內政治人物的意志。

如果我們檢視印度非政治層面的民主生活，會覺得對比更加強烈。尼赫魯尊重新聞媒體的自由，讓媒體欣欣向榮地發展。尼赫魯尊重行政和司法的自主性：沒有事件顯示他插手干預，對某個官員表示支持或反對。

至少，從一九六九年國大黨分裂的時候開始，甘地夫人就開始背離印度建國總理的政治傳統。

多年下來，背離的情形益發顯著，緊急狀態實施和隨後發生鎮壓行動，將背離情形展露無疑。基於各自在黨派上的理由，反對黨的政治人物無法將印度的第一任和第三任總理拿來比較。因為他們曾經反對過尼赫魯，也因為國大黨現在由他的女兒率領，他們不能稱讚其中一個人，而詆毀另外一個人。

認識這兩位總理的西方作家，沒有受到這些限制，他們可以清楚看出，甘地夫人已經與尼赫魯背道而馳。緊急狀態實施一年後，尼赫魯的兩名英國友人將重心放在兩個總理之間的差異，寫出他們對當局的批評。布洛克威在《時代週刊》上撰文，對「世界上最偉大的民主政體」轉變成「強硬的獨裁政體」表示痛惜。身為「印度之子」，他請求甘地夫人能夠「緬懷偉大的父親遵循的原則，終止這些背棄自由的做法」。[70] 葛利格（John Grigg）在《旁觀者》（*Spectator*）雜誌上撰文，緬懷尼赫魯對自由選舉、自由媒體所做的努力。印度的第一位總理是「真正的愛國者，因為他是真正的民主主義者……在他多年的總理任期當中，他犯過許多錯誤，但在至關重要的民主議題上，他從來沒有讓印度人民失去信心」。葛利格痛心地說，但現在「尼赫魯的命運之約，似乎變成專制之約——造成改變的就是他的女兒」。甘地夫人「應該要是印度民主實驗最驕傲的支持者，這場實驗向全世界證明，人民不必富有、不必受過教育，也能享受公民自由」。但是她的行動，「似是而非地證實了舊時代帝國主義者的觀點」，這些帝國主義者認為，「只有獨裁的統治方式才能在印度這樣的國家運作」。葛利格要求甘地夫人不要受她兒子影響，回歸她父親那一代的價值觀。他甚至「懇求她，不管在權力、『面子』、母愛上要付出多少代價，都請恢復被她奪走的自由」。他寫道，這麼做「會是她政治生涯中最艱難的一件事，也會是最勇敢和最了不起的一件事」。[71]

其他英國友人私下寫信給甘地夫人，力勸她終止緊急狀態。其中一個是老貴格教徒亞歷山大。

他曾經在聖雄甘地和英國殖民政府之間扮演調停人的角色，也是他將在英國鄉間賞鳥的樂趣介紹給現任總理。[72]除此之外，在當時備受推崇的《泰晤士報》上面，更備受推崇的專欄作家列文（Bernard Levin），寫下客觀而公開的批評。一九七六年十月，列文針對最近印度發生的民主受挫事件寫了兩篇長文。他提到終止人身保護命令和對媒體的箝制，警告甘地夫人她正在將國家變成「低劣的獨裁體制」。一九七七年一月的第一週，他又寫了兩篇文章，批評憲法修正案的通過是對總統職權和司法制度的閹割。「若非想要完全掌握權力，想要不受審查就能運用權力，根本就不需要」這些「專橫的規定」。列文表示，最近發生的改變證實，「印度在卑劣獨裁者甘地夫人的統治下，已經轉變成完全專制的政體。」[73]

一九七七年一月十八日，總理宣布國會即將解散，印度將重新舉行選舉。對反對她的政治人物來說，消息來得出乎意料。全印廣播電臺公布消息的時候，他們甚至被釋放出獄。據說，她的兒子桑傑也沒有事先收到消息，覺得很震驚。當時的國會議員任期可以一年一年地延長，地下反抗勢力也已經平息了。但甘地夫人在沒有諮詢任何人的情況下，突然決定還民主制度於印度。

眾人紛紛臆測，甘地夫人為何背棄緊急狀態。在德里的咖啡館裡流傳的說法是，她的情報頭子向她保證，國大黨會輕而易舉地再次成為多數。有些人認為，甘地夫人想要與對手較量，證明自己更勝一籌。布托總統才剛剛宣布一向獨裁的巴基斯坦要舉行選舉；甘地夫人能在通常不獨裁的印度拖延選舉嗎？不過，甘地夫人宣布選舉後，她的祕書寫了一篇長文，又提出第三種解釋。他指出，緊急狀態讓甘地夫人無法與大眾接觸，像先前那樣獲得支持。「她很懷念一九七一年競選時人民對她的回應，她極為渴望再次聽見群眾的喝采。」[74]

或許這些都是影響她的因素。西方國家的觀察家，還有（尤其是）她的朋友，也都起了作用。

除了前文提及的批評，強烈譴責緊急狀態的，還有德國前總理布蘭特（Willy Brandt）和國際社會主義聯盟（Socialist International）——「所有從事社會主義的人，現在一定都對印度發生的悲劇感同身受」；普世教會協會（World Council of Churches）——這是「對人權的強烈限制」；以及美國的工會組織龍頭美國總工會（AFL/CIO）——「印度已經變成警察國家，民主在那裡遭到扼殺」。[75]

究竟是什麼說服甘地夫人終止緊急狀態？我們無法斷定，但她似乎因為那些外國觀察家的批評而受到刺激，而且她不可能像對付國內敵人那樣打發他們。布洛克威和葛利格不是尼克森或美國中情局，也不是對印度冷嘲熱諷、希望民主在印度失敗的懷疑論者。他們是印度自由制度的老朋友。印度還是英國殖民地的時候，他們力勸英國政權離開這裡；印度自由後，他們歡迎民主政體在此地走馬上任。我們不知道甘地夫人是否讀過他們的文章，又或者，確切來說，不知道她是否讀過列文的文章。但她很有可能讀過。可能是她的屬下，或她的小圈子裡的人，將這些文章放到她的面前而沒有多做評論；這個人可能對緊急狀態沒那麼熱衷。宣布舉行選舉的時間，剛好是列文在《泰晤士報》上第二次發表系列文章之後的兩個星期，實在太過巧合——兩個星期的時間正好足夠寄航空信到印度，足夠讓總理辦公室的人看見，將文章從報紙上剪下來，轉交給總理。

雖然很巧，但我們永遠無法確定，因為甘地夫人的文件還未公開（而且可能永遠不會公開）。儘管如此，這一章還是可以用《紐約時報》記者羅森索（A. M. Rosenthal）的一段話來作結。這段話凸顯印度第三任總理實施獨裁政體，與她父親遺留下來的民主體制背道而馳。羅森索在緊急狀態實施時期造訪新德里（羅森索曾經擔任《紐約時報》的印度特派記者）並得出結論：假如英迪拉任職總理的時候尼赫魯尚在人世，他們會成為政治上的對手而非盟友。羅森索的印度友人這樣解讀他的想像情景：「英迪拉在總理辦公室裡，尼赫魯被關進監獄裡，再度從監獄寫信給她。」[76]

這句話是在暗指一九三〇年代初，尼赫魯被暫時囚禁在英國監獄，他在那裡寫了很多給英迪拉的信。尼赫魯在寫給十三歲女兒的信中，把世界史通通講了一遍，從希臘開始，最後提到印度為自由做出的奮鬥；身為父親的尼赫魯，在故事中講述（話題經常被岔開）身為動物的人類，愈來愈社會化和愈來愈自由的過程。後期的信件，則是討論一個世紀以來，無數人將民主視為理想與靈感，成千上萬人為民主壯烈犧牲，而現在「民主」是如何「在世界各地節節敗退」。最後一封給英迪拉的信，寫於一九三三年八月九日（第一封信的三年之後），信中引用泰戈爾的偉大詩作《吉檀迦利》（*Gitanjali*），歡欣鼓舞地讚頌自由。

這些信件印成書籍出版時賣得很快。出版商及時建議作者推出增訂版。尼赫魯在書中加入一篇寫於一九三八年十一月十四日的跋，概括描述一九三五年以後、一九四〇年以前的重大政治發展。尼赫魯向英迪拉寫道：「一九三〇年代最後五年，法西斯主義愈來愈盛行，它對所有民主原則和自由、文明的概念展開攻擊，讓捍衛民主成為今時今日最關鍵的問題。」不幸的是，「民主和自由現在極度危險，而且危險程度從來不像現在這麼高，因為那些號稱民主和自由朋友的人，在背後捅了它們一刀。」[77]

第二十三章
國大黨退場

我父親的文章都是在獄中創作的。我不只要把監獄生活推薦給有雄心壯志的作家，也要推薦給有雄心壯志的政治人物。

——甘地夫人，一九六二年

I

一九七七年一月，總理宣布重新選舉時回憶道：「大約十八個月前，我們深愛的國家瀕臨嚴重危機。」緊急狀態的實施，「是因為這個國家實在太不正常。」現在，國家「在滋養下恢復逐漸健康」，可以進行選舉了。

而且，甘地夫人在廣播電臺發表談話的時候，她的政治對手也從全國各地的監獄裡釋放出來。隔天，一月十九日，四個政黨的領袖在德賽位於新德里的住所碰面。這四個政黨分別是：人民同盟、印度民眾黨（以經驗豐富的查蘭・辛格〔Charan Singh〕為首，成員主要是農民）、社會主義黨，以及德賽自己的國大黨組織派。第二天，德賽告訴媒體，他們決定以共同的象徵與名字來打這場選戰。二十三日，「人民黨」（Janata Party）在納拉揚也列席的記者會上正式成立。[1]

人民黨成立後十天，拉姆宣布退出聯邦政府。拉姆當了一輩子的國會議員，在尼赫魯和甘地夫人的內閣中擔任非常重要的部長，大家都尊稱拉姆為「先生」，最重要的是，他是表列種姓的公認領袖；表列種姓即先前的穢不可觸種姓，占選舉人口約百分之十五。正是拉姆在下議院撤銷替緊急狀態背書的決議案。他的辭職為國大黨投下震撼彈，表示即將有大事發生。「先生」向來以政治敏感度而聞名，他選擇離開國大黨，讓外界普遍認為，這艘船即使還沒沉下去，也漏得非常嚴重。拉姆離開他的老東家，組織一個新的政黨，叫做「民主大會黨」（Congress for Democracy, CFD）。他說，CFD會和人民黨合作推出候選人，避免國大黨從中漁翁得利。

選舉預定在三月的第三個星期舉辦。三月六日星期天，反對陣營率先在新德里的拉姆利拉廣場舉辦公眾集會。政府在無計可施之下，為了阻止人民參加這場集會，只好在同一時間播放浪漫愛情電影《痴情鴛鴦》（*Bobby*）。一九七七年，印度只有一個由政府經營的電視頻道，德里的成年人通常會有一半守在電視機前。但是，有一份支持人民黨的報紙雀躍地指出，集會那一天，「先生」贏過了《痴情鴛鴦》。有一百萬人聽納拉揚和拉姆演講，現場還有其他反對黨的領袖，宣誓要一起共同對抗甘地夫人和國大黨。[2]

當天，在印度的商業大都會孟買，最受歡迎的在地週刊出刊，上面登了甘地夫人和納拉揚的訪談內容，吸引了兩派支持者的目光。總理告訴記者，人民黨的人「是為了對付我才聯手，不是為了推動什麼好的計畫」。新的名稱掩飾不了「相同的老目標，也就是，除掉英迪拉．甘地」。納拉揚在採訪中表示，「人民黨沒有比國大黨更像大雜燴。」執政黨裡面有「各式各樣的既定利益，而且內部歧見波濤洶湧」。當記者要納拉揚對週刊讀者說些話時，納拉揚表示，他們應該勇敢投票，並且記得「投給反對黨，就是投給自由；投給國大黨，就是投給獨裁」。[3]

一九七三年至一九七五年發生衝突的兩位主角，在一九七七年又成了選戰中的主要活動者。儘管納拉揚年事已高，健康狀況同樣不佳，他還是選擇四處奔走。二月二十一日到三月五日之間，他在帕特納、加爾各答、孟買、昌第加、海德拉巴、印多爾、浦那、勒德蘭（Ratlam）等地演講——中間只有因為洗腎暫停。他在所到之處向聽眾提出警告，表示「如果國大黨選後再次掌權，這將是最後一場自由選舉」，然後「十九個月的專制，會演變成十九年的恐怖政治」。[4]甘地夫人在演講中否認她的政黨由自家人把持。不管怎麼說，「世界上很少有家庭」曾經像這樣為國服務和做出犧牲。她承認緊急狀態期間的確發生一些過度的行為，但她辯稱，當時這種治理方式有其必要。她堅持：「我們不在乎誰批評我們，我們必須根據健全的政策、計畫、原則，向正確的道路邁進。」[5]

至少在印度北方，這場選舉免不了被人視為是對那些政策和計畫進行公投；尤其是強制絕育這項計畫。根據一名記者的報導，人民對「強制絕育感到怒火中燒」，這個「動力強大、具有爆發性的議題」，已經「成為各種壓抑挫折和不滿的焦點」。選民要國大黨的候選人拿出他們的絕育證明；當這些候選人拿不出來的時候，選民就直接叫他們走人。反對黨的選舉口號也不斷以這個議題為訴求，將國大黨貶為「官方去勢中心」，警告人民再選這個黨的話，又會被帶去強制絕育。其他口號則將目標放在絕育計畫的主要推動者身上，其中一句是：「在甘地和尼赫魯的土地上，桑傑這個冒牌貨算哪根蔥？」學校老師和基層公務員對這場選舉尤其熱衷，他們因為沒有達到政府的「配額」標準（應當接受絕育的男性人數），而被阻止升遷，或被懲罰調離工作崗位。[6]

一九七七年三月二十日晚間，選舉結果出爐，張貼在德里的報社外面。隔天的報紙報導，群眾「倒向其中一方，大聲表示支持人民黨」，為「國大黨的主要人物一一失利」而歡呼。甘地夫人在她先前穩穩拿下的雷巴勒里縣被對手擊敗，這個消息傳出的時候，「情緒高漲的人民湧上街頭，開始大呼口號和燃放炮竹。」桑傑失利的消息傳出時，歡呼的聲音更大，慶祝活動進行得更久。甘地夫人輸給曾經與她對簿公堂的老對手納拉因；而在隔壁的阿米提（Amethi）選區，桑傑被一個沒沒無聞的學生領袖打敗。[7]

這對母子的失利，只是國大黨在北方邦選舉大敗的其中一環。國大黨在北方邦，八十五個席次全數輸給人民黨和民主大會黨組成的聯盟，在鄰近的比哈爾邦，也是五十四個席次全數輸掉。在拉賈斯坦邦，國大黨在二十五席中拿下一席；在中央邦，則是四十席拿下一席。這些挫敗，因為南方的亮眼成績而稍稍抵銷——緊急狀態在南方的推行力道較輕。在安德拉邦，國大黨在四十二席中拿下四十一席；在卡納塔卡邦，二十八席拿下二十六席；在喀拉拉邦，二十席下十一席；在泰米爾納德，三十九席拿下十四席。人民黨的浪潮幾乎沒有在南方留下痕跡，但北方各邦人口密度較高、席次較多，讓國大黨離組成多數差得很遠。他們在國會的五百四十席中贏得一百五十三席，跟一九七一年的選舉相比，掉了不止兩百席。另一方面，人民黨和民主大會黨多達兩百九十八名候選人選上。[8]

從這場選舉可以看出明顯的地區分野，以及所屬種姓和宗教的分野。尤其是有兩個團體一直都被視為執政黨的「鐵票倉」，這一次也背棄了國大黨。其中一個團體是「表列種姓」，這群人當中，有許多人因為拉姆脫黨，轉而投給人民黨。另外一個團體是穆斯林，他們因為桑傑的得意計畫而受苦受難。宣布舉辦選舉的時候，德里最大的賈瑪清真寺裡，德高望重的伊瑪目❶要穆斯林投給國大黨的對手。大部分的穆斯林都投給國大黨的對手，這點充分顯示在印度北方國大黨的慘敗上。[9]

冷靜的人會在評論時說這是「人民黨浪潮」；比較激動的人則會說這是一場「革命」。印度建國三十年來，第一次有國大黨以外的政黨掌控中央政府。一九七七年時在世的印度人，沒有人知道印度的主要政黨和執政黨不是國大黨，會是什麼樣子。沒有人知道，沒有尼赫魯或甘地夫人當印度的主要政治人物，會是什麼樣子。

選舉結果令很多人感到高興，讓一些人覺得憤怒，但所有人都很驚訝。甘地夫人在寫給友人的信件中，將她的失利歸咎於邪惡的力量。她寫道：「大家總是認為我憑空想像、過度反應，但有一個算計得很深的陰謀，目標是要打倒我們。」[10]在堅定支持甘地夫人的人當中，有一名報社主筆是從比較長遠和充滿希望的角度來看待這件事。甘地夫人跟邱吉爾一樣，曾經帶領她的國家打勝仗；她跟邱吉爾一樣，因為勝仗而受歡呼；也跟邱吉爾一樣，被不知感恩的人民奪去權力。甘地夫人有一件事值得寬慰，這件事也會為接替她的人上一課。也就是，人民黨和民主大會黨政權「很快就會知道，承諾就像棒棒糖，但施政像一帖苦澀的藥。人民就像水銀一樣反覆無常。昨天為你歡呼的民眾，明天就變成對你冷嘲熱諷的暴民」。[11]

II

人民黨跟國大黨不一樣，他們不是在一個領袖的帶領之下打這場選戰。選舉結果出爐後，出現

❶ 譯注：Imam，伊斯蘭的宗教領袖，帶領教徒禮拜禱告，同時也為教徒提供宗教上的指引。

了應該選誰擔任總理的爭議。查蘭．辛格的支持者認為，印北大勝，查蘭．辛格是總理的合理人選。拉姆的人主張，他的脫黨是勝選的關鍵因素，應該由他出任。還有德賽，他在一九六四年及一九六七年，曾經差一步就當上總理。

三月的最後一個星期，很多人代表這三個人選，熱烈地進行討論。最後，大家決定，由人民黨幕後德高望重的長者納拉揚和克里帕拉尼來決定。他們選擇行政經歷無人可比、個人紀錄零缺點的德賽。拉姆得到崇高的國防部長之位，查蘭．辛格則是得到權力很大的內政部長之位。財政部長交給老公務員帕特爾（H. M. Patel），外交部長交給人民同盟領袖瓦巴依。

新政府會採取什麼政策？這點很難預料，因為政黨和內閣裡可以說都有紛雜的意識型態：「有些人以攻擊尼赫魯為樂，有些人則稱頌尼赫魯；有些人談論公部門的制高點，有些人則是一味推崇日本和美國的模式；有些人主張印度需要重工業，有些人則大聲疾呼『回歸農村』。」[12]查蘭．辛格受到重用，顯示出政府的反都市傾向，而且計畫委員會現在由農業見長的經濟學家主導，不是由工業見長的經濟學家主導。社會主義分子受重用，表示外資將經歷一段艱難的時期。而且出任工業部長的人，還是作風雷厲風行的工會領袖費南德斯。他宣布，會讓美國的跨國公司可口可樂和ＩＢＭ離開印度（他們最後的確退出了）。

丹達瓦特（Madhu Dandavate）是其中一位比較務實的部長。他被指派負責管理鐵路。這個政府單位服務的印度人比其他都多，但跟其他單位一樣做得不是很好。丹達瓦特也是社會主義分子，但他的社會主義不是在言詞上與有錢人切割、與窮人站在同一邊。他說：「我想做的不是貶低上流階級，而是提升次等階級。」丹達瓦特開始推動電腦化火車訂位，以此減少訂票員收賄的情形，同時消弭乘客的不確定感。在他的推動之下，有五千公里的損壞鐵軌開始修理或更換。但他帶來最深遠的影響，是在二等車廂的木造臥鋪放上兩英寸厚的泡綿，讓二等車廂的臥鋪乘客，可以享受接近頭等車廂的舒適度。他先在主要運輸幹線實施，不久後所有火車都照這樣更改，為成千上萬名乘客造福。[13]

這個政府走馬上任的頭幾個月，觀察家都很篤定，印度的外交政策將會有所轉變。選舉結果公告隔天，《紐約時報》寫道，國大黨對西方國家的態度「從自亂陣腳，到因懷抱敵意而不友好都有」，從人民黨聯盟散發出來的「種種跡象」可以看出，他們會「對美國展現友好的態度，而對蘇聯明顯冷淡」。美國政策家渴望組成對抗蘇聯的中、印、美聯盟。他們認為，人民黨的勝利「是華府的意外收穫」。[14]

這個論點的錯誤之處，在於他們將一個家庭與全國畫上等號。華府相信，印度和蘇聯聯手，除了尼赫魯和他女兒的個人選擇，原因無他。事實上，跟蘇聯聯手也跟對美國的意圖普遍抱持懷疑態度有關。這種懷疑的論調，來自於美國支持巴基斯坦，還有印度知識分子不喜歡毫無限制的資本主義。除此之外，中國對印度造成威脅，這就表示，新德里不太可能背叛莫斯科。

人民黨的領袖不想為了美國而拒絕蘇聯，而是想在原則上與超級強權保持同等的距離。如舉足輕重的報社主筆（以及納拉揚傳記作者）巴特坦哈基所說，新政權的挑戰是，「假使可能，要在不引起莫斯科反感的情況下，修正過去幾年不結盟政策導致偏倚蘇聯的做法。」[15]因此，一九七七年十月，德賽和瓦巴依一起造訪蘇聯，強調兩國之間的關係比親情還要深厚。

在此同時，他們也向另一邊有所表示。法學家帕爾基瓦拉（Nani Palkhivala，以認同西方國家和自由市場的傾向而聞名）奉命以使節的身分前往華盛頓。為了禮尚往來，卡特在一九七八年一月來到印度，他是自艾森豪之後，第一位這麼做的美國總統。卡特總統在印度國會發表了一場激動人心的演講，他談到兩國擁有「共同的基本價值觀」，還談到美國和印度最近都經歷「重大危機」（意即水門案和緊急狀態），但都在沒有傷及民主的情況下挺了過來。接著，他在準備好的演講內容後面，加了一段即興演說作為結尾，提到金恩博士為了爭取民權所做的努力，是受到聖雄甘地的啟發。[16]

人民黨政府也設法與鄰國重修舊好。一九七七年十一月，印度和孟加拉簽署共享恆河水資源的協議；在青黃不接的時期，恆河可為印度提供兩萬零五百立方英尺的水量，為孟加拉提供三萬四千五百立方英尺的水量。這項協議受到西孟加拉邦的反對，他們聲稱，加爾各答港如果沒有足夠的水量會發生淤塞。[17]一九七八年二月，外交部長瓦巴依造訪巴基斯坦，包括專制的將軍齊亞・哈克（Zia-ul-Haq）在內，巴基斯坦的東道主都很喜歡瓦巴依；他們原本以為人民同盟扶植的瓦巴依會對穆斯林深惡痛絕。[18]一年過後，瓦巴依造訪中國，這是自一九六二年爆發邊境戰爭之後，印度造訪中國的官員中層級最高的一位。不過這一次，這趟訪問之旅因為中國對越南發動攻擊而蒙上汙點；這麼做相當傲慢，罔顧印度與被入侵的越南之間長久維繫著友好關係。

人民黨政府在經濟政策上不太團結，在外交政策上更是如此。新政權共識最強的一點在於對付前任總理的方式。人民黨領袖決心要讓甘地夫人為實施緊急狀態付出代價。新政府指派成立的調查委員會多達八個，每個委員會都由一位退休法官主持。有好幾個委員會負責處理國大黨首席部長的貪汙情事，有一個委員會負責調查納拉揚入獄的事，有一個委員會則是荒謬地負責調查一九六七年公營醫院粗暴對待社會主義領袖羅希亞的事件——羅希亞是「反國大主義」的創始人。還有一個委員會負責調查桑傑的馬魯蒂公司。

調查範圍最廣的是沙赫委員會（Shah Commission）。這個委員會成立目的是處罰過度執行緊急狀態的人，負責主持這個委員會的是最高法院的前首席法官沙赫（J. C. Shah）。調查會在位於德里市中心的帕蒂亞拉司法大廈（Patiala House）審判室舉行，白髮蒼蒼的沙赫法官坐在高臺上，旁邊有兩名助手。在他的位置下方，有一張放了麥克風的桌子，桌子後面坐著當天的證人。聽證詞的人，大部分是記者。[19]

前幾個月，沙赫委員會大量審問證人，這些證人有公務員、員警、市政官、甘地夫人的內閣成員。但甘地夫人本人拒絕作證。委員會傳喚她三次，她三次都出席了，但都拒絕回答問題，表示她必須遵守規定，不能透露內閣機密。一間在緊急狀態實施時期受害的報社認為，這麼做是「刻意讓委員會無法取得進展」。[20]一名比較同情另外一方的記者則諷刺地說：「沙赫委員會應當成為某種紐倫堡審判，但它變成印度的餘興節目，女主角（或蛇蠍美人）始終沒有登場，只有不重要的反派人物和丑角吸引觀眾的目光。它連宣傳的價值都沒了，人們已經對電視和廣播節目中的報導感到無聊，只要一聽到沙赫委員會，就會把節目關掉。」[21]

III

中央政府的改變，預示了邦的政權也會發生改變。繼甘地夫人於一九七一年的領導權後，人民黨將印度北方的各邦政府解散，聲稱大選結果顯示這些邦政府已經「失去人民的信心」。邦議會重新選舉的時候，人民黨在北方邦、中央邦、拉賈斯坦邦和比哈爾邦輕鬆勝出。

其他邦也有變化。在西孟加拉邦，左翼政黨組成聯盟，以穩定的多數取得政權。印度共產黨（馬克思主義）（ＣＰＭ）本身在兩百九十四席中拿下一百七十八席，在險勝的情況下，與他們同盟的政黨另外拿下五十二席。一九六七年、一九六九年的時候，ＣＰＭ與非共產政黨在孟加拉共組政府，這種不穩定的聯盟關係，一下子就被新德里派來的權謀派行政首長給瓦解了。現在，他們沒有這樣的問題，可以在中產階級的體制中推行改革。[22]

新上任的首席部長是中殿律師學院❷出身的律師巴蘇；他是一九六〇年代，聯合陣線與左翼陣線聯盟政府中第二位中殿律師學院出身的律師。內閣中，其他成員來自農工背景，就屬他最有學養。他們以農業改革為首要目標，將焦點放在佃農（bargadars）權利合法化——這些佃農耕種孟加拉農村裡的大片土地。新政府推行租佃運動（Operation Barga），著手載明這些佃農的權利，並提高他們可以保留的作物份額。先前，地主會從佃農那裡收走一半以上的作物；改革實行之後，地主的份額減少到百分之二十五，百分之七十五由佃農保留。相關改革措施，為超過一百萬名窮困的佃農帶來好處。

左翼陣線也在此時舉辦村務委員會（panchayats）選舉。當地自治政府「村議會」（Panchayat Raj）是政府頒訂的政策，受憲法管轄，但大多以違反憲法的方式成立。西孟加拉邦在一九七七年舉行的村務委員會選舉，是第一次正式的大範圍選舉，多達五萬五千個競選席次，其中左翼陣線候選人共拿下三分之二。值得注意的，是這些代表共產黨派出選的人，大部分都不是佃農，而是小地主、教師和社會工作者，套句馬克思主義者的話，這些人是「小資產階級」（petty bourgeoisie）。但他們都是左翼陣線的黨員或支持左翼的人。村務委員會選舉和租佃運動，都對左翼陣線掌控孟加拉鄉村起了作用。[23]

泰米爾邦的政權也發生變化。在緊急狀態時期，中央政府以虛假的理由解散泰米爾邦政府之前，達羅毗荼進步聯盟（DMK）在這裡執政了十年。現在，要重新舉行選舉，達羅毗荼進步聯盟的對手是全印安納達羅毗荼進步聯盟（AIADMK）；後者從母黨脫離出來，由傳奇電影明星拉馬錢德蘭帶領並奉其為圭臬。在選戰中，雖然DMK掌握具有優勢的組織機制，卻完全輸給拉馬錢德蘭的魅力和吸引力。AIADMK以一百三十席勝過對手的四十八席。拉馬錢德蘭立刻清楚表示，從前的「北方／印地霸業」口號已經過時了；他表示，希望能和中央政府維持良好的關係。在泰米爾納德，政府實施許多民粹主義的政策，好讓首席部長在電視上維持與窮人友好的形象。在這些政策當中，有一項是在邦立學校提供「中餐」，以此提供讓女童到校上課和留在學校的誘因。[24]

在東部，共產黨和資產階級的民主制度達成和解；在南部，以前支持分離主義的人，現在也能接受民族國家的制度。除此之外，在傳統上比較好戰的地區和分子，也渴望有所進展。一九七七年夏季，德賽與那迦領袖費佐在倫敦會面；雖然他們沒有達成協議，但是他們倆在國外會面的事，在印度政府眼中是一項重大讓步。該年稍晚，那迦蘭邦議會舉行選舉。高齡八十二歲的德賽勇敢地冒險降落在霧靄籠罩的山谷地區。報紙評論，他的造訪「證明了這場選舉的重要性」，而新德里政府希望能藉此「澈底讓費佐先生和支持他的人對地區自治死心」。[25]

在喜馬拉雅山另一端，同樣麻煩的地區也在舉行選舉。緊急狀態實施之前，謝赫和甘地夫人簽訂協議，在國大黨政府底下掌握喀什米爾的政權。德賽非常希望能夠舉行選舉，檢驗兩人之間簽訂的協議正統性如何。謝赫解散邦議會，重新組織了一個「國民會議黨」。國民會議黨復興，在當地點燃了人民的熱情；有一名喀什米爾人回憶：「整個喀什米爾谷地掛滿了國民會議黨的紅色旗幟。家家戶戶和市集都掛彩旗作為裝飾。」[26]國民會議黨在七十五席中拿下四十六席，形成穩定的多

❷ 譯注：Middle Temple，全稱The Honourable Society of the Middle Temple，為倫敦四大法律學院之一，另外三間分別為林肯律師學院（Lincoln's Inn）、內殿律師學院（Inner Temple）、格雷律師學院（Gray's Inn）。

數；不過，謝赫的人雖然在以穆斯林為主的喀什米爾谷地大獲全勝，但他們在查謨地區，三十二席中只驚險地拿下七席。儘管如此，這仍然是印度獨立以來，第一場「真正公正、自由的」喀什米爾選舉，「向喀什米爾人證明，他們和這個國家的其他人民一樣，可以享有、實行相同的基本權利。」[27]

IV

一九七八年與一九七九年，瑞士經濟學家艾蒂安（Gilbert Etienne）訪問印度鄉下，回到他十五年前曾經研究的村落。他發現，一方面北方邦西部和泰米爾納德的科弗里河三角洲「很有活力」，但另一方面，北方邦東部和奧里薩邦卻「步調緩慢、沒有成長」，形成明顯的對比。看來，對農村發展來說，關鍵似乎在水資源管理。有灌溉設施的地方，生產力會提升，所得和生活條件也會隨之改善。除了水資源，另外一項關鍵因素在於化學肥料，「綠色革命」發生的地區，化學肥料的施用情形是從前的四倍。

艾蒂安發現，在農業發展帶來的種種益處之下，最主要的影響在於「落後」種姓興起，例如北方邦的賈特人、比哈爾邦的庫爾米人和亞達夫人、馬哈拉什特拉邦的馬拉塔人，以及泰米爾納德的維拉勒人（Vellalas）。曾經擁有大片土地的上層或「先進」種姓則搬到都市去住了。這些落後種姓努力讓他們的土地結實累累。不過，地位比他們低下的人依然過著糟糕的生活。表列種姓在階級慣例中地位最低，無法從一九六〇年代和一九七〇年代的農村發展中獲得什麼好處，比哈爾邦的穆薩哈爾人（Musahar）就是其中的代表。艾蒂安發現，「他們的小孩營養不良，這個種姓散發極為悲慘的氣氛。」[28]

艾蒂安指出，印度農村「推動力最強的其中一項計畫」，是透過生產合作社來提高牛奶的產量。這個做法源自一九四〇年代，古吉拉特邦阿南德（Anand）縣發起的一項計畫。一九五〇年代，阿南德縣所在的開拉（Kaira）地區，隨處可見這樣的合作社。他們生產的牛奶，經過五個小時的火車車程運送到孟買市。這個縮寫為「AMUL」（第一個字母「A」代表起始村莊阿南德）的機制收到成效，進而推廣到其他鄉下地區，獲得「洪流行動」（Operation Flood）這樣一個令人一望即知的名稱。一九五〇年代初期，共有一千家合作社，成員為二十四萬名農夫，每年生產一億七千六百萬公升的牛奶；到了一九五〇年代末期，共有九千家合作社，成員為一百萬人，每年總共生產和銷售將近五億公升的牛奶。

因為這些數據，有些狂熱分子說，「白色革命」與綠色革命相輔相成。事實上，這場革命跟其他革命一樣，發生的區域分布非常不平均。這個機制在泰米爾納德成效很好，那裡有良好的鐵路和公路設施，還有廣大的城市人口。在基礎設施比較差的地方，結果並不樂觀。而且在所有地方，都是規模中等、富裕的農人得到最多利益；也就是那些可以取得較多飼料（農地生產的穀物殘渣）、有比較多牛隻飼養空間、比較借得到錢的人。[29]

農業和牛奶生產商業化，令印度農村有一大部分的農夫因此受惠。最重要的一點是，收入增加讓他們開始對政治產生濃厚的興趣。一九六〇年代，這些農村種姓崛起，主導印度北方的邦政府。一九七〇年代，他們涉足全國性的政治事務。在人民黨的治理下，「查蘭・辛格的個性和意識型態有強烈展現」農村意見的力量。但影響所及並非只有一人。一九七七年下議院舉行選舉後，國會中有百分之三十六的成員來自農村背景——一九五二年，農村背景的議員只有百分之二十二。他們的影響從政府經濟政策以農村為導向便可見一斑；政府向農民收購小麥和稻米的價格節節攀升。[30]

V

有些評論者將農村力量崛起解釋為階級崛起。他們看見「都市與農村對抗」，而且工廠老闆和農民之間的衝突愈演愈烈。工業與農業之間的貿易條件以前大幅傾向於對工業有利，現在則傾向農業這一邊。[31]但是，或許更重要的一點在於，這也是種姓之間的衝突。

實際上，如果從種姓而不從階級的角度來看，我們可以找出兩大衝突主軸。第一個主軸發生在政治和行政的範疇，落後種姓想要挑戰先進種姓（例如：婆羅門人、拉吉普特人、卡雅斯塔人、巴尼亞人）之前享有的優越地位；在印度的歷史上，只有這些種姓才能讀書識字、從事商業活動和行使政治上的權利。

全國運動的發起者主要是先進種姓，因此，印度獨立之後，中央政府和邦政府也是由他們主導。慢慢地，在代議制民主的驅使下，地位較低但人數較多的種姓開始強力發聲。中央內閣部長也愈來愈多來自這些背景的人。只有一座要塞還沒被他們攻陷：總理大位。德賽和在他之前的尼赫魯、甘地一樣，都是來自階級最高的婆羅門種姓（夏斯特里雖然不是婆羅門人而是卡雅斯塔人，但卡雅斯塔人也是抄錄文書的菁英種姓）。

印度南部實施積極平權措施（在殖民時期便開始採行），對邦政府的工作設下限制，規定先進種姓的職位比例。現在，人民黨政權想要將這個制度擴大到他們在北方的大本營。一九七〇年代初在比哈爾邦成立的委員會建議，政府單位中百分之二十六的職位應該保留給落後種姓。這份報告在緊急狀態時期不見天日。直到一九七七年，人民黨在比哈爾邦取得勝利，新任首席部長泰克

（Karpoori Thakur）才找出這份報告，並且決定按照報告上的建議施政。

泰克的決定引發先進種姓強烈反彈。屬於拉吉普特和布米哈爾（Bhumihar）種姓的學生對巴士和火車縱火，還蓄意破壞政府機構的建築。落後種姓領袖沒有因此屈服。他們的決心因為在邦議會掌握大量席次而更加強烈；將近百分之四十的比哈爾邦議員會因為擴大實施保留制度而受惠。如一位政治人物所言，「我們的行動訴求不是只有保留席次而已，我們希望在印北和德里掌握政治權力。」其實，落後種姓在人民黨內進行遊說，產生壓力，所以德賽成立委員會來調查該不該將保留制度擴大到中央政府的職位。按照憲法規定，百分之十五的工作應該保留給表列種姓，百分之七點五的工作應該保留給表列部落；現在，落後種姓也想依照辦理。處理這個問題的委員會，主事者是比哈爾邦政治人物曼達爾（B. P. Mandal）。[32]

除了落後與先進種姓的分別，比哈爾邦也代表了所有存在於印度的錯誤現象。社論不滿地指出，「這個地區」被貪腐、無效率的政府官員把持，邦內政策不安定（一九六七年以降，多達九位首席部長走馬上任），讓比哈爾邦變成「可悲可嘆的邦」，這裡的「法律規定素質愈來愈差」。這個時期的比哈爾邦，被人拿去和從前的太平盛世比較，過去在比哈爾誕生的有佛陀、阿育王以及偉大的孔雀王朝。現在，糟糕了，「比哈爾唯一會登上頭條的時機，不是發生水災或饑荒，就是在大自然暫時獲得喘息的時候，有關於礦坑意外、有人對哈里真施暴，或是官吏貪腐的報導。」[33]

VI

那些施暴事件，起因在於另外一種種姓衝突——一邊是落後種姓，一邊是表列種姓（或稱哈里真）。這種衝突也存在物質上的偏差；落後種姓大部分都擁有土地，而表列種姓則大部分在這些土地上工作。除了薪資、工作環境方面的爭議，也有尊嚴上的爭議。落後種姓從先進種姓那裡得到土地，也自然而然把自己套進他們的處世方式。落後種姓跟先進種姓一樣，輕視哈里真，經常侵犯他們的女人。有一段時間，階級最低的種姓，只能默默忍受而別無選擇。不過，教育機會擴大、議會裡也有他們的席次，表示年輕一代的表列種姓，「不必再忍受輕視、虐待、毒打和其他形式的侮辱；在他們之前的世代，都必須對這些忍氣吞聲。」[34]

自從新政府在新德里上任後，表列種姓遭到攻擊的事件大幅攀升。在甘地夫人掌權的十年間，向上呈報的攻擊事件為四萬件。從一九七七年四月人民黨政府走馬上任到一九七八年九月，這段期間內，據報發生一萬七千七百七十五起「哈里真攻擊事件」。根據估計，三分之二發生在北方，人民黨政權執政的地方。[35]

不過，最嚴重的一場衝突，發生在馬哈拉什特拉邦乾旱的內陸地區馬拉斯沃德（Marathwada），那裡曾經是尼贊王王朝的領地。這裡的表列種姓深受安貝卡博士帶頭示範所影響。許多人轉而改信佛教，也有很多人選擇用自我主張更強烈的達利特人（Dalit，意思是「受壓迫」），來取代甘地為他們取的名字——哈里真，意思是「神的子民」。有一群作家和詩人自稱「達利特黑豹」（Dalit Panther）❸，要求位於該地區主要市鎮奧蘭卡巴的大學，用他們偉大領袖的名字來命名。一九七八年七月二十七日，這項要求終於批准了，邦政府通過決議案，將馬拉斯沃德大學改名為安貝卡博士大學。

改名的事受到占據優勢的馬拉塔種姓強烈反對。學生宣布在該地區的市鎮舉行大罷工，學校、大學、商店、辦公機關通通關門。然後，他們朝外圍的村子擴散，攻擊村莊，甚至放火燒毀村莊。

根據估計，大約五千人（幾乎都是低階種姓）因此無家可歸。政府因此撤銷改名的命令。[36]

馬拉斯沃德暴動發生的三個月前，達利特人和高階種姓在阿格拉爆發暴力衝突。這次起因也是公開稱頌安貝卡博士。賈塔夫人在阿格拉組成強大的社群，他們是做鞋子生意的鞋匠。一九七八年四月十四日，安貝卡博士冥誕當天，他們上街遊行，領頭的是一隻大象，大象身上放著賈塔夫人的英雄花環肖像。在印度教的傳統中，只有國王才能騎大象；達利特人以這種方式遊行，對高階種姓來說是無法容許的事情。遊行隊伍遭到攻擊。為了報復，賈塔夫人對高階種姓經營的商店發動猛烈攻擊。兩個星期之內，接連發生零星衝突。最後，軍隊奉命前來恢復秩序。[37]

VII

人民黨執政的頭一年，發生一萬多起種姓暴力衝突事件。其中，有一起事件的影響範圍超過了事件的發生地。這起事件發生在比哈爾邦的貝爾吉（Belchi）村。一九七七年五月二十七日，九名哈里真被高階種姓暴民縱火燒死。國會裡的反對黨領袖查凡宣布他將前往當地進行調查。當查凡無法兌現承諾時，同屬國大黨的前任總理表示要代替他到當地進行調查。

從選舉失利到前往貝爾吉村，這幾個月的時間當中，甘地夫人非常沮喪。她考慮退出政壇（桑傑也是），住到喜馬拉雅山上的小屋子去，但比哈爾邦的殺戮事件促使她採取行動。政治直覺告訴

❸ 譯注：名稱源自一九六六年至一九八二年活躍於美國的黑豹黨（Black Panther Party），黑豹黨由非裔美國人所組成，目的在提升美國黑人的民權。

她，或許可以因此重返政壇。所以，查瓦食言的時候，甘地夫人搭機前往帕特納，再從那裡前往貝爾吉。道路被雨水沖斷了，她只好從轎車改成搭吉普車，然後又改成搭牽引機，然後又因為泥水坑洞太深而改騎大象。前總理透過這樣的交通方式，終於抵達貝爾吉，慰問暴力事件喪生者的家屬。[38]

這種誇張的姿態，讓甘地夫人強勢回歸政治舞臺的中心。事後，一名政治上的對手回憶起，她造訪貝爾吉「有好幾個目的」。這麼做，是在譴責人民黨政府對窮人和哈里真的命運漠不關心。這趟路程讓甘地夫人的形象煥然一新，成為窮人和下層階級的朋友。此外，也讓國大黨的一般黨員看見甘地夫人是一名有行動力的女性，可以相信她一個人就能帶領大家奪回政權。[39]

造訪貝爾吉是甘地夫人的個人行動，但她能夠重新崛起，政府當局也在無意之中推了一把。一九七七年十月第一週，內政部長查蘭・辛格下定決心逮捕前任總理。印度中央情報局在他的指示下，準備了一份指控甘地夫人貪汙的文件。警察拿著這份文件，前往甘地夫人的住所，將她帶回拘留。他們的計畫是開車把她載到鄰邦哈里亞納的招待所。途中，他們因為等平交道而不得不停下來。甘地夫人下車，坐在涵洞管道上。此時，她的律師告訴警察，他們的逮捕令並沒有允許他們將當事人帶出德里。接著雙方就在許多好奇的旁觀者面前發生爭執。最後，警察不再堅持，一行人驅車開回首都。

甘地夫人被警察拘留過夜，但隔天早上警察將她帶到法官面前的時候，交給法官一張似是而非、站不住腳的逮捕文件。這起烏龍「逮捕」事件反而對人民黨政府造成嚴重的影響，讓他們討厭的對手得以恢復聲譽。甘地夫人開始針對新政權發表具有攻擊性的言論，特別點明犯罪和通貨膨脹提高（以兩位數的幅度增加），以及囤貨和黑市交易猖獗。十月最後一個星期，《紐約時報》批評這位遭到罷黜的總理，說她「最近發言愈來愈大膽，想要再次成為全國領袖」。[40]

甘地夫人的復出，讓人民黨以及許多與她同黨的領袖有所警覺。某些國大黨的部長已經在沙赫委員會上作證對抗她。一九七八年一月，國大黨正式分裂成兩個派系，與甘地夫人站在同一陣線的人組成國大黨英迪拉派。隔月，國大黨英迪拉派在安德拉邦和卡納塔卡邦輕鬆贏得選舉。前總理成為這場選舉的主要戰將；結果顯示，至少在南方，她在人民心中成為窮人、阿迪瓦西人和表列種姓的救世主，形象牢不可破。[41]

甘地夫人開始尋求安全席次（safe seat），藉此重返國會。最後，她選中卡納塔卡邦咖啡帶的契克馬加盧（Chikmaglur）選區。卡納塔卡邦的首席部長尤爾斯（Devaraj Urs）擁有高效率的美名；將土地所有權歸給成千上萬名佃農是他的其中一項政績。尤爾斯和甘地夫人本身的努力，在印度南方還是頗具成果，所以她決定在家鄉北方邦的另外一端參選。[42]

前總理的選舉對手，是卡納塔卡邦（廣受尊敬）的前任首席部長帕蒂爾（Veerendra Patil）。在帕蒂爾的陣營主導選戰的人，是甘地夫人在緊急狀態時期的老對手費南德斯；費南德斯現在是人民黨政府的工業部長，他告訴記者：「選舉結束之前，我不會離開這個選區。我們一定要打敗她。」甘地夫人認真回應他的挑戰，根據同一名記者的報導，她「對婦女、兒童親切地微笑，數百次在路邊接受人民獻上的花環，遠道前往許多宗教場所，拜訪許許多多的聖者」。[43]

甘地夫人在這場選戰中輕鬆勝出。她重返下議院沒多久，就遭到「特殊對待」。有一個全部都是人民黨黨員的國會委員會指出，一九七四年她還擔任總理時，甘地夫人曾經妨礙桑傑的馬魯蒂公司接受調查，刻意誤導國會。她該接受什麼懲處，交由「國會以智慧」判斷。人民黨的多數議員決定，她必須入獄服刑一個星期。選委會主席裁定，入獄服刑的這段期間，意味著甘地夫人必須辭職。如此一來，卡納塔卡邦突然要舉行補選。而這一次，甘地夫人再度參選，也再度贏得選戰。[44]

VIII

人民黨試圖羞辱前總理，是嚴重判斷失誤的舉動。甘地夫人承受磨難的堅忍表現，廣受人民推崇，而且她兩次短暫被逮下獄，讓她得到殉難的光環。當前的掌權者的確在緊急狀態時期受到迫害，但他們卻選擇在應該好好治理國家的時候，把焦點放在報復某個人，顯現了他們眼界狹隘。

在逮捕前總理的意圖背後，是人民黨陣營內部的個人競爭。內政部長查蘭·辛格不甘在內閣中屈居第二。他出手對付甘地夫人，目的在搶德賽的風頭。他在同一場戰爭中另闢戰線，寫信向總理抱怨他的兒子坎蒂影響力愈來愈大。坎蒂和父親德賽住在一起，負責管理父親的會面事宜。外界拿他和桑傑之前的角色對比，不是什麼光采的事。

一九七八年上半年，內政部長查蘭·辛格和總理德賽互相寫了一連串怒氣衝天的信。最後，一九七八年六月，德賽不得不解除查蘭·辛格的內閣職務，同時也將查蘭·辛格最倚重的助手納拉因解僱。其他人想居中協調，卻徒勞無益。十二月，查蘭·辛格在隱居了好幾個月之後現身，在首都舉辦一場大型農民集會。大約二十萬名農民開著拖拉車和卡車來到德里聽他們的領袖演講；他們大部分都來自印度北方，許多人和查蘭·辛格一樣是賈特人。

這場集會展現查蘭·辛格的實力，讓德賽不得不請查蘭·辛格回到內閣。一九七九年二月，查蘭·辛格被任命為財政部長。他現在也是兩位副總理中的一位，另一位是拉姆。查蘭·辛格的第一個預算案是提高肥料和灌溉補助，對農民施以小惠。但臨時彌補起來的關係沒有維繫多久。人民黨的重要成員社會主義黨，大部分都站在查蘭・辛格這一邊；而人民同盟則是選擇支持德賽。「雙重身分」的問題也讓裂痕擴大，愈來愈多人認為人民黨內的人民同盟成員，主要效忠國民志願服務團。一九七七年三月時，瓦巴依曾經宣稱他的老政黨「再也不存在了」。但是大家始終認為，人民黨國會議員和有人民同盟背景的部長，是在國民志願服務團的號令下行動。他們被要求斷開和國民志願服務團之間的關係，但他們以人民黨只是「文化」組織為理由，拒絕這麼做。

一九七九年七月第三週，社會主義分子在國會裡分成兩邊。這件事讓人民黨更形分裂，德賽政府失去多數地位，只好提出辭職。德賽想要重新形成多數，向國大黨的其中一個派系招手；拉姆則向另外一個派系招手。參與這場爭鬥的第三個領袖是查蘭・辛格，他和從前的勁敵甘地夫人組成策略性的盟友。國大黨寫給他的支持信，使總統認定查蘭・辛格受到多數國會議員的支持。查蘭・辛格趕上印度獨立紀念日，那一天，他在紅堡上發表總理的年度演說，成為第一位這麼做的農民。[45]

在人民黨分裂的時候，納拉揚向他的門徒寫了好幾封絕望的信。一九七九年十月，虛弱的納拉揚逝世了。自由派的報社主筆葛瓦拉向納拉揚致意，形容他是「印度最強大的道德力量，是對與錯的試金石」。葛瓦拉寫道，他「最後一項偉大的努力」是籌組人民黨並帶其取得勝利，但「心胸狹隘、愚笨的同黨人士……心中只有自身利益和自尊自大，令他非常失望」。[46]那些自私自利的人——德賽、查蘭・辛格、拉姆——全都參加了納拉揚在帕特納的喪禮，比較特別的是，連桑傑和他的母親都出席了。甘地夫人事後向一名友人寫道：「他的心裡非常困惑，所以人生才會如此受挫！」她將他的轉變歸因為「甘地式的虛偽」，也就是他和聖雄甘地的門徒普拉巴瓦蒂結婚時所許下的禁欲誓言。她表示：「那個誓言，以及對我父親的嫉妒，可能令他後半生受到制約。」還補充：「他不想任官職，是胡說八道。有一部分的他想要任官職，想得不得了。他被那個部分和想要當烈士、聖人的欲望折磨。」[47]

這段評論帶有某種程度的惡意，語氣之中也帶著某種程度的高傲。對於變成對手的老友，以及納拉揚所創立的政黨，甘地夫人都贏得了最後的勝利。時序回到七月，當時德賽提出辭職，他的接任人選剛選出來，《勇氣》很有先見之明地指出：「甘地夫人是唯一想要舉行期中選舉的人，而且她會從目前的情勢中得到好處。查蘭·辛格先生就任總理對她有利，但這段時間只會維持兩到三個月。」[48]

查蘭·辛格在一九七九年七月最後一週宣誓就任總理；一個月後，國大黨英迪拉派通知總統，他們不再支持查蘭·辛格。之後，總統花了一個月的時間，來尋找可行辦法並將不可行的辦法排除。他決定只能舉行期中選舉的時候，選委會還需要時間來籌辦選舉事宜。所以，查蘭·辛格在總理職位上待到年底，比《勇氣》給他的時間還要整整多出兩個月。

IX

人民黨在種種誇大的訴求下取得政權，他們說會帶人民擺脫專制規定，帶來第二次自由，還振振有辭地說會恢復民主。幾乎從他們執政的第一個星期開始，人民黨就似乎鐵了心要把這個良善的立意揮霍殆盡。大家就很快注意到，在中央政府和邦政府，人民黨部長都占走最好的政府官舍，衝到公共工程部把空調設備和地毯搶走，大量為親戚舉辦派對和婚禮，積欠高額的電話費和電費，編織微不足道的藉口出國旅行（甚或完全不用藉口）。[49]就連傳統上反對國大黨的報章雜誌都寫人民黨已經「喪失理想」，才沒多久就變成「那種傳統的政治黨派」，人民黨的成員「對權位興趣愈來愈高，對影響社會興趣愈來愈低」。人們說，國大黨用三十年的時間拋棄自己的原則，而人民黨才組成一年就失去原則。[50]

一位分析家回顧人民黨執政的那三年，描述「這段歷程充滿混亂複雜的爭執、黨際競爭、改來改去的結盟狀態、脫黨變節、指控和反控對手不適任，而擊敗甘地夫人的人，在上臺後做出貪腐和丟臉的事」。[51]大部分經歷過這段時期的印度人，都會做出與這相同的評語；簡而言之，他們會說，人民黨只是一群跳梁小丑。但有一位傑出的外國觀察家提醒我們，在鬥爭和爭端之外，人民黨政府對印度民主貢獻良多。用奧斯汀的話來說，人民黨的貢獻在於他們「從緊急狀態的蹂躪之下修復憲政體制，而且在修復憲政體制的過程中，他們透過諮詢式政治風格，使開放國會的做法得以復興，除此之外，他們也恢復了司法的獨立性」，這些都是「了不起的成就」。[52]

這是德賽的功勞。一九七七年選舉前夕，他在接受採訪時表示，緊急狀態期間民主遭到「閹割」。如果他的政黨勝選，他們會著手「矯正憲政體制」。德賽很清楚：「我們一定要確保，再也不會實施像這樣的緊急狀態。不能讓『任何政府』有辦法這麼做。」[53]

人民黨勝選之後，修復憲政體制的工作，受到認真的法務部長布尚（Shanti Bhushan）監督。第四十二號修正案是最需要撤銷的一項修正案。為了把這些「汙穢的」修正條文替代掉，另外擬了兩項新的修正案，將國會和邦議會的任期恢復為五年一任，也恢復最高法院判決所有選舉爭議的權利（與總理有關的爭議也包括在內），縮減《總統管制令》在各邦的實施期限，強制規定國會和立法機關的會議紀錄必須公開，並且大幅提高緊急狀態的實施困難度。現在，這類法令必須在國會以三分之二的票數通過，而且每六個月必須重新投票更新法令，實施前提為發生「武裝叛變」（而不是像先前那樣，單純的「國內動盪」）。這些改變的目的，在於限制專斷的行政權，以及恢復法院的權利；甘地夫人在緊急狀態時期修改憲法，這麼做是要恢復之前的憲政體制。

相關修正案的擬訂花了一些時間，因為法案必須使用精準的法律用語，還要確定獲得各黨派的支持，讓法案能在上下議院通過。在各界辯論如何恢復憲政體制的時候，媒體以大篇幅對沙赫委員會進行報導，一系列記錄緊急狀態過度實施的書籍和傳記也在這段期間出版。在這樣的輿論氛圍之下，連國大黨都發聲支持修改憲法，表示他們的領袖以前做錯了。現在，第四十四次憲法修正案起草，修正了緊急狀態帶來的破壞。一九七八年十二月七日，新法案以穩定的多數獲得通過，投下贊成票的議員包括兩個老敵人——德賽和甘地夫人。[54]

X

雖然人民黨沒有做滿任期，但他們的勝利是印度政治上的分水嶺。這是印度獨立以來，第一次有國大黨以外的政黨在中央掌權。而且各邦政治版圖也隨著共產黨在西孟加拉邦勝選、全印安納達羅毗荼進步聯盟在泰米爾納德勝選而變得更加豐富。

印度政治體系正在**去中心化**，而且去中心化不是只有發生在政黨的範疇。一九七〇年代晚期，還出現大量的「新」社會運動。一九七八年，「社會主義與女權主義者」在孟買舉辦大型會議，焦點放在女性權益被破壞得愈來愈嚴重上。相關活動所要打擊的目標為嫁妝、強暴、男性酗酒以及酗酒後經常發生的性虐待，除此之外還有改善女性在工廠和家戶單位中的工作條件。這個新的女性主義浪潮所及範圍很廣，也獲得熱烈的響應，許多團體在各邦活動，透過公眾集會、街頭劇場、海報宣傳和挨家挨戶遊說來動員支持的力量。[55]

一九七〇年代末期，環保運動也風起雲湧。農民發起抗爭，守護他們的林地權益、部落抗議大型工業計畫逼迫他們搬遷，漁工也抗議拖網漁船讓海洋裡的魚群耗竭。在這些抗爭中，有兩件事特別引人注意：其一是女性位居主導角色——女性因為生態退化而大受衝擊；其二是印度不像西方國家用藝術的形式來表達對自然的關心、由中產階級發聲，在印度，環保是「窮人的環境保護主義」，由鄉間社群推動，因為他們的生存與能否取用這些大自然的賜予息息相關。[56]

女性運動和環保運動，實際上都在一九七〇年代初期展開。這些運動的進展受到緊急狀態妨礙，但緊急狀態結束後，這些運動再度興起，並且獲得新的動力。民權運動也是如此。民權運動起源於被關在加爾各答監獄的納薩爾派行動分子。這些囚犯發起運動，爭取獄卒拒絕給他們的香菸和信件，一名叫做巴塔查亞（Kapil Bhattacharya）的退休工程師決定組織一個「民主權益保障聯盟」（Protection of Democratic Rights）。在緊急狀態的推波助瀾下，人們也在德里、孟買、海德拉巴邦和其他地方組成團體。有些團體把焦點放在「公民自由」上，抗議政府傷害國民的基本權益。有些團體則與更廣泛的「民主權益」概念相結合，將受憲法保障的生命權和自由權，擴大到提高薪資和改善工作條件，以及有償就業（gainful employment）上。前一類團體針對監獄改革和公家機關（尤其是警察）濫權；第二類團體還關心與弱勢族群（尤其是低階種姓和部落）生活、生計有關的國家政策。城市裡熱心公益的知識分子進行實地調查（尤其是偏遠地區），這些團體寫出許多與國家損害公民自由和民主權益有關的報告。[57]

這些運動之所以稱為「新」運動，原因在於，它們處理的議題是從前由農民與工人發起、以階級為主的社會運動所忽略的議題。不過，一九七〇年代晚期，那些從前就有的議題也有了新的表達方式。在這樣的情況之下，工會運動以前把焦點放在工廠部門，現在則開始在礦工和家戶、家庭手工業的勞工之中運作。在這之中，比較引人注目的是查提斯加爾邦礦工工會（Chhattisgarh Mineworkers Shramik Sangh）。他們的領袖尼約基（Shankar Guha Niyogi）希望融合甘地和馬克思的理念。查提斯加爾邦礦工工會管轄的礦坑，為比哈爾邦諸多公營鋼鐵事業提供礦物。尼約基和以部落背景為主的礦工攜手，為女性工人爭取平等薪資、對抗男性濫用酒精的情形、為兒童成立學校，並努力讓礦坑業主在關注適當生活工資的同時，也同樣關注礦工的健康和安全。[58]

與這些運動相輔相成的是印度的新媒體。緊急狀態結束，釋放了報章記者的能量，只有先前爭取印度獨立時的能量能與之比擬。審查制度被消滅，現在記者和主編的撰文題材和報導長度都不受限制。除此之外，一九七〇年代，印度頭幾家平版印刷媒體問世也有所助益。不必再費事地採用鑄字印刷，也不一定要在比較大的市鎮印刷報章雜誌。

歷史學家傑佛瑞寫下具有權威性的記錄文字，根據他的記載，「印度新聞革命」於一九七七年展開，從那時起便持續積累動力。這場革命之中，有五點值得注意。其中兩點因為新的科技得以實現：相同的報刊可以在距離遙遠的市鎮，同時印刷不同的版本，而且印刷品質提升了，尤其可以刊登照片和其他視覺素材。其他創新來自於社會和政治的變革：審查制度終結，有助於調查報導興起，愈來愈多具有衝擊力的犯罪報導和政治貪汙報導。教育普及和中產階級擴張，大力推動以印度語言寫成的報導。一項在一九七九年針對市鎮進行的全國讀者調查估計，多達四千八百萬都市印度人口定期閱讀某種定期出刊的報章雜誌。成長最快的是小型市鎮的印度語系報刊。一九七九年，第一次閱讀印地語（百分之四十印度人使用的語言）報紙的人，數量多過閱讀英文（僅百分之三的印度人使用英語）報紙的人。新的報章雜誌以通俗的口語撰寫文章，取代過去主編和記者所偏好的拘謹、正式文體。從前必不可缺的梵文慣用語和片語已經不再使用，報章雜誌現在偏好平常講話的語調和節奏韻律。[59]

一九七〇年代出現兩個明顯的相反趨勢。一方面，政體愈來愈分裂，這點從政府快速更迭便可明顯看出。政治人物和政黨幾乎無不為了權宜之計而揚棄思想體系，為了利益而拋開原則。另一方面，低階種姓、女性、無組織的工人，這些過去一直位於下層的團體，現在以新的形式提出社會主張。此時，頭一次出現積極的公民自由運動。在緊急狀態時期，媒體嚇得不敢反抗，現在則展現出前所未有的蓬勃朝氣。

單純從政治這個比較制式的角度來看，印度的民主體制受到損害，素質降低。如果我們採取偏向「社會」的角度，那麼，印度的民主體制實際上正在深化，而且內涵更加豐富。

第二十四章
失序的民主

不是每一個人或每一個政黨，都總是打算用我們的民主架構來進一步推動有建設性的目標。看似行使民主權利，有時甚至是以自由為形，行摧毀之實。

——英迪拉致尼赫魯，一九六八年五月

I

一九七七年選舉結束後沒多久，《衛報》駐印度記者指出，印度回歸民主制度可能無法長久。他寫道：「除非經濟上有所進展而且發生改革，否則民主無法存續。新的〔人民黨〕政府已經面臨到經濟危機；惡性通貨膨脹再次發生，薪資調漲訴求爆發，罷工潮也出現了。假如抗爭活動愈演愈烈，鎮壓的循環可能會再次重新展開。」[1]

對印度事務很有經驗的亞歷山大整體來說則比較樂觀。此時高齡八十七歲的他已經退休，住在賓夕法尼亞州的貴格會之家。亞歷山大在刊登於《紐約時報》的信件中表示，「令人大為驚訝的印度選舉」，顯示出「印度百姓擁有政治上的勇氣」，這種勇氣是從甘地和自由運動的遺風衍生而來。他也在一封寫給貴格會教友的信中表示，這場選舉的結果判定「印度人民獲勝」，還說：「再也沒人能說，『民主自由』是中產階級的概念，只對一小部分的左翼知識分子有意義。」[2]

筆耕不輟的亞歷山大也寫信給甘地夫人。在緊急狀態期間，他寫了很多充滿焦慮的信給甘地夫人，談論自由以及被她拘留的人將有何命運。現在，他想起他的老朋友尼赫魯曾經說過，希望自己可以暫時遠離政治，讀讀書，單純休息一下。他好奇，尼赫魯的女兒下野後，是否會「到喜馬拉雅山上，或到喀什米爾花點時間觀賞鳥類」。信裡寫了一些關於藝術和文學的閒談內容，信末寫道：「我們都該關注印度的新聞，或許五年之後，你會以絕大多數再度執政。這就是民主！」[3]

事實上，甘地夫人不到三年就重新執政了。她的國大黨在一九八〇年的選舉中拿下三百五十三席，比一九七一年以「終結貧窮」為口號的那場選戰還要多出一席。國大黨在南方跟以前一樣成果非常好，而在北方，人民黨分裂成兩個政黨，導致選票被兩個敵對派系瓜分，讓國大黨漁翁得利。例如，在關鍵的北方邦，國大黨拿下百分之三十六的普選票，卻在國會拿下百分之六十的席次；其中一個人民黨派系拿下百分之二十二點六的選票，另外一個派系拿下百分之二十九的選票，兩個派系在國會共拿下三十二席，輸給國大黨的五十席。[4]

報刊主筆約西（Prabhas Joshi）指出，一九八〇年的選舉標示印度政治上「意識型態的終結」。先前的選舉都以民主、社會主義、政教分離的世俗主義和不結盟主義為主軸。而在一九八〇年，甘地夫人不提終結貧窮，而是主打她的治理能力。她告訴選民，人民黨沒有維繫政府的能力；但她可以，也有經驗。除了爭吵內鬨，人民黨還面對其他不利因素。民生物資缺乏，自然而然會歸咎到執政黨的頭上。有一句選舉口號就說：「人民黨已經失敗，也在這個過程中把糖和石蠟吞掉。」[5]

人民黨把自己的名聲給敗光了。一名記者在報導選情的時候發現，雖然甘地夫人「形象有汙點」，但她的對手「只有汙點而沒有形象」。[6]而且，這段期間，表列種姓遭受一連串的攻擊，導致這一大群人在投票時倒向國大黨。桑傑為緊急狀態時的過度行為向穆斯林道歉；穆斯林這塊「票倉」也重返國大黨的懷抱。[7]

在印度大部分地方，這次都算自由的選舉。不過，在比哈爾邦和北方邦，道路狀況很差，也沒有鋪設電話線路，選舉委員會無法監督或檢查投票所是否被持有武器的幫派分子把持。在這些地方有所謂的「自由冒險義勇軍」（free enterprise militia），導致「普選變成代理投票」——持有最多槍枝的候選人可以「代表選民進行『大量投票』」。[8]

II

甘地夫人重新執政沒多久，就有一位支持國大黨的資深政治科學家，建議總理讓國大黨回歸「尼赫魯那個時代的體制」。因為「一定要以權力共享來取代個人主義，而且要讓領導的力量來自基層而非高層」。甘地夫人「重拾魅力」，可以發揮作用，「在像過去那樣消逝之前，支持和鞏固公開政策制度」。[9]

這些馬上就變成崇高而天真的意見。因為，甘地夫人不僅相信她代表國大黨，她還相信自己代表整個國家。一九八〇年五月，她告訴一名參訪記者，「這麼多年來，我一直都是個人、團體、政黨的攻擊目標」，這些人有「印度教徒和穆斯林的狂熱分子」，也有「舊封建時代的利益分子」，也有「支持國外意識型態的人」。她代表「印度的自由獨立行動、自立自強和經濟實力」，而「那些反對自立、世俗主義或社會主義的人，總會找理由來中傷我」。[10]

「偏執」應該是此處最適當的形容詞。無論如何，在這樣的心理架構下，除了兒子桑傑，甘地夫人不會想與其他人共享權力。桑傑現在是國會議員，也是國大黨的祕書長。事實上，如德里一名記者所言，桑傑再度成為「印度政治的關鍵人物」。一九八〇年，甘地夫人解散九個邦的議會時，是桑傑決定國大黨勝出後由誰擔任首席部長。北方邦新任命的首席部長普拉塔普．辛格（Vishwanath Pratap Singh）的發言代表許多人，他告訴媒體：「桑傑是名符其實的領袖，也是我的領袖。」[11]

甘地夫人此時已經六十三歲，開始考慮起繼任的問題。可是，一九八〇年六月二十三日，桑傑在玩他經常駕駛的單引擎飛機時不幸喪命。他在空中迴旋三圈，想要再轉一圈，卻失去控制。飛機的墜落地點，距離他和母親住的屋子不到五百公尺。桑傑和他的副駕駛當場喪命。[12]

四天後，甘地夫人回到工作崗位。她孤單得不得了，一名記者形容她「漠然至極」。[13]八月底，她說服大兒子拉吉夫來填補空缺。拉吉夫先前對政治沒有什麼興趣。他是一個以家庭為重的人，心思都放在他的義大利妻子和兩個小孩身上。他在印度唯一的國內航空公司印度人航空擔任機師，負責將愛費羅（Avro）飛機開到勒克瑙和齋浦爾，他職業生涯最大的抱負，是能夠駕駛往返德里和孟買的波音飛機。

可是現在，要他踏入政壇的壓力愈來愈大，這股壓力最主要來自總理本人。一九八〇年八月，拉吉夫對採訪他的記者表示：「我當然會接下〔桑傑的〕位子。」記者問他會不會接黨職或參選，拉吉夫回答說他「希望不會」。他還說，妻子「堅決反對我踏入政壇」。[14]

九個月後，拉吉夫在弟弟的老選區阿米提勝選，成為國會議員。面對他為何改變心意這個問題時，拉吉夫回答：「我的看法，是母親需要有人協助。」一名**傾力**支持的記者寫道，雖然拉吉夫是「暗中」進入政壇，但原因可能在於，「甘地夫人希望穩定印度的領導，讓政府延續下去。」儘管拉吉夫「缺乏未來所需的各種領導能力」，不過他身為尼赫魯家庭中的一員，讓他獲得「高度認同，站在有利的起跑點上」。[15]

國大黨黨員和部長看出趨勢（或向無可避免的結果低頭），從印度各地前來排隊向拉吉夫致意。拉吉夫受邀為醫學院主持奠基典禮，現身為哈里真聚居地的發電廠舉行開幕儀式，並在尼赫魯冥誕當天至國大黨黨部致詞。[16]

拉吉夫剛開始涉足印度政壇，此時他的母親在世界舞臺上活動，修補緊急狀態時期被破壞掉的連結樞紐。甘地夫人非常在意她的形象在西方世界受到打擊。既然她已經透過選舉重新掌權了，她便下定決心要彌補這個傷害。一九八二年，英國用整整八個月的時間舉辦印度節，在維多利亞與艾伯特博物館展出印度藝術品，並在皇家節日音樂廳等各個場所，舉辦由香卡（Ravi Shankar）和蘇布勒斯米（M. S. Subbulakshmi）演出的音樂會。表演者帶來高檔的古典表演和坊間的民俗表演，形形色色，應有盡有。例如，從拉賈斯坦邦來的舞者和說書人，在伍斯特郡的一所高中駐地表演一週，令這裡成為「小型拉賈斯坦邦」，而這所學校也投桃報李，演出吉卜林的《叢林奇談》（*Jungle Book*）。

這場節慶活動的推動者和共同出資者是印度政府。印度總理在節慶開始和結束時造訪英國，以「秀場主角」的姿態現身。在緊急狀態期間，有些英國媒體將甘地夫人描述成可怕的女妖。現在，一位專欄作家評論：「她一定很歡迎這種比較討喜的關注。」有一次她和英國總理都是座上賓，甘地夫人在這個場合上表示：「印度致力於民主和社會主義，」並且補充，「就社會主義而言，我們與柴契爾夫人有不同的看法。」她在和一群報社主筆見面時尖刻地表示：「希望各位不要再稱我是印度女皇。」

節慶主辦者認為印度節非常成功。之後，印度節在美國、蘇聯、法國加辦。或許可以用漫畫家拉克斯曼的創作來為這個表演活動總結，他畫了兩個半裸的印度男子，站在印度的街道上，其中一人一面讀著報紙，一面告訴另外一個人：「可是辦這種活動，我們不知道我們有多偉大，也不知道我們有哪些成就！」[17]

III

漫畫家的工作就是嘲諷大人物，但拉克斯曼之所以這樣畫，可能也跟他住在孟買有關——那裡是全印度極端貧富差距最明顯的地方。事實上，倫敦舉辦印度節的時候，孟買的紡織工人正好在進行無限期罷工。他們的領袖是沙曼特（Datta Samant）。沙曼特是一位醫學博士，雖然他的政治思想體系並不明確，但他的魅力足以取代先前帶領孟買工會的社會主義者和共產主義者。

沙曼特在一間叫做帝國染布廠（Empire Dying）的工廠展開他在孟買的社會運動，讓那裡的工人每月薪資提高了兩百盧比。在這個成功例子的鼓勵之下，他開始在其他工廠組織活動。孟買龐大的紡織產業中，很快就有一大批工人效忠沙曼特。那幾年，他們的工資逐步調升，但由於調升幅度與通貨膨脹的幅度不成正比，他們要求全面檢視薪資結構。沙曼特要求，將最低薪資從每月六百七十盧比，提高到到九百四十盧比。這項要求馬上遭到拒絕，於是沙曼特號召工人罷工。罷工活動於一九八二年一月十八日展開，幾乎維持了兩年。超過二十萬名工人參與其中，讓工廠損失超過兩千兩百萬人的一日工作量。

這是一場規模龐大的運動，影響範圍延伸到整個孟買市，並且向外擴散。成千上萬名工人遭到逮捕，有些人則是和想要破壞罷工行動的人爆發衝突。好鬥的氛圍也影響到孟買的其他勞動部門。薪資過低的警察想要籌組自己的工會，抗爭活動蔓延到街頭。最後，這些警察被準軍事組織——邊境安全部隊——繳械和逮捕入獄。[18]

在鄉下地方，階級之間也爆發衝突。納薩爾派行動者（他們在緊急狀態時期遭到拘留，緊急狀態結束後獲釋）在安德拉邦的部落地區活動，與受到邦內林業管理部門和印度教放貸業者壓迫的社群站在一起。其他納薩爾派團體則在比哈爾邦中部的平原活動，將哈里真勞工組織起來，對抗種姓階級比他們高的地主。有些支持者，例如瑞典作家米達爾（Jan Myrdal），在這些衝突中看見了可能性和希望，認為中國的革命有一天會出現印度的對應版本。[19]

一九八〇年代初期，也出現以種族議題為主軸的新活動。以部落為主的賈坎德邦出現比較軍事化的新運動方式。根據官方統計數據，大約有三百億盧比花在焦達納格布爾高原的「部落發展」上。這些錢花到哪裡不得而知——當地人民的生活環境仍然處在「原始的黑暗狀態」，沒有學校、醫院、道路，也沒有電力設施，他們的土地被外來者奪走，森林也在政府的禁止之下不得進入。作家黛維（Mahasweta Devi）指出：「這就是焦達納格布爾人提出訴求的背景。一邊是悲慘的剝削故事，一邊則是反抗的力道。」[20]

焦達納格布爾抗爭活動的領袖，是留著一頭烏黑長髮的年輕人索倫（Shibu Soren），他很快就變成當地人的英雄。他組織行動，強行收割被外來者奪走的阿迪瓦西田地，闖入他們認為屬於他們的林地。一九八〇年九月，警察在古阿（Gua）對著一群抗爭民眾開槍，至少殺死了十五個人。這起事件讓焦達納格布爾的抗爭更加激烈。[21]

此外，有兩個新的邦，雖然不像焦達納格布爾那麼激烈，但也提出了他們的訴求：一個是從中央邦劃分出來的部落地區查提斯加爾邦，一個是由北方邦喜馬拉雅地區組成的烏塔拉坎德邦。這兩個邦擁有豐富的木材、水資源和礦產；愈來愈多資源之所以開採，是為了推動規模較大的全國經濟，而當地居民卻在這個過程中逐漸失去財產。[22]

一九八〇年代，那迦人也再度採取軍事手段。緊急狀態期間，印度政府說服費佐的那迦民族委員會放下武器，不再躲在暗處。有些政府人士希望這份《西隆協定》（Shillong Accord，以簽訂的市鎮命名）代表反叛狀態的結束。但是有些人認為這份協定是穆維阿等那迦基進分子在出賣那迦。穆維阿是唐庫爾（Tangkhul）那迦人。一九六〇年代，穆維阿率先向中國求援，曾經在雲南待了四年，接受人民解放軍的訓練。他對文化大革命印象非常深刻，希望能把文革的概念和他自己的信念融合在一起，將福音傳道式的基督教與革命派的社會主義互相結合。

一九八〇年代，穆維阿和斯烏成立那迦蘭民族社會主義委員會。此時，中國已經不再提供援助，因此穆維阿轉而與印度東北和緬甸的其他反對派建立連結。一名在穆維阿的叢林藏身處與他見面的記者報導，穆維阿認為「只有印度本身瓦解，才有可能達成那迦的獨立目標」。這位那迦領袖在錫克武裝分子和喀什米爾分離主義者之中安插眼線，「他強烈希望類似的運動可以出現在印度南方的泰米爾邦——讓印度陷入他所希望的無政府狀態。」[23]

最支持穆維阿的，是他的唐庫爾族人，他們住在曼尼普爾邦的高地區域。如果那迦獨立，這些地區也會納入其中，而在當時，唐庫爾人不希望被曼尼普爾邦裡人數最多的梅泰印度教徒統治。那迦蘭民族社會主義委員會創立，憂心忡忡的印度政府在曼尼普爾邦的烏克魯爾（Ukhrul）縣加派軍隊。一九八二年二月十九日，叛軍突襲因帕爾—烏克魯爾公路上的護衛隊，殺了二十二名錫克軍團的士兵，以及跟著軍團行動的官員。軍隊做出反擊，衝進當地的每個村莊搜查，對村裡的男男女女施暴。有一個公民自由團體前往該區，記下受害者的證詞。他們發現，「即便只有少數人支持地下組織，但他們全都成為軍隊眼中的嫌疑犯。」[24]

IV

在印度聯邦內外，都有想要獨立或新建邦域（國家）的運動發生，既有的邦也要求提高自治權。在一向穩定的安德拉邦議會，也有愈來愈多人對中央「強派」首席部長產生反感。一九七八年至一九八二年之間，甘地夫人把安德拉邦首席部長換掉的次數不下四次。一九八二年二月，新任首席部長安賈亞（T. Anjaiah）帶了一群拿著花環的支持者，前往海德拉巴機場迎接拉吉夫。拉吉夫斥責首席部長帶一大群人前來迎接。面對這些嚴厲的話，安賈亞的淚水在眼眶裡打轉。[25]

不僅首席部長本人覺得受到羞辱，整個邦都覺得受到羞辱，泰盧固語媒體形容其傷害了安德拉人的自尊。因此採取行動的人，有知名電影明星勞（N. T. Rama Rao）——他在泰盧固語媒體上的分量，等同於拉馬錢德蘭在泰米爾語媒體上的分量，是大家公認的英雄人物和超級明星（根據一項估計，他演過一百五十部電影；另一項估計數據是三百部。第三項數據來源則精確得多：兩百九十二部）。

勞與拉馬錢德蘭不同，他以前沒有參與過政治。他的電影通常也沒有傳達什麼社會訊息（以虛構的題材為主）。此時，在他六十大壽的前一晚，他成立了一個新的地區性政黨「泰盧固之鄉」（Telugu Desam），代表「六千萬泰盧固語人口的榮耀與自尊」。他說，偉大的安德拉邦將不再被人視為國大黨的「分部」。[26]

這個新政黨在一九八二年三月成立；該年年底，邦議會即將進行選舉。為了競選，勞到安德拉邦的各個地區拜訪，大聲呼籲人民挺身對抗國大黨的「貪腐」政權。他的交通工具是一輛改裝成戰車外觀的貨車。參加公眾集會的時候，他會搭乘這輛車子，站在一個用發電機升高的臺子上，以充滿戲劇性的方式現身。他通常會穿著番紅花色的服飾，這是代表脫離關係的顏色，表示他放棄電影明星的工作，要為人民服務。他從虛構的英雄化身為真正的英雄，來消滅貪腐的世界，替所有人帶來公平正義。大批婦女前去參加他的集會活動——而他承諾為婦女打造專屬的大學，以及在公家單位設置婦女工作保障名額。[27]

雖然全國性的媒體對勞勝選的機率抱持懷疑態度，但泰盧固語的《今日報》（*Eenadu*）大力支持勞。這樣的信心，隨著泰盧固之鄉黨在邦議會以三分之二的席次拿下穩定多數而沒有白費。一九八三年一月第二週，勞在海德拉巴的勝利廣場宣誓就任，二十萬名安德拉人湧入廣場為他慶賀。[28]

勞就任後的第一件事，就是命令糧食部以每公斤兩盧比的價格販售稻米，兌現他在競選時許下的承諾。總體而言，他的行動代表泰盧固之鄉黨，也代表政府，在這一點上，他與朋友拉馬錢德蘭及對手甘地夫人有共通之處。一名社會主義者點出，「如果總理認為她代表印度」，那麼「勞則是六千五百萬名泰盧固人的唯一代表。泰盧固之鄉黨的立法委員對政府的政策和計畫沒有影響力。勞把持首席部長和黨主席之位」。[29]他也和甘地夫人一樣用人唯親，他允許兒子在未經授權的土地上興建電影製片廠。[30]

V

阿薩姆邦則是發生另外一場更危急的自治運動；「更危急」的原因在於，這場運動的推動力量是基層的意見，而非個人的魅力，而且阿薩姆邦不是位在印度的中心地帶，而是紛爭不斷的邊陲地帶。

阿薩姆邦和西孟加拉邦以及東北部的好幾個邦相鄰，也和孟加拉、不丹等國家接壤。當地主要使用阿薩姆語，但也有很多人使用孟加拉語。使用這兩種語言的族群，長久以來處於敵對的狀態。孟加拉人主要在殖民政府中擔任中低階級的職位。他們擔任官員、老師和行政官，可以對當地的阿薩姆人行使的權力很大，而且他們以高傲、甚至輕蔑的態度對待阿薩姆人。從十九世紀末起，想要占有土地的孟加拉佃農就開始移居阿薩姆的森林和低地。印度獨立之後，他們繼續向這些地方遷徙，只要東孟加拉和後來建國的孟加拉政局不安定、發生經濟危機，遷徙的速度就會加快。舉例來說，一九七〇年代那十年，阿薩姆的登記選民，從六百二十萬人攀升到將近九百萬人，增加的部分主要是孟加拉的移民。[31]

阿薩姆人害怕在文化上矮孟加拉中產階級一節，也害怕在人口數量上會被孟加拉農民超越。一九五〇年代和一九六〇年代時不時就發生暴動，要把孟加拉人趕回原本的地方。不過，一直要到一九七〇年代晚期，這些氛圍才轉變成擴及各地的社會運動。[32]

讓轉化成形的關鍵組織是全阿薩姆學生聯盟（All-Assam Students Union, AASU）；這個聯盟觸角伸到整個阿薩姆邦，所有阿薩姆學校、大學學生會都隸屬於ＡＡＳＵ。從一九七九年開始，接下來的五年之間，AASU發起好幾百場的罷課和抗爭活動，敦促中央政府將滲透他們家園的人趕走。

阿薩姆民族主義者以文化和人口統計數據作為他們的基本論點。AASU則為這個主張加入了第三根支柱：經濟。阿薩姆邦的經濟明顯由外來者把持。資源豐富的茶園大部分都屬於倫敦或加爾各答的公司所有。阿薩姆擁有印度最有生產力的油田，但石油的開採者是鮮少聘任當地人的國營公司（管理高層更是一個當地人都沒有）。更糟的是，石油被送往其他邦的煉油廠。當地的貿易和商業活動，則被拉賈斯坦邦的馬爾瓦爾人掌控。最慘的是，阿薩姆淪為「內部殖民地」，為印度的大都市提供廉價的原物料，讓他們製造產品並從中獲利。

阿薩姆運動的訴求有很大的比重放在新經濟政策上，要讓阿薩姆邦的居民可以善加利用當地的天然資源，得到收入和就業機會。不過，他們首先要求將移民從選民清單上剔除，作為驅逐移民的預備措施。儘管可惜，但無可避免地，是這項訴求導致公共方針變得兩極化。許多近來移居阿薩姆邦的人事實上是穆斯林。當時在中央執政並長期掌握阿薩姆邦的國大黨遭到指控，被認為是在保護移民，因為他們是受國大黨控制的票倉。全阿薩姆少數學生聯盟（All-Assam Minorities Students Union, AAMSU）的成立，更是讓兩極化的情形加劇。[33]

一名德里記者在一九八〇年的夏天造訪阿薩姆，他發現「這場運動的規模非常大」。沒多久，阿薩姆運動就不再局限於文學或意見表達的範疇。所有阿薩姆人都覺得「愈來愈沮喪，被逼到了絕境。除了排外的情緒，這場運動還發展出其他危險的張力——反孟加拉人、反左翼、反穆斯林、反非阿薩姆人——甚至緩慢而明顯地發展出反印度人的趨勢」。[34]孟加拉人遭到攻擊，他們的房屋被人燒毀。中央政府也成為攻擊的目標。鐵軌被蓄意破壞的人拆掉，AASU則是阻止膠合板和黃麻從阿薩姆輸出。他們甚至成功阻斷石油的流出，逼迫政府宣布石油管線及管線兩邊向外延伸五百公尺的土地都是阿薩姆邦的「保護區」。最後，政府只好派兵恢復石油供應，將石油從阿薩姆邦送到遙遠的比哈爾邦煉油廠。[35]

一九八〇年七月最後一週，總理警告AASU的領袖，這些行動可能會引起報復。「假如其他邦拒絕提供阿薩姆邦鋼鐵呢？」她問，「這樣阿薩姆人要如何發展工業？」印度的聯邦制建構在各邦的互相依賴上。因為「唯有在大團體的庇蔭下，小團體才能生存；否則外界壓力會大得難以承受」。[36]

儘管發出這樣的警告，中央政府還是開始和AASU的領袖談判。協商斷斷續續進行了三年，每次談判一破裂，就發生新的罷課和抗爭活動。正式談判的雙方，一邊是AASU，另一邊則是內政部長。但也出動了許多與談者，包括甘地和平基金會以及曼尼普爾邦首席部長多蘭卓・辛格（R. K. Dorendra Singh）。爭論的焦點在於，究竟要用哪一天當作將移民視為「非法」居民的日期。AASU希望一九五一年之後的移民通通從選舉清冊中移除並驅逐出境。印度政府認為這麼做違反聯邦原則，破壞人民在國內移動的自由。不過，政府打算以一九七一年作為劃分的日期，因為那一年發生的東巴基斯坦事件，引發前所未見，可以說是非自然的邊境移民潮。

根據一項統計，政府和運動團體的代表，在一九八〇年、一九八一年、一九八二年的會面時間多達一百一十四天。他們討論過各種折衷方案。其中，甘地和平基金會建議，一九五一年至一九六一年間移入阿薩姆邦的人，可以獲得居住和投票的權利（實際上等同邦民），而一九六一年至一九七一年間移入的人，安置到印度的其他邦，一九七一年三月二十五日之後移入的人（孟加拉宣布獨立建國的日子），則是強制驅離。[37]

結果，還是找不出解決之道。衝突再度發生，而且場面更加混亂。一九八三年二月發生一起特別可怕的事件，當時，數百名孟加拉穆斯林被阿薩姆的印度教徒和部落屠殺。運動團體和政府剛開始進行協商沒多久，資深記者戴夫杜特（Devdutt）就在報導中表示前景堪憂，這起屠殺事件證實了他的憂慮。戴夫杜特指出，如果找不出解決之道，「翻騰的不滿和不平之心，將會如流經阿薩姆邦四百五十英里的布拉馬普得拉（Brahmaputra）河中湍急的流水，引發一場大災難。」[38]

VI

阿薩姆運動發生期間，旁遮普也爆發一場比這更加危急的自治運動。我會說「更加危急」的原因在於旁遮普和巴基斯坦接壤，而巴基斯坦已經跟印度發生過三次戰爭。除此之外，旁遮普邦的主要居民不是印度教徒，而是錫克教徒。在最根本的語言和地區差異上，又多了可以說是不共戴天的宗教因素。

旁遮普「衝突」、旁遮普「運動」或旁遮普「危機」（諸多說法中的其中三種）和阿薩姆一樣，肇因於累積已久和近期發生的諸多問題。有一部分的錫克知識分子想讓十九世紀前半統治這裡的蘭季德・辛格大君（Maharaja Ranjit Singh），以某種形式在這個以錫克教為主的邦裡復辟。有些人甚至追溯到印巴分治時期，以及當時這個族群所遭蒙災難和損失。那二十年，他們幾乎沒有停止抗爭，才迫使新德里在印度設立以錫克教徒為主的省分。然而，即便在一九六六年，新的旁遮普邦成立了，主要的錫克教政黨阿卡利黨依然沒有**治理**旁遮普邦的權力。一九六七年和一九六九年，阿卡利黨不得不和人民同盟等「印度教」政黨組成不穩定的聯盟，並在一九七一年，和老對手國大黨組成不穩定的聯盟，才能在旁遮普取得執政權力。[39]

一九七三年十月，阿卡利黨執行委員會通過《阿南德普爾薩希布決議》（Anandpur Sahib Resolution），要求印度政府將昌第加歸還給旁遮普（當時，昌第加歸旁遮普邦和哈里亞納邦所有）；除此之外，也要求印度政府交出說旁遮普語的地區和其他說旁遮普語的邦；並且要求印度政府提高軍中的錫克教徒人數比例。這項決議要求政府根據「真正的聯邦原則」重新制定《印度憲法》，表示「在新的旁遮普邦和其他邦內，中央政府僅能干預國防、外交、貨幣、整體治理等事務；其他部門必須交給旁遮普邦（以及各邦），由旁遮普邦（以及各邦）全權制定相關法規」。

乍看之下，《阿南德普爾薩希布決議》只是要實現憲法裡承諾的各邦「自治」。但這項決議也可以從比較危險的角度來詮釋。阿卡利黨開宗明義表示要「完全實踐錫克**國**的希望和抱負」。「這個團體的政治目標」在於「彰顯錫克教友的情誼」，其「基本政策為，透過建立同仇敵愾的環境和政治氛圍，以阿卡利黨實現錫克教與生俱來的教友情誼」。[40]

或許一九七三年不是提出這些要求的最佳時機，因為甘地夫人剛打贏勝仗，鋒頭正健，中央政府也比以前更加大權在握。而且緊急狀態實施，數千名阿卡利黨黨員被捕入獄，使中央政府權力更大。但一九七七年，緊急狀態已經解除，舉行過選舉，而且國大黨潰不成軍。阿卡利黨現在是旁遮普的執政黨，他們再次要求實行《阿南德普爾薩希布決議》，並且加入新的訴求。旁遮普因為五條河流而得名❶，印巴分治時期，這五條河有兩條被劃分出去。更慘的是，剩下三條還要跟哈里亞納邦和拉賈斯坦邦共享。阿卡利黨要求旁遮普應該擁有更多河域。這項要求的出發點是經濟利益，但也有文化上的考量，他們要求將最神聖的錫克神殿「金廟」所在地阿木里查定為錫克教的「聖

❶ 譯注：Punjub來自波斯語的Pañjāb，其中Pañj代表五的意思，ab代表河流，加起來就是有五條河流經過的地方。

城」。[41]

一九七八年四月，錫克教的分支尼蘭卡里（Nirankari）在阿木里查舉行大型集會。尼蘭卡里派的信徒自認為錫克教徒，但他們信奉一名還在世的上師，被正統教派視為異端。在阿卡利黨執政的情況下，有些祭司表示，尼蘭卡里派在阿木里查集會是對聖城的褻瀆。當時，一位沒沒無聞、名叫賈奈爾・辛格・賓德蘭瓦勒（Jarnail Singh Bhindranwale）的傳教士帶領反對人士前往尼蘭卡里的集會。賓德蘭瓦勒出生在賈特錫克教徒家庭，他離開妻子和小孩，成為達姆達瑪神學院（Damdami Taksal）的領袖。他的外形很搶眼：身高超過六英尺、身形精瘦、眼神銳利，穿著藍色的長袍。他飽讀錫克教經書，是個很會講道，甚至能夠激勵人心的傳教士。他指稱，錫克教徒「在獨立建國的印度裡是奴隸」，遭到印度教徒歧視。賓德蘭瓦勒希望錫克教徒自我淨化，回歸基本信仰。他嚴詞指控印度教徒貪腐、無能，但他更是大力抨擊現代的錫克教徒，嘲笑他們剪頭髮、吸菸、喝酒，忘了自己是誰。[42]

有些報導指出，賓德蘭瓦勒是桑傑和聯邦內政部長宰爾・辛格（Zail Singh）為了對付阿卡利黨而扶植的人；宰爾・辛格是旁遮普的前任首席部長。一九八二年九月，記者卡格（Ayesha Kagal）在報導中指出，賓德蘭瓦勒「原本是中央政府打造和推銷的產物，用來縮減阿卡利黨的勢力範圍」。[43]這裡的關鍵字是「原本」。不管是誰，對最初把賓德蘭瓦勒推出來的人而言，賓德蘭瓦勒很快就證明，他有自己的魅力和影響力。許多有農民背景的賈特人親眼見過綠色革命的成果被大地主所壟斷，也受賓德蘭瓦勒吸引。其他追隨者來自低階錫克種姓的工匠和勞工。他們在淨化的過程中看見他們認為的社會進步。在旁遮普和某些地方，經濟意外地快速發展後，虔誠信徒普遍增加，也令賓德蘭瓦勒受惠。[44]

一九七八年四月，尼蘭卡里在阿木里查舉行集會，賓德蘭瓦勒在金廟周圍忿忿不平地宣講。一群錫克教徒因為他的話語而受到感召，前去突襲異端分子的集會場所。尼蘭卡里向他們反擊。在這起攻擊事件中，有十五人死於非命。

一九八〇年，阿卡利黨政府解散，國大黨在旁遮普再次執政，錫克教徒的宗教熱誠再度攀升到高點。該年六月，一群學生在金廟集合，宣稱成立名叫「卡利斯坦」的錫克教獨立共和國，總統是以倫敦為活動基地的錫克政治人物喬漢（Jagjit Singh Chauhan）。起初是錫克的流亡人士在背後推動這場運動；建國宣言於同一時間在英國、美國、加拿大和法國發表。[45]

德里政府對於這些周邊活動沒有過分擔憂。他們關注的焦點是阿卡利黨，此時阿卡利黨已經下野，選擇與政府對抗的路線。阿卡利黨的新領袖聖者隆格瓦爾（Harcharan Singh Longowal）住進金廟，在那裡針對各項議題發動街頭抗爭，例如：交出昌第加、分配更多灌溉水源。賓德蘭瓦勒則在金廟的另一邊活動。他招募一群忠心耿耿的追隨者，這些人持有槍械，在他的身邊擔任隨從和保鑣，有時候也願意免費替他殺人。

橫跨一九八〇年代初期，衝突政治與暗殺政治並存，相當不平靜。一九八〇年四月，尼蘭卡里領袖巴巴．古沙蘭．辛格（Baba Gurcharan Singh）在新德里遭槍殺身亡。很多人都相信，是賓德蘭瓦勒在背後指使這場暗殺行動，但沒有人對此有所作為。接著，一九八一年九月，強烈批判錫克教極端主義、具有影響力的報社主筆那拉因（Lala Jagat Narain）也遭到謀殺。這一次，法院發出逮捕令，將賓德蘭瓦勒逮捕歸案。警察前往哈里亞納邦的錫克廟，要把他帶走，但等他們抵達的時候，賓德蘭瓦勒已經安全地躲回他在旁遮普的神學院了。儘管旁遮普首席部長達巴拉．辛格（Darbara Singh）打算追補賓德蘭瓦勒，但聯邦內政部長宰爾．辛格說服他不要這麼做。宰爾．辛格擔心會引發政治上的軒然大波。接著賓德蘭瓦勒放話，表示願意自首，但時間要由他挑選，而且逮捕他的警察必須是留著鬍子的錫克教徒。旁遮普政府竟然答應了這些令人難堪的條件。謀殺案發生兩個星期之後，賓德蘭瓦勒在他的神學院外面自首，現場竟然有一群支持者高呼口號，對警察丟擲石頭。在旁遮普邦，好幾個地方都有他的支持者攻擊公有財產，警察在挑釁下對他們開槍。根據報導，有十幾個人在與賓德蘭瓦勒遭逮的相關事件中喪生。[46]

三個星期後，賓德蘭瓦勒因為證據不足而被釋放。兩位記錄旁遮普衝突事件的人士寫道：「賓德蘭瓦勒的釋放，在他的生涯中是一個轉捩點。現在他成為挑戰和打敗印度政府的英雄。」另外一位人士寫道，他被逮的戲劇性事件，讓「賓德蘭瓦勒從謀殺案嫌疑犯，轉變成一股新的政治力量」。[47]

一九八二年，中央政府與阿卡利黨之間展開許多回合的協商。雙方沒有達成協議，癥結在於旁遮普要把哪些區域劃給哈里亞納邦，用來交換昌第加以及水資源的劃分。一九八三年一月二十六日，印度共和日，旁遮普邦的阿卡利黨議員提出辭職；在這個時間點辭職，表示他們可能對印度的憲政體制沒有信心。賓德蘭瓦勒的挑戰，迫使他們走向更極端的路線。阿卡利黨現在傾向於將國大黨的統治看作從前糟糕的蒙兀兒帝國時代。他們開始組織殉難隊（shaheed jathas）來對抗錫克教的新折磨源頭。[48]

一九八三年四月二十二日，一名高階錫克警察阿特沃（A. S. Atwal）在金廟禱告結束後遭人殺害。對他近距離開槍的人，事後冷靜地走入金廟。阿特沃遭到謀殺的事件，令以錫克教徒為絕大多數的旁遮普警方士氣更加低落。接著發生好幾起銀行搶案。有些印度教少數民族開始逃出旁遮普。沒有逃出去的人組成印度教自衛隊。印度教徒和錫克教徒數個世紀以來的和平關係，就在這樣的緊張氣氛中崩解。

賓德蘭瓦勒在接受採訪時，將錫克教徒形容為一個單獨的「qaum」，這個字有時候可以拿來指「社群」，但也可以簡單翻譯成「國家」。他表示，他沒有要求成立卡利斯坦，但如果成立了，他樂於接受。他嘲笑印度總理是「婆羅門人的女兒」（Panditain），這是賈特錫克教徒拿來嘲笑只動腦不動手的人的說法。當記者問到他會不會見甘地夫人時，他回答：「不，我不想，但如果她想見我，她可以來這裡。」[49]

賓德蘭瓦勒對他的追隨者更是直言不諱。他曾經告訴他們：「如果印度教徒來找你，拿電視天線打爆他們的頭。」他提醒他們不要忘了錫克教徒的輝煌歷史。當蒙兀兒帝國試圖摧毀錫克上師時，「我們的父執輩以四十個錫克人，對抗　萬個攻擊者。」他們也可以這樣對抗新的壓迫者。現在就有一個例子——以色列。賓德蘭瓦勒說，如果寥寥無幾的猶太人，可以將為數眾多的阿拉伯人擋在灣區，那麼錫克人也可以，而且一定要這樣對付印度教徒。[50]

一九八三年十月五日，恐怖分子在高速公路上攔下一輛巴士，將印度教的乘客捉出來槍斃。隔天，旁遮普邦開始實施《總統管制令》。一九八三年的最後一個星期，賓德蘭瓦勒住進永恆王座（Akal Takht），這是重要性僅次於金廟的建築。金廟坐落在波光粼粼的藍色湖水中央，錫克教徒將其視為崇高的精神力量來源；永恆王座是一座雄偉的大理石建築，就坐落於金廟北方，在錫克教的歷史中被視為時間力量的來源。偉大的錫克上師會在永恆王座，發出所有錫克人都要奉行和尊敬的教令。錫克戰士出動，以游擊戰對抗中世紀的壓迫者之前，就是在這裡接受祝福。[51]賓德蘭瓦勒選擇在此時此刻進駐永恆王座，而且沒有人敢阻止他，這些舉動都是最危險而深刻的象徵。

VII

旁遮普邦公共暴力事件頻傳，證明許多人對這個省分和當地人的預測都錯了。一九五〇年代，有人認為，錫克教徒會愈來愈「融入印度教」，甚至成為泛印度信仰的一個支派，而不是一個獨立的信仰。一九六〇年代，有人主張阿卡利黨在嘗到權力的滋味後，會變得「世俗化」；因此，他們的言詞和政策會從經濟的角度出發，而非以宗教作為他們的考量。到了一九七〇年代，衝突取代共識，成為旁遮普的社會科學基調，只是，當這個狀況發生的時候，大家預期的是旁遮普邦會隨著綠色革命轉紅而產生階級方面的問題。

然而，一九八〇年代初期，印度的錫克教徒就好像斯里蘭卡的泰米爾人。政治科學家華勒斯（Paul Wallace）在一九八一年寫道，正如斯里蘭卡的情況，這裡「語言、宗教、地區主義結合，形成政治菁英竭力控制仍可能爆發衝突的狀況」。[52]接下來一、兩年，第四個因素「武裝暴力」加入，情況變得更加致命。

在印度的歷史上，印度教與錫克教的衝突從來沒有像此時此刻如此嚴重。在這個衝突日益顯現的時候，其他由來更久但比較可以預測的社會衝突也爆發開來了。因此，記者阿卡巴（M. J. Akbar）將一九八〇年代做過的報導結集成冊，將這本書命名為《暴動連連》（*Riot After Riot*）——這個書名令人感到可悲，但也恰如其分。[53]

這場衝突的其中一個主軸，當然就是種姓問題。一九八一年一月至二月，先進和落後種姓爆發衝突，令古吉拉特邦的局勢動盪不安。雙方爆發爭執的起因，在於工程學院和醫學院應該要為低階種姓保留多少名額。不管是學生還是老師，哈里真在這兩個學院裡的人數比例都非常少。在古吉拉特邦醫學院裡的七百三十七名教職員當中，只有二十二個人是哈里真。然而，要求增加名額的訴求卻遭到強烈反對。衝突範圍擴大到學生之外，連長久以來團結一心的艾哈邁達巴德紡織工人，沒多久都按照種姓分裂成不同的小團體。至少有五十個人在暴力衝突中喪生。[54]

第二個衝突主軸甚至更加理所當然，就是宗教問題。人民黨執政時期，公眾氛圍就已經愈來愈緊張了。政治人物紛紛與印度國民志願服務團結盟，好在中央和邦裡取得力量，讓印度國民志願服務團得以壯大和擴大影響力。一九七九年，鋼鐵之都哲雪鋪發生嚴重暴動；政府下令進行司法調查並做出結論，表示印度國民志願服務團「一手促成令公共社會動盪爆發的氛圍」。[55]

人民黨在一九八〇年的選舉潰敗之後，隸屬於人民同盟的成員分裂出去，另外組成一個自己的政黨。他們將這個政黨稱為印度人民黨（Bharatiya Janata Party, BJP），而新的名字並沒有掩蓋他們從以前就有的意圖。這一次，又出現了代表和促進「印度教徒」利益的政黨。BJP的成立，預示印度的北部和西部將爆發宗教方面的暴力浪潮。北方邦的摩拉達巴德（Moradabad，一九八〇年八月）和米拉特（Meerut，一九八二年九月至十月）、比哈爾邦的比哈爾沙里（Biharsharif，一九八一年四月至五月）、古吉拉特邦的巴羅達（Vadodara，一九八一年九月）、哥德拉（Godhra，一九八一年十月）與艾哈邁達巴德（一九八二年一月）、安德拉邦首府海德拉巴（一九八三年九月），以及馬哈拉什特拉邦的比萬迪（Bhiwandi）和孟買（一九八四年五月至六月），都發生重大的印度教徒和穆斯林的暴亂事件。這些事件，每一起都延續了好幾天，有許多人在事件當中喪失性命和財產，最後都是藉著軍事力量才將暴亂平息。[56]

有許多文獻探討這些為數眾多的暴動事件，我們可以從中看出幾個反覆出現的主軸。[57]暴動事件通常是因微不足道的爭執而起，可能是印度教徒和穆斯林在為一片土地的所有權爭吵，可能是印度教徒和穆斯林小攤販在為街道上的空位爭吵。起因可能是一頭豬晃進清真寺，可能是一頭死掉的牛在寺廟附近被人發現。有時候，起因是印度教徒和穆斯林恰巧同時舉行慶典，雙方大隊人馬在街道上相遇。

然而，大多數的爭端一旦開始，很快就會升溫。謠言在這當中扮演重要的角色，原始事件在轉述的過程中被放大，單純的個人衝突事件，演變成同時受到侵犯的兩個宗教展開聖戰。當地政治人物紛紛選邊站，像敵對政黨這樣的公共組織，在過程中推波助瀾。言語衝突變成拳打腳踢，赤手空拳變成動刀動劍，最後都變成炸彈和槍砲攻擊。警察不是觀望，就是偏袒一方。在比哈爾邦和北方邦，警察一定偏袒印度教徒，他們鼓勵印度教徒洗劫穆斯林的住家和商店，甚至參與其中。

暴動通常發生在穆斯林占有一定人數比例的市鎮（百分之二十至百分之三十之間），而且這些人口近來經濟地位向上爬升，例如：穆斯林的工匠開始為更廣大的市場提供服務。不管是誰挑起爭端（雙方總是各執一詞），主要都是穆斯林和窮人受害：雖然穆斯林人數足以打破困境，但最後總是因為二對一、三對一而輸掉；在窮人這邊，他們住在擁擠的地區，屋子是用脆弱或可燃的材料搭建的。只要一著火，整個地區很快就會陷入一片火海。另一方面，中產階級住在寬敞的住宅區，居民和整個住宅區的安全都受到保障。

在印度，種姓衝突和公眾衝突通常各自發生，但在一九八〇年代，這兩種衝突悄悄互相影響。其中的關鍵事件是，泰米爾納德有一整個村的哈里真，通通決定皈依伊斯蘭教。一九八一年二月十九日，米納齊普朗（Meenakshipuram）的一千個居民成為穆斯林。他們換信仰、改名字，甚至還把村子改名為拉赫馬特那迦爾（Rehmatnagar）。

米納齊普朗事件讓印度國民志願服務團和他們的友好組織震怒。他們大聲疾呼「印度教面臨危險」，表示有邪惡的「波斯灣錢」介入其中。印度國民志願服務團指稱，阿拉伯國家用油元（petrodollars）讓南亞次大陸的人變節，樂見其成的印度穆斯林就是幫凶。伊斯蘭教傳道士的確曾在這個地區活動，但這些哈里真之所以這麼做，也是因為身為上層種姓的地主不斷壓迫他們，而且他們不管是上學受教還是在政府機關謀職都受到歧視。哈里真希望，接受這個提倡信者人人平等的宗教，可以替他們洗刷社會制度中的汙名。[58]

VIII

對歷史學家來說，甘地夫人第一任總理任期的頭幾年，和第二任總理任期的頭幾年，有不可思議的相似之處。這幾年跟先前那幾年一樣，是充滿問題而且問題愈來愈多的幾年。一九六六年至一九六九年間，國大黨和中央政府面臨來自民主體制的重大挑戰（例如達羅毗荼進步聯盟在馬德拉斯勝選，以及聯合陣線在孟加拉勝選），也面臨到來自民主體制外的重大挑戰（例如米佐丘陵叛變和納薩爾派暴動）。而且，饑荒帶來嚴重影響，基本生活物資缺乏，更是雪上加霜。

我們已經見識到甘地夫人如何處理那場危機，這一點要多虧甘地夫人的主任祕書哈克薩留下大量的文書資料。一九八〇年，哈克薩不在甘地夫人身邊，所以我們沒有類似的文件可以重建總理對這場新危機的反應；這次的危機，起因是種族和地區運動，以及愈演愈烈的公眾衝突。

一九六九年和一九七〇年，甘地夫人採取意識型態的路線：她重新將自己塑造成窮人的救星，同時也打造新的政黨和新的政策。此時，假如哈克薩在她身邊，她會採取什麼樣的方針？又或者，假如桑傑還在世，她會採取什麼樣的方針？

這些當然都是理論上的猜想。我們所知道的是，約一九八二年晚期起，這位總理便開始認真思考重新選舉的事。她不想重演一九七七年的慘敗。為了避免發生那種狀況，她決定，選舉的時候她要以國家救星的姿態現身，對抗威脅國家團結的分裂力量，挺身維繫國家的團結。[59]

同時，非國大黨的政黨也相當關注下一次選舉，以及打造聯合陣線的事。串連各黨派的人是勞。一九八三年五月，他召集反對黨，在維傑亞瓦達（Vijayawada）開會，出席者有查謨與喀什米爾的新任首席部長法魯克（Farooq Abdullah），他是謝赫的兒子，一九八二年謝赫去世後，由法魯克繼任首席部長。

總理對勞的行動感到惱怒，對法魯克參與其中相當不快。一九八三年，查謨與喀什米爾重新舉行選舉的時候，她為國大黨的候選人強力助選。她在以印度教徒為主的查謨地區發表演講時，用準分離主義者來形容法魯克。先前，查謨與喀什米爾谷地曾經在公眾之間分成兩派，但從來沒有印度總理將其一分為二。這是危險的一著，而且這麼做沒有效果——法魯克和他的國民會議黨輕鬆地再度勝選。[60]

在此同時，旁遮普的衝突發展成危險的規模。印度教徒遭受攻擊的頻率愈來愈高。一九八四年四月三十日，一名資深的錫克教徒警察（恐怖分子的剋星）遭到殺害。接著，五月十二日，報社主筆那拉因繼承其衣缽的兒子拉米許．錢德（Ramesh Chander）也遭人殺害。此時，在印度軍隊退役少將蘇比格．辛格（Shubeg Singh，曾在一九七一年的戰爭中訓練自由戰士）的監督之下，賓德蘭瓦勒的手下開始在金廟興築防禦工事。

在蘇比格的指揮下，武裝分子開始在塔樓堆放沙包，占據金廟四周的高聳建築和高塔。這些占據有利位置的人都配有無線電，可以和永恆王座內的蘇比格通訊。他們顯然料到政府會派兵攻擊。他們希望可以盡量守住這裡，好讓村莊裡的錫克教徒有時間發動大規模的起義，衝向被圍困的金廟。他們準備的糧食足以撐上一個月。

另外一方也在準備展開行動。五月三十一日，在米拉特領導步兵團的布拉爾（R. S. Brar）少將被召回，奉命帶領行動，肅清金廟的恐怖分子。布拉爾是一名賈特錫克教徒，他的老家就在賓德蘭瓦勒住的村子附近。他也認識蘇比格．辛格——蘇比格曾經在德拉敦的印度軍事學校指導過布拉爾，而且他們曾經在孟加拉行動中一起出任務。

桑達吉（Sundarji）中將和達雅爾（Dayal）中將向布拉爾簡述狀況。他得知，政府相信旁遮普的民政當局已經失去控制了。中央政府想要和阿卡利黨達成協議的做法已經觸礁。阿卡利黨無法說服賓德蘭瓦勒拆除防禦工事、離開金廟。而且這幫人愈來愈激進。阿卡利黨領袖聖者隆格瓦爾宣布，他將在六月三日帶領人民行動，阻擋旁遮普的穀物運輸。政府考慮圍攻旁遮普，但打消了這個念頭，因為政府擔心這麼做會引發鄉村的叛變。總理因此決定，既然武裝分子「不願離開」，只好將他們驅離。布拉爾奉命籌畫和指揮所謂的「藍星行動」（Operation Bluestar），必須盡可能在四十八小時內完成行動，不能損傷金廟，而且要將傷亡人數降到最低。[61]

作戰指示下達之後的二十四小時內，軍隊開始往阿木里查移動，從國會掌控這座城市。六月二日，一名年輕的錫克軍官假扮朝聖者進入金廟，花了一個小時在裡面四處走動，仔細觀察有哪些防禦工事。他們也派出巡邏兵，調查武裝分子在廟外占領的有利位置。他們打算在進攻之前，先肅清這些地方的武裝分子。

六月二日晚間，總理在全印廣播電臺上發表談話。她呼籲「旁遮普各界」不要「流血，（要）

放下仇恨」。這個呼籲並不真誠，因為軍隊已經準備要進攻了。六月三日，旁遮普的道路、鐵軌、電話線被切斷，但為了讓朝聖者紀念阿瓊・德夫（Arjun Dev）上師殉難週年，便解除了阿木里查當地的宵禁。

隔天，軍隊想要攻下被武裝分子占據的塔樓時，金廟的周邊出現零星的砲火。當天政府再度透過擴音器廣播，要求朝聖者離開金廟。進攻行動在五日晚間發動。布拉爾希望能在午夜之時圍住金廟的周邊地區，接著占領永恆王座，待增援部隊前來，隔天早上便可肅清整個區域。可惜，他的計畫低估了武裝分子的人數、火力、能力和決心。永恆王座的每一扇窗戶都被木板擋住，他們還安排狙擊手，從裡面對外開槍。其他武裝分子拿著機關槍，整個金廟建築群都布滿了手榴彈，他們熟悉這裡的狹窄通道和走廊，利用這一點對進攻的軍隊發動奇襲。

六月六日凌晨兩點，軍隊的計畫遠遠落後。布拉爾寫道：「由於武裝分子從各個方向密集開火，我方軍隊無法接近〔永恆王座〕，以致無法精準完成目標任務。」[62]最後，軍方要求德里政府允許他們出動坦克，來摧毀金廟的防禦。黎明時分，好幾輛坦克（估算數字從五輛到十三輛都有），衝破金廟的大門並占領陣地。那一天大部分的時間，他們都在對永恆王座開火。晚間，軍方研判情勢安全，可以派軍進入建築，逮捕還活著的防禦者。他們發現蘇比格・辛格死在地下室，手上還拿著他的卡賓槍，屍體旁邊有一臺對講機。他們還在地下室發現賓德蘭瓦勒和死忠追隨者阿姆里克・辛格（Amrik Singh）的屍體，他是全印錫克學生聯盟（All India Sikh Students' Federation）的一員。

政府估計，死亡人數為四名軍官、七十九名士兵、四百九十二名恐怖分子。在其他單位所做的估計中，死亡人數比這個數字要多出許多；大約是五百名多名軍人，以及另外三千人（許多是在雙方交火時被波及的朝聖者）。

布拉爾表示：「雖說神的住所變成了戰場，這十名錫克教上師將他們的原則和訓律通通拋棄，但是我們必須承認，武裝分子堅守陣營、奮不顧身地作戰、展現高度自信，值得我們嘉許和認同。」[63]你不可能不同情寫下這些文字的人，不論是在承平時代還是戰爭中，他接到的任務，絕對都是印度軍隊將領所接下最困難的任務。在解放孟加拉的行動中，率領布拉爾和蘇比格作戰的錫克將軍針對藍星行動表示：「軍隊被用來解決政府製造的問題。這種行動會毀了軍隊。」[64]

IX

從金廟步行十分鐘，就可以走到札連瓦拉園；一九一九年四月，一名英國准將曾經在札連瓦拉園命令部隊開槍掃射手無寸鐵的印度群眾，超過四百人因此喪生。這起事件，讓此地在民族獨立神話故事和記憶中，成為一個神聖的領域。聖雄甘地巧妙地運用這起事件所激起的憤慨之情，在全國各地發動對抗殖民統治的運動。藍星行動的含意與當時的事件不同——藍星行動由武裝叛軍發起，而不是和平的集會——但兩者殊途同歸。錫克人的心裡有著共同的傷痛，導致錫克人對印度政府產生懷疑。德里政權被比作從前的壓迫者和褻瀆者——例如蒙兀兒帝國——以及十八世紀的阿富汗掠奪者阿布達里（Ahmad Shah Abdali）。[65]一名在旁遮普鄉下旅遊的記者發現，「這群人悶悶不樂、態度冷漠。」如一名年長的錫克人所言：「我們內心受傷了。我們的信仰基礎遭到攻擊，整個傳統都被破壞。」現在，就連那些先前反對賓德蘭瓦勒的錫克人，都開始以全新的眼光看他。無論過去他曾做錯什麼、犯下什麼罪過，都是他和他帶的人，為了保護聖殿不被破壞而犧牲生命。[66]

旁遮普以外的地方，看法則相當不同。許多人認為，甘地夫人以堅定（或許有點遲）的行動對抗據說被巴基斯坦收買的恐怖分子。現在，總理本人受到激勵，準備打擊邦裡其他和她作對的人。她一直施壓，要解散法魯克在查謨與喀什米爾的政府。當查謨與喀什米爾的邦長，同時也是甘地夫人表親的布拉傑（B. K. Nehru）告訴她這樣不合憲法的時候，他的位子就被長期在桑傑身邊擔任助手的賈格莫漢取代了。一九八四年七月，賈格莫漢設法讓執政的國民會議黨分裂，宣布由餘留下來的派系領袖出任新的首席部長。德里的國大黨送出一袋一袋的金錢，收買喀什米爾的立法議員，要他們背叛他們的領袖。法魯克沒有機會在議會殿堂驗證是否有多數議員支持他，實際上，他是在半夜收到解散命令，情況類似一九五三年，他的父親被以在法律上不太站得住腳、在道理上更加似是而非的理由免除職務。布拉傑寫道，喀什米爾人「選出來的領袖遭到廢黜，此時此刻，他們相信，印度永遠不會允許他們自治」。[67]

一個月後，安德拉邦的政府遭到撤換。這一次，也是曾經具有國大黨員身分的邦長進行策反的結果。一群泰盧固之鄉黨的議員在誘惑下脫黨，並在國大黨的支持下成立新的政黨。[68]將查謨與喀什米爾首席部長和安德拉邦首席部長解職，是明目張膽違背民主體制的做法。他們不是武裝叛軍，而是經過選舉產生的政府官員，實在無法排除個人恩怨這個因素——畢竟，勞和法魯克組成了反抗的勢力。總理一定也計算過，這麼做有助於在大選之前成立支持她的邦政府。她在寫給友人的信中，指控反對派「一心只想除掉我」，他們「拼湊出來的聯盟」建立在「地區主義、地方自治主義、種姓主義」上。[69]這些批評也可以反過來說——一九八三年和一九八四年，甘地夫人自己制定的許多政策，絕對是將目標完全放在勝選上面。

藍星行動結束後，情報單位向總理提出警告，可能有人要取她的性命，建議她把身邊信仰錫克教的保鑣撤換掉。甘地夫人拒絕這麼做，她說：「我們不是政教分離嗎？」[70]十月三十一日早晨，當她要從住所走向隔壁的辦公場所時，被兩名保鑣——史特旺特．辛格（Satwant Singh）和貝安特．辛格（Beant Singh）——近距離開槍射擊。他們都是錫克教徒，最近才剛返鄉回來。他們因為在家鄉看到的景象而感到心痛和憤怒，在這樣的刺激之下，決定為藍星行動進行報復。

總理在送往醫院的路上就已經離世了。剛過中午沒多久，外國廣播電臺就播出這則新聞，而全印廣播電臺是在晚間六點才正式發布這個消息。沒多久，甘地夫人的兒子拉吉夫宣示就任總理。母親遭到槍殺的時候，拉吉夫在孟加拉。他連忙趕回首都，一群德里的內閣部長和國大黨領袖，一致決定應該由拉吉夫繼任母親的位子。

當天稍晚，德里傳出幾起縱火、搶劫事件。隔天早上，甘地夫人的遺體被放進提姆帝宮，她的總理父親也是長眠於此。那天和隔天，印度唯一的電視頻道全印電視臺，一整天都在播放哀悼人潮排隊瞻仰遺體的畫面。攝影機偶爾會拍攝外面的人群，他們高聲喊著「英迪拉．甘地應該長命百歲」之類的口號，或是比較不吉利的「血債血償」。

十月三十一日晚上開始出現暴力事件，一直到十一月的頭兩天，範圍擴大，而且情況愈演愈烈。剛開始最嚴重的兩起事件發生在德里的南方和中央地區。後來，暴力事件擴散到雅木納（Yamuna）河東岸的重新安置居住區。這些地方都有錫克教徒，而且都是錫克教徒遭受攻擊。他們的家園被燒毀、商店被搶劫、神廟和經書被破壞和褻瀆。暴民在做出暴亂行為的時候，憤怒地高聲呼喊，目擊者聽到的口號有：「除掉錫克教徒」、「殺光背叛者」、「給錫克教徒好看」。

光是在德里，就有超過一千名錫克教徒在暴力事件中喪生。十八歲至五十歲的錫克男性成為最主要的攻擊目標。他們被以各種方式殺害，而且通常是在他們的母親和妻子面前被殺。屍體被堆在一起焚燒。其中有一起事件是一名兒童和他的父親一起被燒，施暴的人口中喊著：「這條毒蛇的後代也必須被除掉。」

暴民是住在德里或附近的印度教徒，包括在德里工作的表列種姓清潔工，以及來自周圍村落的賈特農民和古賈爾（Gujjar）牧人。他們經常在國大黨政治人物——市鎮議會的議員、國會議員甚至聯邦部長——的指揮下行動。國大黨領袖付錢或提供酒精飲品給願意替他們做事的人，這是從事掠奪行為的額外好處。警察會袖手旁觀，或是主動協助他們搶奪財物和殺人。[71]

拉吉夫本人對這場暴動的評語是：「大樹倒下之時，大地會受到撼動。」甘地夫人遭到殺害，想必會在她的眾多支持者當中引發強烈的情緒。中產階級因為她在一九七一年戰爭中的行動和領袖風範而崇敬她；貧窮的人認為她是唯一對他們感同身受的印度政治人物。在印度教徒這邊，他們對旁遮普發生的事感到驚慌。他們相信卡利斯坦運動的目標是分裂這個國家，而兩名錫克教徒將總理殺害，似乎證實了他們的恐懼。甘地夫人遇害沒多久，就開始流傳還有其他行動的流言。有人說，載滿印度教徒屍體的火車從旁遮普開出來，而且首都的水源被心懷不滿的人下毒汙染了。

德里的公眾情緒因為真實和虛構的事件而受到扭曲，大家都很憤怒。儘管如此，拉吉夫的發言還是令人覺得非常冷漠。整體來說，這是一句言行一致的話，這句話代表他現在領導的政權。國營電視臺播放群眾在提姆帝宮外高喊血債血償的畫面，成為一個自我實現的預言。警察的淡漠態度令人震驚，國大黨政治人物在這起事件中邪惡得沒話說。但最大的錯誤或許是政府不願意出兵鎮壓。德里本身有一個很大的軍營，而且方圓五十英里內有好幾個步兵營。軍隊在一旁待命，但儘管許多人一再請求總理和內政部長拉奧（P. V. Narasimha Rao）出兵，軍隊依然沒有收到鎮壓的命令。只要頭一兩天在德里展現兵力，應該就能平息暴動，但府方始終沒有下令。

錫克教徒在首都承受猛烈攻擊的時候，印度北方的其他市鎮也發生攻擊錫克教徒的事件。北方邦的錫克教徒死亡人數超過兩百人。印多爾有二十人喪生，波卡羅鋼城多達六十人喪生，這些地方的暴民跟德里的暴民一樣，帶頭的是當地的國大黨政治人物。

暴力事件程度最輕微的地方是加爾各答。那裡住了五萬名錫克教徒，這些人有很多是計程車司機，可以從頭巾和鬍子輕易分辨出他們的身分。這裡沒有幾個錫克教徒受到傷害，而且沒有錫克教徒被殺。西孟加拉首席部長巴蘇命令警察確實做好維安工作。在當地勢力強大的工會監視下，警察也確實執行這項命令。加爾各答的例子顯示，政府機關立即採取措施，可以事先防止公共暴力事件；可惜，其他城市通通沒有學到這一課。72

X

甘地夫人在印度歷史上留下深刻的影響，其深刻程度與她的父親不相上下。尼赫魯擔任印度總理十六年又九個月，他的女兒擔任總理的時間分成兩段，但任期幾乎跟他一樣長：一九六六年一月至一九七七年三月，以及一九八〇年一月至一九八四年十月。他們兩位都是印度獨立建國後非常重要的歷史人物。我們不免要將這兩位人物拿來相比，而且也有比較的必要。

以軍事領袖來說，甘地夫人的表現大為勝出。她在孟加拉危機中展現出來的果決，與尼赫魯對中國的搖擺態度大相逕庭——一下子承諾邦誼永存，一下子又在沒有後盾的情況下發出警告。至於經濟政策，尼赫魯對公部門施壓、採自給自足的政策，是與時代精神相符的做法；而在一九六〇年代，應該要謹慎開放、將經濟交給市場力量的時候，甘地夫人卻將印度經濟握得更緊。在社會方面，這兩位絕對不是目光短淺之人，他們都希望能代表所有印度人，不論性別、階級、宗教、語系。

尼赫魯最傑出的地方在於推動民主的進程。甘地夫人去世後，在印度公共事務重要刊物《經濟與政治週刊》（*Economic and Political Weekly*）擔任主筆的拉吉（Krishna Raj）提出了這個觀點。不同之處在於，這對父女如何對待他們一生效忠的政黨。拉吉寫道，英迪拉．甘地在一九六六年上臺後，「將國大黨整頓得有條有理，在印度各地，國大黨都有不同層級的領導單位，能夠從容反應。」但她後來「有目的地分裂國大黨。所有不屈從於她或她家人的人，她都不信任，所以她廢除中階領導層級，將國大黨重新塑造成一個有名無實的個體，沒有民主架構，職務都是由她親自選人和任用」。

不幸的是，不是只有國大黨變成總理個人意志的延伸，印度政府也淪陷了。儘管印度因為中印戰爭而遭受屈辱，但一九六六年英迪拉上臺執政的時候，「印度是一個完整的國家，一個因社會安定而以祥和氛圍著稱的國家。」這個國家因一系列社會經濟目標而團結。政治人物認同方法與目的之間具有關聯性。「大家仍然相信國家機器不該用於──至少不該刻意用於──促進私人利益。」但英迪拉去世的時候發生「質的轉變，印度成為一個分裂的國家」。此時的印度，有「很深的傷口和很深的歧見」。五年計畫在大家心中曾經是「帶來希望和前景的堅實承諾」，而今「一文不值」。現在，「國家機器始終受到操縱，為社會金字塔頂端的少數人口服務。」現在，「中央政府的貪腐已經蔓延到骨子裡，對此，英迪拉無法推卸她的直接責任。」[73]

在此同時，有一部分西方國家媒體認為印度前景黯淡。《紐約時報》寫道，甘地夫人逝世，印度面臨「漫長而難以預料的時期，可能會發生更嚴重的國內動盪，與鄰國（尤其是巴基斯坦）形成新的緊張關係」。紐約《太陽報》的看法更悲觀，指出總理遭到暗殺，「很有可能讓印度分崩離析，逐漸成為地區和全球對抗催化劑。」有些華府官員擔心民族和宗教上的對抗，會「引爆大規模暴力事件」，令這個國家支離破碎，而且導致「無計可施的印度領袖，愈來愈倚重蘇聯的援助」。74

這是外界為印度聯邦寫的第一篇墓誌銘，而且不會是最後一篇。儘管如此，令人印象深刻的是，這些西方觀察家竟然和國大黨的馬屁精一樣，將甘地夫人視同印度。會出現這樣的結論，更加顯示出這位已故總理成功地破壞了橫亙在她和印度之間的種種體制。

第二十五章
總理之子依在

在印度，選項永遠不會是混亂或穩定，而是控制得了的混亂，或控制不了的混亂；有人性的無政府狀態，或無人性的無政府狀態；可以忍受的失序，或無法忍受的失序。

——南迪（Ashis Nandy），社會學家，一九九〇

I

即便是用印度政治的標準來衡量，一九八四年仍然是特別動盪不安的一年。六月的第一週發生藍星行動，國家對宗教敬拜場所發動前所未見的攻擊。十月的最後一天，甘地夫人遭到暗殺，這是聖雄甘地被刺殺以來最重大的政治謀殺事件。這起暗殺讓印度教徒和穆斯林之間的衝突暫時停歇，卻引發印度教徒對錫克教徒展開大規模的暴力攻擊。

拉吉夫就是在這樣血腥的背景下宣示就任總理。在他上任一個月後，印度發生一起悲劇事件，

奪走了跟反錫克教事件一樣多的人命。一九八四年十二月三日凌晨，白煙開始瀰漫中部城市博帕爾。在家中睡覺的市民，醒來後不斷咳嗽、嘔吐且眼睛灼熱。他們在慌亂中下床，走到大街上，這些氣團如影隨形。黎明時分，「博帕爾的大街上塞滿了人潮，人們拖著沉重緩慢的腳步，尋找比較安全的建築。」許多人因為暈眩和疲累，撐不住而倒在路上。有些人則是想辦法走到當地少數幾間現代醫院，醫院裡的病床很快就躺滿病患。[1]

這個致命的氣體是異氰酸甲酯（methyl isocyanate），來自美國公司聯合碳化物（Union Carbide）經營的殺蟲劑工廠。異氰酸甲酯儲存在地下氣槽裡，釋放前通常會先經過滌氣器的處理，所以不會對人造成傷害。可是當天晚上，一個預期之外的化學反應，導致異氰酸甲酯在沒有去除毒性的狀態下釋放出來。後果非常嚴重。在氣體洩漏的幾個小時內，至少四百人因此喪生。最終死亡人數超過兩千人，成為人類史上最慘重的工業意外事件。為數眾多的受害者住在工廠周圍的貧民窟和破落市鎮。除了死者，還有五萬人因為接觸到這個氣體而終生受到疾病和傷害影響。

悲劇發生後，一群外地人湧入博帕爾，但並非每個人都受到歡迎。有些是來幫忙的醫生，有些是想要在美國法院代表被害人提起「集體訴訟」、進而從中獲利的律師。聯合碳化物的執行長來到當地，遭到短暫拘留，然後在假釋出獄後逃回紐約。事件發生十天後，印度科學家組成的團隊前來中和依然存放在聯合碳化物工廠的異氰酸甲酯。這項計畫叫做「信念行動」（Operation Faith），但它引起的卻是人們的不信任。成千上萬名擔心再次洩漏的居民想要離開博帕爾，「當地的巴士站和火車站出現混亂的場景……大批帶著重要行李的難民湧入這些場所。」[2]

毒氣洩漏事件的調查結果，顯示有好幾個可能的肇因，包括：水流進氣體槽、氣體槽未適當清理、異氰酸甲酯的存放溫度過高。[3]可以確定的是，潛藏風險的工業活動不該進駐這個城市。這間工廠在一九八〇年開始營運，在那之前，都市規畫師巴克（M. N. Buch）便建議聯合碳化物應該選擇人口較少、比較安全的地點。一九八四年六月，一篇報導指出，這間工廠偶爾會發生氣體外洩和管線爆炸的情況，沒有人意識到這些就是發生大災難的徵兆。[4]

II

博帕爾意外事件發生在十二月第一週。月底，印度舉行了第八次大選。甘地夫人暗殺事件和眾人對她的緬懷，成為這場選戰的焦點。國大黨的宣傳活動由廣告機構「轉播公司」（Rediffusion）操刀，將拉吉夫塑造成母親的合理繼承人，並將國大黨塑造成阻止聯邦分裂的唯一堡壘。拉吉夫有一則廣告主打：「你的一票，可以決定印度是團結還是分裂。」另外一則廣告主打：「一九七七年的候選人陣容，還會因為共同的意識型態團結起來，而不是因為對權力的集體貪婪而團結起來嗎？」[5]一名評論家寫道，國大黨的宣傳活動「利用的是民眾逐漸升高的不安全感」，在這種不安全感的影響下，「甘地夫人的暗殺事件，在社會大眾心中等同於對印度聯邦的侮辱，那樣的觀感在持續升溫。」[6]

選舉結果出爐時，國大黨橫掃千軍，幾乎囊括百分之五十的普選票以及百分之八十的國會席次。在一名政治新手的帶領之下，國大黨拿下四百零一席，比尼赫魯或甘地夫人領軍的時期都還要多。不過，總理的其中一位顧問承認，「勝利屬於兒子，也屬於已故的母親。」[7]

國大黨之所以能在這場大選中獲勝，是因為他們挑起了人民對分離主義的恐懼。可是現在，他們取得穩定多數，總理很快就和旁遮普和解了。阿卡利黨的領袖被放出監獄，府方也派出特使和他們交涉。聖者隆格瓦爾似乎和拉吉夫一樣急於拋開過去。一九八五年七月，兩位領袖簽訂協議，同意在一定的期限之內將昌第加移交給旁遮普，以確保旁遮普擁有合理的河水流域，恢復中央與聯邦的整體關係。《總統限制令》解除後，將在旁遮普邦舉行選舉。

協議簽訂之後，聖者隆格瓦爾訪視旁遮普，在公共集會中演講，並在錫克教的廟宇裡宣講。所到之處，他都要求人民支持和解的行動。隆格瓦爾在桑格魯爾（Sangrur）的集會上演講時，被兩名年輕人槍殺身亡，他們認為隆格瓦爾拿了新德里統治者的好處，背叛錫克教。這起事件發生在八月二十日，政府勇敢地選擇按照原定計畫，在九月底舉行邦議會選舉。聖者之死讓他的政黨獲得廣大的支持。阿卡利黨打破旁遮普的歷史紀錄，頭一次在選舉中贏得穩定多數。有三分之二的選舉人出來投票，這場選舉被解讀成對抗極端主義的選舉。[8]

同時，印度的另一端，政府也和全阿薩姆學生聯盟（AASU）達成協議。雙方針對「外來者」的認定日期取得共識：一九六六年一月一日之後、一九七一年三月二十五日（東巴基斯坦內戰開打）之前抵達的人，可以留在阿薩姆，但沒有投票權；在那之後抵達的人，則認定為外來者並予以驅離。旁遮普的《總統管制令》也取消了，準備進行選舉。有一個學生聯盟轉型為政黨，和AASU的成員一起組成阿薩姆人民協會黨（Asom Gana Parishad, AGP）。一九八五年十二月，阿薩姆邦議會舉行選舉的時候，AGP令國大黨潰不成軍。新任首席部長馬漢特（Prafulla Mahanta）年僅三十二歲，許多議員甚至比他還要年輕。大家認為，阿薩姆的選舉結果和旁遮普一樣，證明民主是正確的道路。德里的資深國大黨政治人物表示，雖然他們輸掉選舉，但是印度共和國贏了。一位聯邦部長表示：「先前分發火藥的人，現在則發送選舉傳單，從國家民族的角度來看，這是勝利還是失敗？」[9]

一九八六年六月，印度政府與米佐民族陣線的領袖拉爾登加簽訂和平協議。根據和平協議的條約，米佐民族陣線的反叛軍必須放下武器，而政府會對他們進行特赦。政府承認米佐拉姆（Mizoram）作為邦的完整地位，拉爾登加則取代現任的國大黨部長，就任米佐拉姆邦的首席部長。這是一九七五年喀什米爾協議的模式，當初謝赫也是透過類似的方式重新執政。[10]

有一份報刊指出，拉吉夫「向米佐人釋出國家的善意」，和他先前向錫克教徒與阿薩姆人釋出善意一樣。[11]雖然這些協議實際上是由官員所規畫、擬定的，例如資深外交官帕塔沙拉西，但功勞還是要歸給這位年輕的總理——大家認為，他以國族和解的利益為考量，超越了政黨競爭。在三個例子當中，與國大黨敵對的政黨或領袖，都以和平的方式取得政權。

III

身為政治圈外人，是拉吉夫的優勢。在社會大眾心裡，「他的名字和所有爭議問題都扯不上邊，他沒有與任何核心小組結盟，也沒有組織自己的小集團。」年紀輕（一九八四年那時他還不到四十歲）、外貌俊秀、作風開明，也為他增添吸引力。他是「有教養的紳士，立意非常良善，認真、誠實……那些全心全意支持他的同鄉將他封為『清廉之士』」。[12]

拉吉夫大力仰仗的顧問同樣來自政治圈之外，其中，阿倫．辛格（Arun Singh）和阿倫．尼赫魯（Arun Nehru）是拉吉夫的業界友人，拉吉夫請他們擔任部長。他們兩位和拉吉夫一樣，年紀輕、說英語，對現代科技駕輕就熟。他們表明要帶領印度從十六世紀直接進化到二十一世紀，從牛車的年代進化到個人電腦的年代。在某些媒體上，這些政治新手成為嘲笑和消遣的對象，被稱為

「拉吉夫的電腦小子」。在某些媒體上，他們獲得讚許，而拉吉夫在這些媒體上則是與約翰·甘迺迪齊名——甘迺迪也「象徵年輕與新世代的希望」，用「最優秀、最聰明的人組成團隊」，為國家創造新的未來。[13]

在第一任總理任期當中，拉吉夫經常出外訪視，四處熟悉他先前沒有見過的地方。拉吉夫的「印度探索之旅」獲得新聞媒體和電視臺的讚揚。一九八〇年代，電視機的數量在印度大幅成長。當時電視節目播放仍然由國家壟斷，國營頻道全印電視臺拍攝和播出的內容，許多都是以年輕、俊秀的總理下鄉為主題的節目：在喀什米爾的船屋裡、在偏遠的部落村莊、與喀拉拉邦的椰子樹為伍。他在各個地方會見印度百姓，接受他們的陳情，並將陳情意見交給各個地區的行政單位執行。[14]

事實上，新政權面臨的第一個危機就是陳情造成的，但陳情案不是交給總理，而是告上了印度最高法院。陳情的人是一名叫做穆罕默德·艾哈邁德·汗（Mohammed Ahmed Khan）的老人。低階法院判他每個月要付給前妻夏哈·巴諾（Shah Bano）一筆贍養費，他要對這項判決提出上訴。艾哈邁德·汗主張，他已經按照伊斯蘭律法規定的期間，在前三個月付給巴諾零用金了。最高法院引用《刑事訴訟法》第一百二十五節，駁回艾哈邁德·汗的上訴；根據該節內容，倘若離婚婦女並未再婚且無法養活自己（如巴諾的情形），在前夫已經另娶他人的情況下（如艾哈邁德·汗的情形），離婚婦女有權要求前夫支付贍養費。最高法院指出，第一百二十五節「是為無力養活自己的人提供快速、簡易的救濟方法。遭到拋棄的妻子、孩童、父母親，其宗教信仰為何有何差別？」法院認為，《刑事訴訟法》的解釋「毫無疑問地」顯示，「假如第一百二十五節與屬人法有任何衝突情形，以第一百二十五節優先。」

艾哈邁德·汗在一九八一年率先提出這樣的訴求；經過四年的審理，法院才做出判決。一九八五年四月二十三日，最高法院駁回上訴案，裁定艾哈邁德·汗必須繼續支付巴諾高等法院所裁定的贍養費（金額是令人費解的每月一百七十九點二盧比）。接下來，法官跳脫這個案子，做出一般性的解釋。他們譴責憲法第四十四條規定民法必須統一，是「一項失效的規定」。他們觀察到，「大家似乎相信，穆斯林族群可以利用這點主導屬人法的相關事務。制定一部共同的民法，可以破除大家各自遵循意識型態相衝突的律法，有助於國家整合。」[15]

某些團體認為這些言論是在無端斥責所有的少數族群。穆斯林對法官不以為然，他們表示，「據說伊斯蘭教的『致命弱點』是女性敗壞」（公平起見，他們也說印度教的立法者摩奴相信「女性不配獨立」）。穆斯林的宗教領袖批評這項判決是在攻擊伊斯蘭教。「穆拉譴責夏哈·巴諾和最高法院的判決」，全國各地的清真寺都「響應他們的主張。」[16]另一方面，有些穆斯林學者支持這項判決，或者至少認為，「許多有頭有臉的伊斯蘭權威人士」提議，在前妻過世或改嫁之前，離婚的丈夫必須支付贍養費，並不會違背經書的教誨。[17]

最高法院做出判決的三個月後，一位名叫巴納特瓦拉（G. M. Banatwala）的國會議員提出議員個人議案，想要把穆斯林從第一百二十五節的規定範圍中劃分出來。這項議案在國會遭到內政國務部長阿里夫（Arif Mohammed Khan）反對；阿里夫可以說代表「先進」的穆斯林觀點。他用阿札德的話來為法院的判決辯護。阿札德是最知名的國家主義穆斯林人士，同時也是公認的伊斯蘭經書權威。他曾經寫過：「《古蘭經》經常一再強調要替離婚婦女設想。」要求這麼做，「理由在於，婦女比起男性相對弱勢，必須適當保障她們的利益。」此外，阿里夫主張：「我們現在應該要有更好的做法，唯有解除壓迫，才是遵循伊斯蘭教的教義，實現公平正義。」[18]

阿里夫獲得總理的支持；國大黨針對議案投下反對票，使得這項議案無法通過。儘管如此，話題在國會以外的地方持續延燒。七十五歲的巴諾在家鄉印多爾被保守分子斥責離經叛道。有人在她的住家外面抗議，還有人要求鄰居排擠她。十一月十五日，巴諾屈服於壓力，在一份聲明書上蓋下指印，表示她拒絕接受最高法院判決，會將贍養費捐給慈善機構，並反對任何人對穆斯林屬人法做出司法干預。[19]

到了一九八五年底，國大黨在一連串補選中失利。評論家表示，「夏哈・巴諾事件」產生了作用，國大黨的對手在穆斯林人口眾多的選區攻擊最高法院，藉此「引發宗教狂熱」。[20]拉吉夫收到對手使用離間計的報告而有所警覺，在國大黨和內閣裡逐漸改為採納保守派人士安薩里（Z. A. Ansari）的意見，而不採納自由開明派人士阿里夫的意見。安薩里在國會發表三個小時的演講，抨擊最高法院的判決「偏頗、具歧視性、充滿矛盾」。他帶著惡意補充，表示法官是「沒有詮釋伊斯蘭律法資格的小人」。[21]

此時，不只巴諾屈服於壓力。國大黨本身也「和基本教義派達成協議，承認他們是這個群體裡的唯一發言者」。[22]一九八六年二月，政府在國會提出《穆斯林婦女法案》（Muslim Women's Bill），想要將穆斯林屬人法排除在《刑事訴訟法》的範圍外，藉此推翻最高法院的判決。這項法案將扶養離婚婦女的責任歸給她們的親屬，丈夫只要負擔三個月的贍養費即可。五月的時候，國大黨祭出黨鞭，要求黨員投下贊成票，讓這項法案得以通過。被領袖、政黨、政府拋棄的阿里夫辭職下臺，告訴採訪他的人，在新的法令下，「印度的穆斯林女性將成為世界上唯一無法領到贍養費的女性。」[23]

夏哈・巴諾案件所引發的爭議，在許多方面來說，都是三年前印度教屬人法改革爭議的重現。

當時，為提升性別平權所做的努力，也受到主張代替整個群體發言的神職人員大力反對。一九五二年的選舉，尼赫魯的其中一項主張便是實施《印度教法典法案》，而他在此次選舉中勝出，驗證印度教神職人員的主張效力不足。

一九八五年到一九八六年，拉吉夫在面臨類似情況時，擁有四百名國會議員作為後盾。改革穆斯林屬人法，提升婦女權益，對他來說輕而易舉。就連（按照憲法的要求）推動注重性別平權的共同民法，對他來說也是易如反掌，這位總理卻沒有持續投入社會改革。拉吉夫的一名高階政府官員事後回憶：「在處理夏哈．巴諾事件帶來的後果時，年輕的總理突然被政治體系壓垮了。」他在旁遮普和阿薩姆的行動，展現大無畏和獨立的風範，但在這裡，他先是支持改革主義者，後來又因為害怕失去穆斯林的選票，而對保守分子讓步。此時，「政治家拉吉夫，開始轉變成一名政客。」[24]

IV

最高法院針對夏哈．巴諾案做出判決的一個月後，低階法院做出一項激起更多爭議的判決。一九八六年二月一日，北方邦阿逾陀（Ayodhya）的地區法官命令一間印度教廟宇打開門鎖，讓民眾進去參拜。除了面積很小，這座廟宇還有一個很特別的地方。它位在一間大型清真寺裡面，這間清真寺是在十六世紀由蒙兀兒帝國國王拔巴（Babar）的將軍所建造的（因此叫做巴布里清真寺〔Babri Masjid〕）。此外，這裡據說是印度教神祇羅摩（Ram）的出生地，在巴布里清真寺建造之前，是一間祭拜羅摩的神廟。

沒有證據可以顯示史詩《羅摩衍那》（*Ramayan*）裡的英雄是真實歷史人物，但從印度教的觀點和神話來看，人們普遍認為羅摩是一個歷史人物，他出生在阿逾陀，也就是後來建造巴布里清真寺的地方。當地人將這個地方稱為「Ram Janmabhoomi」，意思是「羅摩出生之地」。整個十九世紀，聲稱擁有這個地方的人們連連爆發衝突。於是，英國統治者採用折衷辦法，讓穆斯林繼續在清真寺裡進行禮拜，印度教徒則在外面搭建的神壇獻祭。

一九四七年印度獨立，兩年之後，一名關心印度教徒利益的官員，允許教徒將兒童羅摩（Ram Lalla）的神像放進清真寺裡。他們是趁著夜色放進去的，還讓虔誠的信徒相信這是神蹟，神明移位象徵祂想收回祂的出生地。雙方再次處於緊張氣氛當中，直到政府下令，當時在十二月的某一天，印度教徒可以進去參拜，情況才緩和下來。之後神像都關著，不能再進去參拜。

三十年來神像始終關著。轉變發生在一九八〇年代初期，有個叫做世界印度教會議（Vishwa Hindu Parishad, VHP）的組織，開始宣傳「解放羅摩出生地」。在世界印度教會議的號召下，從阿逾陀各地許多古老神廟，來了好幾百名僧人。他們沿街遊行、公開集會，發表激烈的演說，敦促印度教徒將神明從「穆斯林監獄」釋放出來。一名當地律師告上法院，要求公開敬拜羅摩神像。就是因為這件案子，地區法官才命令打開門鎖，准許信徒入內參拜。[25]

各界認為，法官的命令絕對是來自德里的總理辦公室。當地行政單位似乎事先就得知這項命令，法院命令下達之後，不到一個小時就開鎖了。驚人的是，就連國家電視臺都即時捕捉到信徒奔進神廟的那一刻。《穆斯林婦女法案》和阿逾陀案判決結果，兩者之間似乎有強烈的關聯性。據說，拉吉夫是在同僚阿倫．尼赫魯的建議下決定開鎖，阿倫．尼赫魯認為，國大黨現在需要壓制另一方的高張氣燄。一名左翼國會議員諷刺地說，雖然總理表現出一副現代人的樣子，矢志帶領印度走入二十一世紀，事實上「他的內心跟穆斯林神學家和梵學家一樣原始」。[26]又或者，如政治分析家喬杜里（Neerja Chowdhury）所寫：「拉吉夫先生兩面討好。」如果說他先前的目標是「穆斯林」選票，那麼這一次，他似乎將目標放在「印度教」選票上。喬杜里警告：「政府對雙方都採取姑息的政策，來換取選舉利益，會變成一種難以打破的惡性循環。」[27]

開鎖事件讓世界印度教會議更加大膽了。他們現在直接要求拆掉巴布里清真寺，重新建造一座供奉羅摩的宏偉廟宇。世界印度教會議和印度國民志願服務團密切合作；後者這個歷史比較久的印度教組織，現在樂得擁有新活力。印度國民志願服務團和世界印度教會議在印度各地舉行集會，要求「多數人」為自己的利益挺身而出。他們舉《穆斯林婦女法案》例子，說這是國大黨政府對少數族群懷柔的其中一項政策。他們指稱，只有印度教徒被要求在這個錯誤的「世俗」國家裡放棄自己的信仰。他們編了一個新的口號並四處宣揚：「說你是印度教徒，驕傲地說出來！」

每週出刊的《今日印度》（*India Today*）在一九八六年五月寫道，這個訊息「挑動緊繃的情緒。如同一輛正在取得憤怒動能的大卡車，　股顯而易見、東山再起、凝聚團結、愈來愈激進的印度教行動，緩慢卻堅定地橫掃全國各地」。這是一個「復仇」的運動，但這個運動也開始「嘗到團結帶來的政治力量」。[28]

V

很可能有人將印度教信仰看成一條擁有許多支流的河川，有些支流流入主要河川，有些支流則從主要河川向外流出去。也許這個想像本身就是錯誤的，因為從許多方面來看，根本就沒有這條主要的河川。沒有其他信仰像印度教這麼分散。每個地區有自己的神廟，每個神廟都由當地受敬重的神職人員主持。有時候，信徒擁護的是種姓和地方制度，例如北卡納達（Uttara Kannada）縣的瑪達瓦婆羅門（Madhava Brahmin）有自己的神廟和自己的宗教導師。

阿逾陀的爭議開啟了一個契機，讓這些淵遠流長的傳統集結成統一的運動。世界印度教會議組成一個信仰委員會（Dharam Sansad），成員是印度教各個主要教派的重要領袖。他們再進一步和次要的宗教人士聯絡，也就是成千上萬名各自擁有一小群追隨者的印度聖者和苦行僧。在阿逾陀的羅摩神廟之外，這些讓泛印度教邁向團結的行動，擁有豐沛的政治力量。有一位僧人如此解釋：

印度教社會有非常多教派領袖，每個人大約掌握兩百五十萬票。例如，古吉拉特邦有聖者斯里・穆拉魯・巴普（Sri Muraru Bapu）、拉賈斯坦邦有斯里・拉姆蘇克・達斯吉・瑪哈拉吉（Sri Ramsukh Dasji Maharaj）、北方邦有聖者斯里・德夫拉・巴巴（Sri Devrah Baba）、印度國民志願服務團有斯里・多拉斯吉（Sri Deorasji）、阿逾陀有斯里・尼提亞・戈帕・達斯吉・瑪哈拉吉（Sri Nrittya Gopal Dasji Maharaj）。除了他們，還有上百名教派領袖，各自掌控至少十萬選票。在印度教社會裡，有大約一百萬個有力的苦行僧團體。如果每個團體動員一百人，這個國家的政治會重新轉向，變成符合印度教特徵的樣子。[29]

另一方面，阿逾陀的古清真寺遭受威脅，穆斯林族群也出現捍衛這座清真寺的言論。穆斯林成立巴布里清真寺行動委員會，力促政府不要讓這座清真寺和其他穆斯林神廟被基進的印度教徒占領。這個族群裡，有某些是逞凶鬥狠的支派。有人呼籲由印度考古研究所來管制清真寺的參拜，甚至呼籲如果政府不照他們的要求去做，就一起抵制共和日的慶祝活動。[30]

兩起偶發事件助長了印度教益發團結的態勢。一九八七年九月，拉賈斯坦邦的村子裡，有一名叫做盧普．昆瓦（Roop Kunwar）的年輕女子，在丈夫過世後按照習俗自盡了。雖然印度教傳統允許寡婦自盡，但長久以來印度的法律都禁止這樣的行為。政府對此事表示譴責，女性主義團體更是大力反對，但昆瓦的舉動在拉賈斯坦邦引發一股獻身的風潮。昆瓦獻身的地方，建了一座廟宇，吸引成千上萬人前來膜拜。眾人集結在一起，頌讚昆瓦為了紀念丈夫而獻身，是印度教婦女的榜樣。[31]

另外一起事件影響更大，是全印電視臺播放新的特別節目《羅摩衍那》。從一九八七年一月到一九八八年七月，每個星期天早上播放一集《羅摩衍那》，總共七十八集，中途曾經暫停播出四個月。

《羅摩衍那》是內容豐富的經典節目，訴說愛、犧牲、英雄和背叛的故事，包含許多血腥和暴力的內容。這部戲劇節目裡，有各式各樣的主要和次要角色，很適合以肥皂劇的方式操作。而且播放時正值電視觀看人口快速增加的時期，電視機每年銷售三百萬臺。[32]不過，這齣電視劇的成功超越所有人的預期。在大約八千萬人收看的情況下，「星期天早上的街道和市集空空如也。星期天舉辦的活動會在廣告上用心提醒：『在《羅摩衍那》之後舉辦。』電視機旁邊擠滿了人群。」星期天早上，飯店、醫院和工廠裡出現了嚴重的曠職情形。[33]

除了觀看人數，觀眾的投入程度也值得我們注意。這些觀眾會在星期天早起，按照宗教儀式沐浴和禱告。節目開始之前，他們會在電視機上擺放花環和塗抹檀香木膏。值得注意的是，這齣連續劇跨越了宗教的界線。穆斯林覺得這齣電視劇很好看，教會也重新安排提供教會服務的時間，避免和節目時間衝突。[34]如人類學家蘭根多夫（Philip Langendorf）所寫：「南亞人口從來沒有這麼高的比例在一個活動中團結在一起，從來沒有一個訊息像這樣立即打入這麼多觀眾之中。」[35]

對穆斯林和基督徒來說，觀看《羅摩衍那》是一種休閒活動，但對許許多多的印度教徒來說，樂趣與宗教熱誠兩相結合。在沒有經過設計的意外狀況下，這齣經典電視劇為印度教帶來了微妙的變化，先前印度教是一個多元而分散的宗教，長久以來分成好幾個派系，各自崇拜不一樣的神祇，沒有一部共同的經書、一個獨一無二的神，也沒有一個作為主幹的信仰。現在，在這些印度教徒的電視機前面，「第一次，全國各地的印度教徒通通在同一時間，聆聽〔和觀賞〕同樣的東西——一齣電視劇。而這齣電視劇，事實上為印度教引進了一項**必須遵守的集體義務**。」[36]

製作《羅摩衍那》的國營電視臺和阿逾陀事件之間沒有關係。結果，這齣電視劇的吸引力和影響力，對世界印度教會議的「解放」羅摩出生地運動大有助益。印度教徒敬拜許多神明，當時，因為這齣電視劇的緣故，有愈來愈多人將羅摩視為最重要和最迷人的一位神祇。

VI

新任總理的其中一項大膽措施，是在經濟方面採許和先前不一樣的政策。拉吉夫拔擢擔任財政部長的辛格（V. P. Singh）來自北方邦，是一名行事低調的政治人物。新政府的第一份預算在一九八五年三月提出，希望能在這個全世界管制程度數一數二的經濟體中，減少一些控制和稽查的措施。隨著各項進口物品的稅負減少、出口誘因增加，印度貿易制度變得比以前更加自由。隨著機械工具、紡織品、電腦、藥品等重要部門管制鬆綁，執照發給制度也簡化了。針對個別公司的財產管制解除，企業和個人的所得稅率降低。政府表示，這些改變可以提升生產力、增加競爭優勢。一九八五年二月，總理指出，印度經濟「陷在設立愈來愈多管制措施的惡性循環裡。管制只會造成腐敗、造成延宕，而那正是我們想要去除的東西」。[37]

左翼知識分子抨擊這份預算，表示這麼做是在迎合有錢人。他們主張，鬆綁貿易制度會讓印度過度依賴外資。[38]不過，新的政策受到商界和中產階級的歡迎。[39]此時，中產階級的人口相當多。有些人估計中產階級人口多達一億人。電冰箱和汽車之類的物品，先前只有極少數的人才有，現在消費性耐久品的市場正在擴大。一九八四年至一九八五年之間，機車和打檔摩托車的銷售數量增加了百分之二十五；汽車的銷售數量，更是增加了百分之五十二。新的商店和店鋪不斷開張。房屋和不動產市場蓬勃發展，餐廳和綜合商場愈開愈多。一名觀察家形容，中產階級「成為經濟快速發展最明顯的徵兆」。[40]

一九八〇年代後半，印度商業活動蓬勃發展。工業每年以百分之五點五的強健速率成長，製造部門的表現更亮眼，每年成長百分之八點九。市場資本從一九八〇年的六百八十億盧比，增加到一九八九年的五千五百億盧比。[41]當然，某些公司成長得比其他公司快。成長最快的是信實工業公司（Reliance Industries）；創辦人安巴尼（Dhirubhai Ambani）曾經在亞丁（Aden）擔任卑微的加油站服務員。回到印度之後，安巴尼以從事香料生意營生，之後將事業版圖拓展到尼龍和螺縈出口生意上。接著，他轉向紡織製造，又經營石油化學工廠、工程公司、廣告公司，興趣愈來愈多。

信實工業公司的成長率在印度產業界前所未見，在世界上其他地方也是少之又少。一九八〇年代，這間公司的資產大概以每年百分之六十的速度增長，銷售額年增長率超過百分之三十，利潤將近百分之五十。安巴尼是個創新的人，他運用最新技術（通常是從國外輸入的技術），並透過公開發行的方式，向增加中的中產階級募集資金（其他印度公司都不願意這麼做）。但他的公司之所以會崛起，除了單純擁有商業頭腦，也有很人一部分是因為他很善於組織人脈網絡。他很會討政治人物、政府官員歡心，在節日為他們舉辦派對和送禮物給他們。所以，他經常能夠比對手早一步知道正在推動的政策改變，例如關稅稅率。[42]

信實工業公司跟當權者走得很近，表示政治人物和商人關係愈來愈緊密。每一間大公司都在德里有說客，負責「暗地裡與政治人物和政府官員交流，借此提升公司的利益」。這種情況不只發生在首都，據說國務部長和首席部長也給實業家好處，藉此收取金錢賄賂。房地產是油水特別多的一項交易。根據土地徵收的法律規定，國家可以用遠低於市價的價格，徵收市鎮附近的農地，然後交給屬意的公司來建造工廠或辦公場所。交易牽涉到數百萬、數千萬盧比的利益交換，有些錢流到政治人物的口袋裡，其餘則流到這些政治人物所屬的政黨黨庫，用來從事競選活動。[43]

大筆大筆的金錢往來，對印度政治人物的生活方式造成很大的影響。之前，政治人物以簡樸過日子而聞名，現在他們住在砸大錢裝修的大房子裡。他們開著奢華的汽車，在五星級飯店用餐，簡直就是「新的大君」。一名觀察家表示，「聖雄甘地和拉吉夫之間的巨大差異在於，政治倫理上兩人天差地別。現在不穿托蒂❶、不拿手杖、不穿木製涼鞋、不搭三等車廂；改穿古馳（Gucci）皮鞋、戴卡地亞（Cartier）墨鏡、穿防彈背心、開賓士車、搭公家直升機。印度政治不再散發汗水的氣味，也不特別乾淨、無味——而是散發鬍後水的濃烈臭氣。」[44]

VII

雖然企業和中產階級繁榮發展，但印度還有很多人處在貧窮和營養不良的情況中。一九八五年秋天，奧里薩邦的部落地區傳出一連串餓死人的事件。沒有降雨，農作物也跟著長不出來，農村人口只好以羅望子種子和芒果仁煮成的稀粥果腹，有很多人因為混食這些東西而罹患胃病。以前饑荒發生時，人們可以從森林裡取得食物和水果。但是現在因為大肆伐木的關係，已經失去這樣的保障機制了。據報，光是科拉普特（Koraput）和卡拉罕迪（Kalahandi）一帶，就有超過一千起死亡事件。[45]

一九八七年，又發生一次更嚴重的乾旱。奧里薩的高地地區再度嚴重受創，但這次印度西部的半乾旱地區也受到影響，尤其是古吉拉特邦和拉賈斯坦邦。不得已之下，牧人只好將他們的動物用卡車載到印度中部的森林裡，尋找家鄉找不到的糧草。這次乾旱據說是本世紀最慘重的一次。估計有兩億人受到影響，在新聞媒體拍攝的照片中，大地乾涸龜裂，牲畜的屍體散落各處，鮮明地捕捉到牠們所承受的苦難。[46]

一九八五年和一九八七年的糧食短缺，凸顯出印度的經濟仍然對雨季有所依賴。就連有灌溉設施的農業地區也產生不滿。挑起不滿情緒的是兩個新成立的農民組織：在馬哈拉什特拉邦活動的農夫組織（Shetkari Sanghatana），以及以哈里亞納邦、旁遮普邦為基地的印度農夫聯盟（Bharatiya Kisan Union）。農夫組織的領袖是曾經擔任公務員的喬什（Sharad Joshi），印度農夫聯盟的領袖是賈特農夫蒂卡特（Mahindra Singh Tikait）。喬什指出，衝突主要發生在「印度」（India，以住都市、說英文的中產階級為代表）和「婆羅多」（Bharat❷，以農村人口為代表）之間。他認為經濟政策始終對「印度」有利，而不利於「婆羅多」。為了扭轉這個偏差，蒂卡特和他建議提高農作物價

❶譯注：dhoti，印度男子傳統服裝，是一塊纏繞在臀部與大腿之間、在腰上打結固定的長形腰布。

❷譯注：Bharat是「印度」的梵文，印度人對印度的自稱。

格、降低農用電費。兩個組織都有很多支持者，能動員五萬以上的農民走上首府街頭，推動他們的訴求。[47]

雖然喬什和蒂卡特聲稱他們代表所有農村人口發言，但事實上他們代表的是中產與有錢的農夫；他們使用牽引機和電動幫浦設備，而且有多餘的作物可以在市場上販售。貧窮的農夫大多不屬於這些人。一九八〇年代的研究再次確認，在印度農村裡，階級和種姓大幅重疊，真正弱勢的一直都是哈里真，也就是表列種姓。一項在卡納塔卡邦進行的調查顯示，將近百分之八十住在鄉下的表列種姓，以及百分之六十以上住在都市的表列種姓，都生活在官方制定的貧窮線以下，每月支出低於五十盧比。印度的其他地方，情況也相去不遠。[48]

VIII

執政第一年，拉吉夫在阿薩姆邦、米佐拉姆邦與旁遮普邦努力化解一連串的種族衝突。到了執政第二年尾聲，拉吉夫政權面臨到幾項新挑戰，在從未間斷的宗教和階級難題上，又添了種族問題的挑戰。

自由獨立的印度在這十年（或數十年）中的社會衝突，就跟先前一樣沒有辦法用一個章節、一本書或一位學者的意見來概括。我們只能標出幾個比較重要的事件。首先是在同一個邦內，不同的團體之間發生衝突。例如在孟加拉邦，大吉嶺山區說尼泊爾語的人要求獨立。他們的領袖吉辛（Subhash Ghisingh）之前是軍人。吉辛的幹部都絕對服從於他，只要他一聲令下，他們可以關閉某個地區的所有學校和商店。他的廓爾喀民族解放陣線（Gorkha National Liberation Front）同時採行民主體制內和民主體制外的運作方式，有時候他們會向聯邦部長請願，有時候則與警察爆發激戰。一九八六年下半年，衝突特別激烈。最後，總理與吉辛會面，說服他接受成立自治山區議會，而不是將說尼泊爾語的人口獨立成一個邦。[49]

在阿薩姆的邊界外，波多（Bodo）部落起義反抗主導當地的阿薩姆人。帶領這場運動的是模仿對手成立全波多學生聯盟（All-Bodo Student Union）的年輕人。全波多學生聯盟領袖的訴求是從阿薩姆邦脫離出去，另外成立一個單獨的邦。為了達到這個目的，他們封鎖道路、燒毀橋梁、攻擊波多族以外的人。當阿薩姆激進分子對他們進行報復的時候，衝突演變成暴力事件，好幾十人因此喪生。[50]

此時，在特里普拉邦，部落的積極主義者發起行動，對抗在印巴分治後大批移入特里普拉邦的孟加拉人。為了達到目的，特里普拉國民自願軍（Tripura National Volunteers）謀殺和綁架人民，還襲擊警方；依照某些定義，特里普拉國民自願軍可以歸類為「恐怖分子」。一九八六年，特里普拉國民自願軍的游擊隊殺害超過一百人，隔年被他們殺害的總人數更多。不過，一九八八年八月，特里普拉國民自願軍的領袖畢赫蘭克爾（Bijcy Hrangkhawl）不再躲藏，與政府簽訂了一項協議。他的自願軍放下武器，換取在當地立法機關擁有更多部落席次，以及用價格補助的方式，為部落的村子提供稻米和食用油。[51]

第二類衝突是邦民和聯邦政府對抗。因而，拉吉夫與隆格瓦爾簽訂協議後，在旁遮普帶來的歡愉氣氛，證明只是極為短暫的現象罷了。聖者隆格瓦爾遭到暗殺是一連串事件爆發的預兆，新一代的恐怖分子正在接手卡利斯坦的抗爭活動。藍星行動和德里反錫克暴動造成的傷害，讓許多人加入恐怖分子的陣營。中央政府無法兌現承諾，將昌第加移交給旁遮普，也是其中一個原因。武裝分子再度進駐金廟。神職人員發表支持卡利斯坦的聲明，有幾次，發表聲明的是執政的阿卡利黨黨員。[52]

為了對付再度興起的恐怖主義，旁遮普的警力現在多達三萬四千人。為了提振士氣，新的警察局長走馬上任——他是一個直言不諱的孟加拉警察，名叫里貝羅（J. F. Ribeiro）。之後，錫克教徒出身、曾經在東北方對抗極端主義的吉爾（K. P. S. Gill）也加入警方陣容。里貝羅和吉爾採取恩威並濟的方針，一方面，他們透過大規模「民眾接觸」計畫與錫克教農民會面；另一方面，他們組織義警隊來打擊恐怖分子。警察擴散到鄉下，進行搜捕行動，對逃跑的人開槍。數十名極端分子在這些搜補行動中喪命，也有許多普通的村民受到傷害。[53]

然而恐怖行動依然持續活動著。巴士在高速公路上被攔下，印度教徒乘客被人從錫克教徒中找出來殺害。比起一九八四年賓德蘭瓦勒在世時，一九八六年的殺人案多了一倍。許多印度教徒在恐慌下，開始跨越邊界逃往喜馬拉雅山。

趕走旁遮普的少數族群，正是恐怖分子的其中一個目標。其他目標更惡毒，他們要將恐懼灌輸給**不住在**旁遮普的錫克教徒。因此，他們在德里和其他印北市鎮的市集和巴士站引爆炸彈。如此一來，在爆炸案中存活下來的錫克教徒就有可能回到旁遮普，在那裡組織一個團結、統一、和諧的團體，對卡利斯坦作戰有所助益。顯然，在一九四〇年代的時候，巴基斯坦就是利用這個模式成功獨立——他們也是讓住在聖地之外的穆斯林產生恐慌，從而得到助力。[54]

一九八八年五月，突襲部隊在一場大規模的作戰行動中，將大約五十名躲在金廟的恐怖分子趕出來。這次行動與藍星行動不同，是在白天的時候發動，可以更加精準地鎖定敵方位置。但話說回來，這些武裝分子不像賓德蘭瓦勒的手下防備完善，動機也沒有那麼強烈。他們逃進金廟的「至聖之所」（sanctum sanctorum）；在阻斷食物和飲水的情況下，七十二小時後，這些人投降了。[55]

旁遮普恐怖主義再度興起，與另外一個更大的邦——查謨與喀什米爾邦——再次出現問題，具有時間上的巧合。回到一九八四年時，甘地夫人把謝赫的兒子法魯克趕下臺；現在，她的兒子拉吉夫恢復兩家之間的關係，也讓各自所屬的政黨——國大黨和國民會議黨——重修舊好。一九八六年十一月，他們一起在查謨與喀什米爾邦組成看守政府（caretaker government）。法魯克在為結盟的正當性辯護時說：「國大黨掌握中央政權。在像喀什米爾這樣的邦，如果我想實施對抗疾病的計畫和管理這個政府，我必須和中央站在同一邊。」[56]

一九八七年，查謨與喀什米爾重新舉行選舉。為了對抗他們，以成立自治邦為訴求——並非要求獨立或附屬於中央——的喀什米爾政治人物組成一個傘狀團體（umbrella group），叫做穆斯林聯合陣線（Muslim United Front, MUF）。MUF的工作人員經常被政府單位找麻煩，而且這場選戰一點都不自由，也不公平。雖然國民會議黨和國大黨的聯盟無論如何都很有可能勝選，但他們利用黑箱作業增加票數，讓他們在這場選舉中贏得更多。就連情報局都承認，因為「選舉舞弊」的關係，導致MUF丟掉的席次多達十三席。[57]

一九八七年的選舉方式，令喀什米爾的政治行動主義者深深醒悟。新德里不公平的做法令他們失望，所以他們開始向巴基斯坦尋求援助。一群群年輕人跨越邊界，加入巴基斯坦軍隊開辦的訓練營。一年後，這些人回到喀什米爾，把他們學到的東西使出來。一九八九年春天，喀什米爾谷地發生一連串槍擊案、爆炸案和手榴彈攻擊事件。這個迷人的谷地，現在有許多「卡拉希尼科夫步槍、引爆裝置、汽油彈、膠質引線、迫擊砲和戴著面具的武裝分子」。一九八九年上半年，有九十七起暴力事件的紀錄，至少五十二人在事件中喪生、兩百五十人受傷，一名記者嚴肅地表示：「看樣子會形成另外一個旁遮普。」[58]

IX

印度政府試圖遏制國內分離訴求（有成有敗），就在這個時期，他們也採取大膽行動，想要解決鄰近斯里蘭卡的種族紛爭。斯里蘭卡這座小島和多山的喀什米爾同樣擁有妙趣橫生的美景；但在當地，人數較多的僧伽羅人（Sinhala）和人數較少的泰米爾人爆發了血腥內戰。衝突起因千篇一律（至少對印度人而言司空見慣），語言、種族、宗教和地域上的競爭都牽涉在內。

仔細講解斯里蘭卡的衝突史，會讓我們離題太遠。[59]只要知道，自從將僧伽羅語定為這個島國的唯一官方語言，衝突便開始發生，這樣就足夠了。泰米爾人要求也將他們的語言定為官方語言。他們在遭到拒絕之後，走上街頭抗議。多年來，他們拒絕採用非暴力抗爭的手法，偏好武裝抗爭。

在幾個泰米爾抗爭組織當中，最有影響力、力量最強大的組織是泰米爾之虎（Liberation Tigers of Tamil Eelam, LTTE）。此組織的領袖是一名殺人不眨眼的戰士普拉巴卡蘭（Vellupillai Prabhakaran）。LTTE的目標是在以泰米爾人為主的北部和東部獨立建國。一九八〇年代，他們對斯里蘭卡軍隊發動突襲，並對平民百姓做出殘暴的行為。僧伽羅人對LTTE的反應，要說有什麼區別的話，那就是更加殘暴。換句話說，這場衝突的暴力和凶殘程度，可說筆墨難以形容。

LTTE的戰士長期以來將印度的泰米爾納德視為避風港。在新德里睜一隻眼、閉一隻眼的情況下，泰米爾納德積極協助LTTE的活動。不過，一九八七年夏天，斯里蘭卡總統賈亞瓦德納（J. R. Jayawardene）請拉吉夫出面調停衝突。可倫坡和新德里簽訂協議，一支印度維安部隊將飛往斯里蘭卡。斯里蘭卡軍隊將退回軍營，而LTTE將在勸說（或逼迫）之下解除武裝。

一九八七年七月底，印度部隊開始數以千計、一批批前進斯里蘭卡。（最後，多達四萬八千名印度士兵駐紮在斯里蘭卡。）他們的出現，在僧伽羅民族主義者之間不受歡迎，認為這是對主權的侵犯；不過，泰米爾人始終認為印度站在他們這邊。LTTE被要求棄械投降的時候，他們堅持必須達成幾項條件，包括釋放所有遭到政府監禁的泰米爾囚犯，以及僧伽羅人必須停止對斯里蘭卡島東部進行殖民。搖搖欲墜的和平一直維繫到十月，在印度維安部隊對LTTE採取行動時瓦解了。LTTE在加夫納（Jaffna）的總部遭受猛烈襲擊，被印度維安部隊占領，但印度維安部隊也付出了慘痛的代價。此時輿論急轉之下，將印度看作占領他國的軍事力量。LTTE逃進叢林，從那裡狙擊並襲擊印度軍隊。他們讓地雷發揮極大功效，在印度護衛隊經過的時候，將護衛隊炸傷。

一九八七年底，媒體將斯里蘭卡之戰描述成「印度的越戰」，「印度軍隊從來沒有見識過這樣的戰爭：發生在異國，與他們對戰的外國敵人不穿制服、不知道約束戰場倫理的《日內瓦公約》，卻持有致命的現代武器，總是在婦女和孩童的掩護下發動攻擊。」[60]一名印度指揮官的言詞稍微寬厚一些，雖然譴責LTTE在武裝衝突中表現出「無知、頑固和死硬的態度」，但他仍然敬佩LTTE「遵守紀律、誓死效忠、士氣高昂、使用專門技術」。[61]

當死亡的印度士兵裝在屍袋中運回家鄉時，出現一股要求將存活士兵召回國的壓力。一九八九年夏季起，士兵開始返回家鄉，但一直要到一九九〇年春季，印度才召回最後一批軍隊。超過一千名印度士兵在這場衝突中喪生。

派兵前往斯里蘭卡的決定，與印度日漸以「南亞地區正統霸權」自居的態度相吻合。[62]從人口和經濟的角度來看，印度是南亞地區的主宰，此時的印度決心要以軍事戰備彰顯他們的主導力量。一九八七年一月，印度的步兵團在印巴邊界進行大規模演習，此舉表面上是在測試新裝備，實際上卻是在向他們的老對手展示新的軍事力量。[63]接著在一九八八年三月，印度測試第一顆目標射程達數百英里遠的地對地飛彈。一年後，印度又測試了另外一個更精密的裝置，這個裝置可以裝載十倍以上的火藥，射程遠達一千五百英里。飛彈科學家讓印度擠進只有美國、蘇聯、英國、法國、中國和以色列參加的專屬俱樂部。[64]

這些發展令南亞的小國感到擔憂。大家談到印度的時候會說「醜陋的印度人」，就跟他們談到世界上其他國家時會說「醜陋的美國人」一樣。一份加爾各答週刊悲傷地承認，印度「被視為這個地區的壞孩子」。[65]

X

母親去世後，拉吉夫在選舉中大獲全勝，取得國家政權。但是隨著一九八九年的大選即將來臨，拉吉夫的政黨前景不明。跟一九六七年和一九七七年的情況一樣，曾經占據優勢的國大黨難以維持他們的地位。

首先，地區政黨的挑戰愈來愈激烈。在拉吉夫的任期中，阿薩姆人民協會黨經常取得阿薩姆地區的政權，泰盧固之鄉黨經常掌握安德拉邦的政權（勞在一九八五年重新掌權），而阿卡利黨則是經常掌握旁遮普的政權。一九八九年一月，達羅毗荼進步聯盟在泰米爾納德重新執政。西孟加拉邦的印度共產黨（馬克思主義）（ＣＰＭ）比上述政黨的權力還要穩固。一九八九年的時候，他們已經執政十二年了。此時，ＣＰＭ的領袖和首席部長巴蘇「地位已經不可同日而語」。巴蘇的政黨推動土地改革，讓他在鄉村非常受人尊敬。除此之外，與一般的共產主義者不太一樣的是，他也受到實業家敬重；這些實業家欣賞他的務實投資方針，以及他調停工會敵對態度的做法。[66]

第二項挑戰來自右派的印度教。舊的人民同盟改名為印度人民黨（ＢＪＰ），在一九八四年的選舉中僅僅拿下兩席。但ＢＪＰ現在和阿逾陀的羅摩廟運動掛勾。隨著這場運動回響愈來愈熱烈，ＢＪＰ的前景也愈來愈好。ＢＪＰ幹部加入世界印度教會議（ＶＨＰ）和印度國民志願服務團（ＲＳＳ）的行列，和他們一起舉行將磚塊神聖化的祭拜儀式，打算用這些磚塊來建造羅摩廟。為了迫使問題得到解決，ＶＨＰ宣布將於十一月二日，在阿逾陀的爭議地點舉行正式的動土儀式。磚塊在指定的日期，從各個地區運到該處。德里的國大黨政府收到的建議是阻止動土儀式，但最後他們因為害怕在大選之前得罪印度教徒，而任由他們舉行典禮。ＶＨＰ挑了一名來自比哈爾邦的達利特工人，讓他放下第一塊磚頭，聲稱這裡很快就會有一座宏偉的羅摩神廟。[67]

磚塊敬拜儀式在印度北方的好幾個市鎮引發宗教衝突。衝突最嚴重的地方是比哈爾邦的巴加浦（Bhagalpur）縣，十一月，這裡的印度教徒和穆斯林爆發衝突，整整延續了一個星期。衝突擴散到鄉下地方，ＲＳＳ的行動主義者帶領群眾砸毀當地穆斯林織布工的織布機和住家。上百名穆斯林喪命，許許多多人無家可歸。這些人被集中到安置營，但安置營不是政府設置的，而是穆斯林商人和伊斯蘭安置組織設置的機構。巴加浦縣的暴動與羅摩廟建造儀式所帶來的整體後續效應，讓兩個族群分化得更加嚴重。穆斯林覺得被國大黨背叛，而印度中產階級當中，也有很大一群人因此轉而公開支持ＢＪＰ。[68]

總理的第三項挑戰來自他從前的內閣同僚辛格（V. P. Singh）。財政部長辛格數度對逃漏稅的工廠發動襲擊。這麼做被認為踰越職權；辛格被轉調國防部，後來被完全從內閣中拔除。沒多久，傳出印度軍隊在購入瑞典博福斯（Bofors）高射砲時，有掮客從中收取傭金，引發一場風暴。起初，是在一九八七年四月，由瑞典廣播電臺披露這件新聞。接下來兩年，媒體和反對黨政治人物不斷對政府施壓，要求政府找出違法犯紀的人並加以懲處。

政府閉口不談這件事，令外界懷疑掮客與總理本人有某種關聯。國防軍售案發生賄賂事件，令國民群情激憤，而且軍事專家認為應該採購法國製的高射砲，而不是採購博福斯高射砲，這樣的意見卻被政治人物駁回，更是令人民義憤填膺。[69]

在人民的心中，博福斯高射砲的爭議，不論對錯都與辛格離開內閣有關。「清廉先生」不再屬於拉吉夫，反而變成辛格的稱號。辛格離開了國大黨，一九八八年六月，在安拉阿巴德的補缺選舉中加入聯合反對黨，並成功當選國會議員。現在，他在愈演愈烈的反國大黨氛圍中成為焦點。一九八八年十月，他的民眾陣線（Jan Morcha）與原有的人民黨合併，組成新的人民黨（Janata Dal）。這個新的政黨接著與地區團體聯手，在馬德拉斯的碼頭海灘（Marina Beach）宣布成立國家陣線（National Front），身為其中一員的勞雀躍不已，將國家陣線視為一輛「由七匹馬拉動的」戰車，「將會驅散國族歷史過去幾十年來日益濃厚的陰鬱氛圍。」[70]

拉吉夫在過去一年的任期內著手推動四項計畫，希望能扭轉下滑的人氣。一九八八年九月，他提出一項檢驗媒體自由度的法案。根據這項法案的規定，編輯和業主如果被判「用語粗鄙」或「觸犯刑責」會被捕入獄，而這兩項罪名的定義，可由國家全權訂定。這項法案顯然是衝著最近媒體瘋狂報導賄賂事件而來。這是一次「遲來的先發制人（preemptive strike），以避免政府形象傷得更重」。全國各地的編輯因此在國會集結、罷工抗議，最後法案遭到取消。[71]

接著，一九八九年一月，拉吉夫造訪中國，成為三十多年來第一位這麼做的印度總理。包括這次在內，拉吉夫的許多舉動，目的在於重新將自己塑造成一位國際政治家。在與中國領袖會談的場合中，邊界問題被巧妙地回避掉了。但新德里對西藏議題讓步，北京則表示不會援助印度東北方的叛亂分子。拉吉夫與高齡八十四歲的鄧小平進行了九十分鐘的會談，鄧小平告訴他：「你是年輕人，你就是未來。」[72]

接著，一九八九年三月，拉吉夫推翻了他在執政第一年推出的向外發展、成長導向經濟政策。在他的政府最後一項預算案中，消費性耐用品的稅負提高了，航空運輸、豪華旅館的消費也要另外徵收新的稅項。同時，政府也針對農村地區提出新的就業促進方案。隨著選舉步步逼近，拉吉夫又「回到他母親拿手的民粹主義路線」。[73]

最後，一九八九年夏天，政府舉辦一連串高調的活動來慶祝尼赫魯的百歲冥誕。研討會、攝影展、益智問答電視節目、詩歌節、音樂會，甚至是溜冰比賽，都以尼赫魯的名義舉行。這些活動通通都是國家出錢舉辦，由公營的廣播電臺和電視臺宣傳。表面上，這些活動只是在紀念印度的第一位總理，但是「在另外一個屬於潛意識的層次上，這些鋪天蓋地的活動的真實目的是在暗中反覆傳達一個隱藏的訊息：沒有人比尼赫魯一家人更能守護這個國家，而且分析到最後，如果讓這個家族失望的話，等於是拋棄神聖的遺產，迎向混亂的力量」。[74]

不過，拉吉夫還是做了萬全的準備。競選連任的時候，他在全國各地的會議上發表一百七十次演講。就像一九八四年，他接受轉播公司（Rediffusion）的建議，強調印度團結遭受威脅，不同派系的反對人士會讓威脅愈演愈烈、進一步擴大，只有國大黨才能克服這個問題。[75]不過，這一次，這個訊息並沒有產生廣大的回響。其中一個原因在於，受賄的指控重創政府的信譽。另外一個原因則是，反對派遠比他們想的還要有組織。三個主要的團體採取經過協調的共同策略，所以在大部分的選區，國大黨候選人都只有一個主要的對手——不是來自國家陣線，就是來自印度人民黨或其中一個共產黨組織。

一九八九年十一月舉行的選舉，對國大黨來說是一次嚴重的挫敗。他們只拿下一百九十七席，比先前他們拿下的總席次少了兩百席以上。另一方面，反對黨也不太能夠宣稱自己勝利。人民黨拿下一百四十二席，BJP拿下八十六席，左翼則是拿下五十幾席。辛格宣誓就任國家陣線政府總理，左翼和BJP則選擇採取支持但不入閣的立場。因此，印度第二位非國大黨總理和第一位（德賽）一樣，政治生涯之中有很大一部分的時間是待在國大黨裡。

一九八九年的大選，第一次沒有一個政黨贏得多數席次。這次選舉形成一道分水嶺，不僅僅是歷史重現而已（當時有些觀察家以歷史重現稱呼這次選舉）。桑維（Vir Sanghvi）寫道：「印度處於政治動盪的時期。由獨裁總理掌控的強硬政府時代已經結束了。這次選舉開創了一個不確定的時代。」[76]

XI

即使是以印度歷史的標準來看，一九八〇年代也是特別動盪不安的十年。印度共和國經常面對異議人士；但從來沒有像這十年一樣，同時面對這麼多來自印度各地的強烈反對意見。其中兩項挑戰特別令人擔憂：旁遮普持續暴動——第一次在具有**心臟地位**的邦發生這種情形（跟發生在那迦蘭邦和喀什米爾邦這些有老問題的地方不同）——而且基進的印度教徒在全國各地以前所未見的規模動員，威脅到世俗政權。除了這些大大小小的暴力衝突，政治和行政體系也愈來愈貪腐，機警的媒體將此情形凸顯出來，也讓情況更加棘手。在印度的邊界之外，斯里蘭卡的泰米爾之虎大敗印度軍隊，則讓印度的國族優越感大為受挫。

一九八五年夏天，當時最重要、最有影響力的加爾各答週刊《週日報》（*Sunday*）以封面故事報導發生在印度的「無法控制的暴力浪潮」。《週日報》指出，「在社會、經濟、政治上，各個方面都很緊繃和沮喪，讓恐怖行動和群眾抗議時不時便有機可趁。」「破壞、縱火、殺戮、搗亂，像討厭的疹子一樣，在印度各地爆發。」獨立三十七年之後，「印度來到歷史上的關鍵時刻。」《週日報》拿「這個國家怎麼了，何以如此？」向列在名流清單上的印度人提問。主筆塔帕表示，從暴力和憤怒可以看出，「沒有人在任何層次上掌控局勢……套用航空術語來說，大家愈來愈害怕，怕我們會再也沒有退路。分崩離析指日可待。」專欄作家那亞針對暴動和殺戮，在報紙上寫了一系列的專文，記錄了相隔數千公里遠、嚴重程度不一的問題事件——引發這些事件的人，「長久以來生活在災難的邊緣」，而他們的「不滿似乎已經來到爆發的臨界點」。政治人物魯斯譚吉（K. F. Rustomji）憂心忡忡地指出，印度的政治和行政體系現在受控於「狂熱分子和煽動者」，他們「在民主異議的偽裝下，聲稱自己有權操縱成千上萬人的生死」。「別管死掉的人，只管計算票數。」魯斯譚吉如此尖刻而不失準確地描述那些狂熱分子和煽動者的政治目的。而且他表示：「過不了幾年，這些票也不值得去計算了，因為那時我們可能已經把民主殺死了。」[77]

這些主題反覆在當時的媒體評論中出現，不是說印度即將分崩離析，就是說印度會全面揚棄民主制度。一九八七年四月，《週日報》自家政治版主編維瑪（Kewal Verma）警告大難即將臨頭：

假如拉吉夫繼續犯錯而沒有其他表現（……至今尚未看見），會產生後果難以估計的政治動盪，因為，卡利斯坦可能真的建國。在旁遮普的鄉下地區，錫克極端主義者已經組成並行的行政制度。除此之外，羅摩出生地和巴布里清真寺的爭議，可能會在印度北方引發大規模的群體戰爭。政治動盪不安的時期一長，就會招致投機分子攪局。例如，倘若總統將總理免職，可能就會由〔軍方首領〕桑達吉將軍掌控任命大權。[78]

前面提到的作家都是六十歲上下的印度人，他們都在尼赫魯的光輝之下長大，還記得印度建國之初的盼望。想當然耳，他們的心情沾染了懷舊的色彩，至少其中有些的確值得懷念。尼赫魯時代的政治人物努力防止社會分裂，而不是為了自身利益深化或擴大分裂。但另一方面，這樣的懷舊情緒或許並不適當。翻騰固然凶猛，要付出代價，但也可以從比較認同的角度解讀為：印度政治體制日漸分權，且單一地區（北方）、單一政黨（國大黨）、單一家族（甘地家族）不再握有霸權。

這些悲觀的看法是否真的有道理，我們還不能下定論。正如同本書先前引述的許多預測言論，自從印度獨立以來，每個十年都被認為是迄今為止「最危險」的十年。要說這些最新的預測有何新穎之處，那就是這些預測來自印度國人，而非外國人士。

XII

隨著這一章告終，本書將從「歷史事件」邁入另外一個領域，我們姑且稱之為「以歷史為依據的新聞事件」。接下來，在第五部，我們要討論最近二十五年的事件，也就是說，這些事件還在發展當中。

世界上大部分的文史資料庫都遵循「三十年」法則，不公開過去三十年撰寫的文史檔案。這麼做似乎有其道理，因為三十年後，無論「揭露」什麼新事件，都不會對還活著的人造成重大影響。

根據我的經驗，歷史學家在描述過去的時候，也要站在一個世代之外的距離，才會有說服力和公信力。必須經過這麼久的時間，我們才能讓事件和政策歸結出一個模式，在看待這些事件的時候，遠離和擺脫此時此刻的喧囂。等三十年左右的時間過去後，就會有更多資料——除了公開的文史檔案，還有之後發行的傳記、自傳和分析報告。

書寫最近才發生的事情時，有關過去的原始資料，可以取得的不多，而且歷史學家所描述的年代是與他和讀者相近的年代。不管是歷史學家還是讀者，往往會對當時的政治人物和政策具有強烈的看法。在接下來的幾個章節，我試著將個人偏見屏除在外，但我能辦到的程度或許有限——或者，至少會比本書前面幾章更加受限——因為，接下來的幾十年和印度獨立建國以來的每個時期一樣，充滿了各式各樣的事件和爭議。

第五部

事件史

第二十六章
權利與暴動

暴徒的語言不過是脫去虛情假意與自制之後的公眾意見。

——鄂蘭（Hannah Arendt）

I

整個一九七〇年代與一九八〇年代，各邦與全國性選舉輸贏裡，見證了所謂的「落後種姓」在印度政治版圖中穩定崛起。「落後種姓」團體介於最底層的表列種姓與頂端的婆羅門與拉吉普特種姓之間。北方邦與比哈爾邦的亞達夫種姓；旁遮普與哈里亞納的賈特人種姓；馬哈拉什特拉邦的馬拉塔種姓；卡納塔卡邦的沃卡利加種姓與泰米爾納德的古恩德種姓（Gounders），都是人類學者斯利尼瓦斯（M. N. Srinivas）所說的地方上的「主導種姓」：人數眾多，組織嚴密，掌握政經權力。以另一個斯利尼瓦斯的概念說明，選舉時刻，他們則是「票倉」，穩固支持同種姓的政治人物。[1]

在印度法律中，這些團體稱之為「其他落後種姓（或階層）」（Other Backward Castes [or Classes], OBC），以與「表列部落與種姓」（Scheduled Tribes and Castes）有所區隔。以這些「其他落後種姓」為社會基礎與領袖的政黨，將成功挑戰國大黨的掌控權。一九六七年大選後在馬德拉斯執政的達羅毗荼進步聯盟（DMK），以及北方各邦的聯合議員黨（SVD）政府，基本上都是OBC政黨。十年後，這些落後種姓開始在全國政治舞臺上顯露頭角。一九七七年在中央取得政權的人民黨聯合政府（Janata collective）的四股力量中，至少二者實際上是OBC政黨：人民黨（Lok Dal）與社會主義黨（Socialists）。[2]

經濟權力透過土地改革與綠色革命進入OBC手中；政治權力則來自選舉票箱。此時仍缺乏的是行政權力。因此一九七七年，人民黨聯合政權成立當時所謂的「落後階層委員會」（Backward Classes Commission），其後則以「曼達爾」委員會聞名。此名稱來自委員會基進取向的主委，比哈爾邦政治家曼達爾。委員會的結論認定種姓仍舊是「落後」的重要指標。根據各邦調查結果，委員會認定高達三千七百四十三個特定種姓仍為「落後」。據其估計，這些種姓涵蓋印度半數以上的人口。然而行政機構中卻少見這些種姓的蹤跡，特別是行政高層。根據委員會計算，一九八〇年左右，OBC僅占中央政府所有公職的百分之十二點五五，第一級職等的百分之四點八三。

為了改正此一不正常狀態，曼達爾委員會建議，應在已保留給表列種姓與部落的百分之二十二點五中央政府公職之上，另外保留百分之二十七的公職給這些落後種姓。「我們應當承認」，委員會聲明：

對抗社會落後狀態的戰役核心，將發生在這些落後族群人民心中。印度的公職一貫受到仰望，視為榮譽與權力的象徵。透過提升公職中的落後種姓比例，將予其參與國家治理的立即感受。當一名落後種姓人民成為稅收專員或警官時，其職位帶來的物質利益雖僅限於家庭成員，然而此一現象的精神影響卻很驚人。整個落後階層的社群都將感到提升。雖然整體社群並不會獲得實質利益，然而此刻社群中有『自己人』進入『權力廊道』的觀感，將提升整體士氣。[3]

曼達爾委員會提出報告時，人民黨聯合政府已經下臺。接續的國大黨政府由甘地夫人與拉吉夫相繼領軍，希望靜靜埋葬這份報告。然而當「國家陣線」政府在一九八九年全國大選後上臺，這份報告又重見天日。新任總理普拉塔普．辛格對於OBC崛起中的政治力量，以及自己領導的少數黨聯合政府不甚穩固的地位都頗為敏銳。為了擊敗批評者，他將自己塑造為落後種姓的發言人，甚至是救世主。一九九〇年八月，普拉塔普．辛格在國會中宣布將推動曼達爾報告。因此，百分之二十七的印度政府公職將保留給委員會認定的「社會上與教育上的落後階層」。[4]

這紙行政命令在知識分子圈中掀起激辯。部分學者認為公職保留應以家庭收入為基礎，而非特定種姓的成員資格。其他人一開始就厭惡延伸優惠待遇；再次以能力之外的考量分配工作，將有損公共機構的效能與可信度。然而，也有學者樂見曼達爾委員會的結論獲得推動，以補正高階種姓——特別是婆羅門——獨占公職領域的現象。他們指出南印度各邦中，超過三分之二的政府公職都以種姓基礎分配，並未影響行政效能（但有爭議）。[5]

一九九〇年九月，對於曼達爾委員會建議合憲性的抗議案，提送印度最高法院。抗議者提出三項主要論點：延伸保留優惠違反憲法保障的機會平等，種姓並非落後與否的可靠依據，並危及公共機構效能。當法院針對此案進行辯論時，法官則對八月十三日行政命令發出暫緩令。

如同印度常見情況，公共政策同時在報紙與法院內論爭，也會蔓延到街上。九月十九日，一位名為拉吉夫·戈斯瓦米（Rajiv Goswami）的德里大學生引火自焚，以抗議政府接納曼達爾委員會報告。他的燒傷雖嚴重，卻活了下來。其他學生受到感召，亦採取相同抗議。這些自焚者都是高階種姓，進入公職的期盼遭到阻擋。總共有近兩百名企圖自殺者，其中六十二位重傷不治。其他抗議則以集體進行。橫跨印度北方，學生團體組織示威抗議，關閉學校、大學與商店，攻擊政府機關，並與警方發生衝突。法律捍衛者試圖自我防衛，有時造成傷亡。聯邦之中高達六個邦回報有警方開火事件，超過五十人因此喪命。[6]

曼達爾委員會報告激起的衝突，在北印度較為激烈。理由之一是因為南印度的優惠待遇方案早已行之有年。此外，南印度有繁榮的工業，受過教育的年輕人不再依賴政府公職。此外，南印度的高階種姓不到總人口的百分之十，而在北印度則超過百分之二十。由於北印整體所受的影響範圍較廣，自然抗爭也更為激烈。

曼達爾委員會的主要支持者是兩名崛起中的政治人物。其中之一是穆拉亞姆·辛格·亞達夫（Mulayam Singh Yadav），於一九八九年末成為北方邦的首席部長。另一位是拉魯·普拉薩德·亞達夫（Lalu Prasad Yadav），於一九九〇年初成為比哈爾邦的首席部長。雖然兩人並非親屬，卻有許多共同點。兩人都生於農家，都在大學時代積極參與政治，參加當時仍深具影響力的社會主義運動。兩人都在緊急狀態時期被捕入獄，並在解嚴後加入人民黨。

如兩人相同的姓氏指出，穆拉亞姆與拉魯都來自分布於印度北部與西部的農牧者種姓。殖民時期，亞達夫種姓經常擔任高階種姓地主的打手（lathials）。獨立之後，擁有自己的土地，他們逐漸積累經濟實力、社會聲望與政治權力。穆拉亞姆與拉魯都積極拉攏穆斯林，後者也是北方邦與比哈爾邦人數眾多（卻較為貧困）的族群。此舉是選舉考量，因為亞達夫種姓與穆斯林都各占人口的百分之十。在印度常態的多角競逐中，投票人口的百分之四十通常就足以勝選。因此若任何政黨或政治人物能夠整合亞達夫種姓與穆斯林，並說服其他「落後」團體加入陣營，就有很高的勝選機會。7

作為印度人口最多的兩個邦，比哈爾與北方邦總共將選出一百三十九席國會議員。因此全國大選的結果通常取決於此。前四屆全國大選中，國大黨贏得比哈爾與北方邦過半數席次。一九七七年緊急狀態之後，國大黨在此一敗塗地；然而一九八〇年與一九八四年大選再次回歸，分別贏得八十一席與一百三十一席。最後一次大選結果並非常態，而是甘地夫人遭暗殺身亡的影響。一九八九年大選中，國大黨潰敗，在兩邦中僅獲得十九席。兩年後舉行期中改選時，國大黨成績更加淒慘，北方邦獲得五席，比哈爾邦僅有一席。這些重要北印度邦省之中，國大黨讓出的空間，一部分由拉魯與穆拉亞姆領導的「社會主義」政黨填補，另一部分則由印度人民黨（ＢＪＰ）進占。後者的動員主軸並非種姓，而是宗教。

II

一九八四年，印度人民同盟的繼承者ＢＪＰ，在第八屆全國大選中僅贏得兩席。五年後，總席次卻攀升至八十六席。國會席次快速攀升的主要原因，與該黨涉入在阿逾陀興建印度教寺廟以取代原址上的中世紀清真寺有關。許多人相信此地為神話中的羅摩神出生地。如我們在二十五章中所見，興建羅摩神廟的運動是由印度人民黨的親近附屬團體世界印度教會議（ＶＨＰ）領導。

急於將國大黨逐出權力之外，ＢＪＰ此刻雖未加入聯合政府，卻也支持普拉塔普．辛格的國家陣線。然而在一九九〇年八月，普拉塔普．辛格決定推動曼達爾委員會報告，卻讓該黨陷入狂亂。部分領導人認為這是分裂印度教社會的狠毒計畫；其他人則認為優惠待遇延伸是回應落後種姓要求的必要之舉。在黨內，以及國民志願服務團（RSS）的日會（shakha）中，掀起瘋狂論辯——究竟應該或不應該支持推動曼達爾委員會建議？

然而BJP並未採取立場，反而選擇轉移政治論辯的條件，由曼達爾與種姓問題，轉回宗教與神廟／清真寺問題。該黨宣布發起遊行，由古吉拉特邦古老的索姆納特神廟出發，前往阿逾陀。這場遊行由嚴肅、不喜笑的阿德瓦尼領軍，咸認比同僚瓦巴依更加「強硬」。他搭乘一輛裝點得像「戰車」（rath）的豐田廂型車，沿路不時停下舉行公眾集會。

阿德瓦尼的戰車於一九九〇年九月二十五日出發，遊行計畫穿越八個邦共計一萬公里的路途，並於五週後抵達阿逾陀。VHP的運動者簇擁著廂型車，在城鎮之間大舉歡送迎接。公眾集會上，更有身裹番紅花色袍服的苦行僧出沒，相對於VHP的武裝青年，他們的「念珠項鍊、長鬍鬚與抹灰點飾的額頭形成強烈視覺對比」。遊行呈現出「宗教、影射、好戰、男性與反穆斯林」的形象。此一形象則受到阿德瓦尼的演說強化，他指控政府「討好」穆斯林少數，並推動「假世俗主義」，拒絕印度教多數的合法利益與期望，並將阿逾陀的羅摩神廟呈現為實踐這些利益與期望的象徵。[8]

阿德瓦尼穿越西北印度的遊行讓普拉塔普．辛格政府深感頭痛。遊行隊伍「帶來無法忽視的挑釁。持續成長的動亂、暴動以及最終清真寺拆毀就在旦夕。然而若阻止遊行也會帶來嚴重後果。不只普拉塔普．辛格必須表示反對〔受尊崇的神祇〕羅摩，他的聯合政府也將垮臺，並可能發生嚴重動亂」。[9]遊行抵達德里，阿德瓦尼在此駐紮數日，挑撥政府進行逮捕。政府閃避挑戰，遊行再次啟動。然而，在抵達最終目的地前一週，箱型車遭到攔截，阿德瓦尼也遭到預防性羈押。逮捕行動是由比哈爾邦首席部長拉魯下令，當時遊行正穿越他掌管的邦境。

當阿德瓦尼在比哈爾邦政府會館稍作休息時，他的追隨者已持續前往阿逾陀。數千名聖工（kar sevaks）志願者由全國各處匯集。北方邦首席部長穆拉亞姆一如比哈爾邦同種姓的同僚，都是印度人民黨的政敵。他下令拘捕大批聖工。顯然有高達十五萬人遭到拘押，然而仍有幾乎半數的人抵達阿逾陀。當時在此神廟城鎮中駐有兩萬名維安人員，部分是正規警力，其他則是準軍事組織「邊境安全部隊」。

十月三十日上午，大群聖工在分隔阿逾陀新舊城的娑羅逾（Sarayu）河橋上遭到攔截。這些志願者突破警力，衝向巴布里清真寺。他們在此遭遇邊境安全部隊，但部分志願者仍成功躲過邊境安全部隊的防堵，抵達清真寺。其中一人將番紅花旗插在建築物屋頂上；其他人以榔頭刀斧破壞。為了阻擋大批入侵，邊境安全部隊士兵使用催淚彈，稍後也動用橡膠子彈。聖工遭到驅趕逃入狹窄巷弄與廟堂庭院。部分聖工以棍棒石塊反抗，他們也獲得憤怒居民協助，後者以自製投擲武器攻擊警力。[10]

保安武力與志願者之間的戰鬥持續整整三天，至少有二十名聖工死於戰鬥之中。他們的遺體由VHP運動者回收火化，並將骨灰置於罈中，巡迴北印度城鎮，所到之處無不掀起怒火。印度教徒受到鼓舞，為這些「烈士」的鮮血進行報復。北方邦遭到一連串宗教暴動撼動，印度教暴徒攻擊穆斯林社群，攻擊方式類似殘忍的印巴分治屠殺。他們停下火車，並將任何認定為穆斯林者拖出火車殺害。在某些地區，特別是長期對少數社群懷有敵意的北方邦武警（Provincial Armed Constabulary）攻擊過的地區，被害者也展開回擊。[11]

如同一名評論者所言，阿德瓦尼的戰車遊行（rath yatra），實際上是一場血腥之旅（raktyatra）。[12]

III

回到一九七九年，人民黨分裂後，查蘭・辛格雖曾於數個月中主持少數政黨聯合政府。然而普拉塔普・辛格卻是第一位在全國大選產生分裂結果後，領導少數政府的總理。從一開始，他就軟弱且立場不穩，從他急於推動曼達爾報告，以擊敗黨內政敵之舉，及阿德瓦尼戰車遊行對政府投出的公開挑戰，就可窺其端倪。

然而這些並非普拉塔普・辛格必須面對的唯一衝突。一九九〇年至一九九一年冬季，卡納塔卡與泰米爾納德之間爆發激烈爭議。兩邦爭奪科弗里河河水的爭執由來已久，此刻因為雨季不至與商業農作攀升的灌溉需求而掀起新波瀾。

科弗里河源於卡納塔卡，穿越全邦後進入泰米爾納德，由此注入印度洋。數個世紀以來，三角洲下游已發展出成熟的灌溉網路，農民得以耕作高價值的水稻。相對地，卡納塔卡邦的灌溉工程晚近才完成，第一座運河建於二十世紀初，一九七〇年代後才又興建其他運河。

一九二八年，科弗里河在今日的卡納塔卡邦區域灌溉一千一百萬畝農田，泰米爾納德區域則有一億四千五百萬畝農田受到灌溉。到了一九七一年，兩者差距擴大；卡納塔卡邦有四千四百萬畝，泰米爾納德則有兩億五千三百萬畝。然而，到了一九九〇年，上游邦基本趕上了下游的灌溉量：此時卡納塔卡邦有兩億一千三百萬畝，泰米爾納德則有兩億五千八百萬畝。灌溉設施大量擴張，為卡納塔卡邦的曼迪亞與邁索爾農民帶來大量財富。他們過去只能仰賴低價值農作（通常是小米）一次收成，現在則可以享有一年二至三次的高價值農作收成，例如稻米及甘蔗。

整個一九七〇年代與一九八〇年代，中央政府舉行一連串討論，就科弗里河水分配尋求雙方都可以接受的方式。一九六八年至一九九〇年間，總共進行了二十六次部長級會議，卻無法達成共識。泰米爾納德害怕上游狂亂的運河興建工程，將威脅下游農民生計；卡納塔卡則認為自己區域內水利的完整發展，不應受限於較晚開始的灌溉工程。

一九九〇年六月，在最高法院命令下，科弗里河爭議仲裁庭組成，由三名應當無所偏倚的法官主持。一九九一年六月二十五日，仲裁庭通過一項臨時命令，在等待最終決定時，要求卡納塔卡邦每年需釋放兩千零五十億立方英尺的河水給泰米爾納德。十天後，卡納塔卡邦議會全數無異議通過決議，拒絕接受仲裁庭命令。卡納塔卡邦政府接著通過自己的行政命令，要求官員為本邦農民「保護並保存」科弗里河水。

此一爭議提上最高法院，法院認定卡納塔卡邦的行政命令超越邦政府權限（ultra vires）。此刻中央政府透過在政府公報上發布仲裁庭臨時命令，令其正式生效。卡納塔卡邦首席部長邦葛拉帕（S. Bangarappa）以發動全邦罷工（bandha）回應。所有學校及大學都關閉；同時隨著行政機關袖手旁觀，抗議者得到默許劫掠首府邦加羅爾的泰米爾人社區。暴力事件持續數日，約有五萬名泰米爾人被迫逃離卡納塔卡邦。

卡納塔卡邦的反抗激發泰米爾納德邦首席部長賈雅拉莉妲（J. Jayalalitha）的憤怒回應。她的行政機構也相對鼓吹在泰米爾納德對卡納達人的家戶社區發動攻擊。總體而言，價值超過兩億盧比的財產遭到破壞。

雖然下令組成科弗里河爭議仲裁庭，最高法院法官也注意到：「這類爭議可能造成相關邦民間原可避免的不滿情緒。爭議拖延愈久，不滿情緒愈發高漲。中央政府作為各邦人民利益的捍衛者，應在所有此類事件中，採取迅速行動，啟動憲政機制。」[13]

然而，中央政府雖可啟動機制，卻再也沒有迫使各邦接受建議的力量。此刻德里的少數黨政府更雪上加霜。若在尼赫魯或甘地夫人擔任總理時，他們會召集相關首席部長召開會議，並促成共識。夏斯特里與德賽也很可能採取相同做法。在此情況下，也許仍無法達成長期解決之道，但至少爭議也許不會蔓延到市街上。不論在政府間或人民間，兩邦間的敵意強度不但前所未見，也為未來投下不祥陰影。[14]

IV

現在我們將由印度中心的衝突移往邊界衝突。討論焦點仍是老瘡疤：喀什米爾。經過一、二十年平靜生活後，喀什米爾谷地再次於一九八九年初爆發衝突。當年十一月，普拉塔普．辛格取代拉吉夫成為總理，普拉塔普．辛格起用「主流」喀什米爾政治人物穆夫提．穆罕默德．賽義德（Mufti Mohammad Sayeed）出任內政部長的重要職位。此一舉動意在討好廣大的印度穆斯林族群，特別是谷地內的穆斯林。自己人掌管法律治安時，警方執法手腕定當不若過往嚴厲？

這項實驗很快就面對挑戰。一九八九年十二月八日，一名年輕女醫師在斯利那加路上行走時，遭到綁架。然而她並非一般醫生，而是魯拜雅．賽義德（Rubaiya Sayeed），聯邦內政部長的女兒。綁架者是查謨與喀什米爾解放陣線（Jammu and Kashmir Liberation Front, JKLF）的武裝分子。他們要求釋放羈押的五名ＪＫＬＦ運動者，以交換魯拜雅。首席部長法魯克並不願妥協，卻遭到德里的總理駁回。十三日，羈押的武裝分子獲得釋放，並受到大批民眾歡迎，勝利隊伍簇擁五人穿過斯利那加大街。他們高喊的口號中，其中一句特別不祥：「若欲行神事工，舉起衝鋒槍。」當天稍後，魯拜雅與家人團聚。[15]

武裝分子視政府投降為重大勝利，此後更多綁架案隨之而起：BBC記者、資深官員、另一位重要政治人物的女兒。同時也發生一連串暗殺事件：遭到殺害者包含喀什米爾大學副校長及當地電視臺臺長。[16]

在此階段，一九八九年至一九九〇年期間，印度情報單位呈報谷地內約有三十二個分離主義團體在此活動，其中兩者特別重要。首先是JKLF，主張成立獨立、無宗教派系的查謨與喀什米爾國家，印度教徒、錫克教徒將與穆斯林享有同等權利。民眾口號正展現其目標：「我們想要什麼？自由！自由！自由！」。其次則是聖戰士黨（Hizb-ul Mujahideen），（如名稱所示）傾向伊斯蘭政權，同時並不反對與巴基斯坦合併。聖戰士黨由化名為賽耶德．沙拉胡丁（Syed Salauddin）的前民主派政治人物領軍，他曾於一九八七年參與選舉，卻因明顯選舉舞弊落選。此後，他便帶著許多年輕人，投向武力訴求與巴基斯坦。[17]

JKLF與聖戰士黨都蒐集各種武器，用來殺害不同目標、劫掠銀行，並在警察崗哨前投擲手榴彈。他們的行動愈發大膽；一九九〇年十一月，他們甚至向全印廣播電臺發射火箭炮。政府此刻決定採取較為強硬的立場，派遣準軍事武力與部分軍隊來協助維持秩序。在一九九〇年，谷地內的印度制服軍警高達八萬人。因此「尋求政治解決途徑的意圖已遭擱置，繼之以鎮壓政策」。[18]

喀什米爾的情況明顯反映在一連串報紙頭條上，全都來自一九九〇年的報紙：

追求分離運動中，青年嶄露頭角
爆炸震驚喀什米爾
斯利那加喀什米爾武裝分子吊死警員
巴基斯坦應為查謨與喀什米爾叛變負責
軍隊加入對抗喀什米爾武裝勢力
軍隊調集阿南特納格，實施宵禁
保安武力殺害八十一名武裝分子
三人死於查謨與喀什米爾遊行駁火之中
喀什米爾全面罷工，發現無頭屍體
九月為止，一千零四十四人死於查謨與喀什米爾動亂
斯利那加現「人民權力」；宵禁解除，商店關門
印度國旗在聯合國辦公室燒毀
五十萬人參加查謨與喀什米爾「自由」示威
唯有獨立才能療癒喀什米爾傷口[19]

如同最後幾篇頭條顯示，喀什米爾谷地居民身陷交火之中，卻傾向同情武裝分子而非維安部隊。中立派也在一九九〇年五月廣受敬重的神職人員米爾瓦伊茲．穆罕默德．法魯克（Mirwaiz Mohammed Farooq）遭到謀殺後，被說服站邊。大批哀悼者伴隨米爾瓦伊茲遺體前往下葬地點，然而在某處、某個時間點——細節今日依舊模糊不清——他們與中央預備警察部隊（ＣＲＰＦ）的一個排發生爭

執。CRPF的人在驚慌中，對哀悼者開槍，打死三十人，至少有三百人受傷。米爾瓦伊茲的暗殺者明顯是由巴基斯坦僱用，但當天結束時，印度已經輸了這場宣傳戰。[20]

這些受遣前來的保護者的行為，更深化喀什米爾人的疏離感。印度軍人，特別是CRPF，傾向視多數平民為恐怖分子的同情者。他們的行為遭到國際特赦組織（Amnesty International）[21]及印度人權運動者記錄報導。一九九〇年春季，深受敬重的塔昆德（V. M. Tarkunde）法官帶領團隊前往谷地各處，訪談政府官員、武裝分子與一般平民，記錄下許多軍警的「過度」行為：毆打（有時對象是兒童）、刑求（無辜人民）、法外（或「遭遇」）殺戮及對婦女的暴力行為。「我們無法羅列所有蒐集到的案例。」塔昆德團隊評論：

> 然而主要模式很明顯。武裝分子發動孤立事件，而保安武力反擊。在此過程中，大量無辜人民遭到粗暴對待、毆打、侵犯與殺害。某些案例中，被害者困於交火之中，但更多案例裡，他們完全無涉交火，亦無交火狀況。此一狀況將進一步令人民離心。穆斯林宣稱因其穆斯林身分而遭到殺害與破壞。[22]

V

一般而言，印度的穆斯林族群較印度教徒來得貧窮，教育程度也較低。是有一些穆斯林企業家，但缺乏真正的中產階級。專業職種與政府公職中，穆斯林人數持續低落。都市的穆斯林族群中，百分之四十生活在貧窮線下；鄉村穆斯林的情況也沒有比較好。穆斯林的識字率遠低於全國平均，與其他社群之間的落差逐步擴大。少有穆斯林女孩進入學校受教，男孩則通常進入被稱做「馬德拉沙」（madrasas）的伊斯蘭宗教學校。在這些學校中，古老的授課內容並未讓男孩準備好面對現代經濟的職業所需。同時，印度教同盟家族（Sangh Parivar）的尋釁，在穆斯林知識分子中形塑一種類似圍城的防衛心態。特別是年輕男性，向宗教尋求慰藉，重拾對伊斯蘭教的忠誠，作為貧窮歧視的外在世界以外的另一條路。然而此一信仰的轉向並非總是平靜。一股全印學生伊斯蘭運動已然興起，領導人主張在敵對宗教的威脅下，僅能以武力對抗。[23]

一九九〇年代興起的印度教基本教義派讓原已脆弱的少數族群更加防衛。然而在邊界的查謨與喀什米爾邦，角色卻恰好相反。此處的穆斯林多數逐漸以宗教形式表達訴求，而印度教少數則承受其害。

一九八九年在谷地爆發的群眾暴動，一開始是由JKLF領導。然而不到一年，JKLF已將領導權讓給聖戰士黨，後者對於多元宗教喀什米爾的信念較不明確。要求「自由」的呼聲也為「聖戰」（jihad）口號所取代。正如深受聖戰士黨人歡迎的口號所示：「既非游擊戰，亦非民族解放鬥爭，這是聖戰，聖戰。」[24]

此宗教轉向的影響之一，是喀什米爾的潘迪特種姓（Pandits）族裔成為武裝分子眼中的可疑人物。他們是印度教徒，但在其他方面與穆斯林兄弟無異：使用同樣語言，吃同樣食物，分享同樣的谷地融合文化。過去，印度教徒與穆斯林間曾有過經濟競爭。例如，謝赫曾經厭惡潘迪特人對耕地與國家行政的掌控，因此將其終結。然而社會和諧卻多少已成定局。即便在一九四七年印巴分治的動亂中，喀什米爾也未受影響，甘地本人也稱譽此地為一片和平綠洲。

一九八九年至一九九〇年冬季，隨著聖戰士黨取代JKLF，潘迪特人成為攻擊目標。因為他們是印度教徒，同時在毫無原因的情況下，亦被視為長期壓迫喀什米爾人的政府代表。一九八九年至一九九〇年間，數百名潘迪特人遭到殺害，殺害的方式令存活者感到極度不安。一名記者紀錄了這些謀殺事件，稍後寫下：

> 這些男女並非死於交火，而是遭到系統性的殘暴殺害。許多婦女死前遭到輪暴。一名女性遭到鏈鋸分屍。男人的屍體都有虐殺痕跡。絞殺、吊死、分屍與挖眼並不少見。棄屍旁常有紙條禁止任何人碰觸，違者也有生命危險。[25]

潘迪特人在狂亂中開始逃離谷地，前往以印度教徒為主的查謨區域。其他人則逃得更遠，前往德里甚至孟買。

估計曾有約二十萬名潘迪特種姓族裔住在喀什米爾谷地，到了一九九〇年夏天，至少一半人口已經逃離此處。他們住進難民營，部分由政府設立，其他則由ＲＳＳ設立經營。一開始，政府與他們都期待遷徙只是暫時之舉，一旦恢復和平，他們就可以重回谷地。然而最終，他們持續住在難民營中。[26]

整個一九九〇年代，選擇留在谷地的潘迪特人持續遭到攻擊。有時整個村落陷入大火。世紀終了時，僅有不到四千名潘迪特人仍留在谷地中，數世紀的族群和平共存只留下哀傷追憶。[27]

喀什米爾持續擴張的武裝情勢，受到巴基斯坦積極鼓舞。巴基斯坦三軍情報局（Inter-Servie Intelligence, ISI）設立恐怖分子武裝訓練營，並提供區域地圖。透過ＩＳＩ的協助，喀什米爾運動者可自由穿越邊界，進入印度殺人或設置炸彈，再返回巴國境內休養生息。此刻，來自阿拉伯、車臣與烏茲別克的外國傭兵已加入本土武裝分子行列，他們在對抗蘇聯的阿富汗傀儡政權的戰爭中初出茅廬。當俄國軍隊戰敗返鄉時，這些戰士在喀什米爾解放鬥爭中找到另一場新聖戰。

VI

阿德瓦尼戰車遊行的傷亡者之一，包含總理普拉塔普．辛格。一九九〇年十一月，在缺乏BJP支持的情況下，他的少數黨政府難以為繼，因此辭去總理。如同一九七九年德賽辭去總理時，國大黨讓一位軟弱總理（此時是謝卡爾）繼任，等待黨內籌備期中選舉。選舉在一九九一年夏天舉行；大選期間，拉吉夫在泰米爾納德的城鎮演說時遭到暗殺。暗殺者也遭自己攜帶的炸彈炸成碎片，後來揭露是泰米爾之虎的代表。暗殺行動是為了報復一九八七年拉吉夫派兵對抗泰米爾之虎。

雖然發生拉吉夫暗殺事件，大選依舊如期舉行。民意調查預測將產生沒有任何政黨過半數的國會。然而暗殺事件激起人民的同情，讓國大黨贏得兩百四十四席，加上獨立派的支持，足以組織多數黨政府。來自安德拉邦的國大黨資深成員拉奧曾在拉吉夫的內閣擔任重要職位，此刻宣誓成為總理。

雖曾擔任安德拉邦首席部長，拉奧並非大眾領袖。語言學者出身的他是忠誠的國大黨員，在甘地夫人與拉吉夫任內盡忠職守。他並未參與一九九一年的下議院大選，甚至可能已經考慮退出政壇。然而拉吉夫暗殺事件改變了一切。此刻，拉奧成為國大黨總理提名的妥協選擇，擊敗野心勃勃的對手阿爾周．辛格（Arjun Singh）與帕瓦爾（Sharad Pawar）。

拉奧就任時，立刻遭遇重大危機，這與國家高漲的外債有關。印度長期從多邊機構如世界銀行那裡獲得援助，拉吉夫政權也快速增加從市場舉債的金額。一九九一年夏季，印度國債已經來到七百億美金的規模，其中百分之三十屬於私有債權。印度的外匯存底一度僅餘兩週進口存量。

除了前任政府揮霍借款，另外兩個因素也導致這波危機。波斯灣戰爭大幅度推升石油價格，這是印度進口帳單上的主要項目。同時印度內部的政治不穩也導致許多海外印度人撤出印度銀行的美元存款。[28]

出任總理前，活在甘地大人與其長子陰影下的拉奧以安靜低調聞名。然而此刻他表現出與先前性格大相逕庭的魄力。拉奧請曼莫漢．辛格博士（Dr. Manmohan Singh）出任財政部長，這位不涉政治的經濟學家先前曾擔任印度儲備銀行（Reserve Bank of India）總裁與財政部主祕。更重要的是，拉奧給予曼莫漢．辛格推動適當經濟改革的自由。

加入印度公職前，曼莫漢．辛格的牛津大學博士論文曾建議印度應開放自由貿易。這份論文寫於一九六〇年代；三十年後的此刻，他掌握機會付諸實踐。印度盧比貶值，進口限額移除，關稅降低，鼓勵出口及外國直接投資。本國市場也進行自由化，「執照許可限額體系」（license-permit-quota-raj）取消，並限制公部門擴張。最終，這波改革尋求減少政府浮誇支出。曼莫漢．辛格引入新的政策降低預算赤字，當時赤字高達國民生產毛額的百分之八。[29]

新政府首波行動之一，是盧比貶值。一九六六年盧比貶值失敗期間，拉奧也是國大黨的一員，曾見證當時的新手總理（即甘地夫人）因此遭受重批；此刻對於改革的新方向亦感緊張。然而，此為必要之舉，盧比貶值達百分之十八以鼓勵出口貿易。財政部長積極捍衛這項大膽且充滿爭議的行動。他告訴媒體，蘇聯與中國等社會主義國家近期也進行貨幣貶值，而巴基斯坦與南韓（及其他亞洲國家）更透過強勁匯率政策，提升自己的競爭力。「我們的人——經濟學家、記者與政治家，」

曼莫漢．辛格說，「竟認為貨幣貶值是罪惡且不誠實之舉。事實並非如此。」若盧比匯率持續不變，已經岌岌可危的國際收支平衡將雪上加霜。[30]

同時間，一九九一年七月推出的新工業政策清楚表示：「除特別規範外，此後無論投資規模高低，所有產業執照將予廢止。」國防重要產業或對環境與人體健康有害之產業除外，例如菸酒生產。這是現行政策的大幅度轉彎；現行政策將許多產業保留國有，其他則留給小規模生產者。[31]服務業也進行自由化，鼓勵私人投資保險、銀行、電訊及航空旅遊等過去或多或少在國家掌控之下的產業。部分經濟學家認為改革走得還不夠遠，例如：勞動法規仍舊僵化（讓經理人幾乎無法解僱任何工人）。同時，投資障礙雖已移除，企業移出的障礙仍舊存在（因此，企業家關閉獲利不佳部門前仍須獲得政府允許）。官僚體制雖遭鬆動，卻未完全瓦解。在印度成立公司仍需要數週到數月的時間；相對地，在中國或馬來西亞僅需數日。[32]

監督這些（早該推動的）改革時，曼莫漢．辛格獲得一些能幹的公僕協助，但最重要的是總理的支持。傳統上國大黨深信國家應站在「經濟指揮高度」。尼赫魯與甘地夫人都自視社會主義者。因此黨內上下，特別是資深領袖，將如何回應此一傳統的基進翻轉？讓財政部長放手一搏的同時，拉奧保證他將說服國大黨接受改變。如同曼莫漢．辛格後來追憶：「國內與〔國大〕黨內有許多反對聲音，然而拉奧總理的政治手腕克服了這一切。」[33]

事實上，一九八〇年代，印度政府本身對於企業的反感也有些消減。私人企業受到更多鼓勵，並取消關鍵產業執照制度。這些「傾商」政策讓印度產業更有產能及獲利。然而未能成為真正的「傾向市場」政策，移除印度或外國企業設立與撤場的障礙，進而鼓勵競爭並擴展消費者選項。[34]

拉奧與曼莫漢．辛格在一九九一年導入的變革，與過往政策大相逕庭。新政實施的僅僅一、兩年前，這類改革仍被視為不太可能，甚至行不通。一九八九年出版的一本書中，哈佛商管學院教授指出既得利益者是導致計畫經濟持續施行的原因。這些人包括政客、官僚與本國企業家。哈佛教授寫道，此一利益同盟的明顯把持「削減了國家經濟政策根本改革的可能性」。諸如南韓等國家中，市場法則與開放外資造成財富與產能增加。然而在印度，國家「癱瘓」，而本國企業家「無視」改革需要。未來機會渺茫；「其他工業化國家達成『奇蹟般』成長的機會，將持續與印度無緣。」[35]

多年來，印度經濟成長率常被戲稱為「印度式成長率」。一九八〇年代的傾商改革提高了成長率，一九九〇年代的市場改革將進一步提升成長率。表26-1總結印度經濟的穩定改善。

VII

當普拉塔普．辛格宣布推動曼達爾報告時，當時在野的國大黨不置可否。一九九一年大選後，國大黨重返中央執政；該黨在北方邦與比哈爾邦的低支持率，受到南方強勁表現彌補。然而若國大黨意欲在北方重新站穩陣地，仍需重獲落後種姓支持。因此，新上任的國大黨總理拉奧在一九九一年九月二十六日發布新的政府命令，支持曼達爾報告，另加但書：其他落後階層分得的百分之二十七公職，「應以（族群內）較貧

表26-1

期間	國民生產毛額成長率	人均收入成長率
1972-1982	3.5%	1.2%
1982-1992	5.2%	3.0%
1992-2002	6.0%	3.9%

資料來源：Viajy L. Kelkar, India: On the Growth Turnpike, K. R. Narayan Oration, Australian National University, Canberra, 2004.

困的候選人為優先。」

同時間，最高法院持續就提交的請願案舉行聽證，最終於一九九二年十一月十六日做出判決。七名法官駁回請願，支持曼達爾委員會與推動建議之行政命令的合憲性。另外三名法官則持異議。判決意見書特別冗長，密密麻麻的印刷文件將近五百頁。持異議的法官認為「種姓的集體性」是「違憲」；判定弱勢的基準，應採用收入等非個人標準。另一方，代表多數的雷帝（Jeevan Reddy）法官引述過往判例，種姓曾被視為落後的代表。他指出：

> 在印度脈絡中，無庸置疑，社會落後導致教育落後，兩者共同導致貧窮——後者又回過頭來產生並延續社會與教育的落後狀態。相互推波助瀾之下，產生惡性循環。眾所皆知，獨立之前的行政體系幾乎充滿「高階」種姓成員。首陀羅、表列種姓及表列部落、穆斯林和基督徒中的類似落後社會團體，幾乎無從進入行政機構任職。優惠落後階層的保留名額，正是為了修正這樣的不平衡狀態。[36]

支持政府行政命令時，最高法院也新增兩項警告：任何情況下，政府公職保留名額不應超越百分之五十；種姓條件僅適用於招募，不適用升遷。

一九七八年人民黨（Janata Party）組成了曼達爾委員會；一九九〇年該黨新分身，亦稱人民黨（Janata Dal）推動執行了委員會建議。敵對政黨一開始並未分享這股熱情。印度共產黨（CPI）與印度共產黨（馬克思主義）（CPM）傳統上以階級——而非種姓——作為政治動員的主軸。BJP以宗教（印度教）為宗。至於國大黨，則自認為全國代表。然而，一九九二年十一月最高法院通過判決時，這些政黨全都準備支持曼達爾的建議。因為他們很快地理解到曼達爾委員會報告的政治意涵，以及反對者要付出的政治代價。

圍繞著曼達爾委員會的爭議，某些部分令人想起一九五〇年代時，圍繞著邦重組委員會報告所生的論辯。作為認同標誌，種姓與語言同樣基本原始；現代化知識分子的厭恨程度，與社會政治動員上的成效不相上下。一如既往，面對算術邏輯時，言詞論辯顯得無力。一如既往，始於激烈多面向論辯者，卻終於各黨共識。

多數印度政府委託報告，不僅乏人閱讀，更鮮少獲得討論。邦重組委員會與曼達爾委員會報告卻是例外。它們受到廣泛閱讀、論辯，甚至最終獲得執行推動。也許因為影響的人數眾多，它們可能是世上任何政府委託報告中影響最重人的兩者。

邦重組委員會報告的影響是直接的：依照語言界線重劃印度的行政地圖。而曼達爾委員會報告的影響，主要卻是間接的。建議之下，僅有數萬政府公職將保留給其他落後種姓。然而過程激起的辯論及最終接納，對其他落後種姓的尊嚴與團結是重大刺激。受益者包含兩位亞達夫種姓政治人物：拉魯與穆拉亞姆。兩人都離開人民黨（Janata Dal），成立自己的政黨，並成功獲得支持。拉魯的國家人民黨（Rashtriya Janata Dal）在比哈爾邦執政超過十年（直到二〇〇五年）；我寫作本篇之時，該黨再次成為該邦聯合政府的主導政黨。穆拉亞姆的社會黨（Samajwadi Party）一九九〇年代期間在北方邦陸續執政；我寫作本篇之時，穆拉亞姆之子阿耆列希（Akhilesh Yadav）出任首席部長而再度執政。

VIII

在一九九一年國會大選中，ＢＪＰ贏得一百二十席，比前一屆增加三十五席。同時間，它也贏得北方邦議會選舉。此刻ＢＪＰ已掌握北印度四個邦，包括中央邦、拉賈斯坦邦與喜馬偕爾邦。明顯地，羅摩運動正帶來政治紅利；暴動有效轉成選票。同時，這些選舉勝利正導向認同危機。羅摩運動是個政黨？還是社會運動？部分領袖認為黨內應先擱置清真寺與神廟的爭議，面對更大的經濟與外交政策議題，同時擴張在南印度的影響力。另一方面，ＶＨＰ與ＲＳＳ則決心讓阿逾陀土地爭議持續放在聚光燈下。一九九一年十月，他們取得清真寺附近的土地，開始剷平地面，預備興建神廟。

一九九二年七月，中央政府派遣小組前往現場了解狀況。他們發現在爭議場址已有「大規模破壞」，並建有「大型水泥平臺」，兩者都明顯違背法庭維持現狀的命令。他們沮喪地發現，由ＲＳＳ資深老手卡利楊・辛格（Kalyan Singh）為首的北方邦政府，對於這些活動睜一隻眼閉一隻眼。總而言之，「阿逾陀明顯違反法律命令。」

擔憂緊張情勢會升高，新德里的內政部已準備一套緊急應變計畫，包含在北方邦實施總統接管，並由中央政府接手清真寺／神廟場址。然而，總理拉奧仍舊期盼以對話解決問題。他與ＶＨＰ領袖舉行數次會議，同時也徵詢敵對的巴布里清真寺行動委員會（Babri Masjid Action Committee）的意見。更討論將此事交付最高法院進行審理的可能性。[37]

此時，ＶＨＰ宣布已選出十二月六日為神廟開工「吉」日。從十一月中開始，志願者開始湧向阿逾陀，更受到此時由BJP掌控的邦政府鼓舞。首席部長卡利楊．辛格被召往新德里，總理要求他讓最高法院來進行裁決。卡利楊則回覆：「阿逾陀唯一的全面解決方案，就是將爭議建築交給印度教徒。」[38]

卡利楊下令邦政府為數千名由邦外湧入的志願者提供住宿與食物。關於大規模湧入人潮的報告令內政部感到緊張。他們準備了一份新的應變計畫，預備派遣準軍事組織進入阿逾陀。十一月底，約有兩萬名軍力駐紮在城外約一小時路程之處，預備在需要時入城。當時內政部主祕宣稱：「是獨立以來此類行動最大規模的人力動員。」[39]

另一方面，超過十萬名聖工已經抵達神廟所在的城市，「帶著三叉戟與弓箭。」十一月最後一日，在德里的記者會上，阿德瓦尼宣布出發前往阿逾陀，並說：「目前我無法保證十二月六日會發生何事。我只知道我們將盡神的『聖工』。」[40]

六日清晨，現場一名記者發現「手持指揮棒的北方邦武警（PAC）與戴有臂章的RSS志願者跨在（圍著清真寺的）維安牆上」。駐紮在阿逾陀附近的中央軍力並未收到入城命令。因此維安工作則由北方邦警力與武警執行。VHP計畫在十一點三十分，於先前興建的高臺上舉行祈禱。然而此時部分聖工已經開始威脅清真寺的安全。RSS工作人員及武警試著阻擋，卻遭到群眾丟擲石塊攻擊。隨著每分鐘過去，群眾情緒更加高漲。「我們將在此建造自己的神廟！」他們指著巴布里清真寺高喊。一名大膽的年輕人攀爬圍繞著清真寺的鐵條，爬上圓頂之一。這是群眾向清真寺大舉入侵的信號。警察紛紛逃離現場，讓數百名聖工揮舞著斧頭與鐵條，入侵清真寺。

到了中午時分，志願者爬滿清真寺，高舉番紅花旗幟，高喊勝利口號。綁上繩索的鐵鉤被嵌入圓頂，底座已遭榔頭斧頭破壞。下午兩點，圓頂之一倒塌，數十人隨之陷落。「再敲再打，巴布里清真寺將會倒塌！」基進傳道者利坦姆巴拉（Sadhvi Ritmabara）大喊。三點三十分，第二座圓頂倒塌。一小時後，最後的第三座圓頂也遭破壞。曾見證古往今來許多統治者與朝代，經歷四百多次雨季侵襲，這座建築物竟在一個午後成為殘磚斷瓦。[41]

巴布里清真寺之毀是否為事前計畫？又或者僅是大眾憤怒情緒的立即反應？明顯地，部分BJP領袖對於事件轉折感到震驚。雖然一週前才發表威脅演說，當阿德瓦尼看到志願者衝向建築物時，也要求他們回來。當圓頂倒塌時，他與RSS的資深幹部賽沙德利（H. V. Seshadri）與蘇達善（K. S. Sudarshan）發生爭執。他們認為事情既已發生，RSS與BJP應搶下功勞。「歷史的進程並非命定的，」蘇達善對阿德瓦尼說，「接受既成事實。」阿德瓦尼則回答，他寧願「公開表示悔意」。[42]

事件後的記者會中，BJP發言人最常用來形容阿逾陀事件的字，是「不幸」。他們知道在一個表面法治的國家中，主要反對黨的破壞行為將很難獲得原諒。六日晚間在黨的德里總部遇到記者時，思想家馬爾卡尼「明白表示，我們確實想要移除舊建築，但應透過法定程序，不幸卻遭到不正常毀壞」。馬爾卡尼試圖將BJP從行動區隔開來，宣稱攻擊清真寺的聖工多數可能來自希瓦吉之軍，因為他們被聽到使用馬拉提語。[43]

運動中的基進派則較不裝模作樣。一名VHP的領袖誇稱，九月時已要求工程師找出建築物的脆弱處，志願者也受訓如何讓建築物倒塌。「若沒有這些計畫，你以為我們如何在六小時內摧毀清真寺？」他告訴記者，「你認為一群狂亂的聖工能夠系統性完成任務？」[44]清真寺毀壞後不久，在馬德拉斯的一場演說中，善辯的舒利（Arun Shourie）指出：「雖然BJP領袖試圖與清真寺之毀劃清界線，印度的印度教徒卻認下此事，宣稱是自己所為。」舒利說，阿逾陀事件展現出「印度教徒此刻了解到自己人數眾多，政府機構掌權者也意識到這點，因此他們可隨意志改變政府方向」。他的希望是：「阿逾陀運動應被視為文化覺醒的起點，最終將以呼應印度文明遺產的方式，走向印度公眾生活的完整重構。」——也就是拐個彎說，巴布里清真寺之毀是應當的，也或許會是將印度重塑為印度教國家的前奏。[45]

我們無法確認所有印度教徒是否如舒利認定，都有類似想法。然而那些在十二月六日毀壞清真寺的印度教徒確實讓印度國家隨其意志起舞。阻止群眾的武力已經在側，然而從未下令行動。出於擔憂遭指為反印度教，拉奧總理的政府「認為清真寺之毀是兩害相權取其輕」，僅在毀壞完成後才採取行動，解散北方邦政府，實施總統接管。[46]

當巴布里清真寺的圓頂倒塌時，站在圓頂上的人也隨之陷落。超過五十名聖工受傷，部分傷勢嚴重。至少有六人回報死亡。然而事件的後續效應卻更致命。ＢＪＰ的主要領導人如阿德瓦尼受到保護管束；然而暴動在各城鎮爆發，毫無節制的暴力持續超過兩個月，並奪走超過兩千條人命。

動亂由阿逾陀周邊開始發生。當地一名有影響力的祭司認為阿逾陀應當成為「印度教徒的梵諦岡」。清除城內少數族群是朝向目標邁進的一步。聖工以縱火焚燒穆斯林住家社區來歡慶清真寺倒塌。其他城鎮中，ＶＨＰ遊行所到之處，暴動叢生。其他地方則是穆斯林上街抗議清真寺之毀，攻擊派出所並試圖燒毀政府建築物。

有時由勝利的印度教徒所激發，有時則是穆斯林反抗，暴動跨越印度北部與西部大片區域。古吉拉特邦死亡兩百四十六人，中央邦一百二十人，阿薩姆邦一百人，北方邦兩百零一人，卡納塔卡邦則有六十人。暴徒使用的武器包括強酸、投擲硬物、刀劍及槍枝。孩童遭活活燒死，婦女則遭警方槍殺。在這段暴力瘟疫蔓延中，「展現出了……人類惡意的各種可能。」[47]

受到最嚴重打擊的都市，是印度的商業首都孟買。十二月七日上午，穆罕默德阿里路的穆斯林社區目睹集體憤怒宣洩而出，印度教徒的商店遭到劫掠，BJP領袖肖像遭到焚燒。一間神廟也遭夷為平地。當一群警力抵達現場時，群眾並不害怕。「阿逾陀的警察只是旁觀，看著清真寺被毀。」他們高喊，「現在我們要來對付你們。」當天與次日，暴徒與警察在此區域中搏鬥。至少六十人死於暴力之中。

同時間，孟買北方的達拉維（Dharavi）貧民區則因印度教徒過度的勝利情緒而遭殃。BJP與希瓦吉之軍組織的「勝利遊行」，最終卻演變成攻擊穆斯林住家與商店。為了反擊，穆斯林刺殺一名祭司，並放火燒了他的神廟。在其他區域，憤怒則是針對政府，而非敵對社群。數十輛政府巴士，以及至少一百三十處巴士停車站，遭到破壞或焚毀。[48]

十二月九日，希瓦吉之軍與BJP宣布發起全市大罷工，以抗議領袖在阿逾陀遭逮捕。一名孟買記者回憶，這是「給追隨者的信號，讓他們開始大劫掠。他們攻擊清真寺與穆斯林機構。在某處社區，希瓦吉之軍貼了告示，宣布將提供五萬盧比獎金，給任何指出穆斯林住家的人」。[49]

希瓦吉之軍受到領導人與導師塔克雷鼓舞。在十二月十日出版的黨報《面對》（*Saamna*）的社論中，塔克雷堅持過去數日的暴力不過是——

> 報復戰爭時代的開始。在此時代中，不只這個國家，全世界的歷史地理都將改變。聯合印度教國家（Akhand Hindu Rashtra）的夢想即將成真。瘋狂罪人〔即穆斯林〕的影子都將由我們的土地上消失。現在我們將快樂地活著及離去……掉幾滴眼淚是不可能推動革命的。革命只需要一種祭品，正是信徒的鮮血！[50]

政府實施宵禁，並下令軍隊進駐，仍舊花了十天時間才讓城市返回正常生活，通勤火車恢復行駛，辦公室與工廠重新營業。和平維持了三週，暴動卻在一月初捲土重來。一月五日上午，兩名印度教碼頭工人在穆斯林社區中遭刺身亡。原因並不清楚，也許是工會對立，然而印度教徒在穆斯林區中被殺的消息傳遍全市，激起更多暴力。在達拉維，憤怒的印度教徒打劫穆斯林擁有的商店與倉庫。另一處貧民區喬格許瓦利（Jogeshwari）中，一個印度教家庭遭活活燒死。一星期間，火焰熊熊燃燒，直到塔克雷在《面對》社論中宣布「既然狂熱分子已經獲得教訓」，攻擊可以停止。承受暴力苦果的確實是少數族群。將近八百人死於暴動中，至少有三分之二是穆斯林，而他們不過占全市人口的百分之十五。

孟買再一次步履蹣跚地返回正常生活。這一次，和平維持了整整兩個月。一九九三年三月十二日，一連串炸彈在南孟買引爆；一個設在證券交易所外，其他的則設在豪華旅館及辦公大樓的內外。爆炸發生在剛進入午後的時間，正是孟買最富裕區域最忙碌的時刻，目的正是為了造成最大規模的傷害。超過三百人死於爆炸之中。用來引爆的材料是強力的RDX炸藥。這次行動主謀指向兩名以杜拜為基地的黑幫首腦，都是穆斯林；明顯是為了稍早其他穆斯林之死展開報復。

數年來，希瓦吉之軍的興起，對孟買作為普世多元文化城市的聲譽帶來衝擊。一九九二年至一九九三年的暴動與炸彈攻擊，更對孟買形象造成實質傷害。此刻，孟買已經「永遠改變」，成為「深刻分裂的城市」，甚至是「自我攻擊的城市」。[51]

巴布里清真寺之毀固然令人沮喪，然而正如專欄作家康崔特（Behram Contractor）所寫：「更大的悲劇，也許並不是印度已非世俗國家，而是孟買不再是個普世都會。此後無論發生何事，不論是羅摩出生地議題獲得解決，或印度教徒與穆斯林重新學習共存，孟買作為一個自由生活、高度活躍的城市，吸引全印各地各族群的形象，已經永遠不再。」[52]

印度教右派的普遍崛起，特別是阿逾陀事件，激起一股關於印度未來的悲觀預感。「國家的世俗經緯已經遭到嚴重損害。」馬德拉斯雙週報《前線》（*Frontline*）寫道：「印度將再也不同。」因為「十二月六日與七日的事件，讓印度人預先體驗了，當印度教徒主義（Hindutva）結合印度教國家（Hindu Rashtra）後可能發生的狀況。明顯地……少數族群將失去生存權，更別提社會互動；言論自由將不復存在；只有當權者所認定的才是真實」。「〔一九九二年十二月六日〕那週後，印度也許已經永遠改變了。」加爾各答週刊《週日報》評論道：「在世界眼中，印度朝著劣質非洲式『民主』又更進一步。」新德里雜誌《今日印度》則悲嘆：「阿逾陀暴力破壞行為散發的力量，不只是造成恐怖人命損傷，也將我們作為國家與人民群體的希望與期盼，擊成碎片。」[53]

西方媒體也同樣憂慮。「如同四百六十四歲的巴布里清真寺頂上的三個圓頂，」《時代週刊》寫道，「印度國家的三大支柱——民主、世俗主義與法治，此刻正受到宗教民族主義的怒潮所威脅。」[54]清真寺倒塌次日，倫敦《泰晤士報》以頭條報導：「武裝分子將和諧希望掩埋在印度清真寺的瓦礫之下」。此日報紙引述工黨政治家史卓（Jack Straw）的看法，他當時正出訪孟買。史卓認為真正的危機在於，印度可能陷入「宗派主義的深淵」。同一天也刊出愛爾蘭知識分子歐布萊恩（Conor Cruise O'Brien）的主題文章，他信心滿滿地宣稱「印度作為世俗國家的歷史看似已達終點」。歐布萊恩現在預期將有大批穆斯林湧入巴基斯坦，受過教育的印度教徒將移民到歐洲與北美地區。[55]

這類意見是容易激動的記者與專業憤世嫉俗者立即、甚至是反射性的反應（歐布萊恩先前曾預測柏林圍牆倒塌，將導致德國的希特勒崇拜與納粹理想政黨的復興）。然而接受長期視野訓練的作家也回應這些恐懼。一名曾經針對印度久人陸寫過多本深情著作的英國作家也認為：「任何關心這個國家的人，都不禁為世俗民主制度的未來感到憂心。」[56]另一位終生研究印度的美國學者甚至將印度教同盟家族比為納粹。「我們太晚注意到，」布拉斯（Paul Brass）指出，「印度政治與社會呈現許多前法西斯階段的致命徵候，並在許多都市產生多種地方性的水晶之夜❶事件。」在「地方層級擴散的暴力、不法與無序」，布拉斯認為可能會促使中央政府（當時由國大黨控制）「再一次進行極權控制」。因為「世俗機會主義者與沙文民族主義者，都追求同樣的幻象與奇想——亦即所有二十世紀極權共同追求的偉大團結國家的『象徵與陰影』。印度國家也許還不會在兩者之間的衝突下解體」。[57]

如同一九四七年印度獨立以來的西方預測，這些預測同樣帶著悲觀警示意味。印度一度被認為將巴爾幹化，分裂成許多區域，或經歷大規模饑荒。此刻則認為印度將變成非洲式廉價獨裁政權，或歐洲式法西斯獨裁。這些預測並未實現。雖然如此，巴布里清真寺之毀及後續暴動，確實在個人、社群，甚至整個國家身上，留下深刻傷痕。

❶ 譯注：係指一九三八年十一月九日至十日凌晨，納粹黨員與衛隊襲擊德國全境猶太人的事件，一般認為是組織性屠殺猶太人的開始。

第二十七章
多極政治體系

當前認同政治，或種姓與社群政治的再起，不過是團體高於個人的一種表現方式。對於印度的民主自由來說並非好預兆。

——貝泰耶，社會學者，二〇〇二

I

前一章分析兩種認同基礎的大眾動員的崛起與影響，亦即由社會黨及國家人民黨所組織的「其他落後種姓」，與印度人民黨（BJP）所組織的印度教徒。明顯地，一九九〇年代更目睹達利特人的興起，亦即過去稱為「穢不可觸」的族群。這股運動由大眾社會黨（Bahujan Samaj Party, BSP）❶

❶ 譯注：Bahujan在上古巴利文（Pali）中，意指多數大眾，經常出現在初期佛經中，佛陀用以指涉「眾生」。Samaj意指社會。

帶領，領導者是傑出的政治創業家坎西・拉姆（Kanshi Ram）。

一九五六年安貝卡博士去世後，最知名的「穢不可觸」領袖是賈希文・拉姆（Jagjivan Ram）。他隸屬於國大黨，因為他的關係，種姓的最低階層被視為國大黨的「鐵票倉」。這種說法僅在馬哈拉什特拉邦受到挑戰，先是來自安貝卡博士去世後不久組成的共和黨（Republican Party），後來則是達利特黑豹武裝組織。影響之一，是意為「受壓迫者」的「達利特」一字，逐漸取代正式的「表列種姓」或甘地式的「神的子民」，成為低種姓者喜好的自稱詞。

一九五〇年代到一九八〇年代，達利特人通常支持國大黨。幾十年來，賈希文扛著「受壓迫者的旗幟，為他們的利益挺身而出」。一九八八年他的去世，如一篇訃聞所寫，「留下一道缺口」，幾乎難以填補。「無序四散，缺乏領導，受到壓迫，表列種姓組成印度百分之十五的人口，他們的命運……懸於未定之天。」[1]

然而此刻坎西（與賈希文無親屬關係），已經活躍超過十年。一九三二年生於旁遮普，大學畢業後加入政府公職，在馬哈拉什特拉的一間實驗室工作，在此接觸到安貝卡博士的著作後走向基進改革。一九七一年他辭去工作，成立一個代表弱勢背景公職人員的組織，稱為「全印落後及少數族群受僱者聯盟」（All India Backward and Minority Communities Employees Federation, BAMCEF）。接下來十年，坎西前往印度各地，在各邦各市成立分會。到了一九八〇年代初，BAMCEF已擁有二十萬會員，許多人是大學甚至研究所學歷。這是一個表列種姓菁英分子的工會，用領袖的話來說，將成為受壓迫階級全體的「智庫」、「才庫」與「金庫」。[2]

BAMCEF的茁壯區域是北印度，特別在北方邦，聯盟舉辦的示威通常吸引超過十萬名以上的參與者。聯盟的成功鼓舞了坎西組成政黨。早期試過數個名稱，最終則定為ＢＳＰ，「大眾」

（bahujan）一詞較「達利特」（dalit）的包容性更強。後者代表表列種姓或前穢不可觸族群，前者則包含了落後種姓與穆斯林。

實施了四十年的優惠待遇措施，在表列種姓之中創造了一群強大且表達清晰的中產階級。一開始，表列種姓者主要進入國家機器最底層的粗重工作。隨著時間推進，出現在高階工作的比例愈來愈多，甚至出任第一級的法官與祕書處官員。

政府公職提供穩定經濟與社會聲譽。到了一九九五年，超過兩百萬達利特人因此提升生活水準。然而，絕大多數達利特人持續過著經濟貧困與社會地位低落的生活，擔任農工、清潔工與建築工人。[3]然而，現在已有相當規模的中產階級為其利益發聲，這群人先是BAMCEF成員，接著更擔任坎西的BSP的領導者。在這方面，他們所走的途徑幾乎是其他落後種姓者的相反之道。其他落後種姓嘗到政治權力後，試圖透過曼達爾報告尋求行政權。然而，表列種姓則在尋求政黨政治更大影響力之前，先在行政體系取得一席之地。

BSP首次參選是一九八四年的全國人選，雖有超過

表27-1　印度政府公職中表列種姓職務類別統計

類別	表列種姓者受僱人數		所有職務中表列種姓者百分比	
年分	1965	1995	1965	1995
第一級	318	6,637	1.64	10.12
第二級	864	13,797	2.82	12.67
第三級	96,114	378,172	8.88	16.15
第四級	101,073	2,221,380	17.75	21.60
總　計	198,369	2,619,986	13.17	17.43

資料來源：Niraja Gopal Jayal, 'Social Inequality and Institutional Remedies: A Study of the National Commission for Scheduled Castes and Scheduled Tribes', NETSAPPE會議論文。邦加羅爾，2003年6月。

百萬選票，卻未獲席次。在北方邦選舉中則留下深刻印象。在此，政黨運動者成功動員達利特大眾，警告他們國大黨只想要達利特人之中的聽話馬屁精（chamcha）。相對地，BSP代表「社會正義」，甚至「社會轉變」。只有自己的政黨能夠提高達利特人的尊嚴、自信與希望。[4]

達利特律師、教師與官員將這些訊息傳達給較弱勢的兄弟姊妹。除了舉行會議與抗議，這些知識分子發行一系列文章，提供低階種姓者自己的英雄歷史。背後的信念是：「直到目前為止，印度歷史主要都是由婆羅門所寫。」現在撰寫的另類歷史，宣稱「開創哈拉帕與摩亨佐達羅文化」者，實際上是達利特人。然而入侵的亞利安人「奪走他們的土地，強迫隔離，綁架他們的文化，迫使他們成為奴隸」。在歷史上，這類壓迫受到達利特工人、農民、歌者與詩人的堅決反抗。不論真實或神話，他們的言行都記載在印刷小冊中，一九九〇年代在北方邦發行了數十萬份。[5]

政治組織與社會啟蒙攜手讓BSP在北方邦獲得大幅進展。一九九三年邦選舉中贏得六十七席，BSP的收穫主要是由國大黨收割得來。由達利特人主導的政黨成為此邦第三大政黨，僅次於穆拉亞姆的社會黨與印度教徒為主的BJP。

此時，坎西在BSP中的領導地位，已為過去的門徒所取代。她的名字是馬雅瓦蒂（Mayawati），一九五六年生於新德里，是一名政府職員之女。她曾經期望加入印度公職體系，但在一場BAMCEF的集會上遇見坎西，讓她改而從政。在大眾集會上，她的演說技巧及針對政敵國大黨的尖銳機智，吸引了大家的注意力。一九九〇年代初，她成為政黨的代表人物。她了解達利特人不可能靠自己執政，因此試圖建立跨種姓、跨黨聯盟。一九九五年，她成為北方邦首席部長，是印度第一大邦的第一位達利特人，也是第二位女性首席部長。這次任期雖短；但她後續還數次出任北方邦首席部長，任期更長。

一九七〇年代，印度事務專家與記者卡麥隆（James Cameron）撰文，指出印度公共生活中的女性知名人物都來自上流階級，擁有英語背景。「從未有任何勞工階級女性擔任印度政治要職，」卡麥隆說，「很難說未來是否有此可能性。」然而二十年內答案卻已浮現，或者可說是對前言的反駁：一名生於達利特人家的女性，成為印度人口最多之邦的首席部長。[6]

在國家的其他角落，達利特人也開始發聲。「當代印度表列種姓最重要的特徵，」社會學家貝泰耶說，「是他們逐漸提升的能見度。」他們仍舊「受到剝削、壓迫及汙名化；然而再也無法忽視他們在印度社會中的存在」。[7]

曾經順從而受壓迫，達利特人現在了解自己在印度憲法中受保障的權利，並預備為其而戰。確實，首先倡議這部憲法的安貝卡博士則成為各地達利特人的象徵與啟發。一名人類學者寫道：「泰米爾納德各處，安貝卡博士的雕像、肖像畫、海報與名牌四處可見，充滿以他命名的廳堂、學校與大學，甚至他的意識型態對手也必須複製他的形象，並承續他的遺產。」[8]其他邦的狀況也大同小異。達利特人居住或工作的區域，一致懸掛安貝卡博士的照片：裱褙精美，敬供花環，懸掛於村莊、住家、商店與辦公室的顯目位置。同時，來自達利特團體的壓力，讓安貝卡博士雕像出現在城市村鎮的公共空間中——主要道路交會、火車站外及公園內。這位領袖驕傲挺立，右手握有一卷他協助草擬的憲法。[9]

II

在低階種姓樹立地位、印度教右派鞏固團結的背景下，即便地位較為不穩，拉奧仍持續擔任總理。許多人認為他應為巴布里清真寺之毀負責，批評者認為他應該啟動憲法第三百五十六條，解散卡利楊．辛格明顯偏袒一方的北方邦政府。部分資深國大黨人試圖讓他下臺卻未成功，因此離開國大黨自組政治勢力。

雖有政治上的弱點，及明顯缺乏自信的性格，拉奧卻推動了經濟政策的基進改革。外交政策上也採取大膽行動。例如：積極與東南亞國家修好；此舉無非出自東南亞區域經濟實力漸增的考量，技術上卻包裝成重返尼赫魯的「泛亞」政策。[10]同時印度也在拉奧任內開始與以色列建立正式邦交，並翻轉了幾十年來的印美關係，讓疏遠的兩大民主國家逐步靠攏。[11]

政治生涯中，拉奧一直是個尼赫魯—甘地家族的忠誠追隨者，但非應聲蟲。成為總理後，他開始展現自己的能力。上任後數個月，他曾經常探訪拉吉夫的遺孀索妮雅（Sonia Gandhi）。然而，隨著時間流逝，這類探訪也愈來愈少。

一九九四年，印度與全世界歡慶聖雄甘地一百二十五週年冥誕。為表慶祝，拉奧宣布成立甘地和平獎（Gandhi Peace Prize）。拉奧對於甘地的崇敬不成問題，然而藉由成立此獎項，也許正是微妙冷落著相同姓氏卻毫無關係的另一家族。當年拉吉夫上任總理後的幾個動作之一，正是成立以其母為名的獎項，他的政府宣稱此獎將與諾貝爾和平獎同樣尊榮。甘地夫人獎的獎金為兩百五十萬盧比；現在拉奧宣布甘地和平獎的獎金將是前者的四倍。

III

拉奧的創舉之一，無疑直接受惠於拉吉夫的施政，亦即憲法第七十三號與七十四號修正案。前者要求在村、縣（taluk）與市的層級，建立地方自治團體。後者則要求在城鎮實行相同政策。其中，所有席次的三分之一必須保留給女性，另外還有表列種姓與部落的保留席次。

村落自治（Panchayati Raj）是聖雄甘地的長期理想。然而尼赫魯與甘地夫人對於將權力下放地方都很遲疑，雖然原因不同：前者認為將阻礙經濟發展，後者則出於偏好中央集權。一九六〇年代，拉賈斯坦與馬哈拉什特拉邦都曾實驗村與市議會的形式。然而，首先認真推動村議會的邦卻是西孟加拉；一九七七年左派陣線掌握政權之後開始推動。這個制度進一步受到卡納塔卡邦的人民黨政府支持，在一九八三年至一九八七年之間，將行政責任大幅下放到地方團體手中。

拉吉夫身為一九八四年至一九八九年的總理，試圖創造一個全印一體的地方自治制度。他對此事的興趣，部分是對地方自治運動風潮的屈服，後者要求更大程度的權力與權威分享。但部分也是出於政治計算：國大黨在中央行使統治權，然而許多邦政府卻由敵對政黨把持。村落自治將允許新德里跳過這些政黨，直接與草根基層打交道，將過去直接轉進邦省行政機關的預算補助，部分提供給地方團體。[12]

這個過程雖由拉吉夫發動，但直到他死後，國大黨再次執政中央時，才開花結果。憲法修正案的討論過程中，邦政府對於權威受到影響一直頗為掛慮。最終通過的修正案裡，賦予各邦訂定境內地方自治功能與權力的決定權。因此各邦採取的行動、目的與影響差別甚鉅。某些邦將發展工作各層面的責任都賦予地方自治團體，包含灌溉系統、教育、公衛與道路建設等，並提供相應預算。其他邦則對地方自治團體的功能與財政，採取較為保留的態度。[13]

首先，西孟加拉邦是村落自治的先行者；此後則由共產黨勢力較盛的喀拉拉邦接棒。當左翼民主陣線（Left Democratic Front, LDF）於一九九六年執政時，決定將規畫經費的百分之三十五至四十，交由地方自治團體來設計並執行社會發展方案。整個喀拉拉邦中，鼓勵村落議會舉行會議，讓村民與官員及專家學者互動，決定方案優先順序。透過這個程序決定了數百件以村落為中心的方案，傾向著重自然資源的謹慎管理，包含土地、水及森林。[14]

喀拉拉如同孟加拉，村落自治的推動，建立在理想與投機的不穩定組合之上。一方面，左翼知識分子與運動者相信，透過地方分權，村民可將公共預算用在需求相關的規畫上，而非僅接受上對下的命令。同時已有部分證據顯示，去中央集權可減少體系內的漏洞，降低貪腐，更多錢得以實際運用在發展工作上。另一方面，在甘地原本的理想中，村落自治應當為「無政黨民主」，最受敬重（或最有能）的村民無論政治傾向，都應當入選村議會。實務上，在喀拉拉邦整個程序高度政治化。西孟加拉甚至更嚴重；CPM視村落自治為強化鄉村控制的工具。村落議會與幹部不只是服務村落自身，更重要的是在邦議會與國會選舉時負責動員選票。[15]

村落議會與種姓的關係千絲萬縷。在北方邦，達利特人敢言且組織良好，掌權種姓團體因此被迫在地方層級中與傳統弱勢團體分享權力。然而在奧里薩，由於達利特人較為順服，因此被（違反法律地）排除在許多村議會之外。泰米爾納德的村議會激化了地主豪族泰瓦爾人（Thevars）與達利特人之間的既有衝突。根據法律，約有五分之一的村議會主席應為達利特人，然而他們的權力經常為其他高階種姓侵蝕。同樣地，雖有部分女性主席獨立運作，其他人僅是家族或種姓團體內男性的喉舌罷了。[16]

IV

尼赫魯在世時，中央執政者總是國大黨。所有的反對黨中，只有喀拉拉的共產黨握有邦內執政權。然而從一九六七年大選開始，印度的政治版圖開始產生多樣化。愈來愈多邦政府落入非國大黨手中。一九七七年，第一個非國大黨政府入主新德里。一九八〇年代，國大黨重新執政中央，但八〇年代結束前，再次失去政權。

政治體系逐漸去中央化，反應在聯合政府的崛起上。一九七七年執政的人民黨（Janata Party）本身即是四個不同政黨的結盟。下一個非國大黨政府是一九八九年執政的「國家陣線」，不僅由七個獨立夥伴組成，更是不達半數的少數政府。[17]

一九九一年，拉吉夫暗殺事件後舉行人選，國大黨贏得兩百四十四席。雖然是領先其他政黨一段距離的單一最大黨，離過半數仍有將近三十席之遙。然而，透過獨立派與賈坎德解放陣線（Jharkhand Mukti Morcha）的支持（經由遊說或其他方式），讓國大黨執政達五年任期屆滿。

一九九六年選舉中，國大黨總席次掉落到一百四十席。拉奧辭去總理，同時很快辭去黨主席一職。ＢＪＰ則贏得一百六十一席，超過任何一個政黨。根據既定程序，總統邀請ＢＪＰ組閣。該黨的總理人選是瓦巴依。比起阿逾陀運動領袖阿德瓦尼，瓦巴依被公認為「溫和派」。他個性溫暖、善於社交，以幽默感聞名，甚至能恭維印度教右派的公敵尼赫魯。

雖擁有一百六十一席，ＢＪＰ還需要一百席才能形成國會多數。無法吸引足夠盟友加入己方，瓦巴依政府僅在位十三日就下臺。取而代之的是「聯合陣線」（United Front），由社會主義與區域政黨所組成，包含CPI，但並非較大的CPM。國大黨與CPM均選擇由外圍提供支持。

聯合陣線的總理候選人是德維・高達（H. D. Deve Gowda），時任卡納塔卡邦首席部長。他屬於聯合陣線中最大的人民黨（Janata Dal）。出任總理十個月後，高達為古吉拉（Inder Kumar Gujral）所取代。此時印度已有十二位總理，其中五名是國大黨人，其他六人雖是前國大黨人，卻也曾是資深黨員。截至目前為止，印度唯一不是出身國大黨的總理是瓦巴依，只在一九九六年擔任了十三天的總理。

聯合陣線政府是個脆弱而不穩的實驗；即便有心，也缺乏人數或意志力推動主要政策變革。同時間，拉奧辭職後，國大黨說服拉吉夫的遺孀索妮雅入黨。索妮雅生於義大利的天主教家庭，雖然嫁入印度第一家庭，本人卻缺乏政治野心。一九八一年，她曾強烈反對丈夫從政。十年後拉吉夫去世，她也縮回家庭生活中。然而此刻，她從陰影中浮現，無法抗拒帶領家族重返政治榮耀之路。[18]

V

印度獨立頭幾年，印巴分治的傷口提供印度教右派積極竄起的藉口，國民志願服務團更是特別活躍。然而一九五二年大選中，印度人民同盟僅贏得三席時，評論者已為該黨寫好墓誌銘；在一個現代、世俗化的民主國家中，竟敢以宗教作為政治動員的基礎。社會主義政治學者梅赫塔（Asoka Mehta）也寫道，印度教社群主義「兩度證實影響微弱，首先是在一九四六年（選舉），一九五一年至一九五二年又再次證明」。他深信「其亡魂已經入土安息」。[19]「印度教徒寬容性強。」長居印度的夫妻檔作家塔雅與墨利斯（Taya and Maurice Zinkin）如此認為。選舉結果則顯示「印度教社群主義已全然潰敗」，事實上，「社群主義已然失敗，也許畫下最終句點。」[20]

其他觀察家則未必如此樂觀。喀什米爾領袖謝赫認為，讓印度國家與政治走在世俗化路線的人，是尼赫魯。他擔憂尼赫魯身後的演變。確實，尼赫魯死後，印度人民同盟緩慢地增加影響力。一九六七年大選贏得二十五席，一九七一年則有二十二席，即便在同年的「甘地夫人浪潮」席捲下，也能穩住陣腳。此後，印度人民同盟參與比哈爾運動（JP movement），緊急狀態期間領袖入獄，並在人民黨聯合政府中發揮作用，都實質提升了形象與能見度。然而該黨再次分裂，新成立的BJP在一九八四年大選中贏得兩席。即便自一九五七年就開始出任國會議員的瓦巴依，也未能連任。

宗教認同政治的訃聞再次出現，再次宣稱印度教徒內部不會忍受偏執者存在。兩位美國政治學家寫下：「印度政治最驚人的特質是一貫的中間路線。」除了印度人天性偏向溫和取向，BJP還須與其他族群選項競爭，例如種姓及區域。因此結論是：「（代表）多數印度教徒的政教合一政黨支持基礎，實為幻想。」[21]

然而一九九〇年代的發展卻打亂這些預測。這十年的主要政治發展，正是印度教社群主義的興起，主要象徵是接連數次全國大選中，BJP斬獲席次明顯增加。如同世界印度教會議領袖辛噶爾（Ashok Singhal）在一九九四年的評語，巴布里清真寺之毀是「即將完成的意識型態極端化的催化劑」。[22]

政黨政治的主要劇場外，民間也發生轉變。北印度各處城鎮中，印度教徒與穆斯林的關係正經歷重新定義。曾經，兩個族群的成員比鄰而居，相互交易，甚至交好共遊。確實，兩者間也有競爭與衝突。各自都認為自己在精神上較為優越，也都有遭到對方譏笑迫害的記憶（不論真實或幻想）。然而被迫共居，表示這些分野也在共同進行的活動中消融或轉向。不過隨著阿逾陀運動激起的暴行，矛盾被明確敵意取代。此刻，敵意與猜疑成為印度教徒—穆斯林關係的主要（有些人認為是唯一的）表現方式。[23]

穆斯林人數較少，一般而言經濟也較為貧困，因此在這段變質關係中，是較大的輸家。多數暴動中，穆斯林死亡人數都多於印度教徒，更多穆斯林住家遭到焚毀。整個社群陷入深沉恐懼。印度教沙文主義者挑釁他們遷往巴基斯坦，讓他們感到無助與受害。一九九〇年代動亂時期中，一般印度穆斯林的感受，透過泰盧固語詩人摩希烏丁（Khadar Mohiuddin）的作品動人呈現。一方面，他寫道，印度教徒要穆斯林認為：

我的宗教是陰謀
我的祈禱集會是陰謀
我安靜躺平是陰謀
我試著醒來是陰謀
我渴望結交朋友是陰謀
我的無知，我的落後，都是陰謀

另一方面，摩希烏丁說：

在我出生的國家中

〔印度教徒〕讓我變成難民
卻不是陰謀
毒害我呼吸的空氣
與我生存的空間
卻不是陰謀
將我砍成碎片
然後想像一個完整的婆羅多
當然更不是陰謀

穆斯林持續被要求對印度表達忠誠。如同詩人摩希烏丁所見，「板球賽事衡量我的愛國心。」當印度對戰巴基斯坦時，穆斯林就必須在家門外懸掛國旗，大聲公開為國家隊加油。如詩人所說：「我對母國的愛無足輕重／重要的是我有多恨另外一方。」[24]

兩個社群的極端化是印度教同盟家族的勝利，這是一群RSS與BJP周邊組織的統稱。印度獨立後的頭五十年間，印度教同盟家族的主張相當一致。就我所知，戈亞爾（D. R. Goyal）針對RSS歷史的權威性著作，提供對此主張的最佳摘要。在戈亞爾的詮釋中，印度教同盟家族稱為印度教徒主義的核心理念如下：

遠古以來印度教徒即居住在印度。印度教徒形成國家，因為所有文化、文明與生活都由其貢獻而來；非印度教徒則是入侵者或客人，除非接納印度教傳統、文化等等，否則不應等同對待。非印度教徒，特別是穆斯林與基督徒，一直是每位印度教徒的敵人，因此應當視為威脅。這個國家的自由與進步，是印度教徒的自由與進步。印度的歷史，是印度教徒為了保護、保存其宗教與文化，免受外來攻擊而發動的鬥爭歷史。威脅持續存在，是因為有權者不認同這個國家是印度教國家。他們認為國家團結是所有住在國家之內者的團結，這是出自爭取少數族群選票的私心，因此他們是為叛徒。印度教徒的團結合作是當前迫切之需，因為印度教徒正四面受敵。印度教徒必須培養大規模反擊的能力，攻擊是最佳防禦。缺乏團結正是所有印度教徒問題的根源，而同盟正是為了實現團結的神聖使命而生。[25]

戈亞爾補充：「無庸置疑，過去七十四年中，RSS日會的內容必以此為主。」

雖然核心理念未變，RSS的組織逐漸累積龐大能力與影響力。一度為全男性組織，現在也成立女性單位，鼓勵女學生及家庭主婦的參與。過去局限在北印度，也開始在過去未涉足的邦中成立活動分會。所到之處，印度教同盟家族的核心理念隨地方脈絡調整。因此，在古吉拉特邦，古老索姆納特神廟的重建，也被視為印度教徒主義團結強盛的表現。在奧里薩邦，RSS的重心則放在偉大的賈格納塔（Jagannatha）神廟❷，以其作為地方與泛印的印度教認同的溝通橋梁。RSS更特別著重部落區域，希望「重新擁抱」阿迪瓦西人，讓他們「重回」印度教的懷抱。他們設立學校讓阿迪瓦西青少年學習梵文，熟悉印度教神話傳說。RSS在天災時大量動員，提供穀物給雨量不足的區域，並前往震災區協助重建房屋。[26]

隨著組織成長，RSS透過新的運動策略，更完整擴大核心理念。高瓦克一度認為屠牛議題是印度教同盟家族可以發起全國性抗爭的主題。[27]雖未成功，但國大黨的大錯將更情緒化的議題送上門。當拉吉夫政府為了安撫穆斯林狂亂分了而推翻最高法院對夏哈．巴諾案的判決時，印度教基進派比以往更有力地宣稱（引上述戈亞爾的話），當今統治者「是出自爭取少數族群選票的私心」，為了與之對抗，「印度教徒的團結合作是當前迫切之需」；「非印度教徒則是入侵者或客人」的說法，在穆斯林拒不交出巴布里清真寺時進一步獲得證實；建築物的矗立正是對印度教榮譽的侮辱，對於過往奴役歷史的不愉快提醒，這段歷史至今仍未完全平復；他們不獲允許為敬愛的羅摩神興建神廟，正是因為「印度教徒正四面受敵」——內部的敵人如討好穆斯林的政治人物，外部的敵人就像充滿惡意的穆斯林國家（巴基斯坦），已向印度發動三次戰爭；興建羅摩神廟，也是為了自我保護，印度教徒必須「培養大規模反擊的能力」，並理解「攻擊是最佳防禦」。

引述戈亞爾的摘要詞句之外，現在我們加上關鍵的最後一擊：「缺乏團結正是所有印度教徒問題的根源，而同盟正是為了實現團結的神聖使命而生。」

在羅摩運動中，RSS的宗旨則透過姊妹組織進一步發展，特別是一開始就扛起此議題大旗的VHP。此外還有印度青年民兵（Bajrang Dal），這個組織以羅摩神的偉大猴形信徒哈努曼（Hanuman）為名（哈努曼別名大力金剛〔Bajrang Bali〕），由憤怒青年組成，裝備並非為了「保

❷ 譯注：神聖賈格納塔神廟位於印度東方奧里薩邦的首利（Puri），供奉賈格納神（Lord Jagannath），為毗濕奴神的化身之一。此廟位為印度神聖地理四端點之一，為印度教重要朝聖地。神聖賈格納塔神廟每年會舉行戰車遊行（Ratha Yatra），廟中供奉的三大神祇會搭乘裝飾華美的巨大神廟戰車出巡，為印度教年度盛事之一。

護」偶像（如哈努曼所為），而是毆打任何擋路者。最後還有希瓦吉之軍，實際上是另一個政黨，理念與手段甚至比VHP或印度青年民兵更加極端。他們常稱穆斯林是「毒蛇」與「叛徒」，並建議他們移往巴基斯坦。[28]

到了一九八〇年代，RSS不再只是男性或北印度團體；它開始招募女性，並進入印度其他區域。然而，羅摩運動才讓它真正甩開「婆羅門—巴尼亞」組織的標籤，不再是由傳統識字菁英的印度教種姓所主掌。RSS成立的前六十年，都是由馬哈拉什特拉邦的婆羅門主導，首先是海吉瓦爾（K. D. Hedgewar），接著是高瓦克，最後則由迪歐拉斯（Balasaheb Deoras）接棒。然而在一九九四年三月，一位來自北方邦的非婆羅門，拉簡德拉．辛格（Rejendra Singh）獲任命為組織領袖。這不只是向曼達爾辯論的低頭，也是認可落後種姓在阿逾陀運動中扮演的主要角色。希瓦吉之軍與VHP的幹部主要來自中階種姓，同時也有不少達利特人。

透過擴大支持基礎，包含區域、性別與最重要的種姓，創造出可稱之為「所有票倉之母」的存在。阿逾陀爭議初年，約在一九八五、一九八六年間，VHP領袖傾向稱此議題影響「六億印度教徒的情感」。隨著時間推進，議題雖未獲得解決，人口變化導致數字自然增加：「六億」變成「七億」，甚至「八億」。當然這是過度自負。VHP與RSS並不代表多數印度教徒。但顯而易見地，它們代表的印度教徒人數，多到足以使其表面政治團體——BJP崛起，成為印度國會的最大單一政黨。

一九九〇年代中，BJP定義印度政治議題的影響力，一如一九五〇年代、一九六〇年代的國大黨。此刻，政治論述執著於宗教認同，而非經濟發展或社會改革。失去政權，國會席次愈來愈少，國大黨此刻僅能回應BJP發起的論辯。索妮雅於一九九八年出任國大黨主席後，積極消除國大黨「反印度教」的形象。她經常到神廟參拜，甚至參加大壺節（Kumbha Mela）——每十二年數千萬印度教徒齊聚安拉阿巴德沐浴恆河畔的重大節慶。[29]

雖然阿逾陀爭議依舊是個焦點，一九九〇年代期間，印度教同盟家族也致力於其他運動。它認定並宣稱更多場址為穆斯林竊奪的印度教神廟，在馬圖拉（Mathura）、巴納拉斯、中央邦的達爾鎮（Dhar）以及卡納塔卡邦契克馬加盧市的峇峇布丹丘陵（Baba Budan Hills）。印度教同盟家族發起運動，由「入侵者」手中「奪回」這些場址，雖然成果不一。同時也發起一連串針對基督教傳教士的攻擊，特別針對在部落區域傳教者。在古吉拉特與中央邦，教堂遭到燒毀，神職人員遭到毆打。一名澳洲傳教士與兩個兒子在奧里薩邦被活活燒死；縱火者後來確認為印度青年民兵的達拉・辛格（Dara Singh）。[30]印度教徒在印度占絕大多數，然而ＲＳＳ卻堅稱他們的卓越地位一方面受到基督教傳教影響，另一方面則受到穆斯林家庭人口眾多所威脅，更將後者歸罪於一夫多妻的制度。[31]

雖然發生在印度不同區域，有時由ＲＳＳ領軍，其他時候則由ＶＨＰ或希瓦吉之軍發起，這些運動間存在著共同的模式。每個案例中，穆斯林或基督徒等宗教少數團體遭到鎖定，指責為傷害印度教徒情感，或遭外國強權收買。妖魔化他者，成為動員自身勢力的必要前奏，以期在長期分裂的印度教社群中，培養集體團結精神。

VI

若印度核心地區的印度教武裝勢力正在上升，在另一個重要邊境區域中，則見伊斯蘭武裝勢力也節節高漲。此即喀什米爾。

一九九〇年代中期，喀什米爾武裝勢力加入數百名外來的自由鬥士（mehmani mujahideen）。這些人的忠誠分屬不同團體，但全數以巴基斯坦為基地，也全都信奉巴基斯坦諸多伊斯蘭宗教學校中教導的嚴格、基本教義派伊斯蘭思想。

整個一九八〇年代中，巴基斯坦社會歷經快速伊斯蘭化。一九四七年巴基斯坦誕生時，境內僅有一百三十六間伊斯蘭宗教學校（madrasa）；但一九九〇年代末時，數目卻高達三萬間。塔里克．阿里（Tairq Ali）寫下，這些宗教學校「是教條培育中心，設計來生產瘋狂分子」。巴基斯坦當前號稱擁有高達五十八個伊斯蘭政黨，以及二十四組宗教武裝民兵；這些人主要都由宗教學校體系產生。[32]

巴基斯坦宗教情緒強化也深化了該國對「解放」喀什米爾的執著。清真寺與宗教學校中的宣講者反覆訴說印度在喀什米爾谷地進行的恐怖統治（zulm），鼓動支持者加入喀什米爾聖戰。受到鼓動的年輕人加入虔誠軍（Lashkar-e-Toiba）等團體，持續在武裝鬥爭中扮演領導角色。近期目標是讓喀什米爾加入巴基斯坦；這「不僅是巴基斯坦人民的宗教責任，更是整個穆斯林兄弟（ummat）的宗教責任」。更大的野心則是在印度策動內戰。身為虔誠軍的首領，賽義德（Hafiz Mohammed Saeed）宣稱，他們的目標是「在全印建立聖戰士網絡」，當時刻來臨，將標誌著「印度解體的開始」。[33]「復仇是我們的宗教責任，」賽義德對美國記者表示，「我們在阿富汗擊敗蘇聯強權，也能打敗印度軍隊。在阿拉助力下，我們進行戰鬥；一旦展開聖戰，沒有任何力量可以阻擋。」接受巴基斯坦記者訪問時，虔誠軍的首領宣稱：「即便喀什米爾解放了，我們的鬥爭將會繼續。我們必須為﹝失去﹞東巴基斯坦，﹝對印度﹞展開報復。」[34]

這股敵意與恨意也許並非空穴來風。對聖戰士來說，印度是不信者（kafirs）之地。其他同教者也一再撥動他們的怒火。例如爭取印度境內自治的國民會議黨人被殺；爭取喀什米爾獨立而非合併巴基斯坦的查謨與喀什米爾解放陣線人士被殺；以及倡議非暴力的人民會議黨人（Peoples Conference）被殺。[35]基本教義派嚴格壓制人民的娛樂；電影院與錄影帶出租店關閉，飲酒與抽菸遭禁。武裝團體散布傳單，命令婦女必須穿著由頭到腳全身遮掩的黑色長面紗（burqa）。長面紗並非喀什米爾傳統，許多當地婦女甚至連頭紗都不戴。此外，一件長面紗要價兩千盧比。諷刺者認為此舉背後為裁縫與布商同謀。此外甚至有些野蠻舉動強迫施行禁令，例如對違反禁令的婦女潑酸攻擊。[36]

然而，基本教義派憤怒的主要對象，是印度政府與其象徵。幾乎每週都有針對軍隊崗哨或警察營地進行的自殺攻擊，以阻止或阻擋更多軍隊進入谷地。此時斯利那加每個街頭都設有軍事掩體。印度軍隊已經成為喀什米爾「強加卻無所不在的存在」，甚至是「平行政府」。不僅有維持秩序的權力，更負責維持醫院、機場、巴士站與遊客中心的運作。邦政府已經放棄多數權責。一九九五年左右，喀什米爾僅有兩個實質運作的機構：一邊是印度軍隊，另一邊是聖戰士團體網絡。[37]

當谷地愈來愈像占領區，大眾情緒卻傾向聖戰士的理念。恐怖分子輕易混身在當地人之中，並於行動前後獲得庇護。當印度維安部隊遭到炸彈攻擊時，報復行動相當血腥殘暴。士兵未事先通知就進入偏遠村落，搜尋恐怖分子；一無所獲時，他們改毆打村民。監禁死亡事件大量出現。

明顯毫無盡頭的戰爭付出可觀代價。根據一分估計，一九九〇年代間，約有一萬兩千位平民非自然死亡：四分之三死於武裝分子之手，其他人則死於交火。維安部隊宣稱殺死一萬三千四百名武裝分子，自身損失三千一百人。考量喀什米爾人口本就稀疏，如此大量死亡等同印度全國有四百萬人死亡。[38]在此美麗卻逐漸荒廢的谷地中，死傷四處散布；然而受害者多數是年輕男性，在這受到詛咒的十年中長大成人的喀什米爾人。自己差點也成為武裝分子的記者賈里爾（Muzamil Jaleel）後來造訪故里村落的墓地，高達二十一塊墓碑屬於他的朋友與同學。[39]

如同布強（James Buchan）所寫，一九九〇年後的年代中：

> 喀什米爾穆斯林與印度政府合謀，讓喀什米爾文明的複雜多樣性消失殆盡。（它）所處的世界已然消失：邦政府與政治階級、法治、幾乎所有……谷地的印度教居民、酒、電影、板球賽、月光下在番紅花田野餐、學校、大學、獨立媒體、觀光客……與銀行。市民生活現實的緊縮中，喀什米爾的景象……被重新定義：不是……湖泊與蒙兀兒花園……或喀什米爾農業、手工藝與烹飪的驕傲故事，而是兩個缺乏中介、互相對抗的實體：清真寺與軍隊。[40]

整個一九九〇年代，隨著印度教基本教義派在印度各處增長力量，伊斯蘭基本教義派的力量則在喀什米爾上升。兩個過程原本各自獨立開啟，卻讓對方取得正當性並持續推進。阿逾陀運動每激發一次社群暴動，谷地內的基進派便更容易將印度刻畫為印度教徒掌權、只為印度教徒權利服務的國家。而谷地內每次無辜平民或印度軍人遭到殺害，RSS就會指向巴基斯坦在印度製造動亂。巴布里清真寺之毀及喀什米爾潘迪特種姓大舉出逃，這兩大關鍵事件定義了競爭性基本教義派的時代。我們能否信任一個無法保護古老崇敬之地的政府？我們是否能信任以暴力排除不同信仰者的社群？過去未曾從宗教與政治角度思考的無數印度人開始捫心自問，而這些問題在整個次大陸上回響。

VII

現在讓我們轉向印度共和國史上另一塊動亂區域：印度的東北區域。在此我們聽到區內最大邦阿薩姆的好消息，波多人（Bodos）與印度政府達成協定，允許在波多人為主的縣市中成立「自治議會」。[41]壞消息是分離主義的阿薩姆聯合解放陣線（United Liberation Front of Assam, ULFA）仍舊十分活躍。該邦部分區域在政府的安全控制之下，然而其他區域則由ULFA掌控運作。事實上每處茶園每年都向反抗軍支付一筆金錢，以茶園聘僱的茶工人數及獲利能力為基準。反抗軍進一步劫掠銀行、充實銀庫。政府派遣軍隊進入阿薩姆維持秩序，逮捕並殺害部分ULFA的高階幹部，其他人則跨越邊境逃進孟加拉。[42]

一九九〇年代對於特里普拉邦來說，是動盪的十年。爭取部落權利的武裝團體持續攻擊孟加拉移民聚落。此處，反抗鬥爭與單純犯罪行為，有時難以區分。如同一名研究者所言：「無辜者死亡、綁架與恐嚇取財，是特里普拉邦的生活常態，已行之有年。」一九九三年至二〇〇〇年間，有近兩千起死亡事件，死者包含維安人員、反抗軍，但最多的仍是平民。[43]

槍枝在曼尼普爾邦也四處可見，這是另一個曾為獨立部族的小邦。暴力主要是族群對抗的結果；住在谷地中的主要族群梅泰人與高地部族發生衝突。山岳區域本身也見分裂，主要是唐庫爾那迦人與庫基人。一九九二年五月，那迦武裝分子燒毀庫基村落，開啟一連串屠殺與反屠殺的惡性循環。彼此之間雖然相互鬥爭，這些族群全都反對印度政府。部分庫基人與更多唐庫爾那迦人及梅泰人，夢想成立自己的獨立國家。[44]

VIII

獨立印度的歷史，從一開始就是一處戰火燃起、另一地烽煙平息的歷史。因此，當喀什米爾與曼尼普爾在一九九〇年代間焚燒煎熬，另一處一度動亂的區域社群則開始與印度聯邦和平共處。在米佐拉姆邦，米佐民族陣線經歷特別成功的轉變。他們過去曾是叢林反抗軍，現在則成為選票產生的祕書處政治人物。和平帶來的紅利，以自來水管、道路及最重要的學校來展現。一九九〇年代末期，米佐拉姆超越喀拉拉，成為印度識字率最高的邦。該邦與印度內陸的整合也加快腳步進行，米佐人開始學習國語——印地語，收看並參與國球——板球——的比賽。

由於流利的英文能力（英文為該邦官方語言），米佐年輕男女在成長的服務業中更容易得到工作機會，特別是旅館與航空業。米佐拉姆邦的首席部長佐拉姆登加（Zoramthanga）宣稱要讓此邦成為「東方瑞士」。他的未來視野中，觀光客將來自歐洲與印度本土，經濟將受到鄰近緬甸及孟加拉貿易成長的加持。米佐人將提供蔬果給這些國家，並進口雞、魚等肉品。佐拉姆登加甚至試圖扮演更重要的角色，協助印度政府與那迦及阿薩姆反抗軍達成協議。我們很容易遺忘，這位理想派曾一度是基進分離主義者，在尋求脫離印度獨立時，擔任「米佐流亡政府」的「國防部長」與「副總統」。[45]

旁遮普邦的動亂，也多少獲得解決；解決的歷程則較為崎嶇。一九八七年，中央政府向該邦發布總統接管令（President's Rule），並多次延期，一度長達六個月。少了民選政權管控，警察積極採取優劣不分的手段追擊武裝分子。槍戰稀鬆平常，經常發生在警局附近，但鄉間亦不少見。一九九〇年，軍隊受召進入旁遮普；一年後退出該邦。一九九二年，邦議會終於舉行大選。阿卡利黨杯葛選舉，當選的國大黨首席部長貝安特・辛格上任不久即遭自殺炸彈暗殺。

然而，一九九三年阿卡利黨人透過參與地方村議會選舉，重返民主政治。四年後，他們在邦議會選舉中贏得重大勝利。此時，武裝運動已經明顯消退，部分恐怖分子轉向錫克教專業人士與一般農民勒索金錢。大眾情緒已不再支持成立卡利斯坦獨立國家的想法。錫克教徒再度看到身為印度一分子的優勢。農業成長趨勢放緩，貿易卻穩步上升，邦內一度萎靡的工業也再次準備復甦。[46]

情勢正常化的指標，在於此時執政的阿卡利黨人開始發生內鬥；個人與派系爭奪特別知名或有利的部會控制權。前首席部長巴達爾（Prakash Singh Badal）希望透過歡慶第十世上師戈賓德・辛格（Govinda Singh）宣布錫克兄弟團結起義（Khalsa）❸的三百週年，來超越這些紛擾爭鬥。[47]他的政府規畫三十億盧比預算投入慶典，中央政府則加碼十億盧比，豎立錫克教英雄紀念物及建設新的運動場館、神殿與賓館。在偉大的阿南德普爾謁師所（Gurdwara of Anandpur Sahib）中，首席部長與總理觀禮下，錫克教知識分子與作家獲得表揚。其中一名受到表揚的小說家及記者庫許望・辛格（Kushwant Singh）滿意地表示，這一度「遭到隔離的社群」已「重獲自信，並再次於國家建設道路上扮演領導角色」。[48]然而，代價是高昂的。一份資料顯示，一九八一年至一九九三年間，超過兩萬人死在旁遮普，包含一千七百一十四名警員、七千九百四十六名恐怖分子，以及一萬一千六百九

❸ 譯注：一六九九年，錫克教最後一任上師戈賓德・辛格，在其父因不願受蒙兀兒奧朗則布皇帝之命改宗伊斯蘭而遭斬首後，發起Khalsa（純潔之意），同時指遵奉錫克教信仰的社群，以及保護純潔者免受宗教迫害的戰士。Khalsa重新定義了錫克教傳統，制定KKhalsa戰士的入法儀式、改變錫克宗教領導人組成模式，更形成錫克教社群的政治宗教理想。

十位平民。49

旁遮普的動亂可往前追溯二十年，對該邦居民來說也許漫長，但較諸聯邦其他衝突區域，實際上相對短暫。許多喀什米爾人從一九五〇年代開始反抗印度政府；許多那迦人則始自一九四〇年代。一九九〇年代期間，主要的反抗團體是那迦蘭民族社會主義委員會（National Socialist Council of Nagaland, NSCN）。NSCN擁有數千名核心戰士，受過良好訓練。他們由緬甸基地發動跨邊界攻擊，襲擊印度軍隊。在那迦蘭區域中，反抗軍受到支持、敬重，也許還有恐懼。無論如何，他們由大眾募集資源支持存續；甚至連政府官員也向地下組織支付每月「稅金」。這是一項奇異卻常見的印度矛盾：政府資助反政府組織。

然而，一九九〇年代中期，由教會團體與公民社會組織組成，稱為那迦合合（Naga Hoho）❹的群體，說服反抗軍與政府宣布停火。一九九七年槍響停息，兩邊開始進行會談。一開始的會面在曼谷與阿姆斯特丹舉行，逐漸地，NSCN的兩位主要領導人，穆維阿與斯烏同意訪問印度。他們與總理會面並前往東北區域，卻未能達成協議。主要困難有二：反抗軍堅持協議必須在印度憲法架構之外；同時要求那迦部落居住的曼尼普爾、阿薩姆與阿魯納恰爾邦（Arunachal）部分區域，與現有的那迦蘭邦合併成「大那迦蘭國」（Greater Nagalim）。

IX

一九八九年標誌著印度政治史的分水嶺。在此之前，國大黨是偉大巨人；此後由單一政黨專政走向多極體系（multi-polar system）。過去，全國大選百分之四十的得票數，讓國大黨贏得百分之六十的國會席次。此刻，國大黨席次減少的背後，正是得票數逐步降低，如同表27-2所示。

一九八九年至一九九八年間，國大黨的得票數下降了超過十個百分點；同一段時期，ＢＪＰ增加了大約相同幅度的得票數。然而，在這段期間的四次選舉中，兩大政黨得票數總和約占總投票數的百分之五十。剩下的百分之五十到哪裡去了？集中在西孟加拉與喀拉拉邦的幾個共產主義黨派，通常獲得百分之八的選票。在北印度勢力頗盛的落後種姓與達利特人政黨，共同獲得約百分之十六的選票。南印與東印勢力顯著的區域性政黨，則囊括約百分之十一的選票。

國大黨的衰弱可分為兩個階段。第一階段始於一九五七年的喀拉拉，一九八三年在安德拉邦達到高峰。這段期間，國大黨霸權不斷受到區域、語言及階級認同為主的政黨所挑戰。第二階段是一九六七年始於北印度，並於一九九〇年代達到高峰。這段期間可以看到種姓與宗教認同為基礎的政黨，不斷蠶食國大黨領域。一方面，一般印度教徒——特別是高階種姓——放棄國大黨，倒向ＢＪＰ。另一方面，低階種姓則傾向支持馬雅瓦蒂的大眾社會黨（ＢＳＰ）或穆拉亞姆的社會黨。即便傳統上為國大黨強大票倉的穆斯林，也因巴布里清真寺之毀而轉向其他政黨。

一九四七年至一九八九年間，印度共有八位不同總理；一九八九年至一九九

❹ 譯注：那迦合為那迦部落議會，由那迦蘭邦十六個那迦部落議會組成的最高組織也稱為那迦合合。

表27-2

年分	1989	1991	1996	1998
國大黨得票數百分比	39.5	36.5	28.8	25.8
印度人民黨得票數百分比	11.5	20.1	20.3	25.6

八年間，同樣也有六位。此刻的政府更加不穩、組成更多樣化，傾向多黨組成，而非單一政黨執政。

聯盟政府或少數政府的興起，是印度民主廣化與深化的表現。不同區域與不同團體在體系中獲得更大影響力；試圖代表這些團體的政黨贏得更多國會席次，通常是透過蠶食國大黨勢力。後者正如印度獨立後頭二十年間所宣稱的，確實成為不代表印度任何單一特定族群、而是印度整體的政黨。

這段民主深化並非毫無代價，而是持續流失公共政策的一致性。尼赫魯在一九五〇年代打造的大規模經濟社會發展政策，包含推動重工業、改革陳舊個人法，以及獨立外交政策，在一九九〇年代破裂分歧的政體中勢不可行。即便是專注特定領域的政策，如夏斯特里與甘地夫人在一九六〇年代推動的農業發展，也很難獲得成果。

過去，任命部會首長時，候選人的相關專才與經驗都會納入考量。此刻，部會首長任命經常是以討好聯盟夥伴為出發點，後者常要求知名度或利益高的部會。在行使職責時，內閣首長常以所屬政黨或邦省的利益為主，而非印度國家整體的利益。

隨著一九九〇年代告終，一度單極的政體，此時則明確擁有多極。國大黨持續衰弱卻仍握有影響力；BJP興起卻非主宰。此二者是所謂的「全國性」政黨。同時間還有第三極，由一群種姓及區域為主的政黨組成，是兩黨都無法忽視的力量。此刻，在全國大選前，各邦的強力政黨都需要被攏絡安撫，納入全印聯盟之中。因此，如同一位印度政治長期觀察家所說：「渴望成為『全國性政黨』的兩黨，國大黨與印度人民黨，此時必須像速食連鎖店品牌一樣，向地方代表推銷品牌，後者則視當地情況選擇加盟、討價還價或跳槽。」[50]議價過程中，意識型態並不重要；一切關乎策略算計，透過中央內閣人事安排或邦省補助款等，向全國性政黨搾取利益。

第二十八章
統治者與富人

請見不爽的〔美國〕程式設計師……他是男的，是的，通常是男性，發起諸如yourjobisgoingtoindia.com（你的工作流到印度去）或nojobsforindia.com（停止工作外流印度）之類的網站。他講了許多故事，關於美國程式設計師如何被迫訓練取代他們的印度人；許多為真，也有不少都市傳說。

——《連線》（*Wired*）雜誌二〇〇四年二月號文章

I

一九九八年初，國大黨退出聯合陣線政府。重新舉行大選時，印度人民黨（BJP）勢力更盛，贏得一百八十二席，比國大黨多出四十席。這一次，小黨與獨立議員的支持給予BJP足夠執政的席次。聯盟夥伴包括旁遮普、泰米爾納德、馬哈拉什特拉、哈里亞納、西孟加拉、安德拉與奧里薩邦的區域性政黨，以及舊人民黨（Janata Dal）殘餘勢力，由一度激烈的社會主義者費南德斯領軍。

這群夥伴關係稱為「全國民主聯盟」（National Democratic Alliance, NDA）。主要政黨ＢＪＰ提出總理人選瓦巴依，同時也掌握內政、財政及外交部。然而，費南德斯出任國防部長，同時也擔任ＮＤＡ召集人；此舉並非毫無意義，因為費南德斯生在天主教家庭。瓦巴依領導下的ＢＪＰ發出訊號，無論選戰時言論如何激烈，一旦執政後，仍舊尋求軟化印度教徒主義的強硬形象。

ＢＪＰ認為自己無法單獨執政，因此組成政治聯盟。由於主要根植於北印度，擴張必須強力仰賴與其他政黨結盟，每個盟友都以特定邦省為基地。除了馬哈拉什特拉邦的希瓦吉之軍，其他政黨並不遵循印度教徒主義（或印度教徒優先）的信念。因此，在組織聯盟時，ＢＪＰ必須擱置阿逾陀的羅摩神廟及廢止憲法第三七〇條（賦予查謨與喀什米爾邦特殊地位）等爭議性議題。[1]

II

整個一九九〇年代中，隨著政黨競爭及政府增加第三層行政機構，印度國內政治愈顯複雜。然而，在面對外在世界時，顯然各方意見趨向一致。不論在ＢＪＰ或國大黨治下，或者各種第三陣線，普遍來說聯邦政府本身都持續提升國家軍事力量，並採行更強硬的外交政策。[2]

這項新策略的表現之一，是軍隊力量與數量的成長。印度快速由「仰賴外交的國防，轉向由強大國防強化的外交」。[3]這段期間國防預算持續增長；一九九一年至一九九九年期間，由七十億美金增長到一百二十億美金。部分預算投入薪資，此刻印度軍隊已超過百萬人，包含陸海空軍，另外尚有百萬人服役於各種準軍事組織。

部分預算則用於購置尖端武器；還有一部分則於在地製造富裕西方國家尚不願意出售的武器。除了一九八〇年代研發的烈火（Agni）與大地（Prithvi）系列導彈，此刻還有太陽（Surya）系列洲際導彈（射程可達一萬兩千公里），及可由船艦發射的大洋（Sagarika）系列潛射彈道導彈。印度科學家同時開發了一系列防衛設計，包含摧毀敵方攻擊的短程飛彈。[4]

這些飛彈是由國防研究及發展組織（Defense Research and Development Organization, DRDO）設計，此為引領印度國防領域的兩大科學機構之一。另外一個機構是原子能委員會（AEC），負責核能與核武的生產。一九七四年，印度曾測試一具核子裝置，但在後續年代中，原子能委員會的科學家持續改善核武的設計與毀滅能力。因此自一九九〇年代初起，他們持續要求政府允許測試進一步的核彈能力。

波科維奇（George Perkovich）在其印度核武計畫歷史的著作中，追蹤這些科學家持續不斷倡議的過程。領導導彈與核武發展的人告訴每一任總理，在缺乏實際成果的情況下，有能力的年輕科學家寧願選擇商業界的高薪，而非為國家服務。「若缺乏全面測試，」他們宣稱，「將導致團隊士氣低落；一九七四年生產首批裝置的科學家已逐漸老去，國家將無法找到繼任者。」一九九五年末，當時的總理拉奧曾授意進行測試，但當美國衛星揭露準備工作並引來美國政府強烈警告時，他就退縮了。聯合陣線政府於一九九六年上臺後，科學家敦促新總理高達放行，卻遭高達反對。他說自己並不擔心美國人的想法，但他以經濟發展為優先，而非展現軍事力量。[5]

BJP領導的全國民主聯盟（NDA）於一九九八年三月上臺。次月，巴基斯坦試射中程飛彈，並帶著挑釁意味命名為「高里」（Ghauri），以征服摧毀北印度許多地區的中世紀穆斯林戰士為名。印度政府必須快速回應，因為「政府若未能果斷回應巴基斯坦的新威脅，則ＢＪＰ一貫對於國家安全的強硬立場將顯得空洞無力」。[6] ＡＥＣ與ＤＲＤＯ的領導認定核彈試爆是最適合的回應。他們的呼籲也獲得原子物理學家拉曼拉（Raja Ramanna）的支持，他因一手「催生」一九七四年核彈試爆而廣受敬重。拉曼拉面見總理瓦巴依，後者保證他希望「看到強盛而非軟弱的印度」。物理學家還加了一句決定性警告：「此外，你不能懸著科學家二十四年，他們只會就此消失。」[7]

一九九八年五月的第二週，印度在拉賈斯坦沙漠試爆五具核子裝置，包含三種炸彈型式：一個一般裂變裝置，一個熱核彈❶和一個「千噸級以下」的裝置。測試前後，ＮＤＡ的資深成員針對印度鄰國發表挑釁言論。國防部長費南德斯形容中國為印度的「首要威脅」。內政部長阿德瓦尼則說印度已經準備好穿越邊界，追擊巴基斯坦送進喀什米爾作亂的恐怖分子。

試爆後立刻進行的民調顯示，都市人口絕大多數都支持試爆。然而，最熱烈的讚賞來自ＢＪＰ的姊妹組織——世界印度教會議（ＶＨＰ）與國民志願服務團（ＲＳＳ）。他們宣布將在核爆測試地點上蓋廟，並將受到輻射汙染但仍然「神聖」的沙粒，送到印度各地接受崇奉。希瓦吉之軍的領導人塔克雷則向科學家致敬，展現出印度教男人並非「太監」。科學家本人則在新聞鏡頭前，身著軍裝，擺出勝利姿態。[8]

愛國驕傲的大氣球卻在兩週後就被戳破消氣。五月二十八日，巴基斯坦試爆自己的核子裝置。巴基斯坦的核子計畫基礎，是科學家卡迪爾．汗（Abdul Qadeer Khan）在可疑狀況下由荷蘭實驗室取得設計與材料，輔以中國技術協助所發展出來。印度核彈則是本土發展。然而當六枚核彈（故意比印度多一枚）動搖俾路支斯坦（Balochistan）省的查蓋山區（Chagai Hill）時，這些差異實無意義。巴基斯坦大眾在街上歌舞喜迎消息；巴基斯坦核彈之「父」卡迪爾．汗接受訪問時則說：「比起印度裝置，我們更穩定、更精密、更先進且更可靠。」[9]巴基斯坦的成就被美譽為「伊斯蘭」核彈，部分因為此時並無其他伊斯蘭國家擁有核彈。在印度，不論試爆的支持者或反對者也都視印度核彈為「印度教」核彈。事實上，雖然一九九八年五月時執政的是BJP，準備工作卻是在數代國大黨政府任內奠定。矛盾的核彈政策——我們擁有核彈，但不會試爆——逐漸站不住腳。在西方要求簽署《全面禁止核試驗條約》（Comprehensive Test Ban Treaty, CTBT）的壓力下，印度決定讓擁核地位成為公開事實。[10]

BJP自然尋求由核爆測試獲取政治資本；但在面對簽署CTBT，並就此放棄所有核能野心的情況下，換成是國大黨政府也會採取類似行動。事實上，過去正是好幾代國大黨總理最堅持印度的「大國」地位。冷戰結束後，這類宣示更加強化。印度領袖要求，不論從國家大小、民主歷史與經濟潛能來看，印度都應當成為聯合國安理會常任理事國。此一要求遭到忽視更令核試爆議題變得迫切。不分政黨的策略分析師都支持公開宣布擁核，迫使西方強國必須正視印度。既然說理論爭都不見成效，印度必得一「爆」，以獲取世界的注意力。[11]

III

此時唯一獲得正式認可的核武強權，是聯合國安理會五個常任理事國：美、俄、中、法、英。同時一般皆知，以色列也擁有核武。因此，當一九九八年夏天，印巴兩國同時加入這個排外俱樂部

---

❶ 譯注：一般稱為氫彈。

時，老會員間引發不小的騷動。由於擔心喀什米爾爭議將引起史上第一次核子大戰，因此向兩國施壓，到談判桌上解決彼此差異。

一九九九年二月，印度總理搭乘巴士到拉合爾，會見巴基斯坦總理。瓦巴依與沙里夫（Nawaz Sharif）談到提升兩國貿易，並訂定更自由的簽證方案。雖然喀什米爾議題上並無進展，但在次大陸與西方眼中，雙方對話的事實已是最令人感到安心的跡象。[12]

然而瓦巴依—沙里夫「高峰會」後不到三個月，印巴關係再次一觸即發。引爆點是數百名武裝者滲透查謨與喀什米爾邦的卡吉爾區，部分是喀什米爾人，其他則毫無疑問為巴基斯坦人民。這次作戰是由巴基斯坦軍方策畫，並在作戰已經開展後才告知民選總理。作戰目標是占領斯利那加通往列城（Leh）高速公路沿線的山頂制高點，這是連接兩大重要城市的唯一全年開放公路。巴基斯坦將領顯然相信核彈的庇護，將阻止印度人對抗入侵者。[13]

首先將滲透消息通報印度軍隊的，是一群牧羊人。他們用望遠鏡掃視山區，追獵野生山羊時，發現一群帕坦裝束的人正在挖掘掩體。他們將消息傳到最近的軍團；很快地印度軍方發現巴基斯坦軍隊已經占領卡吉爾廣闊區域許多據點，從西方的穆什科（Mushkoh）河谷到東方的邱巴（Chorbat La）山口。因此下令移除滲透者。[14]

牧羊人在一九九九年五月三日發現帕坦人，兩週後印軍開始對敵人據點展開炮擊。空軍飛機在上空盤旋，地面軍隊吃力攀爬山麓。生長在熱帶氣候的軍人，此刻必須在酷寒崎嶇地形上進行戰鬥。「一次又一次決定性戰役中，嚴寒低溫的夜裡，印度步兵團攀上接近垂直的峭壁，好在曙光初現時向入侵者發動攻擊……」[15]

雙方交火十分激烈，也傷亡慘重。印軍必須一一奪回數十座以機槍防衛的山峰。主要勝利發生在德拉斯（Drass）區的虎山（Tiger Hill）爭奪一役。戰役延續了整個六月。月底，巴基斯坦人已從一千五百平方公里的印度領土中被逐出。重新奪回的區域包含斯利那加—列城公路上所有制高點。[16]

一九九九年六月最後一週，美國總統柯林頓（Bill Clinton）接到一通巴基斯坦總理的意外來電。兩國為親近盟友，此刻小夥伴請求美國協助，讓巴基斯坦脫離自己製造的混亂局面。超過兩千名巴基斯坦人在衝突中喪命，沙里夫尋求一個不失顏面的方式來結束衝突。柯林頓在七月四日美國國慶當天接見沙里夫，會面中沙里夫承諾，若美國能施壓印度解決喀什米爾爭議，他願意撤回巴基斯坦軍隊。柯林頓同意將對此事採取「積極態度」。帶著美國保證，沙里夫返回伊斯蘭馬巴德，並正式結束作戰。[17]

卡吉爾衝突中，約有五百名印度軍人喪生。他們來自印度各地，他們的棺木返回家鄉時，群眾的哀悼混合著深刻驕傲。遺體在公共場所停靈，包含學校、大學甚至體育館，親友鄉里都前來致敬。接著依照完整軍禮榮譽舉行火葬或土葬，數千民眾致哀，並由最重要的貴賓出席主持，通常是首席部長或該邦首長。接受勳榮的對象包含軍官與士兵。許多人來自傳統上印度軍隊出身的區域（北印與西印），但也有許多來自非以軍隊傳統聞名的區域，例如奧里薩邦的干詹（Ganjam）與卡納塔卡邦的屯庫爾（Tumkur）。[18]部分殉國的人甚至來自長期以來對抗印度國家概念的區域。重新奪取卡吉爾山峰的戰役中特別重要的一員，是那迦軍團。一名將領期盼，他們在喜馬拉雅山脈另一端的勇猛，將讓「英勇的那迦人獲得印度認同」。他們的英勇表現自然深受同胞肯定；一名那迦族中校遺體返回科希馬家鄉時，數千人包圍機場迎接。[19]

卡吉爾衝突也加速旁遮普邦與旁遮普人的融合。邊境農夫堅持若衝突擴大成全面戰爭，他們將協助印度軍隊，提供食物與庇護，甚至若需要，還包含軍事協助。「我們要與軍人一同作戰，」一名錫克教農夫說，「給那些入侵國家的巴基斯坦人苦澀的教訓。」[20]

在印度各地，印巴衝突激起一波愛國情緒。數千人自願加入前線軍士行列，數量之多，甚至在某些地方，警方必須開槍驅散圍在軍人招募中心四周的群眾。[21]印中戰爭也激發類似反應，讓失業年輕人尋求加入軍隊。然而兩次衝突間存在重大差異。印中戰爭中，入侵者占領了數千平方英里後，選擇自行撤回。這一次，則是成功以印度武力將對方逐出國土。

在這方面，卡吉爾戰爭對軍人及愛國民眾全體而言，是某種情感宣洩。印度軍隊終於證明了自己；澈底移除一九六二年未能驅逐中國人的汙名。同時間，大眾對於衝突的回應，也見證了新一波更堅定的印度民族主義的誕生。過去從未有戰鬥中喪生士兵的遺體，受到如此熱烈的迎接。每個縣市似乎都決心讓自己對國家的貢獻更廣為人知。這股情緒不僅獲得肯定，更受到平面與電視記者的煽動。即便是習慣媒體犧牲真相惡劣行徑的人，也不免對它們所展現出的極端民族主義感到吃驚。

IV

成功驅逐卡吉爾入侵者鼓動了BJP解散國會、舉行大選。執政聯盟將核彈試爆與軍事勝利視為自己的功勞，希望能鞏固背後的愛國情緒。BJP的主要對手國大黨此刻由索妮雅領軍。一九九八年九月，首次以黨主席身分進行正式演說時，索妮雅敦促讓達利特人、阿迪瓦西人與年輕人重新融入國大黨羽翼之下。她說，國大黨應當採取「社會正義」路線；當黨重新執政時，其政策將專注在「健康、教育、食物安全、營養與家庭計畫等基本議題」。[22]

一九九九年五月，數名黨內主要領袖，特別是馬拉塔的強人帕瓦爾，以新領袖的「外國出身」為由，脫離國大黨。索妮雅還遭受其他更強力的批評。具體而言，她是個冷漠的講者。她的印地語雖然文法正確，卻有著濃厚腔調（洩露出她的母語其實是義大利語）。

同時，由於主要成員之一「全印安納達羅毗荼進步聯盟」退出聯盟，瓦巴依政府在國會的不信任投票中，以一票之差敗北。索妮雅領導的國大黨試圖組成相對政府，也未能獲得足夠支持。當時的印度總統納瑞雅南（K. R. Narayanan）解散國會，預備進行新一輪大選。一九九九年九月至十月的大選之後，國大黨的國會席次滑落到一百一十四席，BJP獲得一百八十二席，與前次大選結果相同。然而NDA整體囊括兩百七十席，僅差幾席就超過半數。選舉結果多少保證了執政聯盟的完整任期。

身為總理，瓦巴依更往前推進拉奧啟動的經濟改革。除了進一步鼓勵創業，瓦巴依政府大力推動公共建設，尋求機場現代化，改善道路連結。二〇〇〇年三月，政府宣布了「金四角」（Golden Quadrilateral）計畫，計畫將以四線道高速公路連接印度主要城市，加快貨運速度。

二〇〇〇年初期，經過十年的市場與貿易自由化，印度經濟終於脫離曾被戲稱的「印度式成長率」。年度國民生產毛額成長率超過百分之六至七，而非停滯在百分之二或三的階段。表現最好的產業是服務業，整個一九九〇年代中以年平均百分之八點一的成長率增長。這波成長的主要貢獻來自軟體業，收益由一九九〇年微不足道的一億九千七百萬美金，躍升至二〇〇〇年的八十億美金。有幾年，軟體產業的年增長超過百分之五十。這波擴張主要瞄準海外市場。一九九〇年時，印度軟體產業外銷產值為一億美金，到了一九九〇年代末，這個數字已跳升至六十三億美金。

二〇〇〇年時，全印度有三十四萬名軟體專業人士，每年更招募約五萬名剛畢業的工程師。其中百分之二十為女性。二十一世紀頭幾年中，軟體產業的成長速率更加快速；二〇〇四年，整個產業僱用六十萬人，外銷服務的價值達一百三十億美金。

在印度本土與海外，軟體產業是一般公認為改革的「招牌」產業。這個產業主要在本土發展起來，印度創業家擁有的大小企業，僱用印度大學訓練出來的印度工程師。然而他們服務的對象主要是海外客戶，包含許多財星五百大（Fortune 500）企業。部分工作內容為重複性質，例如維護帳戶與員工資料。其他則較具創新性，例如設計新的軟體，後續在海外取得專利及銷售（印度公司發展出來的財務套裝軟體I-Flex在全球超過七十個國家廣受使用）。早年的軟體產業主要採取「專業仲介」方式，派遣工程師持短期簽證到歐美企業中進行「現地」服務。然而，隨著衛星科技與互聯網發展，及工作內容更趨複雜化，重點則轉向「外包」：在印度發展出軟體程式，再送回海外使用。

威普羅（Wipro）、塔塔顧問服務（TCS）與印孚瑟斯（Infosys）❷已是印度家喻戶曉的品牌，也在海外商業圈中名聞遐邇並深受敬重。這些公司的股票在紐約證交所掛牌，並在世界各地擁有經營子公司。此外軟體業中還有許多中小型企業，大公司的市場占有率穩定下滑。[23]

這些軟體公司群聚在幾個主要城市，包含德里、馬德拉斯、海德拉巴，以及最重要的，有「印度矽谷」之稱的邦加羅爾。邦加羅爾擁有印度最佳研究型大學，成立於一九〇九年的印度科學理工學院（India Institute of Science）。印度獨立後，邦加羅爾成為工業發展重鎮，大型國營工廠紛紛設立，生產機械工具、飛機、電話及電子設備。在豐厚的科學傳統之上，邦加羅爾溫和的地中海型氣候及大都會文化，令人不難理解為何此地會吸引投資。威普羅與印孚瑟斯的總部都設在此地，此外還有其他軟體產業的重要企業。

要解釋軟體產業興起，我們必須討論近因及遠因。如甘迺迪所言，成功有許多父親。然而，在此案例中，所有原因都有其真實影響。一九九一年的改革當然有其貢獻，首度開啟了海外市場。然而部分也歸功於拉吉夫政府特別關注初生的電子通訊產業。往前再推十年，人民黨聯合政府驅逐國際商業機器公司（IBM），給予本土電腦製造與維修業發展的機會。但也許故事該從尼赫魯政府說起：他設立一批高品質工程學校的遠見，堅持保留英語作為高等教育及跨邦／跨國通訊語言的智慧。如同一位受到敬重的資科產業分析師所說：「印度最大的資產是大量受過教育、使用英文的人力，他們願意在相對較低的薪資下工作。」[24]這是一個微妙的矛盾：市場自由化的招牌成果，卻是由主張國家引領經濟發展的人所造就。[25]

這些因素之外，一項地理巧合也對此榮景帶來重大貢獻：印度正好與美國位於地球的對側。因此當天完成的工作，正好趕上客戶隔天的起床時間。

使用英文，加上比富庶西方快五到十小時的時間，也讓其他工作開始外包到印度。在價值鏈較高的一端，美國醫院將病患醫學檢驗，送到印度進行放射與病理學分析。價值鏈較低的另一端，「電話客服中心」蓬勃發展，印度年輕人整夜不睡，接聽來自西方信用卡持有人的電話，或代訂西方的機票與火車票。許多受雇者都是女性，能任選口音使用文法正確的英文，以美國同行十分之一的價格，更加賣力工作。二〇〇二年，全印度有超過三百間電話客服中心，僱用超過十一萬人。這個產業每年以百分之七十一的驚人速度成長，據估計在二〇〇八年時，將僱用兩百萬人，產值高達兩百五十億美金，相當於印度GDP的百分之三。[26]

❷ 譯注：威普羅全名為西印度資訊產品有限公司（Western India Products Limited）；塔塔顧問服務全名為TATA Consultancy Service，為印度最大工業集團塔塔集團內提供資訊技術的子公司；印孚瑟斯為全球性資訊技術服務公司。

此時，西方工作外包印度員工的形式更加多樣化。喀拉拉邦的英文老師透過網路，提供美國孩子文法與作文家教課程。美國、加拿大的天主教神父將祈禱需求轉介給印度同僚。在印度教堂中，一段感恩節祈禱要價約四十盧比（約一美金），若在美國教堂，則是五倍價格。[27]

雖然影響不如軟體產業驚人，拉奧政府開啟、瓦巴依總理接續的改革方案，對於製造業也有相當影響。競爭增加與外國公司進入印度市場，帶來更大產能並降低價格，有利於本地消費者。部分印度產業抓緊國際市場開放的機會；首屈一指的服裝品牌如Gap、Polo與Tommy Hilfiger逐漸增加在印度生產的產品。二〇〇〇年時，印度每年出口五十萬輛汽車，及許多複雜汽車零件，用於在他處組裝的汽車上（每兩輛美國卡車中，就有一輛使用印度公司生產的軸承）。另一項成長產業是製藥業；二〇〇三年，印度公司出口藥品價值達十億美元，包含現代藥典及印度本地「阿育吠陀」（Ayurveda）體系的藥物。[28]

經濟開放同時也讓許多外國企業叩關印度市場。一九九一年至二〇〇〇年間，印度政府通過逾一萬件外國企業投資計畫；若全數成功，市值將高達兩百億美金。從電訊到化學，從食品加工到紙製品，在實際推動的計畫中，知名度最高的品牌屬於消費性商品產業：例如福特與本田製造的汽車、三星的電視、諾基亞手機與百事及可口可樂。這些品牌的廣告與展示，此刻已經成為印度大城市的明顯存在。雖然較不明顯易見，但其他公司如飛利浦、微軟與通用電子也開始在印度設立研發單位，僱用本地及外派工程師，為全球市場開發最尖端科技。[29]

外貿對印度經濟的重要性，在一九九〇年代間持續攀升。出口產值占GDP的比例，由百分之四點九上升至八點五，進口則由百分之七點九上升至十一點六。然而，總體而言，印度仍舊是相對封閉的經濟體。一九八〇年，印度占世界貿易總量的百分之零點五七；二十年後僅僅爬升至百分之零點七一。[30]

V

經濟自由化中較不受注意的面向之一，是創業階級社會組成的改變。印度主要的資本家一度都來自傳統商業社群，包含馬瓦爾人（Mavari）、耆那教徒、巴尼亞人、切提亞人（Chettiars）與帕西人。然而近年來，不少農民種姓也開始加入製造業。部分成功的企業家來自馬拉塔、維拉勒、雷迪、納達爾（Nadars）與埃札哈瓦等數百年來以農耕為主的種姓。當然，部分最知名的軟體新創企業，例如印孚瑟斯，是由婆羅門種姓創立，他們傳統上效力於國家或學術研究，鄙棄商業行為。此外還有不少穆斯林企業家，如軟體巨擘威普羅的普瑞姆吉（Azim Premji）。[31]

同時間，經濟快速成長，也導致印度中產階級人數與影響力的擴張。根據斯利達蘭（E. Sridharan）所寫，此一族群「已經改變了印度的階級結構，從少數菁英與廣大貧窮大眾的尖銳對比，轉變為具有相當數量中介階級的結構」。但數量多少仍有待定義與詮釋。最廣泛的定義中，若含括所有年收入超過七萬盧比（一九九八年至一九九九年物價）的家戶，中產階級也許包括高達兩億五千萬印度人。最狹隘的定義下，排除所有年收入低於十四萬盧比的人，則僅有五千五百萬印度人。[32]

過去，中產階級主要是在公部門服務的人，例如公務員、公營事業經理及大學教師等。此刻，私人企業工作者及自營專業人士，則成為與中產階級同等、甚至更重要的角色。[33]其中大量成員都是家族內擁有自己房屋、摩托車或汽車，甚至有能力度假的第一代人。新的中產階級更傾向地域性，而非普世性格；他們使用印地語、馬拉提語、泰米爾語或阿薩姆語，而非英語，後者仍舊是印度菁英階級的語言。[34]

新的中產階級是近年印度市場新興產品服務的主要對象。二〇〇〇年初期，印度有線電視擁有超過五千萬收視戶，至少有一億人擁有手機。這類服務擴張速度十分驚人，一如現代消費經濟最典型的產品——汽車。

獨立初期，印度中產階級深受甘地式簡樸倫理影響。在貧窮國家中，一個人不應擁有大量財富，更不應該炫耀；即便傾向享樂者也因缺乏選擇而作罷。隨著一九九〇年代經濟開放，過去常與消費主義掛鉤的罪惡感快速消失。無論是香菸、汽車、威士忌或太陽眼鏡，過去印度無法取得的外國品牌此刻充斥市場。商業電視臺播放吸引人的產品影像；銀行與信用卡公司則爭先恐後幫忙消費。[35]

雖然在大城市中最為明顯，但新的消費主義並不限於此。一項針對喀拉拉邦鄉村地區進行的民族誌研究，顯示開放時代的消費者如何小心謹慎進行選擇，一隻眼睛盯著自己口袋，另一隻則盯著鄰居。當然，喀拉拉邦鄉村地區並不能代表印度農村整體。一方面，喀拉拉鄉村與城鎮無縫相連；另一方面，許多村民曾長期在中東工作，賺得的金錢讓他們直接躍升中產階級❸。兩位學者寫道，無論如何，在這些新的消費者中——

> 風格與品味依照階級劃分，品牌名稱則是階級分野的指標：凱特龍（Keltron）（即邦政府企業喀拉拉電子）」電視不及印度國產的歐尼達（Onida），後者比起在印度授權製造的索尼電視，自然仍略遜一籌。但最高級的還是國外製造進口的電視……有時候人們將消費產品的品牌標籤留著，只為了強調它們的來源。[36]

與電視機相同的現象，也發生在其他諸多產品上，從面霜到汽車，此刻印度消費者被多樣選擇寵壞了。當地唯一可得的汽車品牌曾經只有一九五〇年代的莫里斯（Morris）汽車及一九六〇年代的飛雅特汽車；現在只要有錢，任何人都可以買到最新的賓士汽車。中產階級印度人過去曾專注於未雨綢繆，現在則更活在此刻。二十年前，僅有極少數印度人擁有信用卡，此刻數百萬人都是有卡族。印度文化曾專注於規避風險，現在數百萬人投資房地產與證券市場。

生產與消費的改變，導致都市地景的根本轉變。簡樸房屋讓位給豪華公寓大廈，一樓辦公室則為水泥玻璃大樓所取代。我們仍然可見傳統市集，小鋪位上販售著地方製作的碗盤或地產蔬果，但現在也會發現大型購物中心，在一個屋簷下，展示著李維斯（Levi's）、雅詩蘭黛、索尼與三一冰淇淋（Baskin Robbins）等國際品牌。

VI

一九九〇年代快速經濟成長的第二個結果，是生活在官方貧窮線之下的人口比例降低。針對印

❸ 譯注：大量喀拉拉人移往中東海灣國家擔任勞力工作的現象，稱為「喀拉拉海灣移民潮」（Kerala Gulf Diaspora）。二〇一〇年，海灣國家中的喀拉拉人曾一度高達三百五十萬，每年喀拉拉移工匯回家鄉的金錢高達六十八億美金，相當於國外進入印度匯款金額的百分之十五。這股移工潮的主要原因是二十世紀後半海灣產油國經濟快速發展，需要大量建設勞力。喀拉拉傳統上與中東地區有長久商貿往來關係，並擁有大量穆斯林人口。從一九七〇年代至今不輟、以穆斯林男性為主的海灣移工潮，對喀拉拉邦的經濟社會發展造成長遠影響，成為印度最富裕、識字率最高、女性就業率最高、出生率最低的一邦。

度確實的貧窮人口數字，學者間激辯不休。部分統計學者認為僅有百分之十五生活在貧窮線之下，較不樂觀者則估計數字應高達百分之三十五。雖然明確數字仍有爭議，但幾乎所有學者都承認，在絕對與相對定義上，貧窮人口確實在一九九〇年代下降。一九九〇年代初，將近百分之四十的印度人為「貧窮人口」；二〇〇〇年時，此數字下降了超過十個百分點。[37]

儘管如此，印度的貧窮人口仍舊眾多，也許將近三億人。奢華購物中心與全新辦公大樓之外，是多數都市居民居住的貧民窟與違章建築。這些人服務中產階級，卻永遠不可能晉升中產；他們「販賣自己永遠不讀的報紙，縫補自己永遠穿不起的衣服，清洗永遠無法擁有的車輛，興建自己永遠住不起的大樓」。[38]其他貧民窟住戶長時間低薪，進行有害健康的工作，例如切割金屬與分離化學物質。他們通常缺乏組織，容易遭到無預警解僱，缺乏保險及年金等福利。[39]

然而，印度多數窮人仍住在鄉村中，因為經濟自由化的果實甚少流入鄉村地區。一九九〇年代間，農業成長極為緩慢。政府雖曾試圖推動農產多樣化，為地方市場種植蔬果及外銷花卉；然而這些行動成果有限。主要是因為公共建設效率不彰，例如缺乏處理或儲存農產所需的電力，並缺乏運往市場進行販售的道路建設。[40]

即便談到食物這種基本資源，狀況也不如預期樂觀。就印度全國而言，確實有舒適程度的糧食剩餘。政府穀倉中維持四至五千萬噸的「緩衝量」，然而流通配送體系卻嚴重不足。缺乏糧食的時刻，倉儲無法迅速送到需要的社區。配送能力也不足，公共配送體系（Public Distribution System, PDS）更容易送達都市地區與富裕邦省，而非鄉村區域及窮困邦省。此外還有嚴重貪腐問題；根據一項估計，PDS送出的穀物僅有百分之二十抵達預期對象手中，其他則流入黑市販售。國內許多區域，飢餓與營養不良仍然猖獗；降雨量不足時，飢餓致死的消息時有所聞。[41]

國家多數區域中，生命與生計仍仰賴水的取得。獨立後五十年，不到百分之四十的土地獲得系統灌溉。對多數農民來說，每年降雨量浮動的不確定性，更受到都市全年不斷供水需求的影響。德里的水供自兩百英里外的泰赫里水壩（Tehri Dam）；邦加羅爾則取自一百英里外的科弗里河。權貴人士居住的都市地區，以高度補貼的水價，隨時取得用水。資源稀少與歧視有時會激起絕望行動。記者塞納特（P. Sainath）在泰米爾納德旅行時，農民半夜攔下他搭乘的火車，取走所有的水。十年後，拉賈斯坦北部一場大旱，迫使比卡內爾牧民必須到市場買水，以免牲口渴死。他們付出的價格，是德里居民水費的一百六十六倍。[42]

二十世紀的最後幾年，農民自殺的消息開始出現在報導中。這是令人不安的新現象。數世紀以來，飢餓貧窮雖是次大陸常見景象，卻從未有這麼多農村人口採取自殺的極端行動。正如法國社會學先驅涂爾幹（Emile Durkheim）指出，自殺是現代都會生活導致迷亂與疏離的結果。這種現象在十九世紀晚期的法國社會裡層出不窮，特別在失去家庭社群庇護的都市移民之中；二十世紀末，邦加羅爾年輕軟體專業人士的自殺案例也逐漸增加，因為無法承受長時間工作與同儕快速成功的過度壓力。

印度人類學者先前曾報導部分孤立山區部落的高自殺率。[43]然而此刻在穩定農業社群中發生的狀況是前所未聞。一九九五年至二〇〇五年間，至少發生一萬起農民自殺事件，發生區域廣闊，包含安德拉邦與拉賈斯坦邦。自殺者通常是身為一家之主的男性，採取吞農藥的方式自殺，有時則是上吊或觸電身亡。許多案例中，他們採取極端行動，是因為無力償還多年持續累積的債務，債主則是銀行、合作社或私人放貸。然而債務也是鄉村生活的常態，為何此刻會導致如此悲劇結局？目前尚無系統研究回答這個問題，卻有一些初步猜想。農民自殺潮也許與當代印度的快速社會變遷有關。電視機將新的消費社會影像帶進農村，對成敗賦予高價值。因此當收穫不利，或新農作未能帶來預期收成時，此刻個人感受到的羞辱，則遠高於過去較穩定、得失心較低的年代。[44]

VII

印度持續貧困的原因之一，在於政府提供教育與健康照護等基本服務的能力薄弱。一九九一年改革開始，僅有百分之三十九的印度婦女能夠讀寫，男性的比例則是百分之六十四。印度不僅落後西方先進國家，也輸給亞洲鄰國。此時斯里蘭卡已有百分之八十九的女性與百分之九十四的男性受過教育，中國則分別為百分之七十五與百分之九十六。

無能提供——某些人可能會說不願提供——全民甚至多數人民受教機會，是印度獨立以來最大的失敗。[45]一九九〇年代，印度政府啟動許多方案提供普及教育。首先是縣市基礎教育計畫（District Primary Education Programme），以女性識字率低於全國平均值的兩百五十個縣市為主。稍後，此計畫為全民教育計畫（Sarva Shiksha Abhiyan）取代。政府投資在基礎教育的預算增加，同時也有來自國外捐款人的資金投入。

最高法院下令所有邦政府都必須在學校提供中餐，因此政府必須採取更為積極的行動。許多就讀國小的學生在升學前輟學。「中輟生」裡很高的比例是女孩，她們被留在家中幫忙煮飯、清洗與撿拾柴火等家務。泰米爾納德邦是首開先例在學校提供中餐的區域，就學比例明顯提升，因此期盼透過全國擴大實施，鼓勵父母親送小孩上學，並讓孩子留在學校。[46]

許多創新非政府組織（NGO）也在一九九〇年代期間，加入教育領域。一個活躍於安德拉邦貧困區域的ＮＧＯ，成功讓四百個村莊裡的每個孩子都入學。這個組織為晚入學的孩子（多數是女孩）「補課」，讓她們加入一般課程前先接受六個月密集補課。另一個ＮＧＯ在印度最大城市孟買的貧民窟中，進行類似做法。他們建立了三千個遊戲學校（balwadis），讓三到五歲的孩子來學習讀寫。這些人口高度密集的貧民區中，所有空間都很寶貴，因此遊戲學校運用各種場地：廟埕、學校穿堂、公園甚至政黨辦公室。遊戲學校之後，這些孩子進入一般市立學校。到了一九九八年，約有五萬五千名學童完成這個過程；此做法也延伸到北印與西印其他城鎮。[47]

然而邦與邦之間，在執行度與效果上落差甚大。比哈爾與北方邦的學校十分破落，幾乎毫無設備可言：缺乏黑板、課桌椅及女生廁所。教師意興闌珊，缺席率高；家長亦不太關心。南方的喀拉拉、泰米爾納德及北方的喜馬偕爾則表現較佳。最後這個邦的教育，進步速度快得令人感到驚訝。喜馬偕爾邦內的主要種姓是拉吉普特人，傳統上將婦女留在家中。此邦位於山區，小村莊星羅棋布，因此很難決定學校地點，上學益加困難。然而在該邦第一位首席部長帕爾瑪博士（Dr. Y. S. Parmar）領導下，邦政府克服了這些自然與文化的不利因素。一九六〇年代末，喜馬偕爾邦由旁遮普邦分離出來，帕爾瑪將基礎教育視為公共政策的核心要素。教育相關公共支出是全國平均的兩倍，比起印度其他區域，喜馬偕爾邦的師生比更低。家長很快理解到送女孩與男孩入學的好處。家長的關心與有能的政府攜手合作，確保學校運作良好，教師也獲得適當鼓勵。結果是十分驚人的：一九六一年時，這些山地縣市中僅有百分之十一的女孩識字，到了一九九八年，數字跳升到百分之九十八。[48]

雖然其他邦省的表現不及喜馬偕爾，但資料顯示教育體系已不像過去沉滯不前。一九九〇年代末，女性識字率從百分之三十九提升到百分之五十四；男性則由百分之六十四上升到百分之七十六。這些數值改變背後，是概念上的重大轉變。一度，許多貧窮父母選擇送孩子去工作，而非上學。現在，他們希望孩子能爬上自己無法抵達的地位；透過運氣與努力，離開勞力生活，換取現代經濟中的工作。如同教育學者羅摩強德蘭（Vimala Ramachandran）在二〇〇四年時寫道：「需求面從未看來如此樂觀。過去十年所做的研究提出強力證據——所有社會族群都表現出對教育的強大需求。當政府確保附近有運作優異的學校時，入學率通常都很高。」[49]

雖然教育方面的發展得以審慎樂觀看待，衛生醫療的前景卻依然黯淡。中央與邦政府經營的醫院狀況都很淒涼：擁擠、貪腐、缺乏基本設備或合格醫生。而政治階級顯然並不在意。事實上，衛生醫療的公共支出持續下降。一九九〇年時占GDP的百分之一點三，到了一九九九年，卻降到百分之零點九。同時，私人醫療機構卻快速擴張，在二〇〇二年包辦了將近八成的醫療支出。然而這股發展是為了服務成長中的中產階級。在某些區域，窮人是由有心的NGO提供服務，但在多數區域通常自生自滅，透過原住民巫醫或村莊的庸醫來治病。

這裡也許值得引述一些統計數字。二〇〇一年印度人的平均壽命為六十四歲。在許多邦中，嬰兒死亡率仍舊很高。例如在梅加拉亞邦，每千名嬰兒中有八十九人死亡。印度有全世界六成的痲瘋病患（約五十萬人）。一千五百萬名印度人罹患肺結核，每年新增兩百萬人。這些古老疾病之外，還有一項新威脅——後天免疫缺乏症候群（AIDS）。二〇〇四年時，約有五百萬印度人為人類免疫缺乏病毒（HIV）帶原者。[50]

一名知識豐厚的觀察家如此寫道：「印度已經停止思考公共衛生問題，並為此付出沉重代價。」[51]

VIII

經濟自由化改善了千百萬印度人的生活，但也將數百萬人擋在門外。甚至還有部分印度人的生活受到市場自由化與經濟對外開放的負面影響。

經濟自由化下受害最深的，也許是中印度的原住民（adivasi）或稱部落民族（tribal）。他們居住在印度天然資源最豐盛的區域，有最好的森林、最有價值的礦產及自由奔流的河川。然而多年來，許多資源都流入政府或外人之手，他們苦苦掙扎，保護僅存的家園。

部落民的怒火特別指向森林部，後者限制他們取用木材與其他非木材的森林產物如蜂蜜與香草，部落民採集銷售這類產物以維持生活。在中央邦，坦都樹（tendu）樹葉（用來製作鄉村香菸比迪〔bidi〕）交易利潤特別豐厚。政府將整個交易交給私人包商，但實際採集行為卻是由部落民進行。收購價十分低廉：五千片葉子交換三十盧比。一九九〇年代初期，部落民要求提高收購價格遭拒後，他們開始阻擋邦內主要高速公路的交通。[52]

根據一項研究，原住民占印度總人口的百分之八，但在水庫興建、開礦、鋼鐵廠與其他計畫而迫遷的人口中，卻占了四成。[53]另一項研究紀錄顯示，在教育與衛生醫療資源上，原住民甚至不如達利特人。比較兩個族群的研究，發現百分之四十一的達利特人生活在官方「貧窮線之下」，原住民卻有將近五成。同樣地，達利特人的識字率很低，約為三成，原住民的識字率卻比達利特人還低了六個百分點。至於公衛醫療設施，六分之一的達利特人能獲得醫生與診所醫療資源；原住民的比例為四分之一。僅有百分之四十三的原住民獲得乾淨飲水；相比之下，達利特人的比例為百分之六十四。[54]

不同類型的社會運動者在部落區域工作；部分是甘地主義者，其他則是馬克思主義者。他們關心的議題包含土地與森林使用權，以及建立像樣的學校與醫院。這些是印度政府最忽略，也最傲慢以待的族群。殖民政府將一群部落族群視為「罪犯」，他們的罪行只是不願定居在村落，而四處遊走尋求生計。獨立之後，這些部落的罪行正式解除，然而社會歧視已然產生。任職部落區域的官員以輕視服務對象聞名。過去安靜的原住民，在社會運動者的影響下，開始採取抗爭行動，造成一系列與警方的衝突。[55]

一九九〇年代最知名的部落議題是「保護納馬達運動」（Narmada Bachao Andolan），運動領袖是帕特卡（Medha Patkar）。帕特卡本人並非部落民，而是在孟買成長、基進化的社工。運動目標是為了阻擋在納馬達河上興建大型水壩，此舉將導致二十多萬人無家可歸，其中絕大多數為原住民。帕特卡組織部落民，發起一連串示威遊行：前往位於古吉拉特邦的水壩地點，前往博帕爾（多數遭迫遷者所屬的中央邦首府），也前往國家首都德里，向偉大的印度政府要求伸張正義。領導者本人也數次進行長期絕食，為迫遷人民遭受的痛苦吸引大眾注意力。[56]

在阻擋此特定水壩興建上，帕特卡的抗爭並未成功，但卻讓大眾注意到，處理安置因為發展計畫而迫遷的數百萬人民時，印度政府的不良紀錄。同時間，原住民長期痛苦歷史終於在二〇〇〇年正式獲得承認；聯邦政府將中央邦與比哈爾邦的部落區域獨立出來，成立兩個新的邦：賈坎德與查提斯加爾。此外，北方邦的山地區域也獨立成為烏塔拉坎德邦。同樣富有自然資源，這些邦同樣也遭受強大外來利益的剝削。

另一個擁有大批部落民的邦是奧里薩。奧里薩邦分成印度教種姓族群掌控的海岸區，以及一連串內陸山脈，住有各種部落社群。一九九九年，奧里薩超越——如果可以這麼說——比哈爾，成為印度最窮的邦；奧里薩邦民中，高地部落民最是貧困無助。無論在土地擁有、收入、醫療設施與識字率上，他們都遠遠落後全邦。部落民的生活高度仰賴季風雨及森林。隨著林木消失，雨量不穩，他們陷入更加貧困的狀態，餓死更時有所聞。[57]

這片高地區域的財富藏於地底。奧里薩邦擁有全國百分之七十的鋁土礦藏量，鐵礦藏量亦豐。這些礦藏都集中在部落區域的羅亞加達（Rayagada）與科拉普特，過去是由印度國營企業開採，一九九〇年代起則改由國內外的私人企業接手。邦政府與企業簽訂一連串租約，以誘人價格提供土地給希望開採山區礦產的企業。[58]

深具野心的計畫之一，是由印度烏特卡爾氧化鋁公司（Utkal Alumina）提出，這間合資企業是由埃迪亞貝拉集團（Aditya Birla Group）聯合加拿大與挪威企業組成。他們看上羅亞加達市卡西普爾（Kashipur）鎮的巴夫利馬利（Baphlimali）山區，此處地下藏有兩億噸鋁土礦。計畫中將開採鋁礦，送到新建的加工廠進行處理，出口提煉後的成品。

計畫中部分使用土地屬於政府，然而其他三千畝土地卻是部落民的耕地。這項計畫對於部落民並無助益，甚至將剝奪他們的耕地，卻沒有任何補償。部落運動者代表團面見首席部長，要求取消租約。他們的要求遭到拒絕，相反地，政府派出團隊丈量土地準備徵收。接下來數年中，部落民嘗試各種策略阻止計畫啟動。烏特卡爾氧化鋁公司的員工禁止進入村落，道路封閉，並組織遊行宣揚開礦帶來的環境社會危害，激發大眾意識。當該公司興建未來將安置部落民的「樣品屋」時，預計受益者則直接拆毀樣品屋。[59]

另一方面，行政機關則決心推動這項計畫。他們認為這項投資將帶來收益，當然部分將進入政黨與政治人物的口袋。一九九九年三月，一群來自德里的科學家造訪羅亞加達，報告中警告奧里薩政府，「除非當地部落民針對土地徵收發動的群眾抗爭能妥善解決，這個平靜的區域可能轉變成拿撒爾人〔毛澤東主義者〕運動的溫床……」[60]一年半後，記者德蒙特（Darryl D'Monte）由孟買前往當地了解狀況。他們告訴德蒙特，礦場「將摧毀巴夫利馬利臺地的生態系統」。一名原住民領袖說他們攔下所有進入該區的車輛。「我們預備面對任何後果，」他堅稱並補充，「在大爆炸中，每個人都要有燒焦的準備。」德蒙特注意到政府也同樣決心執行到底，「過去五年中，縣府連同警察與政治人物，幾乎變成公司的警備前鋒……」[61]

大爆炸於兩個月後到來，令人悲傷的是，燒焦的是部落民。十二月十五日，執政的畢竹人民黨（Biju Janata Party）在當地舉行會議，以掌握計畫的支持狀況。憤怒的村民拒絕讓他們舉行會議，三排警力進入當地驅散抗議者，卻遭到一群婦女阻擋。當警察朝婦女揮舞警棍時，男人也加入聲援。在某個階段，警方開火，射殺了三位部落民。事件後首先向被害者表達團結支持的，正是毛派革命者。[62]

IX

印度確實長期以極度不平等知名。部分區域與社會族群明顯較他人更加貧困。然而，一九九〇年代以市場為主的改革更激化此不平等情況。這十年中，最窮困邦省的經濟成長緩慢，而本就表現不錯的邦省則快速成長。整個一九九〇年代，比哈爾邦的年成長率為百分之二點六九，北方邦為三點五八，奧里薩則是三點二五。但另一方面，古吉拉特邦的成長率是百分之九點五七，馬哈拉什特拉是八點零一，而泰米爾納德則是六點二二。廣義來說，表現較好的邦省位於南方及西方，而毫無成長的則位於北方及東方。表現最差的是人口最多的比哈爾與北方邦。一九九三年，兩邦貧窮人口占了全印度窮人的百分之四十一點七；到了二〇〇〇年，則是四十二點五。[63]

經濟成長似乎高度仰賴初期的人力資本與公共建設投資。有好學校及醫院的邦省，同時也擁有技能較高、更為健康的勞力，它們通常也是路況較好、電力穩定且行政機關貪腐狀況較輕的邦省。[64]投資者與資金自然湧向這些地點。改革前的時代，中央政府傾向將工業設在所謂的「落後」區域；然而私人企業家並沒有這些責任。他們尋求資本能獲得最大收益的地方，主要是南方與西方邦省。因此在發展上，它們名列前茅。

雖說如此，即便在最繁華的邦省中，也並非所有人口都隨之繁榮。卡納塔卡邦與安德拉邦的首府邦加羅爾與海德拉巴，各自都是軟體業浪潮之尖，但邦內其他區域卻遠遠趕不上。一九九四年至二〇〇〇年間，卡納塔卡邦鄉村區域的人均消費支出每年約成長百分之九點五，但在都市區域的成長率是二十六點五。安德拉邦的類似數字是百分之二點八（鄉村）對比十八點五（都市）。從印度整體來看，鄉村區域的消費成長率是每年百分之八點七，都市區域則是十六點六。[65]

如同經濟學者斯里尼瓦桑（T. N. Srinivasan）二〇〇〇年時的觀察指出，巨大的差異是因為：

一名印度窮人更可能住在鄉村地區；更可能是表列種姓或部落或其他遭到社會歧視團體的一員；更可能營養不良、罹病且健康不佳；更可能不識字、教育程度差並缺乏技能；更可能住在部分區域（如……比哈爾邦、中央邦、拉賈斯坦邦與北方邦，以及奧里薩邦）……[66]

印度全國之中，繁榮與不幸、科技先進與人性低落共存。二〇〇一年九月總理與奧里薩村民的對話，清晰捕捉了此種印度生活的矛盾。瓦巴依從德里家中，透過衛星與卡西普爾鎮的部落民通話，後者的同胞因農作收成不佳，吃芒果核果腹時中毒死亡。「今日世界裡，人們會因為吃下有毒物質而死亡，真是非常不幸。」政府元首能夠透過影像電話對人民講出這些話，卻無能提供他們健康的食物。[67]

X

二〇〇四年，印度經濟變成美國總統大選的辯論焦點之一。這史無前例，更驚人的是，討論的焦點並非印度人的窮困，而是他們的財富。在多次演講中，民主黨挑戰者凱利（John Kerry）煽動人民恐懼，倘若小布希總統再次當選，將有更多美國工作流向東方。若選民選擇支持他，凱利保證將重啟保護政策，阻止美國工作「邦加羅爾化」。這又是另一個首度，美國總統候選人以一座印度都市指涉對美國利益的威脅。

早在凱利之前，其他美國政治人物就已採取行動。二〇〇二年，一名來自佛羅里達州的電腦程式設計師，憑藉一項政見參與國會大選：終結「外包」。同年，紐澤西州議會的女性議員提出法案，禁止州政府合約外包給外國企業。如同佛羅里達州同僚，她針對的是印度電腦公司與專業人士。這些政治人物同情那些「不爽的程式設計師」，以及被印度人奪走並希望取回工作的美國人。[68]

二〇〇三年十二月，深具影響力的《商業週刊》（*Business Week*）刊載封面故事〈印度崛起〉（The Rise of India）。文中提到邦加羅爾的資訊科技工程師人數已超越整個矽谷。他們主要服務美國客戶，如奇異（GE）等希望解決複雜工程問題的大型企業，或只是希望協助填寫報稅表格的堪薩斯州農民。這波「科技起飛對印度來說是好消息」，《商業週刊》如此評論，「但對許多美國人來說卻是壞消息。」遭外國人取代而裁員的本地工作者將面對「慘痛改變」；很少人能再找到與舊待遇相當的新工作。「難怪印度位於美國發展中風暴的中心。」州立法機構面對立法禁止外包的壓力；部分區域如印第安納州，屈服於壓力之下，取消與印度企業的合約。[69]

對於印度經濟興起，部分評論者語氣偏執；有些人則出於欽羨。二〇〇四年四月，《新聞週刊》（*Newsweek*）告訴讀者，印度已不再是個貧困、無知的第三世界國家；現在已是「做生意的好地方」，對美國人與美國企業來說，是「值得投資的夥伴」。[70]

這些預測來得又快又洶湧：印度人將奪走歐美人的工作；印度連同中國將成為二十一世紀的全球強權。無論起自恐懼偏執，或來自驚嘆欽羨，這都是奇怪，甚至奇妙的預測。印度自獨立以來所聽聞的，盡是不同曲調。每次族群暴動，輿論就會說印度將分裂成許多部分。每次季風雨量不足，輿論就會預測大規模饑荒。每次主要領袖去世或遭到殺害，輿論就會預測印度將會放棄民主，改行獨裁。

早期的預測來自許多不同動機，部分出自關切，其他則是憐憫與鄙視。它們在受過教育的印度人中，激起憤怒與尷尬。這波新預測，卻引起一陣自豪浪潮。印度報紙雜誌開始刊載報導，標題寫著「全球領先」及「即將成為第一」。一名德里專欄作家認定印度將成為世界巨人，因此擔憂將重蹈先行者的覆轍。由於西方在巔峰時期曾粗魯剝削殖民地，因此他要求「印度企業與其他國家建立友愛親善的關係……」。最重要的是，他說：「確保印度不會被視為明日世界的殘酷帝國霸權。」印度即將成為帝國霸權的想法，確實被視為理所當然。[71]

過往對於印度衰敗的預期，的確過度誇大。建國先驅打造的憲法中，在單一（且民主）的民族國家架構下，允許文化多樣性的發展。然而，所謂印度即將躍起成為霸權的歡欣鼓舞，也確實太早了點。除卻新經濟的明顯成功，仍舊存在大片貧困區域。僅有專注的國家干預能夠矯正這些不平衡發展，而二〇〇〇年以降的印度政府，卻早因過度貪腐而無法採取有意義的行動。因此，過去認為印度將快速衰敗的想法，確實是錯誤判斷；但此時認定印度將很快躋身地球領導集團，也非明智之舉。

XI

一九九九年十月，巴基斯坦與國會民主政治的短暫甜蜜時光終結。沙里夫總理在陸軍參謀長穆沙拉夫（Pervez Musharraf）領導的政變中遭到罷黜。印度人對此發展並不樂見，因為穆沙拉夫被公認為當年稍早發起卡吉爾行動的主謀。

二〇〇〇年三月，柯林頓總統訪問南亞。他在印度停留五天，在巴基斯坦僅五小時，歷史性反轉了美國偏向較小國家的傳統。這是對於印度力量崛起的承認，也是對巴基斯坦重返軍事統治的譴責。

冷戰期間，美國明顯偏向巴基斯坦。蘇聯垮臺後，則在印巴兩國間保持等距。柯林頓的訪問暗示著美國事實上開始傾向印度。原因主要在經濟上：此地是美國產品的廣大市場。一九九〇年，印美貿易量約五十三億美金；此時已將近三倍。因此，雖然數十年來華盛頓傾向視印度為冷戰中「不重要的棋子」，但在二十世紀末，印度開始成為「自然的盟友」。[72]

柯林頓抵達新德里隔日，身著印度軍裝的恐怖分子進入喀什米爾的奇提辛格波拉村（Chittisinghpora），將錫克教徒拖出家中槍殺。三百戶人家的村落裡，「幾乎每家都失去了親人、鄰居或朋友」。而維安人員射殺五位嫌犯後，才發現對方是無辜者，讓這場悲劇更形複雜。[73]

奇提辛格波拉村殺人者可能是自由犯案，而非獲得巴基斯坦政府授意。然而毫無疑問地，喀什米爾議題仍持續深刻分化兩國。穆沙拉夫總統不時發言重申巴基斯坦持續支持「喀什米爾人的自由鬥爭」。印度總理則譴責對方「惡劣的兩國論導致分裂」。[74]

兩國皆無法接受對方在喀什米爾議題上的立場，但對話依然重新展開。也許是出於在世界眼中扮演負責任核武強權的需求。二〇〇一年七月，穆沙拉夫在印度政府邀請下，訪問阿格拉。他與夫人下榻可瞭望泰姬瑪哈陵的豪華飯店。不論幕僚是否在場，將軍與瓦巴依進行了長時間會談。會議並無明確結論，僅產生雙方均不滿意的公報草稿；印度希望更進一步著重跨境恐怖主義，而巴基斯坦則要求更明確承認喀什米爾人民的民主渴望。

穆沙拉夫將軍訪問阿格拉期間，恐怖分子再次襲擊谷地。十數起個別攻擊事件中，至少有八十人死亡。這已成為一種模式——重要貴賓訪問新德里時，喀什米爾的暴力就會升溫。二〇〇一年十月美國國務卿鮑爾（Colin Powell）來訪時，恐怖分子對查謨與喀什米爾邦議會發動手榴彈攻擊。兩個月後，他們採取更大膽的行動。四名自殺炸彈客開車闖入印度國會大廈，試圖引爆。他們遭警方擊斃，警方後續也證實他們為巴基斯坦人。[75]

斯利那加的邦議會建築象徵該邦為印度的一部分；新德里的國會大廈則是印度民主的象徵。代表數億人的民選政治代表在此集會。針對兩處發動攻擊，終結了政治對話。印度指控巴基斯坦煽動恐怖分子，並要求美國政府管束舊盟友。印度確實在二〇〇一年九月十一日事件後同情美國，但也補充，正因為自己長期深受恐怖分子暴力傷害，讓印度的同情更加真切。

二〇〇二年春，印巴軍隊交火益發頻繁。由春入夏，密集的軍事準備也讓一九九八年的憂慮再現：次大陸是否將發生首次核子戰爭？一份受到敬重的尼泊爾月刊認為，區域「再次懸於戰爭浪尖之上」。頂尖的美國分析師則相信：「自一九六二年蘇聯艦隊駛向美國海軍封鎖下的古巴以來，印巴危機將是最嚴重的衝突。」[76]

最終，戰爭獲得避免；也許一開始就未曾計畫興戰。印度的注意力轉向即將到來的喀什米爾邦選舉。一如德里報紙直言，該邦「有著選舉舞弊的長期歷史」，一九七七年的選舉也許是唯一例外。[77]過去，至少在喀什米爾，選舉委員會「總有維安警力與偏袒的邦政府官僚伴隨左右，並與其合作……」，此時，選委會努力拯救名聲。選委會主委下令完整修訂選舉人名冊，這份名冊自一九八八年以來便未曾修訂。選委會針對所有家戶進行全面調查，完成新的完整名冊，以優雅卻難以印刷的烏爾都文彙整成三十五萬頁。選舉人名單副本隨即分送所有政黨，並在全邦的學校、醫院及政府辦公室中公布。進一步的謹慎行動是引入八千臺電子投票機，以避免有人占領投票所進行舞弊。[78]

邦議會大選在二〇〇二年九月舉行。武裝分子在選前殺害一位知名的溫和派，並鼓動大眾杯葛選舉。除去這些威脅，約有百分之四十八的喀什米爾人出面投票，雖略低於印度其他區域的常態，但已遠超過預期。國際選舉觀察員也在場見證選舉的公正性。執政的國民會議黨失去政權，贏家則是國大黨與人民民主黨（Peoples Democratic Party）組成的聯盟。二〇〇二年查謨與喀什米爾的選舉，在兩名長期觀察該邦政治的學生筆下，「可視為一九八七年邦選舉的反轉；當時民主空間遭到侵蝕，導致分離主義政治興起……這次選舉透過民眾抉擇，帶來政權轉變，某個程度上扮演了連結人民與政府的角色。」[79]新任首席部長賽義德更明確表達這些感觸，他說：「這是自一九五三年來，印度首次在〔喀什米爾〕人民眼中取得正當性。」[80]

XII

一九九二年十二月巴布里清真寺崩塌後，印度教基進派期盼在現址建立雄偉神殿。他們僱用建築師設計大理石神廟，也請工匠進行切割拋光。然而，場址本身仍舊在邦政府的監管之下。安拉阿巴德高等法院與最高法院開庭審理此案，以決定此地是否曾經存有羅摩神廟，及世界印度教會議（VHP）是否（如其宣稱）擁有舊清真寺周邊土地的合法所有權。此外也尋求法院外解決的可能性。深具影響力的坎契普蘭的商羯羅僧團住持（Shankaracharya of Kanchi）與巴布里清真寺行動委員會會面，請求他們交出這塊場址，避免穆斯林再遭受其他要求。

印度人民黨（BJP）則堅持在阿逾陀建立神廟。一九九八年該黨進入中央執政時，曾說將就此議題形塑全國共識，倘若無法，則將啟動立法。總理瓦巴依說：「羅摩神在印度文化中具有崇高地位。」並宣稱「全國都希望在阿逾陀成立羅摩神廟」，問題只是「如何建與在哪裡建」。[81]

然而場址仍舊維持現況。法院好整以暇審理此案，而庭外也無法達成任何妥協方案。同時，VHP在全國各地組織聖工旅遊前往阿逾陀。他們也舉行宗教典禮，期盼神廟興建。二〇〇二年二月最後一週的奉獻儀式中，有數百名來自古吉拉特邦的志願者與會。返鄉的火車旅程上，這些聖工與哥德拉火車站的穆斯林小販發生衝突。這些小販被要求唱誦向羅摩神致意的口號，他們拒絕後卻遭到拉扯鬍鬚。爭吵擴散，車站外穆斯林社群的年輕人也加入衝突。這群聖工爬回火車，列車在石塊丟擲中開動。然而這列火車離站後卻在郊外停下，因為其中一節車廂失火。五十八人死於烈火之中。

哥德拉是擁有長久族群暴力歷史的城鎮；它在一九四九年曾經歷嚴重暴動，一九八一年再度重演。此地的印度教徒與穆斯林素來不睦，阿逾陀問題明顯讓關係更加緊張。同時毫無爭議地，車站內的事件是由聖工挑釁穆斯林小販引起。但不清楚的是隨後的火災原因。VHP宣稱是穆斯林暴徒所為。另一方面，火場鑑識證據則顯示火災始於內部，可能是瓦斯桶或煤氣爐意外著火。[82]

然而一群聖工在哥德拉燒死的消息很快傳遍古吉拉特，隨之掀起一陣報復行動。最激烈恐怖的暴力發生在艾哈邁達巴德與巴羅達。這兩座城市一度以心懷公益的實業家與進步知識分子聞名，一度是科技創新與傑出藝術的中心，都經歷長久經濟衰退。隨之而來的是族群關係的惡化。印度教徒與穆斯林此刻很少一起工作或玩樂；隔閡在近年來展現為數起族群暴力事件。[83]

然而這波發生在艾哈邁達巴德與巴羅達的暴動，卻是前所未有的野蠻。穆斯林商店辦公室遭到攻擊，清真寺燒毀，汽車遭破壞。穆斯林女性遭到性侵，男性則遭燒害焚屍。這群暴徒通常由VHP的運動者帶領，地方行政機構則是同謀。他們使用的武器從刀劍、槍械到汽油彈與瓦斯桶。暴徒手持選舉人名冊，讓他們得以分辨何處為穆斯林住家。邦政府局處首長入駐警方管制中心，指揮行動。警察收到指示，放手讓「VHP與印度青年民兵自由行動」。[84]

艾哈邁達巴德與巴羅達以外，暴力也進入較小城鎮與鄉村地區。在薩巴爾康塔（Sabarkantha），暴徒開著牽引機與吉普車馳騁鄉間，鎖定穆斯林產業進行攻擊。這些行動的數字紀錄如下：「總共有兩千一百六十一間房屋、一千四百六十一間商鋪、三百零四間小型企業……七十一間工廠、三十八間旅館、四十五處宗教場所及兩百四十輛汽車遭到全毀或半毀。」[85]薩巴爾康塔發生的情況，幾乎在邦內四處可見。VHP清楚表示要讓穆斯林無望且無家可歸。因此在艾哈邁達巴德，即便暴動停息數週後，穆斯林仍舊發現自己難以取得銀行貸款、設置瓦斯或電話線路，或送孩子入學。逃離村莊的穆斯林則被要求，必須放棄對暴動者的指控才能返家。有時，他們的人身安全端視是否願意改信印度教。[86]

二〇〇二年暴動時，古吉拉特邦首席部長是莫迪（Narendra Modi），一位在RSS的無情學校中養成的強硬派印度教徒主義者。此刻，他以哥德拉火車大火事件，合理化對穆斯林的暴力，他說哥德拉事件啟動了「連環效應」。事實上，回應的力量是最初事件的數倍。上千名穆斯林遭到殺害，死亡數字百倍以上的人口流離失所，住進庇護所中，可憐情狀甚至連總理與總統都出面關切。[87]

牛津英文字典將「集體迫害」（pogrom）一詞定義為「針對特定族群進行有組織的大屠殺」。在此定義下，印度獨立以來雖曾發生數百起宗教間的暴動，只有兩次「集體迫害」：一九八四年針對德里的錫克教徒，以及二〇〇二年針對古吉拉特邦南部的穆斯林。兩起迫害事件有驚人的相似度。兩起事件都是針對少數族群成員犯下的單一、隨機暴力事件的回應。兩起事件都演變成對少數族群全體的廣泛報復行動。遭到屠殺的錫克教徒與殺害甘地夫人的錫克教徒無關；印度教暴徒殺害的穆斯林也完全無涉哥德拉案件。

兩起事件中，集體迫害之所以發生，正是因為法治遭到蓄意解體。一九八四年德里的總理，以及二〇〇二年古吉拉特邦的首席部長，都發出邪惡聲明，合理化殺戮行為。而兩個政府中的部會首長甚至協助並指引暴徒。

最後一個相似度不但最明顯，也最令人沮喪。兩黨與領導人都由其合理化且縱容的暴力中，擷取選票果實。拉吉夫的政黨以非常大的差距，贏得一九八四年全國大選。而二〇〇二年十二月，莫迪在所屬政黨贏得邦選舉三分之二席次後，再次成為古吉拉特邦的首席部長。[88]

XIII

二〇〇二年四月，瓦巴依總理訪問古吉拉特邦時，宣布提供給最近暴動受害者的扶助方案。在艾哈邁達巴德的記者會中，瓦巴依要求該邦首席部長此後遵循「王道」（rajdharma），不應分別不同種姓或族群的邦民。[89]

古吉拉特邦政府對暴動的不當處理及後續引起的國際反感，讓總理感到不悅。他希望莫迪下臺，但黨內資深高層（包含他的副總理阿德瓦尼）說服他放棄，認為公開承認處理失當將對本黨不利。

BJP提名瓦巴依為總理，部分原因是他長期從政（從一九五七年開始擔任國會議員），部分來自他的演說技巧，部分則是因為，比起阿德瓦尼，瓦巴依是聯盟夥伴比較能接受的人選。在能力出眾的首席祕書長密什拉（Brijesh Mishra）的協助下，瓦巴依在總理職位上掌舵穩固，不僅有效約束夥伴政黨，也調和黨內極端派。因此他成為第一位走完任期的非國大黨總理；相當驚人的成就。獨立之後的三十年間，國大黨壟斷印度政治；然而此刻，終於出現一個足以分庭抗禮的反對黨。BJP一度在意識型態的層次上挑戰國大黨，接下來成功在選戰中挑戰國大黨，而此刻在瓦巴依的領導下，BJP展現出自己也有管理國家的能力。

「全國民主聯盟」（NDA）政府的任期將於二〇〇四年十月結束，然而也許擔心季風雨量不利的影響，二月時總理率先解散國會，在「閃耀印度」（India Shining）的選舉口號下發動連任選戰。ＮＤＡ政府任內經濟穩健成長，加上反對黨的混亂情勢，讓多數觀察家預測執政聯盟將贏得不錯的勝利。讀者群廣大的《今日印度》雜誌的民調推估ＮＤＡ政府將贏得三百三十席至三百四十席，形成穩定多數。「形勢上再再顯示，」《今日印度》雜誌寫道，「將回到瓦巴依起跑時的局面——賽場路七號（總理官邸），並在已就位的大環境中，展開新任期。」ＮＤＡ「正享受命運的高點」；另一方面，根據雜誌預測，國大黨「將遭受一百一十九年黨史上最嚴酷的打擊」。

《今日印度》雜誌對於大選結果十分篤定，因此認為選舉將為兩大主要聯盟領導人各自帶來不同課題。「對瓦巴依，問題可能是他想在總理位子上坐多久」；而對索妮雅，則是「她是否或應否退出選舉割喉戰，讓位給其他領袖？」[90]

第二十九章

進步與反挫

（在印度）成長過程是如此不均，以致整個國家愈來愈像下撒哈拉非洲大洋裡的加州小島。

——讓．德雷茲與阿馬蒂亞．森（Jean Dréze and Amartya Sen）

I

二〇〇四年全國大選投票結束，選票也計算完畢後，結果卻與專家預測悖反。他們曾預測執政聯盟將獲得不錯的勝利；但最終全國民主聯盟（ＮＤＡ）僅贏得一百八十九席，而國大黨帶領的聯合進步聯盟（United Progressive Alliance, UPA）卻獲得兩百二十二席。此刻總統邀請ＵＰＡ組成政府。一般預期將由國大黨主席索妮雅出任總理。

索妮雅從政的早期，並未留下太多影響。但她十分努力，走遍全國各地。她的努力獲得回報；雖然中央由印度人民黨（ＢＪＰ）領導的ＮＤＡ執政，十五個邦政府卻掌握在國大黨手中。[1]

然而，二〇〇四年五月，輪到UPA執政中央時，索妮雅卻拒絕出任總理；相反地，她提名了曼莫漢·辛格。這位低調經濟學家曾於一九九〇年代出任財政部長，此後並三度擔任上議院議員。索妮雅並未說明放棄總理之位的原因，或為何跳過其他國大黨領袖，選擇辛格博士。也許她認為一名在義大利出生長大的總理會引起不必要的爭議；也許從未在政府任職的她，不確定是否能處理如此複雜的工作。

黨主席與總理間的個人關係相當友好，但經濟政策卻南轅北轍。曼莫漢·辛格是改革主義者，倘若由其完全主政，將會更進一步推動市場力量的自由化，降低補助，移除限制性勞動法規，並讓盧比完全自由兌換。另一方面，索妮雅是民粹主義者，希望國家限制市場的角色，保護工人利益，為農民與農工提供較多補助及社會服務。[2]

索妮雅組成國家顧問會議（National Advisory Council, NAC），自任主席，成員主要是擁有類似福利派理念的社會運動者。NAC向總理強加這些理念。政府採行的方案包含通過《全國鄉村就業保障法》（National Rural Employment Guarantee Act），保障鄉村家戶的成年成員每年至少一百天的有給職。這項法案將增加國家每年兩千億盧比的支出。[3]另一項是《資訊公開法》（Right to Information Act），在公眾要求下，政府有義務提供行政計畫、資源分配與職位聘任的細節；安全、國防與國家戰略利益相關事項除外。第三項則是《森林權利法》（Forest Rights Act），在國有森林中提供部落家庭土地。

依循NDA的做法，國大黨握有財政、內政與外交部，部長則由黨主席而非總理決定。然而，重要的經濟相關部會如資訊科技部與農業部，卻讓給聯盟夥伴。[4]

II

二〇〇五年三月，上臺後不到一年，UPA政府宣布將組成「高階」委員會，研究印度穆斯林的社會經濟與教育狀況。這個委員會將由德里高等法院退休法官薩加爾（Rajinder Sachar）主持。薩加爾委員會（Sachar Committee）的成立是敏銳的政治行動。二〇〇四年大選中，印度各地的穆斯林大力投票支持UPA。但此舉亦是誠實面對印度政府未能實踐甘地夫人與尼赫魯對穆斯林的保證。這些穆斯林在印巴分治後，仍舊留在印度，六十年後，整個族群卻面對經濟脆弱、社會不安、政治邊緣化。

確實，並非所有穆斯林都很貧困。北印度部分城鎮中有些成功的工藝師，製作外銷產品。古吉拉特與馬哈拉什特拉邦有許多根基穩固的穆斯林貿易商。穆斯林擁有一間大型資訊科技公司與至少兩間大型製藥公司。某些印度最知名的電影明星也是穆斯林。然而，整體而言，穆斯林仍舊是印度最貧困的族群之一。他們在國會、邦議會、全印公職體系、司法體系及專業階級中的代表性都不足。一般穆斯林可能是理髮師、裁縫、二輪車夫或農民，收入勉強餬口。他們識字率低。少有穆斯林女性進入勞動市場。[5]

一九五〇年代中，擁有大學學歷的穆斯林比達利特人多。但到了薩加爾委員會成立時，情況已然反轉。在安貝卡博士的啟發下，達利特人積極接受教育。優惠待遇也幫助達利特人獲得大學入學許可與工作機會，如醫師、警察、公職與工程師等。同時間，穆斯林則遠遠落後；穆拉組成的反動領導讓他們的狀況更加脆弱。穆拉傾向回顧伊斯蘭的舊日光榮，而非積極面對二十一世紀的複雜挑戰。[6]

印度生活中只有一個領域存在大量穆斯林，正是都市之中。穆斯林約占全國總人口的百分之十四，卻占了都市人口的百分之十八。在都市中，他們的生活也不盡如意。百分之三十七左右的都市穆斯林生活在貧窮線下，對比印度教徒的百分之二十二。他們的經濟處境受到脆弱的社會地位影響。當他們在都市中討生活時，經常遭遇偏見惡意，有時更是明顯排斥。印度教房東不願將公寓租給穆斯林房客，即便他們是說英文、有高薪工作的都會人，而非典型穆斯林。穆斯林兒童也很難進入無教派學校。[7]

薩加爾委員會依據過去調查與自己進行的研究，於二〇〇六年十一月提出報告。報告中點出三項印度穆斯林面對的重大議題。首先是認同問題。印巴分治後六十年，穆斯林仍舊被指責應為印度的「分割解剖」負責，國家忠誠仍遭受質疑。同時間，他們因為不論是否願意卻被當成政黨票倉，而遭抹黑為政黨討好的對象。

穆斯林面對的第二個普遍問題是人身安全。不論村落城鎮，他們經常遭到挑釁、侮辱，甚至肢體傷害。日常生活非常辛苦。宗教衝突時，生活更是惡夢。由於他們大量居住在隔離區域，也因為總是少數族群，當族群暴力爆發時，穆斯林總是遭受不成比例的傷害。

薩加爾委員會提出的第三個問題是平等。穆斯林社群在高等教育院所及專業領域中的比例都過低。他們所持的公職比例也不足。他們幾乎無法獲得銀行貸款。

薩加爾委員會提出這些問題，也提出一連串解決建議。委員們要求成立平等機會委員會（Equal Opportunities Commission），接受並處理陳情。他們也要求政府提升穆斯林在公共機關中的參與、公部門任職的比例，並承認伊斯蘭宗教學校的學歷。[8]

III

雖然部分社群與區域表現落後，但總體經濟持續亮眼。一手打造一九九一年改革的經濟學者此刻出任總理，穩定了投資者的心情。孟買敏感指數（Sensex）是印度金融之都的主要證券指數，持續表現良好。二〇〇四年，孟買敏感指數徘徊在六千點左右；到了二〇〇七年初，已經超過一萬四千點。主要的受益者是印度的汽車工業、資訊科技業與製藥公司；這些都是大量得益於經濟自由化的產業。[9]

二〇〇七年四月最後一週，印度加入兆元經濟體的菁英國家俱樂部。它是第十二位成員，入會資格部分是因為盧比對美元的穩定升值。[10] 一週後，全球最大型的客運飛機空中巴士A380首度降落新德里的英迪拉·甘地國際機場，進一步標誌著國家（或經濟體）登上世界舞臺。飛機降落時受到特別聚集的群眾熱烈歡迎。

在數字上與象徵上，印度經濟正往前邁進。二〇〇七年一月，孟買敏感指數跨過一萬四千點；同年十月，超越兩萬點。支持者將股市指數大漲與印度近日在重要國際板球賽的勝利相比。「兩者間有些相似，」一名商業記者寫道，「二十回合制世界杯板球賽與印度證交所之間。印度贏得世界杯時，即便鐵粉也感到意外；而孟買敏感指數即便面對近日的熊市評估❶，似乎仍決心跨過兩萬大關。育夫拉吉·辛格（Yuvraj Singh）一輪擊出六次六分球；孟買敏感指數在六個交易日中由一萬

❶譯注：投資市場趨勢意指市場價格在一段時間內循大致一定的方向移動。牛市和熊市分別代動向上和向下的市場趨勢。

六千點漲到一萬七千點。多尼（M. S. Dhoni）展現出冷靜聰敏、一位好隊長的風範；印度決策者的明智經濟決策也受到稱讚。」[11]

印度國內經濟成長，印度企業家則觀察海外出擊的機會。二〇〇八年六月，塔塔集團宣布以全額現金交易，買下英國豪華品牌捷豹（Jaguar）汽車與路華（Land Rover）汽車。[12]同一個月中，當標誌性的英國品牌成為印度所有，另一個歷史久遠的印度品牌則落入日本人手中。蘭伯西藥廠（Ranbaxy）一度是父傳子的家族企業，此刻則改由日本的第一三共株式會社（Daichi Sankyo）經營；後者以一千五百億盧比（約合美金二十五億）交換百分之三十五的股權。[13]

這些交易都是印度欲望與渴求更大的轉變。從一九五〇年代至一九八〇年代，決策者與企業家同樣將眼光膠著在本地市場。當時的印度經濟成長是由自給自足的教條所主宰；當時的期盼與野心，是印度的消費由印度公司自行生產。當時，國家應該站在經濟的「制高點」；然而現在國家已由生產配銷的領域中退出，而經濟逐漸向世界開放。許多印度人此刻逐漸消費國外製造的產品；其他印度人則在本地提供服務給海外消費者。有些印度公司併購英國工廠——如同塔塔集團與捷豹汽車，有些印度公司出售給日本企業——如同蘭伯西藥廠與第一三共，這都不是尼赫魯、甘地夫人或主持規畫委員會的技術官僚所能想像的。

IV

孟買敏感指數雖然上升，印度企業在自家與海外大步邁進，經濟成長過程卻並非總是平順、毫無衝突。一八九四年的《土地徵收法》（Land Acquisition Act），在英國殖民時期形成，今日仍寫在法典中，允許國家在「公共利益」的情況下，向農民徵收土地。然而土地遭到強力徵收的人經常發動反抗。例如在二〇〇五年，當政府試圖在馬哈拉什特拉邦的沿海地區一塊富饒土地上蓋核能電廠時，農漁民組織了一系列抗議會議與遊行示威。邦政府大力壓制，逮捕許多村民，部分甚至引用舊殖民時期的煽動叛亂法規。[14]

核能屬於公領域，然而《土地徵收法》也常用來或誤用於將農人土地轉移給私人企業。例如在西孟加拉邦，左派陣線政府長期將自己形塑為鄉村地區的政黨，反對加爾各答中產階級的利益。此刻，突然的政策轉彎，左派陣線政府邀請印尼的三林集團（Salim Group）❷在梅迪尼浦市（Medinipur）的南迪葛蘭區域（Nandigram）設立經濟特區。土地徵收程序已然啟動，激怒了當地村民。

二〇〇七年一月，抗議者與南迪葛蘭警方發生激烈衝突，導致六人死亡。衝突中，CPM幹部站在警方這一邊，抗議者則獲得邦內主要反對黨草根國大黨（Trinamool Congress, TMC）的幹部聲援。

南迪葛蘭的農村區域此刻滿布警方營帳。TMC的好戰領袖巴內吉（Mamata Banerjee）要求政府撤回所有土地徵收公告。同時間，一位知名的全國政治人物，印度人民黨的史瓦拉吉（Sushma Swaraj）造訪南迪葛蘭，並譴責對農民造成的「傷害」。[15]

除了邀請印尼的三林集團，西孟加拉邦政府也邀請塔塔集團在邦內設立汽車工廠。集團主席拉坦・塔塔（Ratan Tata）長期懷抱夢想——或是幻想——希望能造出命名為納努（Nano）的「人民

❷譯注：三林集團為印尼排名第二的企業集團，創辦人為前印尼首富林紹良，業務包括食品、電訊營運、汽車、產業、基建和礦業。

汽車」，定價將低於十萬盧比，是印度每個中產階級家庭都負擔得起的價格。當西孟加拉邦政府提供辛古爾（Singur）作為納努汽車工廠用地時，塔塔集團立刻接受。然而如同南迪葛蘭的狀況，政府在未先徵詢土地將遭徵收的農民意見前，就逕行保證。這是一塊肥沃的農耕區，灌溉良好，並享有豐沛雨量。

辛古爾農民的抗爭由巴內吉動員領導。巴內吉女士組織了許多遊行抗議，反對塔塔計畫。同時她也進行數次絕食抗議。二〇〇八年八月，經歷將近一年的抗爭後，塔塔集團暫停辛古爾設廠，並宣布將把廠房機器移出西孟加拉邦。他們將此撤退怪到邦政府頭上。如同九月第一週發布的公司聲明說：「納努汽車工廠周圍情況依舊充滿敵意與威脅，除非周遭環境對此計畫展現友善支持態度，這間工廠將無法有效運作。我們前來西孟加拉邦，希望為社區帶來價值、繁榮及工作機會。」[16]

二〇〇八年十月，塔塔汽車退出西孟加拉邦一個月後，宣布已為納努汽車工廠找到新廠址。這一次是在古吉拉特邦的薩南德（Sanand），政府已提供一千一百英畝的土地。這讓塔塔集團鬆了一口氣，因為拉坦．塔塔主席已在納努計畫上投注極深的個人聲譽。此事對古吉拉特邦首席部長莫迪來說，也是一臂之力。自二〇〇二年的集體迫害後，莫迪在印度知識分子眼中成了主要嫌犯。許多媒體也對他有稜有角的粗魯風格不予認同。另一方面，部分大企業如安巴尼一族，仍與莫迪保持良好關係。此刻，印度最受敬重的工業集團之首拉坦．塔塔的支持，對莫迪而言是重大勝利。支持以公開擁抱的方式展現，兩人上臺宣布納努汽車廠新地點時彼此擁抱。

事實上，莫迪重塑個人品牌的行動，已經開展一段時間。如同記者巴特（Sheela Bhat）二〇〇五年敏銳地指出：「莫迪認為，名叫『發展』的清潔劑能將二〇〇二年的記憶洗去。」莫迪專注在公共建設、能源與產業計畫的同時，也發動巴特所稱的「大規模個人公關行動」，出版日記、月曆、小冊與海報，清楚印上莫迪個人照片，連同文字與數字，彰顯他領導下的古吉拉特邦成就。「莫迪要確保在古吉拉特沒人能忽視他。」巴特說。[17]

此刻，古吉拉特邦以外的人也開始注意他。如同拉坦．塔塔在納努計畫啟動典禮上所說：「有一個好M，及一個壞M。」前者指的是莫迪，在後者——瑪瑪塔．巴內吉將其逐出西孟加拉邦後，伸手歡迎拉坦．塔塔進入古吉拉特。莫迪則讚美塔塔集團的「民族主義精神」，同時希望「納努汽車進入古吉拉特，將開展合作關係的新頁，推動本邦走向新的成長方向」。[18]

V

軟體產業可說是印度自由化的美好一面，運用高技能勞工與現代科技開創財富。粗暴一面則由礦業組成，政治人物將合約交給相熟的企業家，後者則回饋部分收益。同時，由於他們急於在最短時間賺取最多金錢，礦場承租人往往肆虐土地，所到之處無不留下一串社會與環境破壞。

二十一世紀的前十年，國際金屬價格上漲超過百分之四百，也因此導致印度各地的採礦蓬勃發展。大量森林土地遭轉為鐵、鋁土、煤與石灰石採礦之用。因此曾在單日之中，賈坎德邦政府授權了四十七份礦場租約；過去數年來邦政府已授權了上千份租約。

採礦產業的成功並不需要技術或管理上的創新創意，主要仰賴與特定政治人物或政黨的親近關係。在此典型的權貴資本主義形式中，貪腐有三種主要型式。首先，主管租約授權的部長或政府機關，取得一部分金錢作為賄賂前金，通常是一億到一億兩千萬盧比。其次，透過安排不合理低額的授權金，政治人物讓這些礦場大亨獲得巨額利潤，部分則回饋給政客（例如：二〇〇八年鐵礦價格為每噸五千至一萬盧比時，政府獲得的授權金每噸不到三十盧比）。第三，產量低報十分猖獗，礦區回報的出礦量，遠低於實際上由礦區送往港口或火車站的數量。例如，一日若有三十輛卡車出礦，實際上政府監督者的帳上只有兩輛。[19]

貪腐網絡延伸廣大，包含森林、礦產與交通部門、鐵路與港口的官員。然而主要受益者一方面是政客，另一端則是礦產大亨；兩者的關係特別緊密。政客甚至擁有礦場（有時在親戚名下）；礦產大亨也參與選戰，成為局處首長。國大黨、印度人民黨與其他政黨的政治人物都牽涉其中。

礦業榮景透過貪腐與任用親信腐蝕政治體系，同時也造成社會與環境浩劫。由於礦業公司往往在政治庇護下，他們並不在意環境或勞動法規。礦場主由邦外引進勞工，遠離家庭，也無力組織爭取更好的工作或住宿環境。現場該有的森林、水源、動物與汙染控制同樣遭受忽視，這些違法行為多數都在地方政府漠視下進行，後者往往為礦業大亨與局處首長、甚至首席部長的關係所脅迫。

由於礦業實際上不受規範，因此當礦產價格好的時候，礦主自然會希望盡快、盡可能提高產出。礦主與政客同樣都傾向過度開採，因為後者也不確定能掌權多久，同樣希望能盡快分得一杯羹。此外，由於採礦並非使用高超技術，且法律往往不受尊重，印度礦業導致大規模環境傷害。森林遭到砍伐，河流湖泉遭到汙染，耕地淪為不毛之地。這些破壞高達數百億盧比；且通常無法挽回。這些破壞影響野生動物與生態多樣性，然而更嚴重的是當地的農村經濟。農村仰賴肥沃土壤，乾淨水源，還有健康森林；森林不只提供柴木燃料、建築材料，還有果實、工藝材料（例如編籃需要的竹材）及藥用植物。隨著森林消失，土地遭到破壞，水源枯竭或汙染，礦區的村民生活變得極度困難。[20]

最後，由於礦區之中與附近的人並未受益，事實上經常因為礦業的副作用而更加貧困，這個產業自然激起大量不滿。毛派分子在奧里薩邦或查提斯加爾邦特別活躍並非意外，此地由於大量礦場租約授權來自邦外的投機客，許多部落族群遭到迫遷。另一方面，政府成立地下組織，例如查提斯加爾邦惡名昭彰的「和平軍」（Salwa Judum）民兵，攻擊殺害反對開礦的村民，將記者與人權運動者趕出開礦區域。

印度中心地帶礦業區域猖獗的犯罪與無法狀態，適正與國家自我認定為「世界最大的民主政體」形成對比。這些區域距離二十一世紀現代法治社會的距離之遠，只有十九世紀的加州或二十世紀的剛果差可比擬；後者同樣經歷貴金屬開採狂潮所掀起的殘酷暴力持續升高的循環。[21]

VI

二十一世紀頭十年的印度，在任何客觀標準下，都是個環境極端惡化的國家。全球空氣汙染最嚴重的前二十個城市中，就有十三個在印度。即便以印度自己的國家標準來說，全國人口半數以上的六億五千萬人口居住區域，也是汙染極度嚴重。倘若改善空氣品質符合國家標準，這六億五千萬印度人平均來說，可以多活三點二年。[22]

空氣惡臭，水質骯髒。印度最受敬愛的河流——恆河，由於沿岸工廠城鎮排放的未經處理廢水與有毒化學物質，多數區段的生態環境已經死亡（恆河沿岸約一百四十四個大小城鎮，每天集體排放約三十五億公升的廢水進入河流）。未燃燒完全的屍體（在恆河邊火化視為吉祥之舉）更進一步汙染河川。每年數十萬印度人死於痢疾與其他飲水相關疾病。同時間，魚群數量減少也影響漁民生計。[23]

其他河流的汙染狀況也不遑多讓。在許多邦中（包含有國家穀倉之稱的旁遮普邦），地下水層以驚人的速度下降，威脅農業永續性。天然森林持續遭到毀壞，傷害仰賴森林提供燃料、飼料與農業資源的村落。

傳統經濟學者的想法是，印度太窮，無法承受環保的代價。等國家富有了，就會開始清理環境。然而此種想法是基於歐美到亞非發展經驗的機械性、甚至去歷史性的延伸。因為歐洲、北美的工業化與經濟成長部分，或者說大部分，歸功於取得這些國家控制的殖民地土地與資源。發展中國家如印度並沒有殖民地，人口密度更高出許多。因此，有人主張，在發展經驗的相對階段中，印度必須比英美更加注重環境問題。

此一論點獲得實務證據支持。因為整個印度中，窮人最直接承受環境破壞的苦果。森林消失讓農人失去燃料與飼料。水汙染讓他們失去灌溉用水（有時也包括飲用水）。露天開礦讓碎石飄入農田，並造成泉水枯竭。在都市中，空氣汙染讓都市中（已經身居惡劣環境、超時工作且營養不良）的窮人比起富有鄰居更容易罹患呼吸系統與其他疾病。

這類推翻發展經濟學傳統想法的討論，在印度有其光榮傳承歷史。最早是一九七〇年代，由大眾發起的抱樹運動（Chipko Andolan）展開，這是喜馬拉雅山區貧窮農民在對抗單一栽培的商業林業時發起的反抗運動。抱樹運動後，印度其他區域的森林權益運動及針對破壞性採礦與水壩的反抗運動隨即展開。同時，甘地主義社工們也在印度各地組織農村社群，進行森林復育與水源保護計畫。

類似抱樹運動的社會運動，挑戰了主流經濟思想，或是迷思：印度太窮，無法承受環保的代價。事實上，正如這些運動顯示，水、土地、牧地與森林的永續性管理，對於多數印度人的生計至關重要。這些抗爭導致一九八〇年在中央成立環境部（各邦也後續跟進），並通過新法規阻止公私部門企業的環境破壞行為。[24]

環境部理當作為管轄性與規範性機構。一方面，它必須形塑法律遏止環境破壞，監督空氣與水汙染，並評估新礦坑、高速公路、水壩及工廠提案時的環境影響。另一方面，它也必須資助科學研究，以形塑森林、野生動物、農業與能源管理的永續性政策。

悲傷的是，在存續的泰半——若非幾乎所有——期間，環境部並未實現任一目標。掌管環境部的部長一般來說忽略或不顧印度頂尖科學家的建議。法律要求所有主要計畫都應準備環境影響評估。在其他國家，是由一群獨立專家進行。但在印度，權貴資本主義的赤裸展示下，則是由計畫推動方選擇撰寫評估報告的顧問。後續報告自然將計畫的負面影響最小化或淡化。

經濟自由化意識型態的趨勢對環境關懷十分不利。隨著印度（首度）經歷高經濟成長率，環境運動者經常被視為掃興者，眷戀失敗的社會主義經濟或外國強權代表，意圖令印度持續落後。在此風向之下，媒體愈來愈少刊登環境惡化或因此造成的鄉村社群邊緣化問題。更嚴重的讓步來自環境與森林部，解散既有的防護機制，即便最惡劣的計畫審查也流於形式。

二十一世紀初年的印度，經常可見對環境運動者的粗暴攻擊。一位知名政治人物宣稱，「在發展中國家，不能將已開發國家設定的環境標準視為經驗法則。」[25]一名自由市場派的專欄作家曾攻擊他認為的「生態運動的基本教義與非理性本質」，並宣稱環境運動讓「投資者離開印度」。[26]一名環境記者感嘆寫道：「我每次投環境報導時，主流媒體的編輯都會抱怨：『環境保護阻礙成長；我只對這個國家的兩位數成長感到興趣。』」[27]

事實上，環境責任對於長遠維持經濟成長是絕對必要。世界銀行有一群生態經濟學家計算特定形式的環境破壞（包含空汙、森林與牧地流失、耕地侵蝕及衛生供水不足）帶給印度社會的成本

——包含健康問題、失去收入及攀升的經濟弱勢。這項研究顯示，二〇〇九年，印度環境破壞的成本約為三點七五兆盧比，相當於GDP的百分之五點七。換句話說，若空氣汙染沒這麼嚴重，森林砍伐也未如此迅速，若土地未因過度使用化學物質而毒化或鹽化，若水資源能不受汙染，印度的年成長率將可增加超過五個百分點。[28]

VII

即便在沒有新興工業或開礦計畫的區域，鄉間仍有暴力衝突。達利特人崛起的自我意識，導致他們與印度農村社會階層中較高階的種姓產生衝突。[29]

其中一場衝突發生在印度南邊泰米爾納德邦最南方的縣市。此處的衝突是源於興起的中產地主種姓泰瓦爾人及無產達利特人；導火線則是關於薪資，或是對過去的拾荒族群今日卻能進入印度公職體系的不滿。壯起膽子的達利特人，也拒絕在村落咖啡廳中用另一組玻璃杯喝茶（長久慣習）。每當泰瓦爾人為其尊敬的領袖穆土拉瑪陵迦．泰瓦爾（Muthulramalinga Thevar）立起新的雕像，達利特人就會另立一座安貝卡博士的雕像，以為回敬（事實上，某些最血腥的衝突，正是因為一方毀去另一方所立的雕像）。這些紛爭是物質上的，也是意識型態上的，發生頻繁，也損傷重大。在十年中，泰米爾納德的種姓衝突造成超過上百人死亡。[30]

達利特人受到迫害最深的區域是比哈爾邦；此處也是他們組織反抗最強而有力的區域；更是種姓衝突最頻繁、最殘酷也最血腥的區域。歷史上，東印度的農耕社會體系就展現出封建制度最嚴苛的一面。附近的西孟加拉邦中，這些不平等透過土地改革舒緩；然而比哈爾邦卻延續至今。中高階種姓族群擁有土地，達利特人則負責耕種。從一九七〇年代以降，基進毛派分子開始介入；這群人雖多少已由運動發源地的西孟加拉邦退出，「拿撒爾人」逐漸在比哈爾邦中部區域集中勢力。他們組織農工陣線，要求提高工資、縮短工時，並終結社會掌控（在某些區域，包含新娘的初夜權）。他們他們同時也要求村莊公有地的使用權，並分享理論上由「社區」整體共有的天然資源如淡水魚——經常被保留給高階種姓專用。[31]

左翼基進派的動員在比哈爾邦中部社會底層心中，注入大量自信。一九九九年前往比哈爾各處旅行的記者穆庫爾（Mukul）注意到達利特人之間新生的自信。訪客被視為社會地位平等的個體來招待，並以「您好，兄弟」（Namaskar, bhaijee）打招呼。不像過去，達利特人「不會合掌，不會彎身，也不會稱呼任何人『長官』（huzur）、『主人』（sahib）、『先生』（sir），或類似敬稱。這個新字（兄弟），在整個區域內一村又一村不斷響起，仍在我心中迴盪」。[32]

人類學者巴提亞（Bela Bhatia）曾寫道：「這股自尊，是拿撒爾人運動最主要的成就之一。」其他成就包含終結強迫勞動與大幅度提升薪資。達利特人通常獲得實物報償，此時的數量加倍，穀物品質也比過去好。過去曾被要求十二小時不間斷工作，農工現在可享有數次休息時間。同時，有史以來第一次，女性獲得與男性同樣的報償（及對待）。

然而，這些基進派的長期目標，是推翻印度政府。公開或私下，合法或不合法，各種行動同時進行：一面組織遊行與罷工，一面收集武器，對敵人發動攻擊。拿撒爾人擁有自己的紅軍（Lal Sena），成員受過步槍、手榴彈與地雷訓練。他們還擁有肅清敢死隊（safaya），槍手受訓暗殺特別暴虐的地主。[33]

為了對抗，地主們也組織自己的軍隊（sena）。每個地主種姓族群都有私軍。布米哈爾人擁有藍維爾軍（Ranbir Sena），庫爾米人擁有大地軍（Bhoomi Sena），拉吉普特人有王軍（Kunwar Sena），亞達夫人則是洛里克軍（Lorik Sena）。比哈爾邦的當代歷史不斷發生一個種姓／階級族群對另一個族群的殘酷屠殺。有時，布米哈爾人或亞達夫人的私軍會包圍一群達利特人，將他們活活燒死。其他時候，拿撒爾人則劫掠高階種姓村落，射殺居民。[34]

這波暴力的背後，是野蠻的恨意。「我的傳記將寫在達利特農工的火葬堆上。」一名布米哈爾地主宣稱。「你殺我八人，我將殺你八十人作為報復！」拿撒爾人反嗆。[35]

拿撒爾人在比哈爾邦力量的茁壯，明顯展現在二〇〇五年十一月的傑哈那巴德（Jehanabad）鎮攻擊事件中。數百名武裝槍手衝進鎮中，對政府辦公室投擲炸彈，並攻擊監獄。他們釋放兩百名人犯，多數為同黨中人，包含此區指揮官。攻擊行動相對容易，因為大量警力都在執行選舉日勤務。然而，行動也暴露出合法組織的比哈爾邦政府的脆弱。傑哈那巴德鎮距離邦首府帕特納不過六十公里遠。[36]

針對達利特人的暴力並不僅限於印度教種姓族群。在旁遮普，擁有土地的賈特種姓錫克教徒也厭惡農工與工藝種姓族群逐漸高漲的自信。自二十世紀初，達利特錫克教徒持續爭取土地及進入殿堂的機會（兩者皆由賈特種姓把持）。部分達利特人自建宗教尋找出路，稱為「始法」（Adi-Dharm）。最近，綠色革命帶來的繁榮，也為低階種姓開啟新的機會：在城鎮與工廠工作，以及經營自己事業的機會。達利特錫克教徒的向外遷徙也逐漸增加，並將錢匯回家鄉協助族人。[37]

其中一項衝突可為代表，這是關於工業城市賈蘭達爾（Jalandhar）近郊塔爾罕（Talhan）村中的一間廟宇。廟宇是為了紀念工藝師出身的聖人峇峇・尼哈爾・辛格（Baba Nihal Singh）。各種姓的錫克教徒都會到此朝拜，人數之多，以至於信徒捐款讓此廟成為全縣最富有的廟宇之一（估計每年約有五千萬盧比捐款）。然而，廟宇管理委員會是由賈特人掌控，他們決定捐款如何使用，也許用在廟宇美化，或建設村中道路，或祭典盛宴。達利特人長期以來持續要求加入廟宇管理委員會，也持續遭到反對。最終他們決定將此事提上法庭。二〇〇三年一月，法院正在審理此案時，賈特人宣布將在社會上杯葛達利特人，後者則組織了一連串抗議。六個月後，雙方在村落節慶中發生暴力衝突。行政機關介入，取得妥協，兩名達利特人因此進入管理委員會，但他們必須依照錫克教傳統，不得落髮剃鬚。[38]

VIII

邁入新千禧年的頭幾年，喀什米爾相對平靜。二〇〇二年邦議會大選後，遊客開始返回喀什米爾，入住谷地的旅館及達爾湖的船屋。二〇〇五年一月，三十年後首度在查謨與喀什米爾舉行地方選舉。雖然面對恐怖分子威脅及部分候選人遭到暗殺，令人驚訝地，仍有超過百分之六十的選民投下選票。投下選票的人說，他們希望新的市議員能帶來新道路、乾淨飲水與更好的公共衛生。在巴基斯坦武裝分子重鎮的索波爾市（Sopore），一名店主的話也獲引述：「公共建設不能等到獨立（azadi）才做。」[39]

根據官方數據，查謨與喀什米爾的「暴力事件」數字，由二〇〇二年的三千五百零五起，下降到二〇〇五年的兩千起以下。[40]然而查謨與喀什米爾並不能說是已經和平。但至少是多年來首度，印度政府在這片領土的主權並非全然空洞的聲明。新德里與巴基斯坦對談時，要求一系列「建立信心的行動」，例如連結喀什米爾兩側的巴士路線。首發巴士預計於二〇〇五年四月七日由斯利那加出發，前往穆扎法拉巴德。六日下午，恐怖分子衝進旅客所在的遊客中心。他們受到驚嚇，但次日兩輛巴士依舊準時發車。搭乘其中一輛巴士的記者寫下巴士如何經過新建的和平橋（Aman Setu），進入巴基斯坦領域——

> 分隔的家庭久別重逢，眼淚與玫瑰花瓣沾在臉上。這獨特時刻的意義，也許正來自於平凡如常的背景：兩輛四十九人座巴士跨越並模糊了鮮血與偏見中分隔喀什米爾五十年的界線。[41]

同時間，國家的另一側，雖然並不容易，一九九七年那迦蘭的停火仍舊持續。然而雙方也遲遲未能達成滿意的解決方案。印度政府表示將給予那迦人最高自治權，但必須在印度憲法架構下。那迦蘭民族社會主義委員會（NSCN）則堅持任何解決方案都必須承認那迦人主權，它宣稱：「不論是印度武力征服，或那迦人的同意，那迦蘭都未曾是印度的一部分。」[42]它同時也要求保留那迦軍隊，否則都是對貢獻生命支持運動者的背叛。

那迦蘭鄰近的曼尼普爾邦逐漸陷入反抗軍與印度政府間，及邦內不同族群間的暴力衝突。大規模失業導致許多年輕人舉起槍枝。居住於谷地的主要族群梅泰人，有部分武裝團體同意歸屬印度。同時間在山岳地區，唐庫爾那迦人則希望與那迦蘭的兄弟追尋相同目標。梅泰人、那迦人與庫基人之間的族群衝突則愈演愈烈。[43]

在喀什米爾谷地及東北的部分地區，印度維安部隊是在《武裝部隊特別權力法》（Armed Forces Special Powers Act, AFSPA）之下運作，除非經中央政府特別准許，該法賦予軍官士兵不受平民法庭起訴的權利。而AFSPA同時也允許可對涉嫌違法者「開火或使用武力致死」，因此容易引發攻擊行為。

東北地區駐有大批軍隊。此地邦省多與中國接壤，印中曾打了傷亡慘重的一仗；孟加拉與印度的關係更是極為矛盾；還有緬甸。然而印度軍隊在此大量駐軍，並非僅因外在因素。他們也在此維護基礎物資與服務的流動，保護道路與鐵路連結，以及壓制反抗軍與游擊隊。「面對軍隊，我們沒有說話的權力，」一名資深曼尼普爾邦首席部長說，「他們有自己的工作方式，不會告知我們，或聆聽我們的想法。雖然他們理應來此協助平民行政機構運作。」[44]

多年來，人權團體持續要求廢除ＡＦＳＰＡ。領導者是曼尼普爾邦的女性，長期致力於反對各種男性暴力。曼尼普爾有數十個稱為「女性火炬手」（Meira Paibas）的地方組織。她們成功發起運動反對酗酒文化，接著將注意力轉向維安部隊。「女性火炬手」要求軍隊離開學校與市集，停止隨意攔截年輕男孩，並且要求開放監獄及關押中心接受公眾監督。[45]

二〇〇〇年十一月，一位名叫伊洛姆．莎米拉（Irome Sharmila）的年輕曼尼普爾女性展開絕食抗議，要求廢除ＡＦＳＰＡ。她被送進醫院時，仍舊拒絕進食，因此被政府強迫灌食，她說寧死也不願活在軍隊國家中。[46]

反ＡＦＳＰＡ運動於二〇〇四年七月再次興起，因為一名曼尼普爾主婦遭控煽動恐怖主義，從家中被帶走。她遭到刑求與強暴殺害，並丟棄在路旁腐爛。這起事件在曼尼普爾谷地中掀起一波憤怒的抗議潮。一群女性遊行前往因帕爾的軍事基地，在此脫光衣服，以白色橫幅遮蓋自己，上面寫著：「印度軍隊拿走我們的身體。」一名學生領袖在獨立紀念日引火自焚，留下紙條寫著：「比起在法律下死於維安部隊之手，我寧願自焚。據此信念，我以自身為人體火炬，引領眾人向前。」[47]

IX

二〇〇〇年後，如同先前的五十年，印度部分區域和平寧靜，其他則動亂失序。經濟成長，中產階級擴大，但貧窮也持續蔓延。新德里的中央政府試圖盡可能控制或緩和衝突。

在國家政策上，總理曼莫漢．辛格博士並不總是決策者。他必須調適黨主席的經濟政策喜好，即便兩者並不同調。所有主要任命也必須徵詢她的意見：部會首長、邦省首長，以及委員會主委。

辛格博士的背景是學者及公職，並非政治家。一九九一年，當他成為財政部長時，他公開感謝拉奧總理，「在我職涯將盡之時，給我這個報效國家的機會。」[48]這位旁遮普難民之子，真誠、低調、認真的專業經濟學者，從未想像自己將肩負如此職責。十多年後，當黨主席邀請他擔任最重要的工作時，辛格博士更加感恩。因此在所有國內政策與政治議題上，他都極度敬重索妮雅的意見。

然而總理在外交政策上享有相對自由，因此他決心進一步強化對美關係。美國此刻是世界唯一強權，也是印度軟體產業的主要市場。此刻富裕海外印度僑民有許多都在美國，這也有助於強化對美關係。疑心中國的印度策略專家催促辛格博士與華府建立更親密的夥伴關係，讓兩個國家可以一起「負起二十一世紀東半球秩序的責任」。[49]

辛格博士與當時美國總統小布希相得甚歡，這段關係也協助總理進行一項特別協定的談判。在此協定中，美國將協助提升印度民間核能產業的能力。自從一九九八年波克蘭（Pokharan）試爆後，印度不得接近任何先進西方科技。此時，印度保證僅用於能源生產，並同意開放民間核能設施供國際機構訪視，而美國同意提供產業需要的科技與專業。

二〇〇七年十一月，印美核能計畫提案在下議院進行辯論。政府發現，塑造全國共識的計畫，遭到右翼BJP與左翼CPM意外聯手夾殺。BJP一向贊同與美國建立更緊密的關係，若由其執政，應當也會推動類似提案。然而此刻，僅為了刁難國大黨，不讓它獲得這項功績，就反對提案。左派的反對至少比較有一致性，出自長期以來對資本主義領袖國家的不信任。

總理辛格博士領導的少數政府，僅靠著共黨支持才能維持政權。事實上，即便共黨並未正式加入政府，也在部分政策上留下影響，最知名的是全國鄉村就業保障計畫。然而此刻印美重修舊好，在共黨大老心中帶來不安。受過冷戰教育者，視美國為社會主義與「勞動人民」的敵人。CPM因此將核能計畫形容為向華府「投降」。[50]

不顧左翼抗議，辛格博士持續向美傾斜。二〇〇八年一月，兩國簽訂價值超過美金十億的協定，美國將提供精密的C-130J運輸機，連同備用引擎與零件。這些將大幅度提升印度空軍的能力，因為這些飛機可以在最惡劣的氣候中航行，並在山區或沙漠的臨時跑道上降落。[51]

整個二〇〇八年上半年，國大黨與左派政黨舉行一連串非正式會議，尋求溝通雙方歧見的橋梁。七月，CPM與CPI退出國大黨領導的中央政府，主要是因為印美的民間核能計畫。國大黨並不後悔；一位發言人說：「在此議題上，左派的立場是孤立的。他們不僅孤立，更有崇高的BJP伴隨。」執政黨相信有足夠票數，確保核能計畫在國會中通過。[52]

此樂觀態度並非虛妄。七月，在區域政黨及獨立派的支持下，UPA政府贏得信心投票，兩百五十三席支持政府，兩百三十二席反對。（部分宣稱非國大黨議員受到賄賂，投票支持政府。）投票結果，正如總理所說，將「向全世界送出一個訊息，印度已預備好在國際禮讓原則上，爭取自己應有的地位」。[53]

在經濟議題上，總理辛格博士始終採取全球取向。自學術生涯初年，他就倡議對外貿易政策，並在一九九〇年代擔任財政部長時期，協助瓦解執照許可配額體系。此刻辛格博士打造印美之間緊密關係的決心，卻是全新且特別的。他認為印度崛起的經濟實力，應該搭配相應的全球政治影響力。因此，他主張印度應與世界唯一強權結盟。

雖然索妮雅可能希望維持與左派政黨的聯盟關係，曼莫漢・辛格已準備好為了核能計畫與左派分手。他認為核能計畫是擴大印美重修舊好的關鍵。辛格博士認為這項政策有助於印度的更大利益，確是無庸置疑；然而過度熱衷也讓他展現出異常浮誇的言行。二〇〇八年九月的再次訪美之行，辛格博士告訴美國總統小布希：「過去四年半擔任總理期間，承蒙您的慷慨、熱情與友誼。」接著他說：「三十四年來，印度遭受核子隔離。我們無法進行核子原料、反應爐與原物料貿易。當此禁制結束時，我相信莫大功勞應歸向布希總統。為此我感到十分感激，總統先生。」

關於小布希對他的熱情與友誼，我們相信辛格博士所言不虛。我們也能接受結束印度核能孤立是一項重大勝利。然而這些事實是否需要以如此諂媚的方式表達，則待存疑。更值得注意的是最終的心情吐露。在所有相機與攝影機的注視下，印度總理告訴美國總統：「印度人民非常愛你。」此一宣稱不僅十分可疑，也比先前所言更難以證實。[54]

X

二〇〇七年與二〇〇八年間，當新德里與華府展開印美核能計畫政治折衝時，印度不同區域也發生一波波恐怖攻擊。二〇〇七年二月，由新德里開往巴基斯坦邊界的「友誼號」（Samjhauta）特快車爆炸，六十七人死於攻擊之中。這列特快車作為和平與諒解的象徵，攻擊者幾乎可以肯定是印度教基本教義派，反對與巴基斯坦進行任何形式的和解。攻擊時間點也如此顯示，發生在巴基斯坦外交部長預定訪問新德里的前一天。[55]

其他恐怖攻擊則是伊斯蘭恐怖分子的傑作，他們通常以巴基斯坦為基地，或受到巴基斯坦組織援助。二〇〇七年五月，爆炸穿透海德拉巴深具歷史性的麥加清真寺（Mecca Masjid），造成九人死亡。一年後，一連串爆炸震動了具有古老歷史的拉賈斯坦邦首府齋浦爾，帶走六十四條人命。二〇〇八年九月，五枚炸彈在德里的繁忙市集中引爆，二十人死亡。[56]

印度過去也曾遭受恐怖攻擊。數年來，幾十枚炸彈攻擊市集與郊區火車。二〇〇一年，甚至有一群恐怖分子闖入新德里的國會大廈。多年來，這類攻擊可能導致數百名維安人員及數千位平民的死亡或傷殘。

二〇〇八年十一月二十六日，印度見證了最膽大妄為的恐怖攻擊。當晚，一群來自巴基斯坦的武裝分子搭乘船隻，直上孟買南區水岸，這裡是觀光客經常造訪的地點，包含知名的印度門與泰姬瑪哈飯店都在此地。他們先前曾在伊斯蘭主義團體虔誠軍的訓練營中，在現任與前任巴基斯坦軍官監督下接受數週訓練。訓練過程裡，虔誠軍領袖賽義德告訴年輕成員：「在高舉聖戰中死亡，你的臉將光潔如月，你的身軀將散發馨香，你將進入天堂。」[57]

抵達印度後，這些恐怖分子共有十人，進入城內肆虐，攻擊泰姬瑪哈旅館的住客、孟買主要火車站的通勤者，以及路上行人。武裝分子同時攻擊了猶太人中心，這是另一個特別擇定的地點，主要是因為印度與以色列漸趨靠攏的關係，以及猶太人在全世界伊斯蘭基進派心中的醜惡形象。

攻擊的新聞傳遍孟買與全印，激起了相同程度的恐懼與不可置信。電視團隊與攝影機常駐在泰姬瑪哈旅館之外，而恐怖分子正在館內投擲手榴彈，一間接一間，一層又一層。孟買擁有大批警力，然而受過訓練應對這類攻擊的突擊隊卻未派駐在此。相反地，他們集中在德里，保護政府機關與重要政治人物。等到特別警力到來，恐怖分子已經肆虐超過十二小時。總共花了四天時間才格斃九名攻擊者，活捉第十名也是唯一倖存的攻擊者。他被捕後承認來自巴基斯坦，並由虔誠軍訓練。[58]

孟買恐佈分子的攻擊造成超過兩百人死亡，其中有二十名死者為外國遊客。泰姬瑪哈旅館大部分區域遭到破壞。在人員與物質傷害外，這起攻擊事件在孟買與印度公民心中，留下深刻的情感傷口。這些區域都是深受喜愛、吸引大量遊客造訪之地。泰姬瑪哈旅館無疑是印度最知名的旅館。賈特拉帕蒂・希瓦吉火車站（Chhatrapati Shivaji Terminus）❸是印度最繁忙的火車站。一群來自大海的劫掠者劫持小船，對這些知名區域輕易發動攻擊的事實，造成更深的衝擊。

南孟買的恐怖攻擊事件迅速被稱為「二六一一事件」，對應「九一一事件」蹂躪了另一個商業蓬勃、文化活躍的偉大繁忙都會——紐約。回顧八年前的悲劇，攻擊發生時的三種回應，令人印象特別深刻。首先是來自古吉拉特邦首席部長莫迪的回應。他飛到孟買，站在三叉戟旅館外（另一個恐怖分子的目標），向熱切的記者訴說他希望政府應該如何處理這類攻擊。孟買並不在他管轄的邦界內，因此他並不需要向大眾說明這些事。這是出自機會主義者的一擲，展現自己作為全國領袖的野心與渴望。

莫迪在孟買召開記者會，微妙地將自己偏好強硬、快速的可見行動的傾向，與總理辛格博士較為低調的風格形成對比。突擊隊花費長時間抵達孟買，肯定是印度政府應當負責的安全失誤。一旦攻擊獲得壓制，恐怖分子遭到格殺後，對藏匿訓練恐攻者的國家，開始興起一股報復行動的要求。

反對黨政治人物要求對巴基斯坦恐怖分子訓練營展開轟炸。總理抗拒這些壓力。攻擊的事實及公開發生的方式，都在全世界眼中羞辱巴基斯坦。若事件升溫，兩國又各自擁有核武，將會十分危險。在極度挑釁的狀況下，要維持此種自制，不但必要而且聰明。

另一種自制，也許更令人欽佩且善良，來自孟買的一般市民。孟買有長久的印度教徒—穆斯林族群衝突歷史，可往前延伸超過百年。最近一起發生在一九九二年至一九九三年，歡慶巴布里清真寺之毀的印度教暴徒，曾殘暴攻擊穆斯林。緊接著是穆斯林極端分子炸彈攻擊孟買證交所及其他建築。雖然我們無法完全確認，但二六一一事件中，恐怖分子與主使的目標之一，正是掀起另一波宗教暴力衝突。倘若印度教徒受到挑釁，攻擊孟買穆斯林，也許可能會蔓延其他城市，合理化伊斯蘭主義者宣稱（或希望）的：印度是個「印度教」國家，一如巴基斯坦是「穆斯林」國家。然而此事並未發生。孟買平靜且有尊嚴地哀悼亡者。印度教徒並未鎖定攻擊無辜穆斯林；另一方面，孟買的穆斯林神職人員則拒絕為邊界對面的恐怖分子教友舉行葬禮，因為他們的行為明顯毫不道德。

XI

二〇〇八年見證了伊斯蘭基進派在印度不同區域發動恐怖攻擊，巔峰則是十一月的孟買攻擊事件。然而這十二個月中，印度教極端分子也並不平靜。除了先前提到的「友誼號」特快車爆炸事件，二〇〇八年秋天在奧里薩邦的部落縣市也發生了宗教暴動。這次是由世界印度教會議（VHP）

❸譯注：過去稱為維多利亞火車站。

領袖拉克希瑪那南達（Swami Laxmanananda）之死所激發。他在坎達馬爾縣（Kandhamal）賈雷斯帕塔區（Jalespata）的修行中心遭到攻擊，凶手極可能是毛澤東主義者。

出身一九六〇年代的牛隻保護運動，拉克希瑪那南達在坎達馬爾縣經營多年，透過鼓勵印度教眾神信仰與禁絕酒精，希望讓部落民重回印度教懷抱。二〇〇六年，為了紀念國民志願服務團之父高瓦克的百年誕辰，拉克希瑪那南達在坎達馬爾縣號召了大批部落民與非部落民舉行集會。這是帶領部落民「返家」（ghar wapsi）的長期工作的一部分；拉克希瑪那南達認定印度教才是部落民的原初自然信仰。[59]

拉克希瑪那南達並非唯一在這些區域進行宣教的人。一名記者寫道，在奧里薩邦的部落區域，散布「各種基督教傳教士、印度教同盟家族運動者……以及毛派分子，為爭取人民的心意而奮鬥」。基督教傳教士已成功讓大批巴諾人（Panos）改信，他們過去屬於穢不可觸族群。印度教傳教士則專注在坎達部落族群（Kandhas），他們形成整體人口的百分之五十二。毛派分子則從兩方吸收志願者，從事對抗政府的武裝鬥爭。

在這個脆弱且極度競爭的空間中，拉克希瑪那南達遭到謀殺，成了燃起草堆的野火。來自古吉拉特邦的ＶＨＰ領袖托加迪亞（Praveen Togadia）是煽動族群暴力的老手，負責引領拉克希瑪那南達的送葬行列，緊隨其後的憤怒暴徒朝基督徒住家與教會縱火。暴力持續整整七週。數萬名巴諾基督徒逃離村落，住進臨時難民營。

訪視巴諾人放棄的村落時，一名記者發現他們的家園「燒成焦黑骨架，教堂遭到洗劫，辛苦賺來的財產遭到劫掠或毀棄，他們的穀物遭燒毀，羊隻四散。這些房舍遭到鎖定攻擊的方式顯現出事前計畫：如同古吉拉特（二〇〇二年），只有少數族群的房屋遭到縱火燒毀」。[60]

坎達馬爾縣只有十三間警察派出所，以及五百名警力來維持這片廣大山區的和平。警方人力太少，訓練不足，裝備不良。即便有心阻止暴力，也缺乏施行手段。事實上，至少兩間派出所遭到暴徒攻擊，數千名暴徒包圍警局，只有幾名膽怯員警仍守在其中。[61]

XII

隨著新一輪大選逼近，政治版圖的複雜多樣程度，卻較以往更甚。二〇〇七年五月，ＢＳＰ在北方邦取得意外且驚人的重大勝利。ＢＳＰ過去對高階種姓的敵意不留餘地，現在也開始接觸婆羅門與穆斯林；這次贏得的席次中，高達一百三十九席屬於高階種姓族群。[62]如同一名評論員指出，透過與其他社群結盟，「ＢＳＰ將國大黨過去傳統支持者如婆羅門、穆斯林與達利特人結合在一起。只是，在馬雅瓦蒂的偉大新世界中，不再由婆羅門掌握方向盤，而是達利特人。事實上，她已經完成導師及ＢＳＰ創黨者坎西．羅摩的夢想：她已經讓金字塔倒過來。因此，自一九九一年ＢＪＰ在北方邦贏得絕對多數後，這個邦首次選擇了由單一政黨執政及穩定局勢，結束了十四年的混亂聯合政府。」[63]

一年後，二〇〇八年五月，ＢＪＰ組成了卡納塔卡邦政府。傳統上屬於北印及西印的ＢＪＰ，首度在南印贏得政權。卡納塔卡邦的國大黨多年來因為執政（不力）而失去信用，同時一群富有且具影響力的礦業大亨，以錢與權在背後支持ＢＪＰ。ＢＪＰ重要領袖之一，庫馬爾（Ananth Kumar），形容這場選舉是「半準決賽」，預示著他希望這將代表該黨於一年後全國大選中的勝利。[64]

二〇〇八年十二月，當查謨與喀什米爾邦舉行邦選舉時，國民會議黨成為最大黨。謝赫之孫，法魯克之子，歐瑪（Omar Abdullah）成為首席部長。國大黨再次以小夥伴身分加入執政聯盟。同月在其他邦的選舉中，國大黨在拉賈斯坦邦重新執政，卻在中央邦與查提斯加爾邦輸給印度人民黨。

下一輪全國大選預定在二〇〇九年五月舉行。國大黨在中央及部分重要邦省執政。然而印度人民黨在卡納塔卡邦上臺，顯示該黨的泛印度吸引力正在成長。同時間，區域性政黨在某些邦省仍舊有力，其中，最大的北方邦是由達利特人組織的政黨主政。

二〇〇九年一月，總理接受心臟手術。有些人認為他將在任期結束後退休。然而，三月宣布將進行全國大選時，曼莫漢・辛格以國大黨三巨頭之一的形象出現。另兩位是二〇〇四年勝選推手的黨主席索妮雅及她的兒子拉忽爾（Rahul）。拉忽爾在二〇〇七年九月開始成為國大黨祕書長之一。國大黨海報則呈現這三名領導人。

另一方面，隨著瓦巴依健康惡化，BJP提出的黨主席人選，是他的長年同僚，有時也擔任副手的阿德瓦尼。阿德瓦尼等待多年才獲得這個機會。這位阿逾陀運動的主要推手，成功地讓自己的政黨成為全國力量；一九九六年與一九九八年印度人民黨有機會組閣時，更兩度讓位給瓦巴依。

二〇〇九年大選時，阿德瓦尼已經八十一歲。曼莫漢・辛格只比他小五歲，但在任期中，成功維持政府運作。經濟狀況良好，許多中產階級認為是他的功勞，一如印美核能計畫一事。拉忽爾亮相主要是為了吸引首次選民；而索妮雅作為UPA的社會福利政策推動者，在弱勢族群中有其吸引力。特別是鄉村就業保障計畫已開始浮現成效。表列種姓、表列部落與女性特別受惠於此計畫，道路鋪設與挖井等，也有助鄉村經濟發展。[65]

多數觀察家（包含本書作者）都預期分裂結果，國大黨與BJP都不會過半，兩側都忙著招募夥伴以達成過半。也可能由「第三陣線」（如一九八九年與一九九六年）組織政府。最後，國大黨總席次反而增加了六十席，在下議院贏得兩百零六席；這是一九九一年後首度跨過兩百席關卡。由於數個區域政黨已經承諾加入聯盟，國大黨不再需要左派支持。

現任總理曼莫漢・辛格此刻將如尼赫魯與甘地夫人，完成兩次完整任期。選舉結果出爐，向黨內發表談話時，辛格博士說未來五年對印度歷史將具「關鍵影響力」。「若能維持過去五年的成長率，」他說，「我們可以減少貧困，創造新的就業機會，加速農村發展與工業化，改變人民生活。」這位總理說：「我們必須大膽迎接挑戰，往前邁進。」[66]

XIII

二〇〇九年選舉中，國大黨在安德拉邦的表現特別好，四十二席中贏得三十三席。這是因為該邦首席部長芮迪（Y. S. Rajashekhar Reddy）領導的強力選戰。以「YSR」廣為人知，他是個無情的政治操作者，以強硬手腕領導黨及邦政府。他的成就之一是長久以來壓制特蘭葛納（Telangana）脫離安德拉邦、另成一邦的要求。脫離的區域正是過去海德拉巴大公國的一部分。[67]

安德拉邦中一度由英國直接統治的區域，可以直通海岸，並受到大河滋潤。比起內陸更加繁華先進，這塊區域更早之前是由尼贊王統治。然而，一九五六年安德拉聯合邦形成時，大公國首都海德拉巴被定為邦首府。

安德拉海岸區與特蘭葛納的分野，自此邦誕生之初就已存在。特蘭葛納的知識分子抱怨政治人物與商人將公共投資由內陸區域轉向已然較受關注的海岸區域。他們提供的數字顯示，當特蘭葛納擁有全邦百分四十二的耕地，卻只分得百分之三十的邦政府農業預算，及百分之二十七的肥料分配，溝渠灌溉水量與水電量也低於比例。

一九六〇年代末，一場由學生領導的大型活動爆發，要求另外成立特蘭葛納邦。運動領導人發行的小冊中認為：「小邦省對我國政治程序民主化有益，後者將吸引更多人進入發展過程……」確實，「小邦省將對國家的政治經濟生活，帶來充滿希望的新時代。」這些主張伴隨著大規模市街抗議，癱瘓道路與鐵路連結。這股運動在動用大量武力後才鎮壓下去。[68]

稍後數十年，成立特蘭葛納邦的要求從未消失，占領（dharna）與罷工時有所聞。二〇〇四年大選前，當時失去政權的國大黨與特蘭葛納國家黨（Telangana Rashtra Samithi, TRS）結盟。國大黨做出一項特殊性承諾與一項全面性承諾；前者支持成立特蘭葛納邦，後者則承諾成立新的邦界重劃委員會。依照語言劃定的邦界雖有助於印度統一，但此刻也許是重新劃定邦界、打破難以撼動的大型邦省的時刻，例如安德拉、馬哈拉什特拉、西孟加拉以及最重要的北方邦。

意外執政後，國大黨卻對兩項承諾食言了：前者遭到安德拉邦強大首席部長芮迪的反對，後者則遭左派政黨反對。左派支持對於新政府的存續極為重要；他們反對新的邦界重劃委員會，是因為孟加拉共產黨不希望鼓動廓爾喀人（Gorkhaland）獨立成邦的運動。

芮迪於二〇〇九年九月死於直升機墜機意外後，特蘭葛納的要求再次復甦。芮迪的繼承人缺乏他的權威與無情。另一方面，特蘭葛納運動此刻在羅姚（K. Chandrasekhar Rao, KCR）的領導下，他是一名深具魅力的領袖，也善於演說。二〇〇九年十一月最後一週，羅姚進行絕食至死的抗議，要求立即組成新的特蘭葛納邦。此舉吸引上萬名支持者上街，打亂邦首府海德拉巴的生活。此刻海德拉巴也是資訊科技業與製藥業的重鎮。

在羅姚絕食與大眾要求的壓力下，ＵＰＡ感到恐慌。二〇〇九年十二月九日，聯邦內政部長奇達姆巴蘭（P. Chidambaram）發出聲明承諾：「將展開特蘭葛納建邦程序。」他要求羅姚停止絕食（羅姚同意），並要求首席部長撤回對所有騷動相關人等的控告。

這項聲明導致海岸安德拉地區的國大黨國會議員的不滿與失望。然而一旦聯邦內政部長已公開承諾，就無轉圜餘地。經過一連串曲折漫長的討論後，安德拉邦正式分家。兩年中，兩個邦將以海德拉巴作為共同首府，此後海德拉巴將是特蘭葛納邦首府。安德拉邦剩餘區域，仍舊稱為安德拉邦，但一般慣稱希曼德拉（Seemandhra），將獲得中央補助建立新首府。[69]

XIV

印度憲法的兩大核心原則是平等與多元。憲法試圖賦予女性及達利特人相同權利，重塑並尊重不同語言、宗教與生活方式。理論與實務上必然有不小的落差。女性與達利特人持續受到歧視。印度教基進主義者也讓穆斯林與基督徒感到脆弱不安。

然而不論多元或平等，理論上都未曾適用於或承認性向選擇議題。根據十九世紀《印度刑法》（Indian Penal Code, IPC）第三七七條，同性戀行為視同犯罪。二〇〇九年八月，ＵＰＡ再度執政後不久，德里高等法院推翻ＩＰＣ第三七七條。由夏爾法官（A. P. Shah）與穆拉利達爾法官（S. Muralidhar）組成的分庭，認定ＩＰＣ第三七七條違反個人隱私與尊嚴。法官追溯其他國家此類議題進步立法的發展，發現合意成人間的性行為已除罪化，同性戀者在專業領域享有同等權利，即便在保守主義堡壘的軍隊中亦是如此。

反對ＩＰＣ第三七七條的請願，一開始是由納茲基金會（Naz Foundation）在二〇〇一年提出，主張合意成人間的同性性行為應該合法化。請願者遭到不同宗教團體，包含印度教、穆斯林與基督教，以及印度政府內政部的反對。

主張保留IPC第三七七條者則宣稱，為保護看似普世的一般「公眾道德」概念，此條文必須保留。另一方面，夏爾法官與穆拉利達爾法官則認為這是特定時間地點下的特殊條款。他們說：「此條款是基於維多利亞時期獨特的性道德概念，以肉欲與罪識為基礎。」高等法院說，IPC第三七七條「將同性戀視為一個族群，出於對另一群無辜民眾的欲望而行動」。因此「IPC第三七七條的效果，視所有男同性戀者為罪犯。任何與同性戀相關的事物都被視為扭曲、怪異而令人厭惡；整個男女同性戀社群被貼上偏差與變態的標籤。因其身分或在他人想像中的形象，而非實際言行，讓他們遭受廣泛偏見歧視。因此造成一群顯著人口，由於性取向不合規範，而遭到迫害、邊緣化，甚至攻擊」。

移除IPC第三七七條將讓這個族群免受汙名，同時也是進步的公共衛生舉措。在任何情況下，法官指出：「侵犯人民隱私，或管轄僅涉人民自身的行為，都非憲法賦予政府的權限……在缺乏任何明確傷害證據的情況下，將合意成人之間的私人性關係視同犯罪，此條文意圖既武斷又不合理。」

德里高等法院認定IPC第三七七條違反《憲法》第十四條（法律之前人人平等）、第十五條（禁止以宗教、種族、性別、出生地為基礎的歧視，法庭接受請願者提出「性別」應包含「性取向」的論點）與第二十一條（生命自由的保護）。法官總結中提出：「若有一憲法信條可視為印度憲法的根本主軸，那就是『包容性』。本庭相信印度憲法反映深植於印度社會中、代代守護的價值。印度社會傳統上展現的包容性，存在生活各方面，展現在承認每個人的社會角色上。多數人認為『偏差』或『不同』者，並未遭到排除或驅逐。」70

XV

德里高等法院的判決受到民主派廣泛歡迎，視之為憲法平權與多元主義保障的自然合理延伸。然而，即便多元主義理論上向一個方向延伸，實際上卻又在另一個方向遭到拒絕。經過相對平靜的數年，喀什米爾谷地又再現紛擾。

二〇〇八年五月，約有四十公頃的森林地被劃作設置阿瑪納特神廟（Amarnath）沿途朝聖者庇護所。阿瑪納特是喀什米爾山中很受歡迎的印度教神廟，汽車無法抵達，必須徒步或騎馬穿越漫長嚴酷的朝聖路途。當土地轉用之事公開後，部分人士憂慮這將給基進派印度教徒主義者一個可趁之機，落實印度教徒永久移住谷地的政策。

六月第三週，谷地爆發抗議，反對將土地移為阿瑪納特朝聖使用。此舉激起印度教徒為主的查謨區域的反制聲浪，運動者威脅將關閉連接本土與谷地的唯一道路。經過更多抗爭，以及數名喀什米爾人死於警察槍下，土地使用命令取消。BJP與相關人士開始發起全印度罷工。「若沒有阿瑪納特朝聖（Amarnath yatra），也不該有麥加朝聖（Haj）。」VHP的托加迪亞在德里宣布。VHP也發起全國抵制喀什米爾農產與商品。

抗議與反抗議延續了整個二〇〇八年秋天。接著冬天到來，該邦政治人物移到查謨過冬，騷動雖然止息，卻在喀什米爾谷地的集體心靈上留下新的、更深的傷口。在喀什米爾人被視為、也自視為印度完全公民之路上，留下新的阻礙。71

二〇〇九年對喀什米爾（及喀什米爾人）來說相對平靜，但二〇一〇年是另一個紛擾之年。六月，一名學生死於警察槍下，激起大批年輕男性（有時是男孩）上街抗議，激發更多開火及無可避免的更多抗議。軍隊受召進入谷地穩定秩序，穿越斯利那加與其他城鎮的窄巷，喀什米爾人從家中繃著臉注視這幅景象。[72]

抗議再起，警方與抗議者在街頭開戰。週五晚間通常是最緊張的時刻，在清真寺聽完激動講道後，年輕的喀什米爾人已經進入好戰狀態。有時，派出所遭到攻擊，引發強烈報復。整個七、八月，斯利那加與其他城鎮多數區域都施行宵禁。其他時候，警方與準軍事組織對高喊「自由！自由！」的群眾開槍，死傷數字逐步攀升。[73]

抗議在九月進一步升高，當時一名佛羅里達州的基本教義派牧師焚燒數冊《古蘭經》。憤怒的喀什米爾人燒毀基督教學校，並與前來阻止的警方發生衝突。二〇一〇年夏天的死亡數字已經超過七十人。[74]一名長期追蹤喀什米爾議題的記者敦促總理採取「大膽手段，展現面對一般喀什米爾人憤怒的意志」。這名評論者說，辛格博士不應「只談經濟政策、圓桌會議與各黨協商」，侮辱喀什米爾人的情感。相反地，「他應該毫無保留地對過去數週中死亡的人表示遺憾。他應該誠懇謙卑地承認，這些年來，印度政府無能維護正義。他應該向喀什米爾人民請求彌補的機會。此舉仍舊無法保證現在正漫溢的大眾憤怒岩漿是否會冷卻下來。」這名記者在二〇一〇年八月寫道，若總理仍然不願「以全面努力開創一些政治空間，我們不知道谷地下一次爆發會將我們引向何處」。[75]

這些建議雖出自誠心，卻不大入耳。因為印度政治當局已經逐漸將喀什米爾谷地的控制權轉給軍方。《武裝部隊特別權力法》廣受憎恨，卻沒有任何一任總理勇於思考廢除，即便在遠離邊界且武裝抗爭已經減弱的區域也是如此。若中央政府無法，也不願伸出友誼和解之手，此刻喀什米爾人這邊，一股基本教義瓦哈比派（Wahabbism）❹的伊斯蘭主義影響力正逐漸升高。過去谷地中盛行的蘇菲派（Sufism）已經全然退縮。從爭取自由而起的行動，已經染上聖戰色彩。[76]

XVI

二〇〇九年八月，下議院通過《兒童接受免費義務教育權利法案》（The Right of Children to Free and Compulsory Education Bill），提供全國六至十四歲兒童免費義務教育。雖然相關責任已於憲法中有所規範，但政府目前為止遲遲未能落實。事實上，公立學校管理之差，甚至連農民與勞工階級家庭也寧願送孩子進私立學校，造成債務累積。此刻，為了彌補國家過去的錯誤，所有私立學校，除了「少數族群」機構，都必須提供百分之二十五的名額，給來自弱勢背景的孩子。這些孩子無須支付學費。[77]

同月稍後，UPA提出村落自治體系各級機構中的女性保留名額由百分之三十三提升到至少百

❹譯注：瓦哈比派是十八世紀由阿拉伯半島的瓦哈伯（Muhammad ibn Abd al-Wahhab）建立的宗教運動與伊斯蘭思想，通常被視為極端保守、嚴厲的伊斯蘭改革派。瓦哈比派主張去除伊斯蘭世界風行的聖者崇拜及墓地朝聖行為，視之為偶像崇拜。創立者瓦哈伯與當地統治者沙烏德（Muhammad bin Saud）達成宗教政治結盟，後者提供保護並推廣瓦哈比運動。一九三二年，沙烏德家族自立為沙烏地阿拉伯王室，瓦哈比派也成為沙國崇奉的遜尼伊斯蘭教派。一九七〇年代後，隨著石油外銷帶來資金（例如在伊斯蘭國家建立瓦哈比派宗教學校），以及對抗蘇聯入侵阿富汗、喀什米爾議題等一系列衝突，瓦哈比派開始向全球伊斯蘭世界輸出影響力。

分之五十。為了立法，此提案必須經過修憲。[78]幾個月後，內閣通過另一項更基進的提案，將百分之三十三的國會與邦議會席次保留給女性。國大黨主席索妮雅強力支持這項提案。二〇一〇年三月，女性保留法案在上議院（Rajya Sabha）提出，甚至遭到國大黨的聯盟成員激烈反對。國家人民黨所有閣員退出內閣以示抗議。法案因此撤回，深恐在執政聯盟中造成更大分裂。[79]

推動全面教育政策與國會女性保留比例的動作，都是為了強化國大黨身為多數印度人民代言人的立場。然而，自二〇〇九年底起，聯邦政府發現自己身陷一個又一個醜聞。首先是第二代與第三代（2G與3G）電信系統執照發照爭議。根據中央調查局（Central Bureau of Investigation, CBI）發給私人企業的執照，是「在先到先得的基礎上，以極低的二〇〇一年價格取得，缺乏任何競標過程」。CBI估計國庫損失達兩千兩百億盧比。[80]

掌控電信產業的部長是達羅毗荼進步聯盟（DMK）的拉賈（A. Raja）。然而第二項醜聞則牽涉國大黨資深政治人物卡爾瑪帝（Suresh Kalmadi），他負責籌辦二〇一〇年將於新德里舉行的大英國協運動會（Commonwealth Games, CWG）。此時，以大批金錢爭取賽事相關道路與建築合約的報導開始浮現。[81]

報紙電視積極追蹤這些指控。為了控制損害程度，政府成立一個委員會調查大英國協運動會籌辦過程，拉賈也辭去內閣職務。然而，貪腐醜聞對總理聲譽是重大打擊；縱然總理個人恪守誠信，卻任由這些不法指控發生。

二〇一〇年十月，審計部（Comptroller and Auditor General, CAG）報告提交國會，估計由於2G執照分配造成國庫損失高達一萬七千六百億盧比。[82]二〇一一年二月，當CBI認定有足夠證據逮捕拉賈時，總理與其政府的信譽一落千丈。[83]

此刻有諸多電視頻道積極競逐觀眾收視。貪腐在過去並不少見，但從未出現在這麼多高層職務上。自稱清廉的總理所帶領的中央政府，卻有隻手（或好幾隻手）伸入財庫，的確是記者喜歡的好故事。CBI與CAG等政府機關認定確有非法情事，竊取的金錢不論實際或預估數量都是超乎想像的巨額，內閣首長遭到逮捕，讓這些故事更有吸引力。二〇一〇年至二〇一一年冬天，2G、3G與CAG的醜聞占據頭條；不論電視或報紙，英文或印地文，其他語言的媒體也不惶多讓。總理與黨主席保持沉默，更讓人眾猜疑他們是否默許同僚的貪腐行為。二〇一一年夏天，距離下一輪大選不到兩年，UPA正面臨嚴重的信譽危機。

第三十章

印度人民黨體系興起

國大黨仍舊是——可能長時間內仍是——國內最有組織的政黨，擁有全國支持者，並深入地方。

——柯塔利（Rajni Kothari），一九七〇

印度人民在莫迪身上看到具有衝勁與決斷力，並以發展為導向的領袖，對十億人民的夢想與渴望來說，他有如希望之光。以發展為重、注重細節，並為最貧困人民的生活帶來品質改善，讓莫迪成為受到印度各界敬重歡迎的領袖。莫迪的生命，是一趟勇氣、慈悲與持續奮鬥的旅程。

——印度總理官網，二〇一四年五月二十六日晚間七點更新版

國大黨輸掉一九八九年全國大選的原因之一是博福斯醜聞；部分邦議會選舉也因為貪腐問題各見輸贏。然而直到二〇一一年夏天，濫用公職身分圖利個人才真正成為主要全國議題，激起各地論辯。這場論辯是由一名退休社工哈查列大哥（Anna Hazare）於該年四月在新德里展開的絕食所引起。

I

二〇一一年，哈查列已經七十三歲。生於馬哈拉什特拉邦的農戶家庭，他擔任印度軍隊駕駛多年。退休後，哈查列返回世居村落拉列岡西迪（Ralegan Siddhi），設計執行非常成功的永續農業模式。他鼓勵農民儲存雨水（藉由攔水壩），並在荒蕪山丘上重新植林。他同時說服他們戒酒（有時運用強制方式）。哈查列返鄉後十年，拉列岡西迪成為「綠色發展」的前鋒，印度與世界各地的環保運動者相繼造訪。[1]

哈查列的名字是奇桑・巴布拉奧（Kisan Baburao），但因在拉列岡西迪推動的工作，他也被稱為安納（Anna），意指大哥。當他的村落逐漸成名後，他開始將活動領域擴展到馬哈拉什特拉邦全境，揭發邦內發展計畫的貪腐問題，偶爾也採取絕食，對馬哈拉什特拉官員與政治人物施加壓力。到了二〇一一年四月，電信執照與大英國協運動會醜聞帶來的大量媒體關注，讓哈查列相信往全國舞臺發展的時刻已經到來。

哈查列的絕食抗議，選在新德里簡塔・曼塔天文臺舉行。警方對抗議者關閉拉杰大道後，此地成為他們偏好的示威地點。展開行動前，他前往聖雄甘地紀念公園（Rajghat），對群聚的記者說：

「我來此請求甘地賜予政府睿智判斷。多少人為國家犧牲；但一切正遭到摧毀。您〔甘地〕為國家指引方向，這些人卻將其摧毀。」[2]

哈查列言下的「這些人」，意指當時充斥並營運印度政府的政治人物與官員。他絕食的大目標是希望讓全國關注貪腐問題，明確的標的則是希望政府通過設置「監察人」（Lokpal）的法案，賦予其調查並懲處貪腐官員政客的權力。

哈查列的絕食行動受到媒體大規模緊密報導。大眾印象中已深刻認定政府未能懲處電信執照與大英國協運動會醜聞案的犯罪者。每個印度人在生命中的某些時刻，多少都曾訴諸賄賂。電視鏡頭感受到觀眾對於絕食行動深有感觸，因此常駐在簡塔・曼塔古天文臺，報導事件發展。哈查列坐在臺上，反貪腐行動者發表一系列激動演說，三色旗在背景搖曳。作家、退休法官、音樂家，甚至某位寶萊塢（Bollywood）演員，如潮流般前往簡塔・曼塔訪視哈查列。每位名人都帶來一陣興奮的戲劇性場面。

哈查列的支持者成立了名為「印度反貪腐組織」（India against Corruption）的聯合團體。主要推動者包含克里瓦爾（Arvind Kejriwal），他由工程師轉任公職後成為反貪腐運動者，曾推動《資訊公開法》。印度反貪腐組織在全國各個城市舉辦燭光遊行，透過點燃燭光與唱歌，聲援德里的抗議行動。[3]

出面聲援哈查列的主要成員是大學生與年輕專業人士。他們受到這位老人宣稱將由貪腐者手中拯救國家的景象所感動。哈查列本人並不使用智慧型手機或社交媒體，但這些年輕仰慕者積極在社交媒體上散布他的訊息。他們認為，從哈查列大哥的訊息與行動方法來看，他簡直就是聖雄甘地再世。「加入第二次丹地遊行（Dandi March）❶」、「一位聖雄宣布將絕食至死」等，是推特與臉書上推出的標語。二〇一一年四月七日，哈查列絕食兩天後，一篇推文寫著：「哈查列大哥地震撕裂貪腐印度政客，震央在印度，芮氏強度為十二億兩千萬顆心臟。」成為全球十大最流行推文之一。[4]

印度政府在抗議之下坐立不安，媒體大量同情報導更雪上加霜，致使政府屈服。四月九日，政府宣布將成立十人委員會，協助起草《監察人法》（Lokpal Bill）。委員會將由五名內閣閣員，會同五位印度反貪腐組織提名的成員組成。這是一項特別的讓步，將民選中央政府與並非具有全然代表性的公民社會部分成員相提並論。聽聞消息，哈查列結束絕食，並表示希望新《監察人法》能在二〇一一年八月十五日的獨立紀念日前通過。[5]

II

整個二〇一一年夏天，全國對話都集中在貪腐議題。四月最後一週，印度中央調查局逮捕新德里大英國協運動會籌備委員會主委卡爾瑪帝，理由是「陰謀」以十四億一千萬盧比的浮報預算，與一間瑞士公司簽約。卡爾瑪蒂是深具影響力的知名國大黨人，雖已暫停其職權，仍無法逃離逮捕的影響。[6]

同時，起草新《監察人法》的十人委員會也遭遇困境。內閣閣員與社會運動者之間相互極不信任；每晚會議結束後，各自立即將這種不信任感傳達給記者。印度反貪腐組織要求會議以電視直播，政府認為無法接受。運動者因此選擇杯葛會議，委員會就此解散。

六月第一週，新一波絕食在新德里展開。這一次是由在北印與東印擁有大批追隨者的瑜珈導師羅摩德夫（Baba Ramdev）進行。在個性上，羅摩德夫與哈查列迥然不同；他實際而不誠懇，同時懷抱野心，兩者都是深具政治性（他與BJP相近，但考慮成立自己的政黨）及商業性（發展一系列阿育吠陀食物與藥物產品）的特質。

羅摩德夫持續要求政府採取行動，將印度富人藏在瑞士銀行的錢收回來。此刻，二〇一一年六月，他坐在新舊德里交界羅摩里拉廣場（Ramlila Maidan）的大型帳篷中進行絕食。從一九二〇年代、一九三〇年代的獨立運動，到一九七〇年代納拉揚領導的運動，此地見證過無數史詩般的演說與重大集會。被問到帳篷開銷時，羅摩德夫回答（引述他濃重印地語口音的不佳英文翻譯）：「豎立這種帳篷對我來說不算什麼。大家都知道我可以在一天內豎起數座這類帳篷。所有在此聚集的人們都願意支付開銷。」[7]

了解羅摩德夫的大眾魅力，政府起初抱持著放任心態。內閣官員事先與他會面，希望他延遲或放棄絕食。當他持續進行時，政府派出使者前往羅摩里拉廣場要求他結束絕食。此舉亦未成功。接著政府開始採取強硬手段，派出大批警力前往帳篷，驅散羅摩德夫的追隨者。羅摩德夫本人開始慌張，換上女裝試圖逃離現場。警方羈留但未逮捕羅摩德夫，而是發出將他驅離德里的命令。[8]

七月最後一週，聯邦內閣通過《監察人法》，但運動者並不支持這個版本，因為總理、高等法官及國會成員的行為不在此限。印度反貪腐組織將此法稱為「殘酷笑話」及「欺騙國家」。[9] 哈查列大哥宣布將重啟絕食，施壓政府通過「更強而有力」的新版本。[10]

---

❶ 譯注：即甘地於一九三〇年代領導的不合作運動——食鹽長征。甘地與追隨者從中印度的靜修地出發，徒步穿越古吉拉特邦，歷經約兩百四十英里的長途跋涉才抵達丹地海岸，以海水製作一小撮鹽，抗議政府獨占。

八月十五日，曼莫漢．辛格總理在德里紅堡發表獨立紀念日演說。站在防彈玻璃後發表的演說中，他承認貪腐是國家實踐潛力之路的「一大障礙」。然而他也補充，並沒有對抗貪腐的「魔杖」。[11]

次日，哈查列大哥宣布將為符合他及眾人期待的新《監察人法》，發起新一波絕食抗議。他遭到逮捕，送進首都的提哈爾監獄（Tihar Jail）。他拒絕交保，相反地，改在獄中進行絕食。他的入獄導致數千人湧上德里街頭，全國各地也發起類似抗議。反對黨阻撓國會運作，要求釋放哈查列。八月二十日，政府釋放哈查列，後者在媒體與大眾的注視下，持續以自由之身絕食抗議。他移往羅摩里拉廣場，支持者已在此建立舞臺，供哈查列靜坐、揮手並偶爾向聚集群眾發表演說。[12]

哈查列並非甘地，然而第二次絕食抗議在吸引全國目光的能量上，可比丹地遊行。不同於聖雄的海岸遊行運動，哈查列絕食發生在衛星電視實況轉播的年代中，更添其魅力。當天，包含學生、勞工與專業人士等德里民眾絡繹前往羅摩里拉廣場，親眼見證奇蹟發生。印度反貪腐組織的領袖發表演說，演說中志工揮舞著三色印度國旗。早晚各一次，哈查列會從幕後走出來，向群眾承諾自己將「為了國家，再一天」堅持下去。

回到邦加羅爾的家中，我坐在電視機前，也是成千上萬印度人之一，放棄工作盯著扣人心弦的政治大戲。哈查列與總理形成特別驚人的對比：兩個七十多歲的人，一人願意犧牲生命終結貪腐，另一人則不願對自己政府中的貪腐首長採取行動。[13]

隨著每小時過去，國大黨政權的正當性逐漸崩毀。如專欄作家蘇倫德蘭（C. P. Surendran）當時所寫：「這個政黨爭不過一名退休軍隊卡車司機，後者唯一的力量實際上不過是堅實的誠信與忍受飢餓的能力。這樣的政黨不值得擁有執政權力。」[14]

哈查列絕食之際，政府也派出代表，包含家鄉馬哈拉什特拉邦的首長與官員。八月二十七日，當哈查列大哥絕食抗議進入第二週，上下議院無異議通過修正後的《監察人法》，納入哈查列等人的想法。次日，哈查列結束絕食，由兩個小女孩（一名達利特人及一名穆斯林）手中，啜飲蜂蜜椰子水。此舉的象徵性應非哈查列所為，而是來自深諳媒體的顧問。整個國家上萬印度人湧上街頭，歡慶印度反貪腐組織所稱的「人民的勝利」。[15]

隨著二〇一一年告終，德里的UPA政權正陷入重大信譽危機。更糟的情況接踵而來。二〇一二年二月，最高法院判定政府發出的一百二十二張電信執照因未經適當透明的程序發照，視為違法。BJP與左派對此判決表示歡迎，並表示雖然發照的部長（拉賈）已經入獄，總理本人不能卸責。因此興起要求總理下臺的呼聲。[16]

在中央與執政的邦省裡，國大黨都陷入貪腐醜聞。馬哈拉什特拉邦的國大黨政府將戰爭遺孀公寓轉給受寵政客與官僚居住。此事曝光後，首席部長查望（Asok Chavan）被迫辭職。二〇一二年七月，印度中央調查局對查望及其部屬發出拘票，控以詐欺與犯罪同謀。[17]

也許比起印度其他區域，馬哈拉什特拉邦的政客由政府合約中搾取利益的手腳更快。二〇一二年，聯邦政府年度經濟普查縣市，雖然過去十年投資在水利灌溉上的預算達七千億盧比，馬哈拉什特拉邦的灌溉區域僅成長百分之一。水利灌溉相關局處長久為民族國大黨（Nationalist Congress Party, NCP）把持，此黨在邦內與中央均為國大黨盟友，同時也眾所皆知與建商、承包商關係緊密。這筆水利預算若妥善運用，將可預防馬哈拉什特拉邦的旱災，而遭控將水利灌溉預算移作他用的NCP領導政客說他可以在壩中小便協助補滿這些水壩。他的冷酷發言導致所屬政黨與政府面對更嚴厲的批評。[18]

接下來的八月，德里執政聯盟的形象遭到更嚴重的打擊。執掌中央政府財務審查的憲法高度機構——審計部，向國會提出報告，指控煤藏開採分配不公，導致國家流失一兆八千六百億的收入。這些煤藏多數位於國家森林，遭政府濫用權力，分配給親近國大黨或個別國大黨領袖的企業。[19]

許多分配不公發生在二〇〇六年至二〇〇九年期間，當時煤礦產業為總理直接管轄。曼莫漢．辛格博士個人長期形象清廉；二〇〇九年大選中，他的聲譽確實也吸引選民支持國大黨。雖然他個人未曾由此交易獲利，但不公情事就在眼皮底下發生，對他的聲譽仍是重大打擊。要求總理辭職下臺的聲浪更加高漲。

III

二〇一一年五月，從一九七七年開始在西孟加拉邦長期執政的左翼陣線，輸給巴內吉領導控制的草根國大黨。同時，在泰米爾納德邦，「全印安納達羅毗荼進步聯盟」的賈雅拉莉妲宣誓成為首席部長。隨著馬雅瓦蒂在北方邦掌權，此刻印度最大且最重要的三個邦都由女性政治人物掌控。同時，史瓦拉吉是下議院反對黨領袖；當然還有同時兼任國大黨主席與中央執政的UPA主席的索妮雅。

某些女性在印度政治中影響甚鉅；但總體而言，印度女性地位並非值得自誇之事。憲法制定者曾希望隨時間推進，女性能夠逐漸提升能見度，成為勞工、經理人、醫生、律師、教師與企業家。獨立後的頭數十年間，曾有些許進展；然而從一九八〇年代以降，卻遭逢父權制度逆襲。印度主要宗教，包含印度教與伊斯蘭教，在典籍與社會實踐上，都視男性高於女性。此類歧視與印度憲法理想衝突競爭，結果多半不佳。村落中的自治體系對女性施加各種限制，包含穿著與行動——在某些地方，甚至連手機使用都受到限制。自行選擇丈夫的女孩遭到榮譽謀殺的事件愈來愈多。同時間，在許多穆斯林家庭中，女孩退出學校，不允許出外工作，甚至被迫穿戴面紗。[20]

女性教育程度雖然提升，印度女性的職場參與比例卻是下降。在二十一世紀的頭十年，由百分之三十四，下降到百分之二十七；此刻卻是經濟高度成長的時代。女性在職場遭遇大量歧視；即便是專業前瞻導向的產業如媒體與法律，也少見女性領導人。[21]

一份針對亞洲六大經濟體的研究顯示，印度對女性的偏見最深。印度女性結婚年齡最低。即便在正式部門擁有高收入工作，印度女性也被期待負擔家務與養育責任，將個人發展擱置一旁，以取悅或滿足父母或公婆的需求。[22]

倘若都市女性的地位不高，鄉村地區則更為低下。上個世紀中，印度的男女性別比例持續滑落：從一九〇一年，每千名男性相對九百七十二名女性，降到一九五一年的九百四十七名女性，及二〇〇一年的九百三十三名女性。二〇一一年曾回升到九百四十名，但比例仍舊不利，顯示出新生兒的死亡高度受到性別影響。多數印度家庭中，男孩的待遇勝過女孩；他們通常獲得更營養的食物，更容易獲得醫療照護及學校教育，而姊妹通常在田裡或森林中勞動。從一九八〇年代起，醫療科技的進步卻讓危險的社會偏見變得更加致命。新的性別檢測讓父母親決定流掉女性胚胎。雖已遭法律禁止，這類檢測在印度各地診所仍舊風行。[23]

協助女性胚胎流產的診所在北印度的哈里亞納邦與旁遮普邦特別流行，兩地的性別比例甚至低於九百。此一發展已經導致所謂的「男性危機」。根據傳統婚姻習俗，配偶必須來自同種姓及語言族群，但通常非同一村落。男孩成人後，愈來愈多人發現在區域內找不到新娘。因此他們與數百英里外的女孩結婚，通常來自另一個邦、種姓及語言族群。此刻，哈里亞納與旁遮普的男人，尋求（有時也購買）來自阿薩姆、比哈爾與西孟加拉的女性。這類「跨區」結合有時非正式婚姻，有時也會經由婚姻儀禮合法化。然而在其他方面仍受種姓與親屬關係束縛的社會中，將如何對待這類高度不尋常結合的後代，目前仍有疑問。[24]

除了針對女性胚胎的暴力，女孩長大成人進入世界後，甚至必須面對更多暴力狀況。家庭中性暴力頻繁，不只是丈夫毆打虐待妻子，堂表兄弟對姊妹、叔舅輩對姪甥女、甚至父親對女兒的暴力也時有所聞。年輕女性遭到男性上司的威脅或實際剝削，在編輯室、辦公室、甚至進步的「公益」智庫或運動組織中，都是常態。[25]

現代印度的父權偏見之深，戲劇性地展現在二〇一二年十二月德里發生的震驚暴力事件中：一位名為喬蒂・辛格（Jyoti Singh）的二十三歲年輕女性遭到集體性侵。當晚辛格女士與男友搭乘巴士，車上其他四名乘客都是男性。四人（以鐵棒）毆打辛格女士的友人，並對她施加侵害。司機與車掌並未阻止他們；一切發生之時，巴士駛過數個警察哨。最後，男人們將兩人丟出巴士，扔在國道旁，發現的路人報警，將兩人送往醫院。[26]

當喬蒂・辛格正掙扎求生，而她的故事曝光後，憤怒群眾走上德里街頭。首都各大學的學生帶領抗議，組織示威與燭光遊行。抗議者湧向總統府（Rashtrapathi Bhavan），要求將性侵者判處死刑，只有出動警力才能將他們驅散。印度許多其他城市也發起類似集會與抗議。[27]

為了回應抗議，政府組成委員會，由瓦爾瑪法官（J. S. Varma，前最高法院首席法官）領導，針對「向女性犯下極度性暴力」的罪犯，提出加快審判與加重刑罰的建議。同時間，受害者（被賦予「無懼者」〔Nirbhaya〕之名）被送往新加坡，於十二月二十九日去世。三週後，瓦爾瑪委員會提出報告，對司法機關的遲滯與公民社會的冷漠提出嚴厲批評。它對自稱法律秩序的守護者發出如此評論：「警方對處理性侵受害者的冷漠態度眾所皆知。警察遵守父權社會體制，因此無法處理此類極端羞辱與暴力的案件……」報告繼續說道：「警方甚至涉入兒童人口販運（包含女童）之中。」

瓦爾瑪委員會要求向警方究責，要求司法更加敏銳警醒，要求政府提供棄兒或孤兒教育設施，要求政黨不得提名犯罪前科候選人參選。報告同時建議「應就女性與兒童相關的教育與消除歧視施政，建立類似審計部的憲法機關」。

報告的最後一行寫道：「我們向無懼者已逝的靈魂致敬，她啟動了此一改革。」[28]

隨著瓦爾瑪委員會報告提出，國會通過《二〇一三年刑法（修正案）》（Criminal Law (Amendment) Bill, 2013），對針對女性的犯罪行為施加更嚴厲的懲罰。犯下性侵等罪者得判處終身監禁，累犯者得處死刑。修正案同時也定義跟蹤與偷窺者不得交保，向女性潑酸者則處十年徒刑（在印度某些地區並不少見）。[29] 法律雖已制定，（更加）困難的卻是改變大眾態度，以及瓦解仍存於日常生活中的父權架構。

確實，在印度，進步與反動、傳統與現代，以複雜且相互競爭的方式共存；我們無法完全信任法律能指向正義與理性。二〇〇九年七月，德里高等法院才判定視同性戀為有罪的《印度刑法》（ＩＰＣ）第三百七十七條違憲。此一判決隨即在最高法院遭到挑戰，印度教、穆斯林與基督教保守派展現出極為少見的跨信仰團結一致。二〇一三年十二月，最高法院認定ＩＰＣ第三七七條並未違憲，並重新將成人同性性行為罪刑化。辛格維法官（G. S. Singhvi）與穆科帕迪亞亞法官（S. J. Mukhopadhyaya）不同意德里高院認定ＩＰＣ第三七七條違憲的判決。他們與十九世紀形塑《印度刑法》的人想法一致，認為同性性行為「違反自然規律」。[30]

宣布判決的法庭上，許多男女同志在場。當法官（其中之一隨後承認自己並不認識任何男同志）宣讀重返刑法現有條文的命令時，他們潸然淚下。[31]二〇〇九年判決後才剛開始呼吸到自由空氣的同性關係者，此刻再一次面對警察迫害與社會排斥。

IV

多數民主國家中，執政黨通常在任期結束前一年半左右，開始為下次大選感到緊張。除了許多現象，這股緊張感還會表現在執政黨領袖的言行，她或他向選民做出的承諾或讓步上。這正是一九八三年甘地夫人、一九八七年拉吉夫以及二〇一三年索妮雅所面對的情況。一月，她的兒子拉忽爾在齋浦爾黨代表大會上被任命為副主席，煙火照亮夜空，黨籍議員告訴記者，自己深受尼赫魯—甘地家族最新成員的動力所感動。阿諛諂媚並不限於一般議員，幾個月後，即便總理曼莫漢・辛格博士本人也告訴記者，他將「樂於為拉忽爾領導下的國大黨服務」。[32]

扶植自己兒子上位外，索妮雅也尋求強化國大黨的福利政策功績。UPA提出一項食物安全計畫，讓三分之二的印度人可以獲得免費或高度補貼的穀物。這項計畫被批為可能大量消耗國庫資源，同時將促成貪腐。還有其他批判：正當印度人轉向多元飲食時，這項法案將造成過度依賴碳水化合物，且偏重農民而非消費者。

提供食物安全的法案在國會中並未過關，然而索妮雅決心讓它通過。她在八月二十日拉吉夫生日當天，公布國大黨的決心。談及亡夫對窮人的決心時，她告訴聚集的媒體：「UPA政府追隨〔聖雄〕甘地的理念，並持續前進，為一般人（aam admi）的生活帶來革命性的改變。」[33]

目前為止，國大黨承諾更多的福利政策，國大黨的二〇一四年選戰策略，與二〇〇九年相似。然而這一次，競選海報上只有一張面孔：拉忽爾。主要敵手BJP則沒有任何自己的策略。它的領袖瓦巴依與阿德瓦尼此刻已經老得不適合擔任總理候選人。另一方面，各邦有幾位年輕的BJP首席部長，國會內也有數名BJP領袖，都有足夠經驗與可行性。但究竟哪一位適合出線？

不像國大黨，BJP的決策取決於討論及論辯，而非單一個人或家族的意志。事實上，該黨的指導組織——國民志願服務團（RSS）——長期反對個人崇拜（vyakti puja）。然而此刻，當黨內與顧問考量人選時，其中一名成員大力爭取他們的注意力，此人即為莫迪。他曾任古吉拉特邦首席部長超過十年，決心獨立爭取成為總理的機會。

二〇一三年初，距離下一次全國大選仍有一年多時間，莫迪已經開始積極在全國舞臺上展現自己。意識到初投選民的力量（與數量），他前往數個城市向學生團體發表演說。演說中談及他稱之為「古吉拉特模式」的成就，不論真實或出於想像。他告訴聽眾，自己如何在邦內推動產業與農業成長，他如何減少貪腐與官僚紅帶（red tape），為年輕人帶來希望。[34]

三月，莫迪進入BJP的中央國會小組（Central Parliamentary Board）。六月，他成為選舉委員會主委。最後在九月，他受正式提名為BJP的總理候選人。黨內部分資深成員反對莫迪上位，對他粗俗的性格與充滿爭議的過往感到不安。然而每一次，低階黨工的熱情迫使黨內反莫迪勢力退縮。[35]

二〇一三年八月十五日，印度歡慶第六十七次獨立紀念日，總理由德里紅堡發表例行性全國演說。在超越總理的大膽行動中，莫迪在古吉拉特邦北部的布治（Bhuj）發表自己的獨立紀念日演說，講臺上豎立著仿造的紅堡背景。演說內容則嘲諷辛格博士領導下的失敗政府。在獨立紀念日，一名首席部長嘲弄現任總理，是前所未見之事。然而，莫迪的演說有助於將自己展現為貪汙腐敗政權的對立者。[36]

二〇一三年十一月，中央邦、拉賈斯坦與查提斯加爾等主要邦省舉行邦議會選舉。BJP輕鬆贏得三邦。偉大印度老政黨與其執政政府的脆弱，正逐漸顯現。

莫迪此刻開始全力為全國大選衝刺。一至五月間，他每天發表數場演說；搭乘特約飛機前往某個會場，演說後又隨即飛往下一個場地。他在印度各地，大城小鎮與鄉村區域超過四百場集會中發表演說。

在許多印度人眼中，二〇〇二年古吉拉特邦集體迫害仍舊是莫迪名譽上的汙點。然而，後續年代裡，他努力將自己重塑為「追求發展者」（vikash purush）。同時，曼莫漢．辛格終結了自己的第三任任期，國大黨選戰將由拉忽爾領導。

一九八四年，拉忽爾的父親拉吉夫擔任總理時，新德里也發生對錫克教徒的集體迫害。由於印度極緩慢的刑事司法體系，反錫克教徒的暴力加害者甚至尚未入獄。同時，領導暴徒的國大黨領袖也再獲提名為國會議員，且至少有一人出任部會首長。因此針對指責莫迪為二〇〇二年古吉拉特反穆斯林暴力行動同謀者的人，BJP則反控國大黨支持一九八四年反錫克教徒暴力。

一場集體迫害消除了另一場集體迫害。莫迪此刻要求以行政長官和政治人物的身分，與拉忽爾相提並論。在這場比較中，只有一位贏家。作為一名熱情且鏗鏘有力的演說家，莫迪嫻熟古吉拉特的母語及印度最廣泛使用的印地語。另一頭的拉忽爾則是個不情願的冷漠講者。莫迪有無窮精力，跨越全國各地散布訊息。拉忽爾的政治活動卻是斷斷續續。他可能在貧困村民家中待個一晚，接下來數週卻不見人影。

讓這場選戰變成候選人對候選人、而非黨對黨的支配性競爭，是莫迪陣營的神來之舉。因為他曾擔任印度重要邦省的首席部長超過十年；而拉忽爾在國會的十年中不但演說不多，更缺乏讓人印象深刻的重要演說。他拒絕在內閣任職，也缺乏任何行政經驗。

莫迪經常拿自己的家庭背景與國大黨太子的家世相比。古吉拉特邦首席部長宣稱少年時曾在茶店工作。這項宣稱未獲證實，但無庸置疑的是他生於落後種姓的小康之家。莫迪確實白手起家。另一方面，拉忽爾生於權貴，卻成就不高。整場選戰中，莫迪持續毫不留情地將自己曾身為茶販（chaiwallah）與拉忽爾受寵小王子的形象做對比。

莫迪同時也稱拉忽爾為「雪赫札達」（shehzada），這個源自波斯語的烏爾都字意為「太子」。甘地家族視自己為世襲王朝，將長久統治印度，是大眾很容易接受的說法。不單因為索妮雅當政期間以尼赫魯、英迪拉與拉吉夫命名數十項政府方案，更因為身為黨主席，她自動選擇兒子作為副主席，雖然後者絕非國大黨同輩之間最有能者。然而，字彙的選擇也令人注目；莫迪刻意不用一般指涉太子的印地語「yuvraj」，而偏好一個帶者外來感的字，幾不掩飾地暗指索妮雅的義大利出身，與國大黨對烏爾都語穆斯林的「討好」之舉。演說中，莫迪嘲諷「雪赫札達」的懶散與無能，要求投票者給他六十個月任期，以彌補國大黨過去六十年作為所帶來的傷害。[37]

莫迪謹慎小心地面對宗派屬性濃厚的過往，並未以黨的印度教徒主義意識型態作為演說主軸。相反地，他強調快速經濟發展的重要性，特別是創造工作機會。印度經濟在掙脫窒息式國家掌控二十年後，已大步向前，並見證貧窮快速下降與相應的中產階級成長。然而推動經濟成長的部門，例如資訊科技與製藥業，並未產生太多工作機會。莫迪注意到這點，承諾將更著重製造業，以回應每年進入勞動市場千百萬年輕人的渴望。

各地聚集聆聽莫迪演說的群眾，證明了他所激起的興奮與希望。雖然拉忽爾比他年輕許多，首投族卻更受莫迪感動，因為他展現出權威與決斷，對手卻顯得虛弱、懶散且腦袋不清。一名孟買的三年級大學生，即將首次參與全國大選投票，在莫迪造勢場合中告訴記者：「我們需要他。印度需要獨裁者。他是能夠打擊貪腐及缺乏團結紀律的獨裁者。」[38]

莫迪的選舉活動受到電視廣泛（有時令人喘不過氣）的報導；此時電視媒體在印度的普及狀況前所未見。一九九六年，僅有百分之十九的印度人觀看電視新聞。到了二〇一四年，比例上升到百分之四十六。上千萬投票人觀看莫迪的演說並被他明顯的熱切與能量所感動。二〇一三年至二〇一四年大選前舉行的調查顯示，經常收看電視與閱讀報紙的人當中，潛在ＢＪＰ支持者比潛在國大黨支持者高出二十個百分點。[39]

接觸年輕選民方面，莫迪善用比電視更新的溝通形式。他擁有內容豐富、時常更新的網站，以及活躍的臉書與推特帳號。他經常發表與年輕人關懷及自己的發展重心有關的推文；這類主題的推文勤勉正向，恰與針對敵手的諷刺嘲弄推文形成對比。[40]

莫迪的選戰執行十分完美。他僱用了國內最佳文案寫手，生出兩則簡單但有力的標語：「這一次，莫迪主政」（Abki baar Modi sarkar，印地語中因為押韻的關係，更為響亮）；以及「迎向美好時刻」（Achche din aane wale hain）。他的選舉活動也獲得大量經費贊助，來自大型企業與海外印度人。一項估計中，ＢＪＰ僅花在廣告的經費就相當於五億英鎊。[41]類似經費也花在運送群眾參加造勢聚會以及領袖的旅行費用。

莫迪的諸多顧問中，還包含在美國工作的印度裔年輕專業人士。他們將選戰最新技巧，包含靈活運用社交媒體，帶回印度。另一方面，國大黨則閃避這類方法，選擇依靠老招：第一家庭的名字與光環。[42]

V

二〇一二年十二月，在古吉拉特邦選舉中，莫迪用了「新中產階級」這個詞，來形容上千萬希望脫離貧窮，享受中產階級生活果實的印度人。這個階級協助他贏得古吉拉特邦連任，此刻也希望這個階級能將他推向國家權力。

聖雄甘地的名言之一是：印度人住在村落裡。然而到了二十一世紀，印度人已逐漸住進城鎮之中。一九五一年，僅有五個印度城市擁有超過百萬人口；二〇一一年，卻有高達五十三個城市。都市人口此刻已占全印人口的百分之三十一；一九五一年時，僅為百分之十三。現在超過四億印度人住在都市中心。[43]

印度村落與村落間、村落與城市間的人口遷移，向來絡繹不絕。經濟自由化後，國內各處人口移動狀況變得更加普遍。一項研究估計，一九九一年至二〇〇一年間，跨邦遷徙活動增加了百分之五十三點六。但這並非平均發展，某些邦省區域較他者更為繁榮。東印度的經濟發展特別落後，因此有大量移出人口，前往西部與南部的城市工作，或者旁遮普的農場與科達古（Kodagu）❷的咖啡莊園。二〇〇一年，比哈爾邦鄉間五分之三的家戶擁有離村工作的移工。他們對於家戶收入的貢獻

❷ 譯注：亦稱庫格，位於卡納塔卡邦的西高止山地，為印度重要咖啡產地。一八三四年英屬東印度公司武力占領後，引入科學化咖啡種植及其他莊園作物。

巨大，特別是低階種姓家戶。[44]

都市中，新移民主要在非正式部門工作。隨著工廠採用節省人力科技因而關廠或裁員，這些出身農村的城鎮居民轉為攤販、建築工人、水電工與警衛。這群移工絕大多數都是男性。受到城市脈動吸引，他們貢獻的勞力也讓城市經濟更加活躍。導致印度城市的GDP貢獻比例，由一九五〇年至一九五一年的百分之二十九，成長到二〇〇七年的百分之六十二。[45]

隨著移工進入都市，尋求將鄉間過往拋諸腦後，都市化孳生出新欲望與渴念。它們想要豪華房屋、自來水、娛樂與各種希望購買的消費商品。他們也想自立，而非依靠國家的福利施捨。[46]

都市成長的同時，村莊也在社會上、經濟上與政治上受到改變。過去，高階種姓如南印度的婆羅門或北印度的拉吉普特，宰制著印度鄉間。現在，他們已然失去或賣掉田地，並在意識型態上也遭遇挑戰。與外在世界的連結融合，一度是高階種姓獨有特權，然而現在許多中低階種姓的男性（女性較少）也離村就學，更常離村工作。

農業機械化增加，導致鄉村勞力需求降低；然而勞力供給確實也降低，因為達利特人不願再從事田作。他們傾向到村外就業，因為報酬更好，同時也讓他們脫離地方宰制種姓的掌握。現在他們從事的工作，例如建築業、卡車火車貨運上下貨等，雖是勞力密集甚至有害健康的工作，卻也較不低賤。

此外，更基本的改變是關於教育。北印度的代表性村落中，高階種姓塔庫爾人的識字率由一九五八年的百分之三十八點六，提升到二〇〇八年的百分之八十二。同一時間，受教育的低階種姓賈塔夫人（傳統上認定為穢不可觸）由百分之三成長到百分之四十二點七。一九五八年，每十名塔庫爾女性中，只有一人識字；到了二〇〇八年，則超過十分之四。一九五八年時，村中沒有任何賈塔夫女性能讀寫；二〇〇八年，則有五分之一。

各種姓對於教育後代都有強大興趣。拉吉普特人不希望自己的孩子成為農民；達利特人也不希望自己的孩子禁錮在粗野服侍的人生中。隨著不同種姓的年輕男性離開村莊尋找工作機會與成就，實際耕作農地者中，五、六十歲人的比例逐漸增加。對他們來說，改變職業或居住地的想法已經太遲了。

印度各地可見村落生活已深刻改變。然而某些領域中仍可見過往的明顯延續。在居住空間中，種姓族群間仍相互隔離；且至少在村落生活中，也具有社會區隔意涵。印度鄉村絕大多數婚姻（也許在百分之九十五以上，趨近百分之百），是在同一個內婚族群中訂定，透過父母親屬安排。[47]

然而，最近十年，城鎮鄉村的界線逐漸模糊。住在村落中的印度人逐漸孰悉城市生活方式，不論是出於自己的經驗，或來自湧入家中的大量現代人工產品。村中家長現在希望將孩子送到最近的城鎮，就讀以英文教學的學校。他們自己則騎摩托車，而非牛車。許多人甚至也在現代產業中兼職，如開始在高速公路沿線出現的小工廠或工坊，此處土地價格低於擁擠的城市。[48]

印度農村居民此時享受更高的流動性，導致種姓與職業間連結的弱化，但還說不上切斷。某些巴尼亞人選擇棄商從事教職；某些亞達夫人傾向加入軍隊，而非放牧牲口。與傳統更基進的斷裂中，某些達利特人則創辦企業。他們建立了成功的皮革買賣公司，這是傳統上與其種姓相關的職業。其他人則進入全新領域，例如汽車經銷商、營造廠與製藥廠。現在甚至成立了達利特人商會（Dalit Chamber of Commerce）。[49]

當然，這類成功故事是稀有且特殊的。絕大多數達利特人仍舊持續古老、低薪且汙名的職業。他們住在村落與城鎮的分隔區域中。高階種姓不會與他們同桌共食，也不會與他們往來嫁娶。然而七十年的民主與發展也在傳統與偏見的結構上敲下一角。隨著優惠待遇施行，部分達利特人成為資深政府官員。隨著全民普選，部分達利特人可以成為部會首長甚至首席部長。此刻，隨著經濟自由化，部分達利特人也成為億萬富翁。

VI

如同BJP，國大黨與其他主要區域政黨的全國大選選戰也如火如荼展開，在國內某些區域進行更根本型態的爭鬥。二〇一二年七月，阿薩姆的波多族部落民與穆斯林間爆發了激烈暴動；這些穆斯林源自孟加拉，卻已定居東印度數十年。暴力導致將近五十人死亡，超過十萬人逃離家鄉，進入難民營避難。主要受害者是穆斯林。由於當地警方不願或無能阻擋暴力，因此動員軍隊進入維持秩序。[50]

暴力中心是阿薩姆低地區的寇克拉賈爾（Kokrajhar）與巴克薩（Baksa）。即便暴動遭到鎮壓，多數為穆斯林的難民仍害怕返回村落家中。最終返回家鄉時，他們確實又遭遇新一輪暴力。二〇一四年五月第一週，波多武裝分子在一天內殺害了二十三人。再一次，軍隊進入此區舉行旗幟遊行，試圖重建國家權力。[51]

阿薩姆的衝突來自兩個脆弱不安的社群。波多人認為自己受到阿薩姆統治族群阿洪人（Ahom）壓迫；經過長久爭取，終於在波多族為主的區域獲得自治權利。同時間，來自人口稠密的孟加拉穆斯林移民則定居在波多族的周圍，激起新的憎恨，逐漸演變成暴力。[52]

寇克拉賈爾縣動亂後一年，印度人口最多的北方邦也爆發暴動。此地的穆斯林世代久居；他們在印度河—恆河平原上定居的時間與印度教徒同樣久，不過是在五、六世紀前改信伊斯蘭。十九世紀末開始，這塊北印度區域就爆發間歇性的宗教暴動。印度教徒與穆斯林曾在一九四〇年代、印巴分治前後、一九八〇年代及一九九〇年代發生衝突，最後一次則是由羅摩誕生地運動引發。

北方邦的社會和諧非常脆弱，一方面受到印度教同盟家族的印度教徒主義強硬派所威脅，另一方面則受到尋求穆斯林教士支持的政黨所威脅。二〇一三年北方邦的執政黨是社會黨，主要領袖穆拉亞姆以耕耘穆斯林選票知名，因此被稱為「毛拉納・穆拉亞姆」（Maulana Mulayam）❸。現在由他年輕、尚乏經驗的兒子阿耆列希（Akhilesh Yadav）出任首席部長。

二〇一三年九月，印度教徒與穆斯林間的暴力在北方邦西部爆發。當一名穆斯林青年遭目睹與一名賈特種姓少女說話而被少女兄長殺害後，隨之掀起動亂。當BJP領袖要印度教徒（特別是掌控此區的賈特種姓）給穆斯林一個教訓，社會黨領袖則鼓動穆斯林以眼還眼，暴力繼而升級。煽動及報復，都透過臉書與WhatsApp溝通，也許是這些新科技首度在印度被用來煽動族群暴力。如同阿薩姆，以及國內其他區域（喀什米爾以外），當這類事件發生，穆斯林總是受到不成比例的迫害。[53]

VII

二〇一四年四、五月期間，約有五億五千四百萬印度人在第十六屆全國大選中投下選票。如同

❸譯注：毛拉納是中亞與印度次大陸地區，用於備受尊敬的伊斯蘭宗教領袖名諱前的敬稱。穆拉亞姆並非穆斯林，但因在穆斯林族群中備受敬重，因此被冠以毛拉納的稱呼。

每次印度全國大選，這次也是人類歷史上展現人民意志的最大行動。選舉分成九個階段進行。負責選舉勤務的八十萬名軍警，搭乘五百列火車，甚至還有五十架直升機，前往各地值勤。[54]

計算選票期間，五月十六日，BJP已經獲得驚人的二百八十二席，明顯過半數。主要對手國大黨則大幅落後，僅獲得四十四席。比二〇〇九年少了一百五十席以上。

BJP最驚人的勝利是在印度最大邦——北方邦。BJP在八十席中贏得七十一席，壓倒性地勝過國大黨及種姓為主的地方強勢政黨。（二〇〇九年選舉中，BJP在此邦僅獲得十席。）在比哈爾邦、中央邦、拉賈斯坦邦及莫迪的古吉拉特邦，BJP也表現突出。在東部的西孟加拉邦與奧里薩邦❹、南方的泰米爾納德及喀拉拉邦，則表現略差。這些邦省中，多數人不會說、也聽不懂印地語，因此較不受莫迪演說的感召力所動搖。

就全國來說，BJP獲得的選票比例，由百分之十九成長至百分之三十一。特別是首投族及三十五歲以下的選民，熱情支持BJP。此一現象清楚顯現出拉忽爾無能吸引選票，年輕人甚至認為年長許多的對手更能實現人民的期待。[55]

大選勝利並非僅靠莫迪一人。然而，過往也很少有單一個人在印度大選中留下如此深刻印記。也許唯一的先例是一九五二年及一九七一年大選，當尼赫魯與甘地夫人分別以個人風格領導政黨勝選，如同此刻的莫迪。

雖是RSS訓練出身，古吉拉特首席部長莫迪持續與印度教同盟家族保持距離。他不想形成另一個權力中樞。然而在選前，RSS再度與莫迪達成和解。在初期疑慮之後，印度教同盟家族也支持他成為BJP的總理候選人，而RSS職工積極在地方上為莫迪奔走，特別是關鍵的北方邦。他們的回報很快到來；總理內閣二十三位成員中，十七人來自RSS。[56]

七月，莫迪的親近副手沙阿（Amit Shah）當選ＢＪＰ主席。沙阿深受總理全心信任。在古吉拉特邦，他一度負責莫迪邦政府的九個部門。然而，他也有飽受爭議的過去；他甚至遭到母邦最高法院下令驅逐出境，因為害怕他干預法外殺人事件的證據。此刻，身為執政黨主席，他是印度權力第二大的人。[57]

VIII

就任後頭幾個月，莫迪宣布了一連串新計畫與方案。「潔淨印度行動」（Swachh Bharat Mission, SBM）承諾將於二〇一九年十月二日聖雄甘地一百五十週年誕辰，消除全印的露天垃圾。總理本人也拿起掃帚，清理聖城瓦拉納西的骯髒河階。[58]接著是「印度製造」（Make in India）運動，承諾將讓印度成為媲美中國的製造業重鎮。[59]接著是莫迪的「拯救女孩，教育女孩」（Beti Bachao Beti Padhao）行動，試圖透過女孩教育推動性別平等。[60]此外還有「聰明城市行動」（Smart Cities Mission），總理希望能將一百個都市中心發展成創新與創意熱點。[61]

總理也展現出對縮寫的喜好。邀請外商直接投資（Foreign Direct Investment）時，他說ＦＤＩ同時也指「首先發展印度」（First Develop India）。二〇一五年新年，規畫委員會遭到廢止，由NITI Aayog取代，後者的全稱是轉型印度國家機構（National Institute of Transforming India, NITI）。[62]倡議與印度最強人鄰國保持更好關係的同時，莫迪說我們應當「吋步（INCH）前進，邁向長哩

❹譯注：二〇一一年，印度國會通過將奧里薩邦（Orissa）改名為奧迪薩邦（Odisha）。

（MILES）」。前者是印度（India）與中國（China）的縮寫，後者則是獨特匯流的千禧年（Millennium with Exceptional Synergy）的縮寫。[63]

UPA執政的最後一年，通過了新的《土地徵收法》，要求徵收土地作為工業或其他用途前，需先取得農民同意。莫迪承諾將以新法廢止此法，讓企業家更容易取得土地建造工廠，帶來就業機會與財富。然其顧問起草的條文卻遭到黨內派系激烈反對，憂慮可能會被視為過度「重商」。

莫迪的選戰受到大型企業慷慨資助。他本人也承諾更快地推動產業成長，以及快速產生就業機會。在《土地徵收法》提案受阻後，他開始推動新的商品服務稅（Goods and Services Tax, GST）。這原本是前總理曼莫漢．辛格博士的提案，卻未能在國會中通過。

GST試圖移除不同邦內盛行的現有稅收、規費與關稅，並對所有商品服務課以單一增值稅。當UPA首先提出商品服務稅時，莫迪反對此舉，認為將侵害邦省權利。然而，多數企業家高度支持商品服務稅的制度；多數經濟學者也認同此舉將創造一個統一的全國性市場，能刺激成長並降低貪腐發生。二〇一六年八月，GST在國會通過；待多數邦議會批准，就能正式生效。[64]

莫迪將重心放在活化國內經濟是可以預期的，因為印度近數十年的經濟成長並未創造足夠的就業機會。二〇〇〇年至二〇一〇年間，印度整體勞力增加了六千三百萬人，其中四千四百萬人進入非正式部門，兩千兩百萬人成為正式部門的非正式工作者，而正式部門中的正式工作者人數反倒下降了三百萬。雖然擁有歷史悠久的工業、許多技術與工程學院，然而論及建立世界市場的工廠、藉此產生大量就業機會上，印度尚不及孟加拉與越南成功（更遑論中國）。[65]

以多數發展中國家的標準來說，印度的失業率算低。但它正在攀升，對政治人物與政策制定者來說，這是令人擔心的警訊。二〇〇一年時，失業率為百分之六點八，十年後已上升至百分之九點六。一九九〇年代的外銷熱潮已經消退。新的製造業計畫受阻於高額（且上升）的土地與勞力成本。為了促進原物料及成品流動，國家承諾的公共建設（更好的道路、港口與機場）並未大幅落實。因此，BJP在二〇一四年大選宣言中宣稱，每年將創造千萬工作機會。這項極具野心的目標，在執政後，愈顯難以達成。[66]

二〇一五年，當兩百三十萬年輕人申請北方邦政府公告的三百六十八個職缺時，明顯展現出印度「無工作機會成長模式」的局限。這些職缺位於政府階級的最低階，包含騎自行車為長官跑腿、長官辦公室外站崗或為長官與賓客上茶。然而印度這個區域極度缺乏私領域工作機會的情況下，兩萬五千名碩士，甚至有兩百五十五位博士，申請這些低階政府工作。[67]

總理專注的某些計畫，如印度製造運動，正是為了回應此種發展過程的反常現象。這些計畫推動更快速的經濟成長，卻也降低了環境維護的標準。二〇一五年十月，環境森林部刪除森林植被的水力價值對新計畫的限制，讓礦業發展更加容易。天然森林在涵養河川湖泊上扮演重要角色。新政策鼓勵新的礦業與工業計畫破壞森林，對農業與農村家戶用水造成威脅。[68]

環境森林部（現在名稱上還加了「與氣候變遷」）在莫迪總理上任第一年，預算大砍百分之五十。同時，既有的野生動物與生物多樣性保護法律也放寬了，汙染源頭產業的罰款取消。過去在部落周遭區域的新計畫，必須取得部落同意，現在也遭取消。[69]

不計代價推動產業成長成為新魔咒，不顧環境標準放寬對於一般人民的乾淨空氣、用水或發展過程永續性有任何影響。新政策的後續影響很快顯現。二〇一六年四月，一項全球研究指出，環境衝突數量中，印度在世界名列前茅。所有自然環境相關衝突中，百分之二十七與水資源稀缺有關。其他衝突則與森林破壞、未經處理廢棄物棄置及工業汙染影響有關。[70]

IX

莫迪身為總理而追求的經濟政策，與他在古吉拉特邦的政績一致。令人較為驚訝的，是他對全球事務的熱誠興趣。上任第一年，莫迪出訪高達十九個國家，包含日本、中國、澳洲與美國。第二年中，出訪了另外十七個國家，並再訪某些已經造訪的國家。

雖然並非正式的外交部長，莫迪卻完全掌控外交政策；所有過去的印度總理中，唯有尼赫魯也是如此。他告訴訪問者，頻繁出訪是因為（莫迪宣稱）印度媒體為他塑造了不良形象，他希望世界領導人能親自發現印度新總理的真正人格特質。[71]

每當出訪時，莫迪注重在公共集會中，如紐約的麥迪遜花園廣場與倫敦的溫布利足球場，向海外印度人發表演說。大群歡欣鼓舞的群眾歡迎莫迪來訪。他的演說特別強勢，傳達出他不像過去總理，是正統印度人，並以此傳承為傲。他引述宗教思想家如奧羅賓多（Sri Aurobindo）與辨喜上師（Swami Vivekananda），致贈《博伽梵歌》（*Bhagavad Gita*）給外國貴賓，並以印度給世界的獻禮——瑜珈——為榮。[72]

在外國如同在印度，莫迪看似永不疲累，卻難以在他的外交政策行動中抓出特定軸線。他造訪日本時，對另一個國家（許多人認為是中國）提出不甚中聽的評論。然而數週後，又在古吉拉特招待中國國家主席。莫迪邀請巴基斯坦總理參加二〇一四年五月的宣誓典禮，一年半後，又前往拉合爾參加對方孫女的婚禮。然而印巴關係持續冰凍，雙方正式發言人一如以往，持續脣槍舌戰。莫迪的國防部長公開表示：「前往巴基斯坦無異於前往地獄。」[73]

唯一明顯延續的領域是印美關係。二〇一五年一月，歐巴馬造訪新德里時，莫迪說他與美國總統之間有特別的「化學反應」。[74]事實上，莫迪不過是強化前兩任總理瓦巴依與曼莫漢・辛格的成果，讓世界最大的兩個民主政體，冷戰時期雖一度疏離，冷戰結束後再次向彼此靠攏。[75]

X

一九七〇年出版的書中，柯塔利談到印度政治中的「國大黨體系」。不像歐洲北美由兩黨或多黨輪流執政，印度則是由單一政黨主導，甚至專權。該黨在中央與多數邦省穩固執政。獨立之後的多年間，國大黨成功地將自己塑造為「國家的權威發言人及批評改變的堅定行動者」。

柯塔利在一九六七年大選過後寫作，這是首次國大黨的全國主導權遭受明確威脅。國大黨保持中央執政權，卻在高達八個邦失去政權。然而，正如柯塔利所寫，在重要層面上，國大黨仍舊維持著「印度政治的主宰力量」。確實，一九六七年國大黨失去政權的六個邦政府都是由前國大黨人領導。因此國大黨仍舊是「全國層級上的執政黨與強勢政治力量」。此外，它還「控制了影響邦政治的數種管道」。

國大黨政治主宰帶來的副產品之一，是在剛獨立後分裂、問題重重的年代中，維持了國家團結。因此，正如柯塔利提出的，「由於國大黨持續執政，也缺乏對其權威的聯合或有效威脅，國家政治進程因此獲得團結延續的絕佳優勢。」[76]

柯塔利所說的「國大黨體系」或多或少在獨立後延續了三十年。一九七七年緊急狀態後遭到挑戰，然而一九八〇年至一九八九年間，又重返政權。

一九八九年至一九九八年，是印度政治快速轉變的時代。印度各地的國大黨掌控力量萎縮；一邦又一邦中，以區域、宗教、種姓與階級認同為基礎的政黨贏得選舉，掌握政權。第三階段由一九九八年展開，兩黨政體開始浮現。這是因為ＢＪＰ崛起成為全國性政黨。兩極分別由國大黨與ＢＪＰ組成，其他小黨則圍繞著兩極。

二〇一四年大選後，國大黨跌至有史以來最低點。當年十二月，在查謨與喀什米爾邦及賈坎德邦選舉後，也許更跨過另一個決定性里程碑：此刻在邦議會中，ＢＪＰ議員人數已超越國大黨。

國大黨的快速衰微，部分可歸因於其第一家庭的光環消失。隨著投票人口漸趨年輕化，愈來愈少印度人記得尼赫魯、甘地夫人或拉吉夫的貢獻。許多區域的黨組織崩壞；一旦在某邦失去政權，國大黨發現自己已難以奪回政權。在泰米爾納德，自一九六七年起，國大黨已不曾再執政；西孟加拉邦則是始於一九七七年；北方邦始於一九八九年。第三個原因是拉忽爾缺乏領導能力。他無法激起選民熱情；事實上，他是第一位甚至無法獲得黨內同志敬重的家族成員。[77]

雖然國大黨在印度各地失去影響力，部分區域政黨仍舊強而有力。二〇一四年全國大選中，ＢＪＰ在比哈爾邦表現突出。然而隔年邦選舉，莫迪的政黨卻遭兩個比哈爾當地政黨聯盟擊潰。次年，巴內吉與草根國大黨在西孟加拉邦輕鬆連任；賈雅拉莉妲與AIADMK也同樣在泰米爾納德連任。在特里普拉邦與喀拉拉邦，共產黨仍舊強勢；而德里直轄市中，從二〇一一年反貪腐運動中誕生的新政黨「普通人黨」（Aam Admi Party）❺則羞辱了ＢＪＰ與國大黨。

二〇一六年十月寫作本章之時，ＢＪＰ明顯已取代國大黨，成為印度政治的主要支柱。另一項重要里程碑是今年稍早在阿薩姆邦舉行的選舉，二〇〇一年起國大黨即在此執政。結合了反執政黨聲浪、莫迪個人魅力，並微妙煽動對孟加拉穆斯林移民的恐懼，ＢＪＰ在阿薩姆贏得過半數席次。[78]這是該黨在東印度的第一個橋頭堡，也許代表將進一步深入東北區域較小邦省——這些過往都在國大黨掌握之下。

本書付梓之時，BJP在中央及十二個邦省執政；卡納塔卡邦是唯一由國大黨執政的邦省。BJP是當前印度唯一的全國性政黨，也是聯盟過半數邦省中的主要政黨；該黨今日在全國政治的高度，一如國大黨曾有的輝煌地位。

XI

一九五〇年代及一九六〇年代的權勢高峰期中，國大黨可輕鬆贏得任何選戰。然而它仍面對來自其他政黨人物、知識分子、社會運動與武裝反抗的抗議與反對。學者與國會議員批評國大黨的經濟與外交政策，群眾運動反對社會政策（例如語言抗爭），同時還有挑戰國大黨提倡之印度一統概念的暴力衝突（例如喀什米爾、那迦與米佐人起事）。

BJP也面對同樣狀況。在下議院，BJP領導的聯盟享有多數優勢。然而，當舉行邦選舉時，此刻印度唯一的全國政黨就會受到其他政黨強力挑戰。令其更憂慮的是，在邦選舉與全國大選之間，BJP面對來自群眾運動的強大壓力，對政府政策提出不同形式的抗爭。

---

❺ 譯注：普通人黨由克里瓦爾創立，支持者主要是年輕、都會選民。普通人運動格言不斷重複：政客是小偷，好聽的承諾從未實現，他們只想賺飽荷包，他們得被踢出去。普通人黨將自己標榜為印度政治兩大極端中間的第三條路線，在尼赫魯—甘地王朝的左傾國大黨與保守印度教民族主義的印度人民黨之外。

初期對莫迪政府的抗爭，是源自RSS對政府運作的影響力。一九九八年至二〇〇四年間，瓦巴依出任總理時，RSS強硬派的印度教徒主義議題多半遭束之高閣，部分也是因為BJP當時的席次尚不足以自行主政。然而此刻該黨是下議院多數黨，而RSS黨工為此貢獻甚多，甚至扮演決定性角色。RSS要求以關鍵性部會首長任命作為回報（包含教育、文化及內政），甚至要求其他重要任命必須經其同意。

同時，部分新當選的BJP國會議員公開發表挑釁言論。其中之一指責穆斯林推動「愛的聖戰」（love jihad），奪取印度教女孩令其轉信伊斯蘭。第二人則稱讚聖雄甘地的暗殺者戈德森。第三位則要求所有基督徒與穆斯林「重新改宗」印度教。第四人以極度羞辱的字眼來暗示、形容穆斯林社群整體完全缺乏道德。[79]

RSS知名度擴大，對於政府政策影響力提升，激起一連串左翼學者與作家的批評，後者為印度知識分子論述的主流。他們害怕世俗多元教育會遭印度教至高主義理想所取代。黨內國會議員做出這些挑釁惡質言論，總理卻不發一語時，被視為認同的象徵。許多作家，包含極受尊敬的幾名，退回國家頒發的獎項，以為抗議。

同時，BJP的學生團體「全印學生聯盟」（ABVP）試圖擴張在大學政治中的影響力。ABVP敦促國會議員與部會閣員以逮捕或恐嚇左翼學生運動者，來表達支持。在海德拉巴大學，聯邦教育部在ABVP施壓下，禁止了一個安貝卡派團體，部分成員遭到退學。此舉導致一名年輕達利特運動者自殺，這位年輕學者在遺書上憤怒地寫下自己的學術野心，現在卻因高階種姓的敵意與偏見，永遠也無法實現。[80]

牛隻保護與全面禁止屠牛，長期以來是印度教徒主義的重要議題之一。此刻隨著BJP主政，更試圖成為公共政策的主要綱領之一。哈里亞納邦與馬哈拉什特拉邦的ＢＪＰ政府禁止販售食用牛肉。在其他邦，印度教徒主義巡查小組攻擊、偶爾也殺害疑似販賣牛隻或食用牛肉者。[81]

這類攻擊的早期受害者是穆斯林，然而二〇一六年七月，四名莫迪家鄉古吉拉特邦的達利特人在剝取死牛皮時，遭到高階種姓巡查小組痛毆。皮革交易傳統上由達利特人掌控，而剝取死牛皮更是印度鄉間普遍現象。然而在牛隻保護運動者散發的高度熱情之下，這類日常行為也被視為褻瀆。更糟的是，古吉拉特邦的巡查小組拍下痛毆達利特人的影片，並上傳社交媒體。

憤怒激發媒體譴責，以及更重要的，古吉拉特邦各地發起大型抗議。達利特人將屍骸丟在政府辦公室前，焚燒政府巴士。他們在許多城鎮舉辦參與人數眾多的集會，誓言絕不向高階種姓迫害低頭。這些抗議激烈不斷，迫使莫迪親手揀選繼任古吉拉特邦首席部長的阿南迪本（Anandiben Patel）辭職。牛隻保護巡查小組在自己家鄉現身後，先前不發一語的總理本人，最終也被迫說話。[82]

然而，並非所有反對ＢＪＰ政府的抗爭，都是由ＲＳＳ或印度教徒主義政策所激發。其他則是過往其他政黨與政權的政策遺緒。普拉塔普．辛格延伸表列種姓與表列部落的優惠待遇，導致各種姓爭相爭取納入「其他落後種姓」的正式名單。新的「落後」地位爭奪者中，具有爭議性的包括哈里亞納邦的賈特種姓及古吉拉特邦的帕提達爾（Patidar）種姓。兩者皆是主導種姓，控制了邦內的村落經濟，政治上也極具影響力。

帕提達爾與賈特人都有很強的種姓認同，也以此為傲。兩者都厭惡社會階級上較低種姓的崛起，此刻透過取得大學與政府公職的保留席次來重建自己的主導性。

二〇一五年七月，帕提達爾人在古吉拉特邦發起大型抗爭，阻擋道路，讓日常生活陷入停擺。他們要求立刻納入其他落後種姓名單。二〇一六年二月，哈里亞納邦的賈特人隨之效法。他們的抗爭甚至更加暴力，燒毀巴士與火車站，在住家與政府辦公室放火。國家首都新德里的供水也一度岌岌可危。[83]

帕提達爾與賈特人的抗爭都由二十歲到三十多歲的男性領導。因為這些種姓的年輕成員已不願務農為生。在帕提達爾村落中，年輕男性騎著摩托車、玩牌或滑智慧型手機。賈特年輕人也是如此，同時還舉辦摔角比賽與飲酒派對。[84]背棄過往，卻又無能掌控當下，帕提達爾與賈特人的新世代將憤怒與挫折化作對國家保留待遇問題的集體抗爭。[85]

哈里亞納與古吉拉特邦都由ＢＪＰ執政。帕提達爾與賈特人突發的抗爭，幾近野蠻的強度，正展現出執政黨——**任何**執政黨——對人群的掌控能力如此脆弱。民主與發展的路上同時帶來繁榮與不滿。何時或以何種方式展現，沒有任何學者或歷史學家，又或者公認較「接地氣」的政治人物，能夠正確或適當預測。

XII

二〇一四年十二月，查謨與喀什米爾舉行邦選舉。結果顯現出一個分裂的邦，人民民主黨（ＰＤＰ）在穆斯林為主的谷地獲得二十八席，而ＢＪＰ則橫掃印度教徒為主的查謨區域。兩者皆未過半。經歷不確定的數週後，ＰＤＰ與ＢＪＰ組成聯合政府。

不像國民會議黨在謝赫與甘地夫人簽訂條約後，便全心投入使喀什米爾成為印度一員，ＰＤＰ的立場較模稜兩可。它投入選戰，揚棄槍枝，但有時也對分離主義運動表達同情。另一方面，ＢＪＰ的查謨分部則深植於ＲＳＳ，可追溯至一九五〇年代追求喀什米爾與印度完全「融合」的人民黨。

PDP與BJP的聯盟源於分裂的選舉結果，在兩黨間與谷地中，辛苦維繫和平。二〇一五年夏季，觀光業蓬勃發展，然而試圖在谷地強加牛肉禁令之舉激起反感。同時政府在發放前一年水災受災戶房屋重建補助款上進度緩慢，也雪上加霜。

二〇一六年一月，首席部長賽義德去世。他的女兒梅赫布巴（Mehbooba）宣誓繼任。然而七月時，持續不易（也許也不自然）的和平遭到打斷：一位名叫布爾汗．瓦尼（Burhan Wani）的年輕武裝分子遭到維安部隊殺害。傳言瓦尼看到兄弟遭軍人痛毆後潛入地下，他在躲藏處將演說影片上傳到社交媒體，過程中形成類似崇拜的地位。

瓦尼之死激發大批哀悼者，接著是憤怒之情。大批群眾參與他的葬禮（估計約為三萬到超過十萬人），接著在許多城鎮村落中爆發喀什米爾年輕人與警方的衝突。警方使用空氣槍，導致許多抗議者失明，進一步激化憤怒。谷地施行宵禁超過一個月，商店、學校、大學與辦公室都關閉。超過七十人死於暴力之中。[86]

喀什米爾的問題在印度媒體上掀起一波民族沙文主義。電視頻道爭相將抗爭者標為巴基斯坦特務。厭惡過度使用武力及導致年輕人失明的印度人，也被打為巴基斯坦特務。這些媒體獵犬將斯利那加街頭的「壞喀什米爾人」對比所謂的「好喀什米爾人」——數年前在極具聲望的印度公職考試中摘得榜首的費沙爾（Shah Faesal）。此類粗糙刻板印象導致費沙爾發表公開聲明，他擔心自己服務的政府「已將傳播溝通外包或讓位給電視頻道，而後者只想挑釁或分化」。他繼續說道：「印度政府不能將喀什米爾留給變節的知識分子、政治叛徒、機會主義者、情報機構，以及最重要的，那些自認為國家利益的守護者。」他警告：「主要時段電視新聞每小時的攻擊，都將喀什米爾往西推進一英里，更加遠離印度。」[87]

這段話寫於七月底。二〇一六年九月第三週，來自巴基斯坦的恐怖分子進入喀什米爾，攻擊邊境城鎮烏里的軍營，殺害十八名印度士兵。新一輪報復聲浪興起，要求轟炸巴國境內的訓練營。部分理論家甚至要求印度廢止《印度河用水條約》（Indus Waters Treaty），以飢餓來迫使巴基斯坦人臣服。隨著言論升高，喀什米爾人的痛苦卻退到背景之中。

回到一九四九年五月，帕特爾致信當時人在海外的實業家比爾拉（G. D. Birla），告知印度現況。「我們正經歷困難時刻，」帕特爾說，「因為天氣，也因為升高的情勢；喀什米爾讓我們特別頭痛。」所謂的「我們」，帕特爾意指印度政府，印度權力當局。六十七個夏天後，這陣頭痛仍舊劇烈。

後記

打對折的民主

錫克教徒可能會試著建立一個分離政權。我認為他們大概會這麼做，而那將只是普遍分權化以及瓦解印度是一個國家的概念的開端，畢竟這是一個像歐洲一樣多元的次大陸，旁遮普人與馬德拉斯人的差異就如同蘇格蘭人與義大利人的不同。英國人曾試圖鞏固印度，卻沒有永久的建樹。沒有人能夠在一個國家林立的大陸建立起一個國家。

——奧金萊克將軍（GENERAL CLAUDE AUCHINLEK），一九四八

一九八四年，鮮少有人在思量著英迪拉．甘地的喪禮之際，會預料到十年之後的印度竟然還能維持統一，而蘇聯卻已然成為記憶。

——傑佛瑞，二〇〇〇

我知道大多數的國會議員都是在對憲法宣誓時才第一次看到憲法。

——聯邦部長馬哈金（PRAMOD MAHAJAN, Union Minister），二〇〇〇

印度是個折衷之地，績效不彰與過分積極的制度尷尬並存，進而產生了壓力、衝突和失落，尤其在一方的腐敗和妄想槓上了另一方的自以為是的時刻，更是如此。

——尼南（T. N. NINAN），二〇一五

I

以撒．柏林（Isaiah Berlin）的一篇文章總結了自己對此一主題的畢生思考，發現國族主義情緒之所以誕生的一個「必要」條件，即是「迫使一個社會，或者至少是其精神領袖，感受到集體情感的傷口疼痛」。然而，要讓這樣的情緒自行轉化成一場政治運動則要「再多一個條件」，那就是論及的社會「要憑藉某個或一些普遍的統合要素，如語言、種族起源、（不論是真實或想像的）共同歷史，至少必須在最敏感的一些成員心中展現出一個國家的形象，即便只是雛形也罷」。同一篇文章中，柏林又評論了十九世紀到二十世紀初期的政治思想家所展現的「驚人的歐洲中心」思想，其中的「論述都將亞洲人和非洲人視為歐洲人的禁臠或受害者，而且很少、甚至不曾能夠憑藉自身條件而擁有自己的歷史和文化，或者是必須依據他們的實際特質和情況來了解他們的過去、現在與未來……」[1]

西方世界的每一個成功的國族主義運動背後都有確切的統合要素，以便作為團結國家成員的黏

著劑，而這源於一個共有的語言、一個共有的宗教信仰、一個共有的領土、一個共有的敵人，或者有時是以上皆然。因此，英國這個國家聚集了一群人，絕大多數是新教徒而且憎恨法國，一同依偎在一座寒冷的島嶼上。法國的情形是與宗教強力結合的語言，美國人則是以一個共同語言和大多數人共有的信仰，再串聯起對殖民者的敵意。至於波蘭人、捷克人和立陶宛人等，組成較小的東歐國家，其人民的統合則是藉由一個共通語言、多數人共有的信仰，以及共同遭受德國和俄國壓迫統治的一段十分辛酸的歷史。[2]

與這些國家（及其他案例）相較之下，印度這個國家並沒有獨尊單一語言或宗教信仰。儘管大部分的公民是印度教徒，但印度並不是一個「印度教」國家。印度憲法不會因人們不同的信仰而給予差別待遇；更重要的是，憲法背後的國族主義運動也不會如此。就科薩萬（Mukul Kesavan）的觀察，印度國大黨自創立之初就像是某種政治諾亞方舟，謀求保留所有的印度人種。[3]甘地的政治計畫是建立在印度的兩大主要宗教社群，即印度教徒和穆斯林的和諧與合作之上，雖然他的作為和典範最終並沒有阻止印度分裂，但是其計畫的失敗卻更堅定後繼者要把獨立印度建造成一個世俗化共和國的決心。對於尼赫魯和他的同僚來說，印度可以什麼都是，但不會是個「印度教巴基斯坦」。

印度世俗主義是個有著順逆成敗的故事。少數族群宗教的成員在商業或其他行業的發展上並不會受到阻礙，印度最富有的實業家之一就是個穆斯林，一些最受歡迎的電影明星也是穆斯林。這個國家許多最知名的律師和醫生都是基督徒和帕西人，至少有三位總統和兩位首席大法官是穆斯林。確實如此，在二〇〇四年和二〇〇七年之間，印度的總統是位穆斯林、總理是錫克教徒，執政黨的黨魁則是出生於義大利的天主教徒，而這是印度人在那段年歲裡不時會得意提起的一件事。

另一方面，少數族群在日常生活中面對的卻是偏見和敵意，尤其是穆斯林，至今依舊是印度最貧窮、脆弱的社群之一。此外，印度還出現了週期性的宗教暴動事件，而在其中最慘烈的暴動中（如於一九八四年的德里和二〇〇二年的古吉拉特所發生的事件），少數族群的生命財產都損失慘重。儘管如此，在大多數的情況下，少數族群對世俗理想依舊保持信念，只有相對少數的印度穆斯林加入了恐怖主義或基本教義派的組織。印度穆斯林甚至比其他族群更重視自己的意見和選票，如一份調查就發現，當百分之六十九的印度總人口贊同和支持民主的理想之際，穆斯林則是百分之七十二如此。[4]

在為了信仰才剛分裂的土地上，想要促進宗教多元主義總是一項艱難的工作。對於那些希望政教合一的印度教徒來說，創建於印度邊界旁的伊斯蘭國家就是一種挑釁。在一九八〇年代的阿逾陀運動中，我們可以看到印度教徒主義的激進分子大幅提升了自己在政治上的重要性。近年來，全球各地興起的伊斯蘭基本教義派，尤其是印度鄰國巴基斯坦和孟加拉的情況，都使得印度教基本教義分子愈加抬頭。印度還不是一個印度教巴基斯坦般的國家，但就可見的未來，那些想要促此成真的人都會留在這個國家積極行事。若是在穩定或有堅實的政治領導的時代，那些人將會處於邊緣或防禦的狀態，但若是在變動或政治領袖優柔寡斷的時代，他們就會顯現影響力而果敢自信。

II

宗教多元主義在過去是印度共和國的建國基石之一，語言多元主義則是第二個基石，而情況還是一樣，早在印度獨立之前就朝此致力不懈。一九二〇年代，甘地依照語言的界線而重組了國大黨的省級委員會，國大黨也承諾會在國家自由之後就建立各個語言省分。這個承諾在一九四七年之後並沒有立即兌現，原因出在巴基斯坦建國而引發了印度會進一步巴爾幹化的恐懼，然而，面對群眾示威的印度政府不得不順應要求。

各個語言邦迄今存在六十年了，並在這一段期間深固了印度人的統一。每一個邦都有一種共通語言來作為行政的統一及效率的基礎，這也促進了電影、劇場、小說和詩歌等各方面所展現出來的文化創造力繁景。不過，個人對自身語言的驕傲與國家整體的較大認同卻極少發生衝突。這完美證明了一種可能性，甚至該說是一種想望，那就是：卡納達人也是印度人，馬拉亞利人也是印度人，安德拉人也是印度人，泰米爾人也是印度人，孟加拉人也是印度人，奧里亞人也是印度人，馬哈拉什特拉人也是印度人，古吉拉特人也是印度人，以及想當然耳，說印地語的人也是印度人。

印度的統一和多元主義不可分離的情況就生動地體現於印度的紙鈔上。紙鈔的一面是「國父」聖雄甘地的肖像，另一面則是印度國會的照片。紙鈔的面值──5、10、50、100等──都同時印上了印地語和英文（兩個官方語言），但是同時也以較小的字體印上了所有其他的聯邦語言，如此呈現了多達十七種不同的文字，每個語言和每種文字都帶著獨特的文化和區域精神特質，於此與印度的整體概念幾乎毫不抵觸。

一些西方的觀察家──通常是美國人──相信這種語言的豐富樣態會使得印度垮臺。英語是美國融合各個移民浪潮的黏著劑，而隨著時間推移，移民得要丟棄自己帶來的語言，不管是德語、意第緒語（Yiddish）或義大利語等等，轉而只使用英語來交談書寫。旅居印度的美國人因而往往會認為所有的印度人都應該只說單一語言，印地語或英語都可以，並把語言邦的建置視為一個嚴重錯誤。因此，諾斯特（Bernard Nossiter）在即將結束《華盛頓郵報》（*Washington Post*）派駐印度工作之際，於一本遲至一九七〇年才出版的書中絕望地寫著，印度是個「沒有共同聲音的巴別塔

（Babel）❶之地」。語言邦的創建會「使得印度各邦進一步彼此分隔，並讓分離的衝動高漲……」。從印度這個國家誕生開始，就「飽受排他主義和分離主義傾向的困擾」，諾斯特寫道，「語言的持續混亂……只會強化這些傾向，讓人對印度這個國家未來的統一之路存疑。」[5]

一個國族國家為了生存就必須獨尊一種語言，這樣的觀點是蘇聯獨裁者史達林和美國自由主義者所共有的想法。史達林堅信「沒有共通語言的國家社群是無法想像的」，而且「沒有一個國家同時說好幾種語言」。[6]這樣的信念諭示了蘇聯的語言政策，強制人民必須學習俄語。史達林自認這就是要努力確保「所有蘇聯的人民都大致都可以使用同一種語言來表達自己——那個語言就是俄語」。[7]

美國是由前仆後繼的移民造就而成的國家，而移民們都必須學英語來彼此溝通。相對而言，蘇聯則是許多不同的語言社群所組成的政治體，就這一點來說，蘇聯反而比較相似於印度共和國，而不是美國。蘇聯推廣俄語終究導致了次國族主義情緒的發展，許多獨立國家也於焉誕生。另一方面，印度的情況則正好完全相反——維持語言多元主義起了安撫和馴化分離主義傾向的作用。

此時與印度鄰國相較，可能有助於理解這個論點。一九五六年，印度各邦已經依據語言而重新組織，斯里蘭卡（Sri Lanka，當時的錫蘭〔Ceylon〕）的國會則是在同一年採行了認可僧伽羅語為該國唯一官方語言的法案。該法案的意圖是要讓僧伽羅語成為所有國立學校和大學、國家考試和法院的指示語言，衝擊最大的可能就是居住於這個島國北方以泰米爾語為母語的少數族群，而他們的代表強而有力地在國會表達了他們的感受。一位泰米爾國會議員說道：「當你否定了我的語言，你就是否定了我的一切。」另一位議員也警告道：「你想要的是一個分裂的錫蘭，別害怕，我向你擔保〔你〕會有一個分裂的錫蘭。」一位本身也說僧伽羅語的左派人士則是預言，政府若不改弦易轍而讓該法案強渡關山的話，「這個小島國可能會出現兩個受傷而撕裂的小國家。」[8]

一九七一年，一個大型國家分裂出了兩個中型國家；這個分裂的國家是巴基斯坦，而不是斯里蘭卡，其分裂的原因事實上就是語言，巴基斯坦的建國者同樣相信自己的國家必須奠基於單一語言以及單一宗教。當真納於東巴基斯坦的首府達卡首次發表談話時，他告誡聽眾遲早都必須開始使用烏爾都語。「讓我向你們說清楚，」真納對孟加拉的聽眾說道，「巴基斯坦的國語不會是別的語言，就是烏爾都語。要是有人想要誤導你，就真的是巴基斯坦的敵人。少了國語的國家不可能團結一致而運作下去。」[9]

一九五〇年代，當巴基斯坦政府強逼者不願馴服的學生接受烏爾都語後，血腥暴動爆發了。因為語言而遭受歧視對待的情緒始終存在，最終導致了孟加拉獨立建國。

巴基斯坦是以宗教立國，但是卻因語言而分裂。至於肆虐了斯里蘭卡超過二十年的血腥內戰，儘管爭論者在某個程度上是因為領土和信仰而分裂，但是大多數的分裂都是因為語言的緣故。我們或許可以從這些例子學到一則教訓：「一種語言，兩個國家。」如果在整個印度強制使用印地語的話，這個教訓可能就要改成：「一種語言，二十二個國家。」

III

印度國族主義並不是基於一個共有的語言、宗教或種族認同，那麼或許應該喚起一個共同敵人

❶ 譯注：聖經中巴別塔的故事，上帝不允許凡人因為有單一共通語言而達到自己的高度，故而使得語言變得混亂，修塔工程因語言紛爭而告終，巴別塔只得半途而廢。

——也就是歐洲殖民主義——的存在感，只是這裡的問題是印度為了獲得自由所使用的手段。誠如歷史學家霍華德（Michael Howard）所宣稱，「就『國家』一詞的真正意義而言，……沒有國家不是誕生於戰火之中……擁有自我意識的社群，沒有一個能夠不經歷武裝衝突或其威脅而成為世界的新興獨立成員。」[10]再一次，印度必須被視為一個例外。沒錯，正是對抗英國統治的運動，促使次大陸不同地區的男男女女第一次團結起來奮鬥，然而，他們追求政治自由的（終獲成功的）運動，大多是回避武裝衝突、支持非暴力對抗的方式。印度在受壓迫者和壓迫者沒有爆發武裝衝突的情形下，一躍成為世界舞臺上的一個國家。

甘地一行人揚棄暴力革命而採行和平示威，廣受世人讚揚。不過，同樣應該表彰的是他們的智慧，在英國人離開印度之後，懂得保留可能對這個新國家有益的各種殖民遺產。國族主義者通常會嚴厲批評殖民者在母國推動民主，但卻不允許殖民地有民主。當英國人終於離開了，人們都預期印度人會擁抱議會民主和內閣政府等殖民母國的傳統，讓人跌破眼鏡的大概是，印度人竟然認可並保留了一項最典型的殖民傳統——文官體系。

英屬印度的關鍵人物就是印度文官體系的成員。鄉間的文職人員維持地方和平和收稅的工作，而在祕書處的人員則是監督政策並總體保持政府機關的運作順暢。雖然會出現害群之馬，但是大部分的人都很廉正能幹。[11]英國人占了文職人員的大多數，可是印度文職人員的數目也還算合理。

獨立到來之後，新政府就必須決定要如何處置文官體制系內的印度文職人員。曾經因為這些人員而鋃鐺入獄的國族主義者主張應該將這些人員解職，或者至少挫挫他們的銳氣。然而，內政部長帕特爾卻覺得應該容許他們保有薪資和津貼，而且還要安置於職權更大的職位。一九四九年十月，印度制憲會議為此爆發了一場激烈的爭辯。會議中有些成員抱怨文官體系內的人依舊保有「揮之不去的〔統治者的〕心性」，他們顯然「尚未改變自己的心態」，「無能適應新的處境」。有位國族主義者就堅信，「他們不覺得自己是這個國家不可或缺的成員。」

帕特爾自己就曾經因為這些文職人員而多次入獄，而此番經驗卻只堅定了他對這些人的讚賞。他知道若是沒有這些人，不列顛治世（Pax Britannica）❷簡直是難以想像的事，此外，他了解到了一個現代獨立的國族國家的複雜機關運作，也是需要這些官員的。於是他提醒制憲會議的成員，「仰賴一群文官來維持國家的完整」，唯有如此新憲法才能奏效。他證實的不只是這些文官體制人員的能力，還有他們的服務意識。誠如帕特爾所言，這些官員「非常幹練，非常忠誠，服務了之前的政府和之後的當今政府」。帕特爾很清楚，「這些人是〔國家統一的〕工具。要是移除他們，我能預見的就只有整個國家一片混亂的景象。」[12]

在自由印度最初幾年的艱困年歲中，文職人員證明了帕特爾對他們的信任是正確的。他們幫助土邦的融合、難民的安置，以及第一次普選的規畫和監督，他們還負責了其他較為單調但同樣重要的工作——如維持特區的法治、輔佐祕書處的部長們，以及監督饑荒救助的工作。一九五〇年，帕特爾啟動了仿照文官體制的新幹部團隊，但是取用沒有因為殖民經驗而有汙點的名稱，亦即印度行政服務局（ＩＡＳ）。

在書寫本書的此刻，印度政府聘任了大約五千五百名的ＩＡＳ官員。如同英國殖民時期，ＩＡＳ也因為與其他的「全印度」政務機關配搭而變得完善，包括了警察、林木、稅務和海關等機構；這些機構是中央和地方的重要連結。官員會派任到特定的一個邦；每個人的公務生涯至少有一

❷譯注：大英帝國全球性霸權控制下的和平時期，約為十九世紀至二十世紀初的一整個世紀，這段時期較少發生戰事。

半的時間都會在該地服務，而其他的時間則是在中央做事。除了收稅和維持法治的舊有職責，他們現在多了一系列的全新責任，辦理選舉是其中之一，監督發展計畫是其二。在個人的公務生涯期間，對於刑法學、水利管理、水土保持和初級性衛生保健等不同且分歧的科目，一般的ＩＡＳ官員都要至少有大致的了解。[13]

為印度奠定選舉基礎的是文官體制的官員蘇庫馬·森，而維持整個選舉機關運作的則是ＩＡＳ的官員。各邦的主任選舉委員都是來自行政服務局。初級官員監督各個選區的選票；中級官員則擔任觀察選舉的角色，負責報告任何違反程序的情事。一般而言，行政機構是政府與社會的橋梁。在公務職涯期間，這些行政人員會接觸到形形色色的大批民眾。他們於民主體制中生活與工作，負有密切關注民眾的想法和要求的義務，就這一方面來說，他們的職務大概比原先的文官體制人員來得更為困難。

不過，近年來，行政官員已經變得過於順從與自己共事的部長們。過去熱切捍衛的行政機構的自主性已被削弱，這是因為個別政治人物和ＩＡＳ官員為了推進個人目的而形成不道德的結盟，包括了向政府計畫抽取非法佣金。ＩＡＳ官員位居政府最高職務的霸權地位，亦阻礙了合格專業人士進入政府機關服務。印度在複雜且快速變遷的二十一世紀，需要的是專家而非通才來掌管政府部門和監察機構。行政機構早就到了應該改革的時候；話雖如此，ＩＡＳ和其輔助機關，確實在維持這個經常處於分裂的國家的團結統一發揮了重大作用。

另一個同樣扮演著重要角色的殖民制度是印度軍隊。印度軍隊的聲望在一九六二年中印邊境戰爭之後受到重創，一直要等到與巴基斯坦的一連串戰爭中，才以突出表現重振名聲。一九八七年到一九八八年，泰米爾叛亂分子在斯里蘭卡的暴動再度讓印軍受到些微打擊，可是十年後驅逐卡吉爾入侵者的成就才又使得印軍重獲尊嚴。儘管這支戰鬥部隊的聲望起起落落，但在維持印度和平時期的秩序方面，通常讓人投以最高的敬意。每當出現社群動亂，只要身著軍裝的軍人現身，常常就足以讓滋事分子逃離現場。軍隊也在天然災害降臨的時候為苦難伸出援手，不管是洪水、饑荒、颶風或地震，軍隊通常會第一個抵達現場，而且永遠都是最有效率且可靠的行動者。

印度軍隊是個專業而且不與任何特定宗教有關聯的團體，同時也跟政黨無關。幾乎在印度獨立的那個當下，尼赫魯就對高級將領清楚表示，只要是跟國家有關的事務，不論是大或小，他們都必須服從選民選出的政治人物。在政權轉移之際，掌控印度軍隊的依舊是一名英籍將軍，他當時下令群眾不要參加印度獨立隔日所舉行的升旗典禮。身為總理的尼赫魯撤銷了這道命令，寫了以下的話語給那位將軍：

> 儘管我渴望關注我們英籍和印度資深官員的觀點和感傷，可是在我看來，這件事似乎存在嚴重的誤會。推行一項政策時，不論是在軍中或其他單位，印度政府的觀點和制定的相關政策必須為人普遍接受。如果有人不能堅持該政策，這樣的人就不應該留在印度軍隊或印度政府組織之中。我想這是在這個階段應該要說明清楚的事。[14]

一年之後，輪到帕特爾壓制一位英籍將領的銳氣。當印度政府決定展開反對尼贊王的行動時，陸軍總司令比徹將軍（General Roy Bucher）卻警告政府，派遣部隊到海德拉巴可能會激怒巴基斯坦去攻擊阿里木查。帕特爾則告訴比徹，如果他反對海德拉巴的行動，大可自行請辭。比徹將軍只得改弦易轍，按照指示派兵前往該地。[15]

比徹退休不久，卡里阿帕將軍（General K. M. Cariappa）繼任為第一位印度籍陸軍總司令。在任期初始，卡里阿帕約束自己只管軍隊事務，可是等到逐漸熟稔職務之後，他就開始對其他的問題發表高見，如印度應該採行的經濟發展模式即是一例。一九五二年十月，尼赫魯寫信建議他減少召開記者會，並且不管怎樣都只能談論安全的議題。他在信裡還附上了另一位內閣同仁的信件，信上抱怨卡里阿帕「發表了這麼多談話，在全國各地舉行了這麼多記者會」，以至於讓人覺得卡里阿帕「扮演著一個或半個政治領袖的角色」。[16]

這個訊息似乎讓人難以承受，卡里阿帕在一九五三年一月就口頭請辭，並且在告別演說中「勸誡軍人要避開政治」。他說到軍人的任務就是不要「干預政治，但要對當選的政府獻上無限的忠誠」。[17]然而，尼赫魯知道這位將軍是個不定時炸彈，因此不能全然相信他會遵照自己的建議來行事。退休還不到三個月，卡里阿帕就被派任為駐澳洲的高級專員❸。將軍對此並非完全欣然接受，他告訴總理：「讓我離開家鄉到世界另一端的澳洲，並得待上你想要我待的時間，這樣一來我就不能時常親近民眾了。」尼赫魯只得安撫將軍，說他本身是運動員，真是夠格代表印度到一個有運動風氣的國家。可是真正的意圖顯而易見，那就是盡可能地把將軍送得離民眾愈遠愈好。[18]

卡里阿帕是第一位掌管軍隊的印度人，因而有著一定的威望，可是等到他從澳洲返國，人們卻早已遺忘了他。不過，將軍不時發表的聲明證實了尼赫魯的先見之明。一九五八年，卡里阿帕拜訪了巴基斯坦，與他曾在印度尚未分裂之前共事的軍官們才在當地發動了一場政變。卡里阿帕公開讚揚了舊識的行動，表示是「內部混亂的局勢，迫使兩位愛國將領不得不共謀在國內實行戒嚴令，挽救國家免於陷入毀滅的狀態」。[19]十年後，他寄給了《印度快報》一篇文章，論述應該強制行使至少五年的總統直接統治權（President's rule）❹，以便因應西孟加拉的內部混亂情勢。這個建議違反了憲法的字面意義與實質精神，所幸報紙編輯退回了該篇文章，並向將軍指出：「就當前的情勢，刊登這篇文章可會讓您和我們貽笑大方。」[20]

早期所奠定的模式一直延續到了現在。奧羅拉中將就曾經談到，尼赫魯「奠下了一些非常好的規範」，確保了「軍隊中幾乎沒有政治」。「軍隊不管是在哪種情況都不是個政治動物，」他又評道，「軍官尤其必須是地球上最不沾政治的一群人！」[21]奧羅拉自從監督孟加拉的解放之後，自己搖身成了一位國家英雄，可是不管是他或其他的軍官，都不曾試圖把戰場上贏得的榮耀轉化為政治上的優勢。

不可否認，有些資深軍官在退休後轉任使節或首長，有些則是進入政黨政治，其中兩位擔任了印度人民黨所領導的政府的部長。此外，在喀什米爾和東北部等衝突不斷的區域，軍隊有時會凌駕民政管理當局，顯然都與《武裝部隊特別權力法》有關，即使暴力和恐怖已經消散，依舊不同意撤除。縱然有這些例外，整體印度軍隊都是遠離政治的，巴基斯坦的情形就完全相反，該國軍隊積極地介入政治，把當選的政府趕下臺，並以戒嚴政府取而代之。[22]

IV

如同文官體制，軍隊是成功融入民主共和國的一個殖民機構，我們可以說英語的境遇也是如

---

❸ 譯注：此官職為大英國協的成員國互派的最高外交使節，職能同大使。

❹ 譯注：意指暫停邦政府的運作，而由中央政府直接接管該邦的所有事務。

此。在英屬印度時期，知識分子和專業人士都是以英語作為彼此溝通的工具，而信奉國族主義的菁英分子也是如此，如帕特爾、博斯、尼赫魯、甘地和安貝卡都是使用自己的母語跟英語來交談和書寫。若想與不同地區的人溝通，英語的使用是必不可少的。因此，大半是在以英語書寫的思想家和運動人士的帶領之下，就創造出了一種泛印度但反英國的意識。

印度獨立之後，最明確表達擁護英語的人士之一就是拉賈戈巴拉查理，他曾寫道，殖民統治者「為了某種偶然的理由、成因和目的……〔在印度〕留下了大量的英語」。現在已是如此，但是並不需要讓這一切消失，這是因為英語「是我們所有的，我們不需要把英語隨同英國人送回英國」。他還幽默地寫著，根據印度傳統，世界所有語言都是印度教女神薩拉斯瓦蒂（Saraswati）❺所創造出來的，因此，英語「是薩拉斯瓦蒂創造出來的，按起源、也透過學習而屬於我們」。[23]

另一方面，一些具影響力的國族主義者則相信英語必須跟著英國人被掃出印度，其中包括了RSS的領導人高瓦克，以及社會主義的追隨者羅希亞。他們向尼赫魯政府施壓，要以印地語取代英語來作為各地方之間的溝通語言，然而這股壓力受到了抵制。加拿大作家伍德考克（George Woodcock）在一九六一年造訪印度的時候發現，儘管印度十分奇異，有著「極為多樣的習俗、景觀和人種」，但這是「一個化外的環境，一個人的語言總是可以為周遭人們所了解，而在其中以英語口音說話，意味著會被視為某個遠房親戚，都是來自於兩個群體的奇特短暫的聯姻，感受到程度一樣強烈的愛與恨」。[24]

尼赫魯辭世之後，消除英語的努力再起。儘管南方各邦紛紛陳情請願，印地語還是在一九六五年一月二十六日成為各地方之間唯一的官方溝通語言。誠如所見，這個做法激起了相當猛烈憤怒的抗議行動，迫使該命令不到兩個星期就被撤除，正因如此，英語仍是中央政府、高等法院和高等教育的語言。

長年下來，英語的地位已經確認、鞏固和深化成泛印度菁英的語言。在獨立的印度，這個殖民者的語言顯然成了權力和聲望的語言，不僅是個人提升的語言，也是社會進展的語言。如同歷史學家戈帕爾的觀察，「英語知識是個人進入各個領域的高階工作的護照，是取得地位和財富的必然管道，對於所有計畫移居國外的人們更是不可或缺，而這樣的情況意味著獨立之後出現了學習英語的無比狂熱。」不過，戈帕爾同時寫道，英語「可以說是印度唯一的非區域性語言。這不只是行政意義上的一種銜接語言，並在其中反擊了心胸狹隘的地方主義」。[25]

對於謀求保有英語的那些人來說，如尼赫魯和拉賈戈巴拉查理，他們覺得英語可能有助於鞏固國家統一，並促進科學進展。英語確實起了那樣的作用，但是極為意想不到的則是其在刺激經濟成長所扮演的角色，印度軟體產業驚人崛起的背後，仰仗的正是一群英語流利的印度工程師。

英語只是印度的兩個銜接語言之一，而另一個就是印地語。當中央政府強制施行相關法令時，印地語受到南部和東部的民眾的抗拒，然而，經過電影和電視等媒介的誘惑性傳達，這些地方的人們也接受了印地語。

印地語電影激起了印度人民的廣大熱情，不分年齡、性別、種姓、階級、宗教或語言的印度人都會觀賞和追隨，電影明星可說是最受尊敬的印度人。不過，電影不只讓印度人有了一座共同的明

❺ 譯注：又稱妙音天女或辯才天女，關於她的傳說很多，印度史詩《摩訶波羅多》將其描述為語言女神，後世傳說皆由此衍生，認為她是梵語及天城體字母的創造者，掌管詩歌和音樂，是藝術和科學的保護者，又因其多智善辯，故也為智慧與雄辯女神。

星殿堂，也給予了他們一個共通語言和論域。電影歌曲的歌詞和電影對話的節錄滲入了人們的日常對話之中，到處見於學校、學院、住家、辦公室，或是在街頭。

印地語電影提供了許多的社會處境和道德難題，引起整體公民的廣泛共鳴，可是隨著時間推移，電影也讓先前從沒說過或不了解印地語的人更能理解這個語言。在邦加魯魯和海德拉巴，印地語已經成為語言互不相通的人們所偏好的溝通媒介。即使是在曾經激烈抗拒印地語的清奈，當地的計程車司機現在都多少會講一點印地語，以便與來自北部和西部的乘客交談。

印度的銜接語言是印地語和英語，有時則是兩者一起使用。印度人現在所說的英語，已經與往昔這個國家的菁英所說的英國風、牛津口音和ＢＢＣ語調的英語大不相同。英語已經本土化，吸納了印度各語言中的字彙與慣用語。與此同時，印度也出現了人稱「印式英文」（Hinglish）的一種混合語，會因說話者的出身背景而以不同比例來混合這兩種銜接語言。

V

史崔奇爵士曾在一八八八年寫道，他無法想像旁遮普和馬德拉斯能夠成為某個政治實體的一部分，可是這真的在一九四七年發生了，同時還有史崔奇視為獨特「國家」的其他諸多省分。雖然一九四七年的統一可能大部分都是政治上的結合，但是經過數十年，顯示了這也是經濟上、文化上，以及必然要提及的情感上的統一。

印度的經濟整合是政治整合的結果；兩者有著相輔相成的增強迴路作用。整個印度的貨品、資本和民眾的流動愈大，這個國家果真是單一國家的感受就愈強。獨立後的頭幾十年，推升這種統一感受的努力大多是來自於公部門。如在比萊的大型鋼鐵廠等工廠裡，安德拉人與旁遮普人和古吉拉特人一起勞動和生活，故而養成了彼此欣賞不同的語言、習俗和料理，同時凸顯了彼此都是同一國家的一分子的事實。誠如人類學家帕瑞（Jonathan Parry）的評論，在尼赫魯般的想像中，「比萊和當地的鋼鐵廠被認為是負載歷史火炬之地，以鑄造鋼鐵的力道同時打造著一種新社會。」這種嘗試不可不算是成功；對於第一代工人的小孩來說，他們都是在比萊出生長大，取代地方性忠誠的是一種更包容的愛國主義，一種「更具世界主義的文化型態」。[26]

近年來，推動國家融合進程的力量是來自於私部門，即使意圖或許較不強烈。總部設於泰米爾納德邦的公司在哈里亞納邦設置了水泥廠；在阿薩姆邦出生和受教育的醫生在孟買開了診所。海德拉巴邦的許多資訊業的工程師是來自比哈爾。移民的狀況並非僅限於專業階級；北方邦的理髮師和拉賈斯坦邦的木工師傅都到了邦加魯魯這個城市工作。不過，必須在此說明的是，人口的流動並不對稱，「繁榮的」城市鄉鎮是愈來愈國際化，而經濟落後的邦卻更深陷於地方主義。

印度共和國是由二十九個邦組成的聯邦，其中的二十六個邦甘於作為聯邦的一分子，可是其餘三個邦的部分地區就始終感到不滿。喀什米爾山谷是其中最不滿的區域，印度政府打從掌控這片土地及其居民開始，就不斷受到挑戰，巴基斯坦宣稱山谷是他們的領土，而當地的許多居民也紛紛抗爭。當我書寫這段文字時，這個地區正再次陷於民眾群起抗議的情勢之中。

巴基斯坦別有用心地煽動和支持喀什米爾的武裝暴動。不過，歷任印度政府都達成了各自的目標，手段包括了把受歡迎的喀什米爾領袖送入監牢、操弄選舉，以及強迫廢止確保該邦特別自治區地位的《印度憲法》第三七〇條，尤其是以暴力鎮壓群眾抗議。喀什米爾不只有龐大的軍隊駐紮當地，還有成千上萬訓練較少的準軍事部隊來支援正規軍。正因如此，有一位思緒縝密的學者寫道：

「印度縱然不乏其他偉大的成就，可是其憲政協議尚未通過喀什米爾的試煉。」27

早在一九五〇年代，部分的泰米爾人就想要脫離印度。一九六〇年代，部分米佐人發起了米佐拉姆的獨立起義行動。一九八〇年代，部分的錫克教徒以武器與印度政府對戰，謀求建立獨立的卡利斯坦。這些叛亂都已成了歷史，現在的泰米爾納德、米佐拉姆和旁遮普，及其大多數的居民，全都樂於成為印度共和國的一員。

即使是在喀什米爾，查謨區和拉達克區現在都沒有要脫離印度，不過，山谷區有一大群居民還是想要獨立。此外，那迦蘭邦比喀什米爾更早發起獨立建國運動，在一九九七年力求協議停火，至今依舊勉強維持不變。印度政府和那迦蘭民族社會主義委員會（NSCN）最具影響力的派系已經進行了好幾輪的談判，只是目前還不見和解的曙光。

現在依舊有兩個懸而未決的問題。首先就是主權問題。NSCN一度想在印度憲法的架構之外尋求解決之道，而現在只要能夠正式承認那迦人的獨特歷史，他們可能會願意加入印度，可是至今依舊找不到讓兩個政黨都滿意而達到這個目的的方式。第二是更複雜的領土權問題。NSCN堅持印度政府要劃建出一個統整的邦，以便納入阿魯納恰爾邦、阿薩姆邦，以及（最重要的）曼尼普爾邦等境內那迦部族居住的地方。這樣就涉及了要重劃各邦邦界，而這是這些邦（尤其是要承受最多土地損失的曼尼普爾邦）絕不願意同意的做法。

二〇一〇年，當時NSCN的領袖穆維阿想要去拜訪自己已有四十七年未曾見過的家鄉，重新訂定各邦邦界所面臨的危險因而清楚浮現。穆維阿是唐庫爾那迦人，他的家鄉是位於曼尼普爾邦丘陵地區的村落。曼尼普爾邦政府卻認為，這次的探訪是要求讓這些區域移入大那迦蘭的前兆。為了制止穆維阿進入，曼尼普爾邦政府於是把大批警力聚集到臨近那迦蘭邦的邊界，那迦蘭邦的那迦人則反以組織了長達兩個月的封鎖行動，讓曼尼普爾山谷的聯外高速公路交通受阻。這個事件讓兩邦的關係惡化，使得永久解決那迦問題的願景愈來愈見不到實現的一天。[28]

聯邦裡對於落實印度理想態度搖擺且不確實的第三邦就是曼尼普爾邦。該地的主要社群是住在山谷區的梅泰人，以及居住在丘陵地帶的那迦人、庫基人和其他部落。梅泰人害怕山谷的肥沃土地會成為外來人的殖民拓地，並且怨恨（由於他們嚴格來說是印度教徒）自己無法享受平權行動的果實（而曼尼普爾的部落社群卻可以）。他們也對曾經擁有的獨立王邦的過往歲月懷有美好的記憶。

許多梅泰的積極分子都不喜歡也不信任印度政府，其中有些人就孕育出了獨立建國的夢想。與此同時，那迦人和庫基人都不信任梅泰人，認為他們在政治上和行政上箝制了今日的曼尼普爾邦。有些（或許是很多）住在曼尼普爾邦的那迦人因此希望能夠與那迦蘭邦的那迦人聯合起來，一同追求獨立建國。庫基人和那迦人偶爾也會彼此激烈爭鬥。[29]

這些多重的競爭和敵意關係引發了許多暴力和血腥。為了控制曼尼普爾邦的情況，中央政府在當地駐紮了幾支陸軍部隊，以及成千上萬的準軍事部隊。因帕爾市區每隔幾百碼的距離就設置安全檢查哨，而鄉間和山間的道路也是幾英里就設檢查哨。印度政府在曼尼普爾邦展示了恫嚇的武力，在喀什米爾山谷是這樣，在那迦蘭邦也是如此，而這些地方都沒有施行任何的停火協定。

雖然如此，那迦蘭邦、曼尼普爾邦和喀什米爾的動亂地區，以及毛澤東主義革命分子在中印度所控制的地區，全部加起來也不會超過印度共和國百分之十的面積。因此，約百分之九十的印度共和國的人民居住在約百分之九十的國土上，他們都明顯感受到自己是一個國家的一分子。橫跨這片遼闊多變的土地，當選的政府享有合法的權力和權威，這塊國土各個角落的印度公民則都可以自由地生活、學習、工作和進行商業投資。

大概只有另外兩個現代政治實驗的規模大小堪與印度共和國相提並論，而且皆在驚人的多樣語言、宗教、種族和生活方式之間謀求國家的統一，這兩者是現已壽終正寢的蘇維埃社會主義共和國聯盟，以及至今依舊欣欣向榮的美利堅合眾國。蘇聯見證了隨其誕生而出現的野蠻暴力，這樣的情狀一直延續到一九三〇年代及爾後的饑荒和死亡集中營。美國則是大量屠殺美洲原住民的種族後才建立起來，而且是奴役了數百萬非洲人才得以鞏固；建國九十年之後，整個國家被一場死亡人數達七十五萬人的內戰所撕裂。

在各自歷史的不同時間點，法國、英國和西班牙等歐洲國家也都歷經血腥內戰，出現相同情況的還有前文提過的在南亞的巴基斯坦和斯里蘭卡等國家。然而，印度至少到目前為止都還不至於如此。印度自印巴分治的大規模暴力中誕生之後，就擺脫了這種常是地方性的激烈衝突，而那是其他很多亞洲和非洲的建國試驗中的困擾，更遑論是歐洲和美洲了。

VI

獨立印度的歷史修正了以西方經驗為主的國族主義理論，卻也更正面地挑戰來自西方經驗的民主理論。

自人稱「史上最大的賭博」的一九五二年普選以來，印度民主的訃聞就已被寫妥，一次又一次地傳述，一個貧困、多元和分裂的國家是難以堅持實踐（理性的）自由公平的選舉。

可是印度卻做到了。儘管首屆普選的選民投票人數少於百分之四十六，可是多年下來，人數則是穩定增加，從一九六〇年代後期開始，五個合格的印度選民大約就有三個會在選舉日投票。在最近的二〇一四年普選中，選民的投票率是百分之六十六點三，創下了印度歷史紀錄，遠高於含美國在內的大多數西方民主國家的選舉。

議會選舉往往會有較高的投票率。我們若是把這些數字拆解來看，即顯露了進一步的深化狀況。在初始兩次的普選中，有投票的合格女性選民不到百分之四十；到了一九九八年的時候，數字則超過了百分之六十。此外，根據調查顯示，女性選民逐漸獨立地行使自己的選舉權，也就是不再受丈夫或父親對此事的看法所左右。投票率更高的則是賤民和部落等在社會中受到壓迫和邊緣化的群體，尤其是印度北方，賤民的投票人數遠遠超過了上等種姓。政治分析家約根德拉．亞達夫（Yogendra Yadav）即指出，「印度或許是當今世界唯一的人型民主國家，其社會較底層的投票人口遠超過握有最多特權的族群。」[30]

最近選民投票行為的研究表明了，中層和高層種姓選民之所以投票是因為將其視為一種公民責任，而貧困選民之所以投票是為了至少可以在選舉日堅定自己是這個國家的平等公民的認同。北方邦的一位人力車夫告訴研究人員：「投票很重要。如果我不投票，我對國家來說就算是不存在了。」同一邦的一位農民則更是語重心長地表示：「我之所以存在就是因為我在選舉日投票。否則的話，我在社會中還有什麼地位呢？」馬哈拉什特拉邦的一位受訪者說道：「這個國家系統可能對我們不管用，可是我可以投票。這還是人民統治的『民主制』（Lokshahi），不是國王統治的『君主制』（Rajshahi）。」泰米爾納德邦的一位公民也評論：「如果這個政府〔對我們來說〕不適任，我們就會投給別人。」[31]

一份孟加拉鄉村地方的民族誌研究發現，「到了選舉日，村莊會比平常更早甦醒，熙熙攘攘地洋溢著強抑興奮之情的氛圍，就像是到了重要節慶一般。」男性偏好在投票所一早開門就盡快投票，女性則喜歡在用完午餐的下午投票。不分男女都選擇成群結隊去投票，把它當作是歡樂的社交活動，顯然這種「投票的平等運作帶來了特殊的愉悅」，就是在投票日，在這樣的活動、這樣的儀式之中，種姓、階級和性別的傳統層級劃分被完全打破。[32]

安德拉邦和馬哈拉什特拉邦交界的一群村落是說明印度人熱愛投票的好例子，有一次選舉，兩個邦的執政當局都發放了投票卡，村民就抓住了機會而投了兩次票。[33]比哈爾邦的農民也展現了這種行為，儘管受到毛澤東主義革命分子的威脅，他們還是出門投票。毛澤東主義分子者認為選舉是布爾喬亞階級的偽善而加以屏棄，人們也都知道他們會潑黑替政黨競選的村民的臉，並且警告潛在選民會剁掉他們的手腳。然而，在比哈爾邦中部工作的一位人類學家卻發現，「杯葛投票對選民投票率的整體影響似乎微不足道。」在毛澤東主義者活躍多年的村莊裡，「事實上，選舉日被視為一場愉快（幾乎是慶典般）的盛會。婦女穿著黃色和紅色的鮮豔服飾，頭髮抹油並別上髮飾，三五成群連袂到投票站。」[34]同樣的情形也出現在東北方的一些地區，印度政府在當地的統治威信時有時無或蕩然無存，可是叛亂分子並無法阻止村民投票。誠如首席選舉專員嘲諷的說法：「選舉委員會對這個國家的完整所做出的小貢獻，就是在選舉這一天，讓這些區域成為這個國家的一部分。」[35]

這些發展證明了印度憲法的制定者在憲法中置入了成人普選權的信念是正確的。一九五二年的首屆普選過後，聖雄的兒子戴夫達斯．甘地（Devdas Gandhi）——時為《印度斯坦時報》的編輯——向一位美國友人表示：「普選實在是很偉大的活動，遠比我預期的還要好。成人普選權有了美好的開端，而這意味著想要促成覺醒和教育可說是別無他法。」[36]結果也證實確實如此。

選舉遍及印度社會的各個角落，其所觸及的範圍既深又廣，喚醒了熱情且處處散發著幽默，無不證明這項制度已在印度成功地本土化。選舉漫畫的檔案相當豐富，嘲弄了參選的政治人物的承諾、拚命爭取黨提名等等，[37]有時候則是溫和而非嘲諷的詼諧。且讓我們關心一下博帕爾的一位布商的經歷，他叫做默漢．拉爾（Mohan Lal），投入了挑戰五位不同部長的選戰，戴著木製皇冠和自己送的花環，在所屬的選區邊走邊搖鈴。他果然沒有拿回選舉保證金，而這也符合了他給自己所取的綽號「達地帕卡德」（*Dhartipakad*），意味著他謙卑地躺在地上。拉爾說過，自己參與競選是為了「讓每個人理解到民主是屬於大家的」。[38]

選舉使得所有印度人充分感受到自己是印度的一分子，而這種感受也體現於果阿的經驗之中。一九六一年，當印度透過武力統一（或者該說是再度統一）果阿的時候，西方媒體出現了相當負面的評論。然而，葡萄牙人統治當地的四百年期間，從不容許果阿人選擇自己的領導人，可是在新德里政府統治才不到幾年的光景，當地的居民就能夠擁有選擇權。東帝汶（East Timor）是武裝國族主義者所「解放」的另一個葡萄牙殖民地，政治科學家安德森（Benedict Anderson）曾經明確比較了印度對待果阿的方式與印尼處理東帝汶的方式：

> 尼赫魯在一九六〇年（原文年代誤植）派遣了軍隊到果阿，但是卻沒有造成任何流血傷亡。他是個講人道的人，而且是個民主國家所自由選出的領導人；他讓果阿人擁有自己的自治邦政府，鼓勵他們要全然參與印度的政治。從各方面來看，蘇哈托將軍（General Suharto）與尼赫魯是南轅北轍的人。[39]

VII

就全體選民的人數而言，印度選舉的投票人數極可能比其他任何一個民主國家來得多。若與其偉大的亞洲鄰國中國的紀錄相較，印度在這一方面的成就格外引人注目。中國比印度大，但是在種族或宗教上的分歧則少得多，而且也沒有那麼貧窮，可是中國至今從未有過普選，在其他方面也遠不及印度自由。中國的資訊流通極度受到限制；二〇〇六年二月，當網路搜尋引擎Google要進入中國市場的時候，該公司不得不同意接受中國政府的審查制度。中國的人口移動也同樣受到規範；中國人民若要遷移戶口，通常需要獲得政府的許可。

印度／中國的比較是學術分析長久以來的主題。在關係日益緊密的當今世界中，這兩個國家已經在大眾論述中無所不在；在這樣的比較中，中國可能於經濟方面占了上風，卻在政治層面敗下陣來。印度人喜歡不停抱怨這個鄰國不夠民主，有時會挑明了說，有時則是委婉暗示。印度代表團在二〇〇六年的世界經濟論壇（World Economic Forum）必須要特別表現的時候，不論是在演說、刊物或海報中，總是不忘描述自己的家鄉是「世界上成長最快速的民主國家」。

印度值得如此自鳴得意嗎？就定期舉行自由公平選舉這一方面，印度確實是民主的。印度人也擁有相當的遷徙自由；他們可以在聯邦內隨心所欲地旅行或工作，可是在某些區域，只有當地居民能夠購買或擁有資產。

然而，在其他重要的方面，印度的民主成就則有所瑕疵，有時還顯得極有問題。印度民主的一個陰暗面與政治腐敗有關，甚至可以說是愈來愈糟糕。德國社會學大師韋伯（Max Weber）曾經如此評注：「人要以政治為志業有兩條途徑：『為』政治而活，或『靠』政治而活。」[40]印度的第一代領導人大多是為了政治而活，一方面是受到自己掌控的權威所吸引，另一方面也通常是受到服務和犧牲的精神所激勵。當前這一代的印度政治人物則多半是依賴政治而從政，受到其所提供的權力和尊貴，以及財務回報機會的雙重吸引，他們知道只要控制了政府體系，就能為掌權的人帶來光彩的獎賞。

一九五〇年代的印度並非沒有政治腐敗，如孟德拉醜聞和旁遮普的凱隆（Kairon）政府的管理作為就是例證，只是當時是有限度的。尼赫魯內閣的多數成員都不會為了獲取錢財而濫用職權，即使是夏斯特里的多數閣員也不至於如此。不過，有些國大黨的大老確實會從商界籌錢給政黨。一九七〇年代的時候，與外國供應商簽定軍火交易時，政治人物開始向對方要求佣金，拿到的錢（或者該說是大部分的錢）都是進了政黨黨庫以作為下次選舉之用。然而，到了一九八〇年代，政治腐敗就從機構的層級轉到個人的層面，不管是政府合約、派任官員，或是以其他各種手段，愈來愈多的中央政府和邦政府的部長都會從中牟利。

政治腐敗的證據本質上都是傳聞而非紀實，拿佣金或給佣金的那些人鮮少留下檔案紀錄。不過，到了一九九〇年代，印度中央調查局（CBI）正式落案起訴一些擁有與職權「不成比例」資產的顯赫政治人物，其中包括了比哈爾邦和泰米爾納德邦的首席部長拉魯與賈雅拉莉妲等領導人，每個人都被控從分配政府合約而大量累積了數億的印度盧比。另一個案例則是聯邦通訊部長蘇赫·拉姆（Sukh Ram），CBI查抄他的住家，發現了三千六百萬盧比現金，據稱這些是授予私人電信公司所需執照的佣金。

這些案件中，大部分的指控都未能真正定罪，有時是因為缺乏證據，有時則是司法不彰的結果。盜亦有道。選舉之前，反對派會大聲抨擊執政當局的腐敗，可是一旦選上了，卻不會追究有關前朝的訴訟案，相信自己若失去了權力也會得到類似的對待。[41]事實確實如此，不同政黨和不同邦的政治人物通常會互施小惠。在一宗有案可查的事件中，有一位哈里亞納邦的首席部長把一塊公有土地強行賣給了旁遮普首席部長的兒子，實際只支付兩千五百萬盧比的價格就取得了該市價為五億盧比的土地。[42]

腐敗的主要來源，即是政府控制的土地、林木、礦產、河川、海岸線和無線電波，一九九〇年代的改革並沒有觸碰到這些區域，如今隨著經濟成長和全球化，鐵、波譜、石油和（離岸與陸地）天然氣等自然資源的價值也跟著水漲船高。中央政府和邦政府不是透過公開拍賣來分配這些資源，反而是選擇將之分配給親朋好友，從中取得很多、事實上相當龐大的回扣。同樣地，在法律強制規定的環評許可的撤銷或發給，鮮少是按照科學證據，而是依據企業家與政治人物的親疏遠近。這樣的情況也出現在公股銀行給予私人資本家的大額貸款，通常——或該說向來——是依照酬金而不是信用等級來做出決定。[43]

根據政治科學家迪索薩（Peter deSouza）的說法，腐敗是印度民主的「麻煩的事實」。新德里的執政政府會收取海外採購的回扣，尤其是國防的交易，而外國合約的回扣大約是百分之二十。大多數邦的大部分部長都在貪贓枉法，從公司許可證、高級官員的派任、土地交易等方面來撈油水。經濟學家估計百分之七十到百分之九十的鄉村發展經費遭人非法挪用，從潘查亞特自治系統的委員長到地方議員，連官員也要從中分一杯羹。市區道路的路況之所以會這麼糟，原因之一就是大部分的道路分配款都被挪用到其他方面。例如，邦加羅爾市政當局所分配的道路建設款項中，每一百盧比就有四十盧比是進到政治人物或官員的口袋，另外的二十盧比則是承包商的毛利，最後只剩下四十盧比來鋪路，所以要不是做得很差，就是根本沒做。[44]

由於位高權重是如此有利可圖，政治人物之間日益出現交換利益的情況。為了補足人數和獲取多數權力，立法委員會被以（通常是相當高的）價碼所收買和出賣。若是少數黨政府和聯合政府的年代，利益交換的情況則特別活絡。立法委員慣常會陣前倒戈和轉換政黨，這種情況太過司空見慣，以至於在政治不穩定的時期，某個特定政黨的立法議會議員會被全體帶到果阿等地「度假」，以免他們叛逃到敵方陣營。在這些人（有時是多達五十人）被關在旅館裡喝酒、玩牌的期間，武裝警衛會留意是否有鬼祟來電或未知訪客。這樣的假期會持續到危機結束，可能是好幾個星期之久呢。

VIII

第二個陰暗面是政治階級日漸升高的犯罪活動，也是愈來愈糟糕。早在一九八五年的時候，《週日報》就刊登了一篇〈印度政治的黑社會〉（The Underworld of Indian Politics）的封面報導，談論有犯罪紀錄的候選人如何投入選舉競選，尤其是在北方邦和比哈爾邦，有時贏了選戰，有時更成了部長，而這些人被控告的罪行包括了「謀殺、綁架、強暴、騷擾和組織犯罪」。[45]接下來的十年間，更多的罪犯投入政治，事實上，人數多到有個公民團體向最高法院提交了「公益訴訟」（Public Interest Litigation, PIL），要求政黨公布自家候選人的詳盡資料。二〇〇二年五月，最高法院強制要求投入邦級或國家選舉的候選人公開資產和（如果有的話）犯罪紀錄。

提交原初的「公益訴訟」的同一團體，後來在各邦成立了「選舉監督委員會」（Election Watch Committees），由地方律師、教師和學生共同組成。在二〇〇二年到二〇〇三年期間所舉行的五次邦級選舉中，候選人繳交的宣誓書都受到校勘與分析。主要的政治政黨中，如印度人民黨、國大黨、北方邦的社會黨和比哈爾邦的國家人民黨，百分之十五到百分之二十的競選人都有犯罪紀錄。針對拉賈斯坦邦二〇〇三年邦議會（Vidhan Sabha）選舉的詳細研究顯示，就印度的標準來說，近半數的候選人都相當富有，每個人申報的財富都超過了三百萬盧比。其中有多達一百二十四位候選人都有犯罪紀錄，而且其被指控的罪行有百分之四十都足以被視為「重罪」，包括了持械搶劫、謀殺未遂、褻瀆禮拜場所，以及縱火。[46]

就二〇〇四年國會大選五百四十一位議員當選人的宣誓書所做的分析，也得出了相同的結論。國大黨的候選人最富裕，每一位議員平均有三千一百萬盧比的資產。多數議員的資產都超過了一千萬盧比；排名墊底的是共產黨的候選人。至於刑事指控的問題方面，位居前茅的是北方邦和比哈爾邦有勢力的政黨：百分之三十四點八的國家人民黨議員都有案底，大眾社會黨議員是百分之二十七點八，而社會黨議員則是將近百分之二十。國大黨和印度人民黨顯得稍微「清白一些」，有案底的議員比率分別是百分之十七和百分之二十。然而，就積欠公有財務機構的金錢而言，情況就逆轉了。所有的這些債款之中，國大黨議員就占了百分之四十五，而印度人民黨則是百分之二十三。此外，共產黨議員同樣在這方面表現最佳，據稱沒有任何實質負債。[47]

二〇一四年，提交「公益訴訟」的同一團體的其中一位創建人出版了一份統計分析，其研究涵蓋了過去十年來所有邦級和國家選舉的候選人所提交的宣誓書，揭露了約有百分之十八的人都背負著尚未判定的刑事指控，更讓人憂心忡忡的是，百分之二十八有案底的人都贏得了競選席次。除了一個政黨之外，在其他所有政黨之中，有嚴重案底的人比沒有案底的人更有可能當選，這就表示了，儘管選舉過程本身具有保密和可信度，但是有錢有勢的候選人可以打動或威嚇公民投下對他們有利的一票。

這份研究還進一步分析了各邦議會或是國會當選人（依照宣誓書的申報資料）的資產成長，結果顯示了，如同犯罪紀錄方面的統計，共產黨員最清廉，接下來是國大黨和印度人民黨，而區域性政黨則最骯髒。印度共產黨（馬克思主義者）當選人的資產成長為百分之六十四，國大黨當選人的相應數字是百分之兩百零一，印度人民黨是百分之一百四十二，大眾社會黨是百分之四百九十九，至於泰盧固之鄉黨則是令人瞠目結舌的百分之一千零六十九。[48]

有位挪威人類學家在一個孟加拉村落進行研究時發現，人們最常用來形容政治的詞彙是「骯髒」（*nungra*），並把政治人物描述成鼓勵「不當交換」（*galagali*）、造成「互毆」（maramari）及引發「騷亂」（*gandagol*）的人，總之，政治就只會讓社充滿了「毒藥」（*bish*）。可是，有位村民說道，情況並非總是如此。在印度剛獨立不久的時候，政治人物曾經一度都很誠實、刻苦和盡責，只是現在每一個政黨都充滿了「工於心計、詭計多端〔以及〕缺乏道德的人」。[49]

這樣的說法可以說相當代表性地說明了整個國家的問題。蓋洛普（Gallup）針對六十個國家所進行的調查發現，印度是對政治人物最缺乏信心的國家，有百分之九十一的受訪者認為自己選出的民意代表並不誠實。[50]

學者筆下所描述的其他時代的社會或許可以帶給我們一些寬慰。波赫士（Jorge Luis Borges）對於一九四〇年代自己的國家就寫道：「國家不是個人的；阿根廷人卻只能想像個人關係。因此，對他而言，侵吞公款並不是犯罪。我現在說的是事實；我沒有在為其辯解或尋找藉口。」蘇瑟（R. W. Southern）則如此評論自己的歐洲大陸在數世紀以前的情況：「裙帶關係、政治賄賂和挪用機構財富來資助自己的家庭，這些對中世紀的統治者都不算是犯罪；它們可是統治藝術的一環，對主教們和一般人都是必要的。」[51]

IX

印度政治除了腐敗和犯罪化，也日漸深受裙帶關係之害。大多數的政黨在過往都擁有清晰一致的意識型態和組織基礎，如今卻墮落成家族企業。

這個過程是從印度的重要老政黨國大黨內部開始。國大黨自創建以來，大部分都是個民主派為民主人士運作的政黨，定期投入特區和邦政府的選舉。當國大黨在一九六九年分裂之後，甘地夫人就停止了組織內部的選舉，自此之後，國大黨的首席部長和各邦黨部主席就由新德里的領導人提名。在緊急狀態期間，甘地夫人給予了國大黨的傳統第二個更致命的一擊，即是任命她的兒子桑傑為自己的繼任者。

桑傑過世之後，他的兄長拉吉夫接受培養以便接手國大黨，並且適時接掌政府。一九九八年，當國大黨大老要求索妮雅領導國大黨，這等於承認了這個政黨已經完全屈從於尼赫魯—甘地王朝的斷言，索妮雅接著要求她的兒子拉忽爾於二〇〇四年進入政壇，並把家族的安全選區拉埃巴雷利（Raebareli）分配給他，儘管他的母親（在我書寫的當下）依舊是國大黨主席，但是實際領導國大黨投入二〇一四年大選的是拉忽爾，而且可能很快就會取代母親而成為黨主席。

甘地夫人擁抱世襲原則的做法，除了損害了印度卓越政黨的精神特質，也成了其他政黨效法的現成模式，許多印度政黨都轉變為家族企業。達羅毗荼進步聯盟曾是個以達羅毗荼國族主義和社會改革為傲的政黨，可是黨員現在卻甘心接受卡魯納尼迪的兒子會繼承父親的事實。塔克雷公開許諾為馬哈拉什特拉的尊嚴和印度教國族主義而努力，可是當他挑選希瓦吉之軍的繼任領導人時，卻除了自己的兒子烏達夫（Udhav）之外不做他想。北方邦的社會黨和比哈爾邦的國家人民黨都宣稱秉持「社會正義」的立場，可是穆拉亞姆確保了兒子阿耆列希會承繼自己的衣缽，而當拉魯被迫（在腐敗的醜聞之後）辭去比哈爾首席部長，他的妻子拉布莉・戴維（Rabri Devi）縱然只有家管下廚的經驗，卻仍被選為繼任人。（近期，拉魯更是安排了兩個兒子擔任哈爾邦部長級的高層職位。）此外，一旦政黨感染了家族世襲統治的病，這樣的政黨是不可能或永遠不會回復其成立之初或曾秉持的賢能統治或理念原則。

單一家族不僅只是積極主宰著政治政黨領導高層，如此的慣常做法已經在政治系統向下延伸，因而若是某個現任國會議員過世了，他的兒女就可能被提名來遞補他的席次。歷史學家法蘭屈（Patrick French）創了「世襲國會議員」（hereditary MPs, HMPs）一詞，以便描述這個在西方鮮為人知但在印度意義重大的現象。他分析了二〇〇九年下議院的當選人，發現百分之二十九都是世襲國會議員，這些人從政都是經由家族關係，所屬的家族都至少有一位成員擔任過立法委員、國會議員或部長。這個現象在區域性政黨和年輕一代的政治人物之間更是普遍，因此，四十歲以下的國會議員有多達三分之二是來自政治家族，但是七十歲以上的議員就不及百分之十。[52]

二〇一四年下議院的選舉之後，世襲國會議員的比例從百分之三十降為百分之二十二，比例依舊相當可觀。所有政黨都鼓勵這種做法；整體而言，百分之七十五的政治世家的國會議員都獲得了各自政黨的提名，相較之下，政黨提名的非世家出身的議員則是百分之六十五。參選人通常會驕傲地在競選時訴說家族背景，兒子們承諾會延續賜予他們席次的父親的成果。[53]

以上引用的數字是來自歷屆下議院選舉的分析，而邦級議會組成的研究極可能顯示相似的模式。值得一提的是印度人民黨，該黨素以黨員本位、理念驅策、無裙帶關係本質而自豪，但是卻逐漸受到家族本位政治之害，如二〇一四年的印度人民黨國會議員中，百分之十五是出自政治家族（二〇〇九年的相應數字為百分之十九），而且該黨所統治的邦的部長和首席部長的親戚都變得愈來愈有勢力。二〇一一年，印度人民黨的資深領導人和前喜馬偕爾邦首席部長庫瑪（Shanta Kumar）對此評道：「印度人民黨已經出現了取代民主（Loktantra）的家族政治（parivar-tantra）文化……印度人民黨一直是工人的政黨，可是從喜馬偕爾邦到卡納塔卡邦，這個黨逐漸成了政治人物的子女和親戚的政黨。」庫瑪繼續說道：「倘若我們妥協而讓腐敗的人繼續掌權的話，我們根本毫無資格稱自己是個不一樣的政黨。」[54]

印度政治中的裙帶關係絕對說不上是無所不在，只是現在已經普遍到足以讓人憂心。在一個成熟的民主國家中，任何有興趣或有能力的人都應該能夠加入自己選擇的政黨，而且一旦加入之後，就可以憑藉自己的表現而取得更多權威和責任。梅克爾（Angela Merkel）和歐巴馬（Barack Obama）是名符其實白手起家的人，完全靠著個人成就而分別當上了德國總理和美國總統；他們在從政生涯中並沒有得到家人的輔助或啟發。大多數比較沒有如此位高權重的德國和美國政治人物也多是如此。

饒富興味的是，近年來，有些印度政治人物已經注意到家族世襲原則與民主實踐之間的矛盾，進而加以利用。在二〇一四年的競選中，由於主要對手有著印度顯赫政治家族的特權出身，莫迪就經常強調自己底層的非政治出身，以便彰顯自己極為不同的背景。在所有的首席部長之中，比哈爾邦的庫瑪爾（Nitish Kumar）和德里的克里瓦爾之所以成功，部分原因是兩人都是家族裡第一個活躍於政黨政治的成員，而且至今仍舊是唯一的一個。

X

民主的第四個不完美領域則與司法制度有關。這於二〇一六年四月活生生地呈現在人們的眼前，就在總理莫迪出席的一場新德里的典禮上，印度的首席大法官談到執法過程中不合情理的延遲情況，並以「可憐的訴訟人」和「在監牢受盡煎熬的人」之名向總理請願，敦促他要「挺身面對難題，覺悟到光是批評是不夠的」。在這個時刻，首席大法官實在是承受不了問題涉及的層面而當場崩潰，拿出了手帕拭去眼淚。

印度之所以無法提供快速司法，大部分原因是法院長期大量人員不足的結果。二〇一六年，最高法院短缺了百分之十九的配置人力，高等法院少了百分之四十四，下級法院短少百分之二十五。安拉阿巴德高等法院有高達八十八個尚未遞補的職缺；馬德拉斯高等法院則是四十個。

這些短缺導致了司法的重大延誤。向印度高等法院提出案件經受理之後，平均要花上三年又一個月的時間才能夠獲得處理。輸掉案子的人可以要求中止執行，並上訴到最高法院。有些原本是向地方法院提出的訴訟案，可以一路爭辯而上訴到最高法院，想要得到最終判決可以耗費幾十年的光陰，當事人有時在過程中就先行離世了。[55]

印度的司法系統不只是令人痛苦地緩慢，同時還令人震驚地腐敗。布山（Shanti Bushan）是印度最受敬重的律師之一，曾任聯邦政府司法部長的他，於二〇一〇年九月掀起了軒然大波，他宣稱在最高法院自己所服務過的十六位印度首席大法官之中，有八位是腐敗的。他羅列了那些法官的姓名，裝進密封的信封提交給法院，挑戰法官是否有勇氣打開。[56]

比起政治腐敗，司法腐敗的證據更是屬於軼事類型的證據。不過，依據訴願人和律師的見解，收受賄賂和誘惑似乎在下級司法單位相當常見，肯定盛行於高等法院的法官之間，甚至連最高法院也不是完全沒有這樣的情況。

至少就印度的運作方式來看，司法系統偏袒的是有錢有勢的人。因此在許多案件中，每當犯罪而被起訴的被告是政治人物、電影明星或商人的時候，證人就會被收買或遭到威脅而改變原本的證詞，或者甚至可能人間蒸發，就如同發生於一位具影響力的神人被控告性騷擾的案件的情況，同樣的情形也發生在中央邦的一樁龐大教育詐欺案，而其中涉及了（不止一個政黨的）資深政治人物。這兩個案件的數位證人都在神祕的情況下死亡。[57]

司法自主因為政治介入而遭到破壞。力求法官屈從其下的第一個印度政府是甘地夫人所領導的政府，她的主要顧問包括了哈克薩、庫馬拉曼加蘭（Mohan Kumaramangalam）和高凱勒等人，全都大力推動「忠誠司法」（committed judiciary）❻的概念。這些人積極地介入司法任命案，其中最著名（或該說是最惡名昭彰的）例子莫過於撤換了幾名傑出法官，以便讓雷伊在一九七三年當上印度的首席大法官。

近年來，有些最高法院和高等法院的法官，可能因退休後的肥貓閒職的展望而影響到分內的職責。例如，某任國大黨政府任命了一名前最高法院法官為上議院的議員，而某任印度人民黨政府則任命一位前首席大法官為一邦之長。在這兩個例子中，有問題的法官皆為有爭議的執政黨的政治人物脫罪而做了判決或調查。傑出法學家納里曼（Fali Nariman）聲稱，這是「最不適當而令人遺憾」的任命案。法官們「向執政當局謀求工作或國會席次」，他評道，「嚴重影響了司法獨立的概念，而這個概念卻一而再、再而三地被誇耀（唉，只有現任最高法院的法官如此）為印度憲法的基本特性。」[58]

另外還有著被拘留候審的人的問題，其比例在這些年來是逐步攀升，現在快接近百分之七十。這些男女候審人（大多數是窮人，而且許多是低階種姓背景）都只是被起訴而未被定罪，可是他們會被關在擁擠、黑暗、骯髒的牢房受苦好幾年，吃的是沒煮熟和（或）摻假的食物，喝的是不乾淨的水，也無法獲得法律或醫療的援助。[59]

印度監獄的狀態著實令人沮喪，而肩負維護治安的例行日常職責的印度警察也沒有好到哪去。首先就是警察的人數實在太少；印度的警民比例是每十萬公民配置一百三十名警察，可是全球標準比例是二百二十二名。[60]印度警察通常體重過重、訓練不足，而且墮落腐敗。如同法院一樣，印度警察也有偏袒富人之嫌；除此之外，他們對宗教少數族群有著明顯偏見。二〇一四年七月的一個罕見的自我批評時刻，孟買警察承認感受到穆斯林對他們缺乏信任，認為警察是「為體制服務、有偏見和麻木不仁」，再者是「消息閉塞、腐敗和缺乏專業」，而後半句的評斷是不分宗教的所有印度人都會贊同的。[61]

有一份研究發現，說到卡納塔卡邦的所有政府部門，最腐敗的就是警察。在該年度的前十一個月裡，公民回報支付了將近九克若（crores）❼的賄賂金給警察。這個研究調查了三十七個政府機構；第二個最腐敗的部門則是交通部門，可是其每年收受的賄賂金額卻不到警察部門被指稱的金額的百分之十。聯邦中的其他各邦極可能也盛行相同的情況。[62]

❻ 譯注：此指司法必須致力透過法律和法規的闡釋來維護政府政策。

❼ 譯注：印度的獨特貨幣計量單位，為一千萬盧比，下文中的拉克則為十萬盧比。

印度警察的運作失靈是多年來日益政治化所造成的結果。立法委員或國會議員通常可以決定所處選區的警察局長人選，而警察部門中，最有威權的職位多半是依據親屬關係和種姓來加以配置，至於其他時候，這些職位就在公開市場上任人競價投標。據說有些邦的首席部長要求拿到好幾拉克（lakhs）、甚至是好幾克若的盧比，作為官員可以自選派任的地區或部門的交換條件。一旦高層職位的任命是依據酬金而非能力，下級職位的分派就很難不是依循相同的模式，因此督察、分局長和警官也通常是因為種姓、宗教、偏袒徇私或賄賂而雀屏中選，如此一來就誘發了警官日後會討好派任自己職位的人（或部長），而不是專注在保護一般公民的主要職責。這同時也助長了腐敗，為了在政府改朝換代、國會議員連任失敗或上司退休之際，要在突然被剝奪職權之前勿失良機的欲望。

誠如最高法院於二〇〇六年絕望地指出：「警察職能的諸多缺失，大多是因為各層面的不健康且小心眼的政治介入結果，從不同級別的警官調遷和任命、為了黨派目的而濫用警力，以及通常會擴展而敗壞警察人事的政治恩惠。」[63]

XI

民主涉及的諸多層面之中還包含了促進個人自由。儘管公有機關腐敗和衰壞，印度人的個人行動和思想是否比一九四七年的時候來得更自由呢？

許多方面確實如此。都市化的成長意味著種姓與職業逐漸脫鉤，更多的印度人現在比從前擁有更多的自由去追尋自己選擇的行業，而不是依循父母的腳步。都市化也鬆綁了家庭的束縛，更多的印度人現在可以自己選擇相愛和結婚的對象（而不是父母幫他們選擇的人）。他們也更容易跨越種姓和宗教藩籬與人交友。

即使是性的選擇方面，印度人或許身處於獨立後比較自由的時期。儘管最高法院堅持《印度刑法》第三七七條的二〇一三年決議，但男同性戀者和女同性戀者現已相對不再受到排擠與迫害，至少在城市是如此。

不可否認，這些自由的程度多寡極度受到階級和性別的左右。中產階級的男同性戀者比工人階級的男同性戀者較不易遭受社會偏見，而不管是哪個階級的父母，他們都比較有可能接受兒子的職業或伴侶的抉擇，卻對於女兒的選擇較有意見。

印度人最自由、最足以展現個人行動的地方大概就是投票亭了。早在一九五〇年代，女性通常都是依照父親、丈夫或兄弟的意見去投票；賤民一般是照著上層種姓的說法投票。時至今日，雖然可能會在投票前諮詢朋友、家人和種姓同胞的意見，最後的決定則是完全操之在己。

近幾十年來，印度人在藝術與文學表現的相關領域的自由是縮減的。法院或政府極常引用古老的殖民法律來禁書或審查電影。隨著認同政治的興起，對於特定種姓、語言或宗教團體所敬重的印度政治人物的生平作為，想要給予公正無私的評價幾乎是不可能的事。獨立作家和藝術家遭受攻擊的情況日漸頻繁，這些人因為個人觀點而被謀殺的情事也時有耳聞。由於沒有政治人物或政黨曾經開誠布公地支持言論自由，這些攻擊事件都沒有受到懲罰。整體而言，自從一九七五年至一九七七年的緊急狀態之後，印度的作家、藝術家和電影工作者現在大概都比以往更不自由，也更加脆弱。[64]

XII

印度有多民主呢？每當有人問起這個問題，我經常會求助於偉大的印地語喜劇演員沃克（Johnny Walker）的一句不朽對白。沃克在扮演英雄的跟班的一部電影裡，回答每一個問題都是這句老話：「老大，一半一半吧。」當被問到跟自己深愛不已的女孩結婚，或者是得到自己夢寐以求的工作的展望時，這個跟班就會跟老大回答成敗的機率大概差不多，一半一半吧。

印度是個民主國家嗎？答案可能是一半一半。就舉行選舉和容許遷徙和言論的自由來看，印度多半算是個民主國家，可是若從對民主國家的日常生活很重要的機構運作來說，印度多半就算不上是個民主國家。大部分的政黨都成了家族企業。大多數的政治人物都墮落腐敗，其中許多還有犯罪背景。印度的立法者往往就是違法者。與此同時，公務員已經失去了運作的自主性，行事都是按政治老闆的交代，而不是正義或理性的需求。法院運作遲緩且負擔過重，而且並非總是秉公處理。警察在好年頭的時候是腐敗，壞年頭的時候則是貪贓枉法。

印度共和國至今已經七十歲了，國族的創建似乎比民主的落實要來得更鞏固。印度就算有些區域想要脫離，也不可能在近期發生。至少到目前為止，這個令人讚嘆的計畫，即創造一個沒有共同語言、宗教和敵人的國家，在很大程度上是成功了。不過，若就促進公民的平等來看，成績就絕對是好壞參半。

安貝卡向制憲會議發表的著名最後演說中，他提到印度即將成為堅守一人一票原則的政體，可是他也質疑印度何時可以成為一個人人價值平等的社會。

這個問題放在現在跟它首次被提出時一樣中肯。印度共和國正陷入我所謂的「只會選舉的民主」的險境。不論是邦議會或國會選舉，每一次都是自由公平的選舉。我們可以確切地稱讚選舉委員會是印度的模範機構，但是其他民主課責的工具則依然非常不完美。國會很少開會，到了真正開會時，卻像是個摔角場，而不是它理應作為討論的莊嚴殿堂。刑事司法系統處於幾近崩解的狀態。政府一方面在提供教育和健保等基本服務上顯得軟弱無能，另一方面卻在壓制不滿上顯得野蠻殘酷。

在今日的印度，賤民、女性、穆斯林和部落大概並沒有遭受如建國之初所令人害怕的迫害。許多個別的賤民、女性和穆斯林（但部落人數較少）都克服了歧視，而成為成功的專業人士、公務員、政治人物和創業家。然而，整體而言，這些社群依舊是這個國家裡沒有被平等對待的公民。獨立了七十年的印度，上層種姓的印度教男性仍然在共和國的日常生活中享有過多的特權。

本書第一版在二〇〇七年問世，我當時認為印度共和國落實了一個多語言、多宗教的政治試驗，這比歐盟早了好幾十年。十年過後，我還可以補充說道，這個國家似乎也可能比歐盟的壽命更長。然而，我並不是以洋洋自得的心態寫下這些文字。對於印度，以及印度人，可以從某些個別歐洲國家吸取一些教訓，以便了解如何限制政治腐敗與任人唯親的影響，如何培育奉公守法的機構，如何公平且快速地執法，如何訓練公僕要不分年齡、階級、性別或種族而一視同仁地對待所有公民。

印度的愛國人士可以輕而易舉地拿自己國家的民主成績來與亞洲和非洲的前殖民國家相互比較；可是更困難但更必要的是與西歐和北美的國家相互對照。我認為，這就是安貝卡、尼赫魯和帕特爾（以及其他同等的人物）會期盼我們做的事情。今日的印度人可能比英國人離開這個國家的海岸時更自由，但是肯定還未享有印度憲法制定者希望或冀盼他們所擁有的自由。

謝辭

我身為印度公民將近五十年，有很多機會發現到，這有時真是世界上最令人惱怒的國家。然而，唯有等到我開始整理印度的現代歷史，方才發覺這是個不管是在哪個時代都最饒富興味的國家。我的朋友彼得・史卓斯提議我撰寫一本攸關獨立印度的書，促使我踏上了這段旅程；多虧了一群無私的檔案專業人員和圖書館員，我的旅程成了一場探險，充滿了緊張刺激與意外發現。

我必須向尼赫魯紀念博物館與圖書館的同仁獻上最大的謝意，館裡龐大的資料庫盡是與現代印度有關的私人文件、期刊、縮影膠卷和書籍。連續數週的時間，該館手稿室的錢德先生（Shri Jeevan Chand）和勞泰拉先生（Shri Rautela）是我的好同伴，他們兩人從漆黑的大長廊把一個個檔案搬到我工作的明亮閱讀室。手稿室之外，圖書館主要館藏區的館員始終恭謙有禮。我在搜取手稿的時候，也得到了圖書館副館長巴拉克里斯南博士（Dr N. Balakrishnan）與其優秀助理巴特納格（Deepa Bhatnagar）的大力協助。

按重要性的順序，接下來就要提到另一個更知名的公共資料庫——倫敦的大英圖書館（The British Library）。我在此處的主要依據是舊有的印度事務部圖書館與檔案（India Office Library and

Records），當我在那裡研究時是叫做東方和印度事務收藏部（Oriental and India Office Collections）（現在則是由名叫亞非研究〔Asian and African Studies〕的部門所保管）。不管名稱為何，這依舊是個讓人樂在其中的工作場所，館員生氣勃勃且富有效率、與其他的館藏緊密連結，以及（尤其是）能與來自世界各地的學者機緣巧遇。

我為了這本書還在其他的圖書館和檔案室收集了資料，這些收藏的維護機構是：新德里的印度國家檔案館、劍橋的南亞研究中心（Centre for South Asian Studies, Cambridge）、加州大學柏克萊分校（University of California, Berkeley）、史丹佛大學（Stanford University）、康乃爾大學（Cornell University）、美國安娜堡的密西根大學（University of Michigan, Ann Arbor）、美國雅典市的喬治亞大學（University of Georgia, Athens）、倫敦尤斯頓的朋友之家（Friends House, Euston）、新德里的印度國際中心（India International Centre）、愛丁堡的蘇格蘭國家圖書館（National Library of Scotland, Edinburgh）、倫敦的帝國戰爭博物館（Imperial War Museum）、挪威奧斯陸大學（Oslo University）、清奈的馬德拉斯發展研究中心（Madras Institute of Development Studies）、哲雪鋪的塔塔鋼鐵公司（Tata Steel, Jamshedpur），以及穆索里市的夏斯特里國家行政管理學院（Lal Bahadur Shastri National Academy of Administration, Mussoorie）。我要特別感謝邦加魯魯的教育與資料中心（Centre for Education and Documentation），我在書中大量援引了這個真是包羅萬象的新聞剪報館藏。

除了私人文件和期刊，本書也引用了其他的新書和舊書與小冊子，其中許多都是我在圖書館找不到的（至少我的家鄉邦加魯魯的圖書館並沒有這些書冊，邦加魯魯是很棒的科學重鎮，但可惜不是人文中心）。我是從眾人皆知和不為人知的書店大批購入。我由衷感謝的是：邦加魯魯的第一書店（Premier Bookshop）、邦加魯魯的精選書店（Select Bookshop）、古魯格蘭（Gurugram）的大師書商（Prabhu Booksellers）、孟買的新書與二手書店（New and Secondhand Bookshop），以及新德里的迷人書店（Manohar Booksellers）。再者，在孟買弗洛拉噴泉（Flora Fountain）和新德里達里亞甘杰區（Daryaganj）人行道上的無名書攤也很方便有用，過去二十多年，身為歷史學家的我從那裡的小販買到了許多研究所需的資料。

我在本書使用的照片主要是來自以下四個單位的收藏：印度新聞情報局（Press Information Bureau）、尼赫魯紀念博物館與圖書館、《印度人報》（*Hindu*）和《歡喜市場報》（*Ananda Bazaar Patrika*）報紙集團。我要感謝這些機構的協助，同時也要謝謝我妻子蘇亞塔（Sujata）在最後揀選照片時所給予的建議。

我還要感謝以下許多人士所提供的各種協助：清馬伊・阿倫（Chinmayi Arun）、白康迪（Kanti Bajpai）、蘇哈斯・巴利加（Suhas Baliga）、盧克迷妮・巴納吉（Rukmini Banerji）、努珀爾・巴蘇（Nupur Basu）、蜜莉森特・班奈特（Millicent Bennett）、史丹利・布蘭德斯（Stanley Brandes）、維杰・錢德魯（Vijay Chandru）、什魯蒂・代比（Shruti Debi）、卡納克・馬尼・狄克西特（Kanak Mani Dixit）、扎法爾・福特浩利（Zafar Futehally）、艾米塔・葛旭（Amitav Ghosh）、我的父母親S・R・D・古哈和維莎拉克西・古哈（Visalakshi Guha）、蘇普里亞・古哈（Supriya Guha）、瓦賈哈特・哈比布拉（Wajahat Habibullah）、拉詹・哈雪（Rajen Harshe）、拉德卡・赫爾茨貝格（Radhika Herzberger）、崔佛・浩伍德（Trevor Horwood）、斯雷亞斯・迦耶西哈（Shreyas Jayasimha）、羅賓・傑弗瑞、巴格萬・喬許（Bhagwan Josh）、納斯琳・慕尼・卡畢爾（Nasreen Munni Kabir）、戴維什・卡普爾（Devesh Kapur）、穆庫爾 科薩萬（Mukul Kesavan）、蘇姆亞・科薩萬（Soumya Keshavan）、娜亞約特・拉希利（Nayanjot Lahiri）、妮爾馬拉・拉克斯曼（Nirmala Lakshman）、愛

德華・盧斯（Edward Luce）、露西・拉克（Lucy Luck）、拉古・梅農（Raghu Menon）、瑪莉・蒙特（Mary Mount）、拉迪普・穆克吉（Rajdeep Mukherjee）、魯德蘭舒・穆克吉（Rudrangshu Mukherjee）、阿尼爾・諾里亞（Anil Nauriya）、南丹・尼萊卡尼（Nandan Nilekani）、默漢達斯・帕依（Mohandas Pai）、斯里拉姆・潘楚（Sriram Panchu）、普拉香特・潘吉爾（Prashant Panjiar）、舍卡爾・帕塔克（Shekhar Pathak）、斯里納特・拉加萬（Srinath Raghavan）、尼蒂亞・拉瑪克里希那（Nitya Ramakrishnan）、拉梅什・拉馬納坦（Ramesh Ramanathan）、賈拉姆・拉梅什（Jairam Ramesh）、我的外甥卡爾提克・拉姆庫馬（Karthik Ramkumar）、馬赫什・蘭加拉詹（Mahesh Rangarajan）、阿努拉達・洛伊（Anuradha Roy）、提爾桑卡・洛伊（Tirthankar Roy）、約翰・萊爾（John Ryle）、塞納特（P. Sainath）、桑吉夫・賽斯（Sanjeev Saith）、拉迪普・薩德賽（Rajdeep Sardesai）、賈爾帕・拉杰什・沙（Jalpa Rajesh Shah）、拉杰布山・辛德（Rajbhushan Shinde）、希瓦拉瑪克里希南（K. Sivaramakrishnan）、阿文德・蘇布拉曼尼亞（Arvind Subramanian）、蘇達山（R. Sudarshan）、南迪尼・桑達爾（Nandini Sundar）、斯瓦魯普（M. V. Swaroop）、什卡・特里維迪（Shikha Trivedy）、希德哈斯・瓦拉達拉杰（Siddharth Varadarajan）、汎卡特喬拉帕提（A. R. Venkatachalapathy）、拉杰德拉・沃拉（Rajendra Vora）、艾米・瓦爾德曼（Amy Waldman），以及法蘭西斯・溫恩（Francis Wheen）。

對於長期給我專業和個人協助的一些朋友，請容我特別在此向他們致謝，這些美好的人們包括：魯昆・阿德凡尼（Rukun Advani）、安德烈・貝泰耶（André Beteille）、凱沙夫・德薩拉祖（Keshav Desiraju）、戈帕爾・甘地（Gopal Gandhi）、大衛・吉爾摩（David Gilmour）、伊恩・傑克（Ian Jack）、桑吉夫・詹恩（Sanjeev Jain）和蘇尼爾・基爾納尼（Sunil Khilnani）。安德烈和大衛也給了本書的草稿詳盡的評論。我心中對一位朋友的懷念使我得以繼續前進，這位朋友是曾在《經濟與政治週刊》擔任三十五年編輯工作的拉吉；這份學術期刊的出版年歲與印度共和國的歷史緊密相扣，本書的注釋正足以證明這一點。

麥克米倫出版公司（Macmillan）的里查・米爾納（Richard Milner），以及艾可／哈珀柯林斯出版公司（Ecco / HarperCollins）的丹・哈爾彭（Dan Halpern）是我的編輯，我要感謝他們兩人的支持、鼓勵、評論和懲戒，並且承諾不會再拖延日後可能會出版的書籍！事實上，要不是我的經紀人吉爾・柯勒律治（Gill Coleridge）的敦促，這本書是不可能完成的。我不止一次想要放個長假，或是放棄整本書的書寫工作，每一次都是吉爾讓我回頭書寫，引導我或許可以怎麼繼續下去，直到最終完成這本書。

我已經在獻詞表白了自己虧欠最多的人，我何其有幸能夠與這些始終有趣但偶爾令人惱怒的印度人同住一個屋簷下。

補充說明：動筆處理《印度》修訂版的期間，薩欽・阿利亞（Sachin Arya）給了我寶貴的協助。我也很感激凱沙瓦・古哈（Keshava Guha）和尼南（T. N. Ninan）對新的章節所提出的意見；對於鬥牛士印度出版社（Picador India）的狄亞・喀爾・哈茲拉（Diya Kar Hazra）和蘇什米塔・查特吉（Sushmita Chatterjee），我也要謝謝兩人是如此專業地關照本書到付梓問世。

india-others/ex-cji-sathasivam-appointed-kerala-governor/ (2016年8月29日查閱).

59. Murali Karnam, 'Conditions of Undertrials in India', *EPW*, 26 March 2016.

60. Ninan, *Turn of the Tortoise*, p. 120.

61. 請參見http://indianexpress.com/article/india/maharashtra/muslims-think-we-are-communal-corrupt police/ (2014年7月17日查閱).

62. 此報導刊於*Times of India*, 27 November 2014, http://timesofindia.indiatimes.com/city/bengaluru/Police-most-corrupt-dept-in-state-says-portal/articleshow/45289327.cms (2016年8月29日查閱).

63. 請參見http://humanrightsinitiative.org/old/programs/aj/police/india/initiatives/prakash_singh judgment.pdf (2016年8月29日查閱).

64. 若想閱讀較為完整的分析，請參見文章'Eight Threats to Freedom of Expression in India', in Ramachandra Guha, *Democrats and Dissenters* (Gurgaon: Allen Lane, 2016).

Prem Shankar Jha, 'Keep it Poll-ution Free', *Hindustan Times*, 2 January 2006; 此報導刊於 *Times of India* (Bangalore edition), 21 January 2006.

45. *Sunday*, 2-9 March 1985,
46. Reetika Khera, 'Monitoring Disclosures', *Seminar*, February 2004. 此處關於政治犯罪化的論述也依據了薩斯特里教授（Professor Trilochan Sastry）所提供的資料，薩斯特里教授是原初在印度最高法院提出公益訴訟民主改革協會（Association for Democratic Reforms）的創始成員之一。
47. Samuel Paul and M. Vivekananda, 'Holding a Mirror to the New Lok Sabha', *Economic and Political Weekly*, 6 November 2004.
48. Trilochan Sastry, 'Towards Decriminalisation of Elections and Politics', *EPW*, 4 January 2014. 以犯罪與政治的關聯為主題的是Milan Vaishnav's *When Crime Pays: Money and Muscle in Indian Politics* (New Delhi: HarperCollins 2017), 恰好在本書付梓之前出版問世。
49. Arild Engelsen Ruud, 'Talking Dirty about Politics: A View from a Bengali Village', in C. J. Fuller and Veronique Bénéi, eds, *The Everyday State and Society in India* (New Delhi: Social Science Press, 2000), pp. 116-8
50. 此報導刊於 *International Herald Tribune*, 19 November 2004
51. Jorge Louis Borges, *The Total Library: Non-Fiction, 1922-1986*, edited by Elliot Weinberger and translated by Esther Allen, Jill Levine, and Elliot Weinberger (London: Penguin Books, 2001), p. 309; R. W. Southern, *Western Society and the Church in the Middle Ages* (Harmondsworth: Penguin Books, 1970), P. 154.
52. Patrick French, *India: A Portrait* (New York: Alfred A. Knopf, Jr. 2011).
53. Kanchan Chandra, ed., *Democratic Dynasties: State, Party and Family in Contemporary Indian Politics* (Cambridge: Cambridge University Press, 2016).
54. 此報導刊於 *New Indian Express*, Coimbatore, 25/7/2011.
55. Damayanti Datta, 'What Makes him Cry: Why the Judicial System has Broken Down and how to Fix it'; Harish Narasappa, 'The Long. Expensive Road to Justice', 兩者皆刊登於 *India Today*, 9 May 2016.
56. 此報導刊於 *Times of India*, 17 September 2010, http://timesofindia.indiatimes.com/india/Eight-chief.justices-were-corrupt-Ex-law-minister/articleshow/6568723.cms (2016年8月19日查閱).
57. 請參見Mandira Nayar, 'License to Silence?', *The Week*, 11 October 2015.
58. 此報導刊於 *Indian Express*, 4 September 2014, http:/ lindianexpress.com/article/india/

NMML Occasional Paper, History of Society, New Series, number 60 (New Delhi: Nehru Memorial Museum and Library, 2014); N. K. Das, 'Naga Peace Parleys: Sociological Reflections and a Plea for Pragmatism', *EPW*, 18 June 2011.

29. 請參照Malem Ningthouja, '"Us", "them", and an elusive peace', *The Hindu*, 7 September 2015; Pradip Phanjoubam, 'In Northeast, lines of conflict', *Deccan Chronicle*, 4 September 2015.
30. Yadav, 'Understanding the Second Democratic Upsurge: Trends of Bahujan Participation in Electoral Politics in the 1990s', in Francine R. Frankel, Zoya Hasan, Rajeev Bhargava and Balveer Arora, eds, *Transforming India: Social and Political Dynamics of Democracy* (New Delhi: Oxford University Press, 2002), P 133.
31. Amit Ahuja and Pradeep Chibber, 'Why the Poor Vote in India: "If I Don't Vote, I am Dead to the State"', *Studies in Comparative International Development*, volume 47, number 4, 2012.
32. Mukulika Banerjee, 'Sacred Elections', *EPW*, 28 April 2007.
33. 此報導刊於the *Deccan Herald*, 10 October 2004.
34. Bela Bhatia, *The Naxalite Movement*, pp. 114-20.
35. J. M. Lyngdoh, quoted in *The Times of India*, 3 December 2003.
36. Devadas Gandhi to Louis Fischer, 12 January 1952, Fischer papers, Princeton University Library.
37. 例如，請參閱企鵝出版社印度分社（Penguin India）所出版的拉克斯曼作品集。儘管拉克斯曼是（公認）最多產且最具原創性的印度漫畫家，但是還有許多跟他一樣才華洋溢的漫畫家，都擅長政治諷刺漫畫。
38. 請參照訃告，刊登於*The Telegraph*, 2 January 2003.
39. Anderson, *The Spectre of Comparisons* (London: Verso, 1998), p. 132.
40. 請參見'Politics as a Vocation' in Hans Gerth and C. Wright Mills, eds, *From Max Weber: Essays in Sociology* (New York: Oxford University Press, 1946).
41. 若想全面了解獨立印度的腐敗狀況，請見Shiv Visvanathan and Harsh Sethi, eds, *Foul Play: Chronicles of Corruption* (New Delhi: Banyan Books, 1998).
42. B. S. Nagaraj, 'Smokescreen Resort', *Indian Political Review*, July 2003.
43. 關於這些議題的極佳討論，請參見T. N. Ninan, *The Turn of the Tortoise: The Challenge and Promise of India's Future* (Gurgaon: Penguin Books India, 2015), especially Chapters 2, 5 and 10.
44. Peter Ronald deSouza, 'Democracy's Inconvenient Fact', *Seminar*, November 2004;

13. 關於IAS的歷史與功能，請參見David C. Potter, *India's Political Administrators: From ICS to IAS* (New Delhi: Oxford University Press, 1996); K. P. Krishnan and T. V. Somanathan, 'Civil Service: An Institutional Perspective', in Devesh Kapur and Pratap Bhanu Mehta, eds, *Public Institutions in India* (New Delhi: Oxford University Press, 2004).
14. 尼赫魯致信General Lockhart，1947年8月13日，收錄於Group XLIX, Part I, Cariappa Papers, National Archives of India, New Delhi.
15. 相關文件請見Group XXI, Part II, Cariappa Papers.
16. 尼赫魯致信卡里阿帕，1952年10月13日，收錄於Group XLIX, Part I, Cariappa Papers.
17.《印度日報》1953年1月14日的報導，並於2003年1月14日又重載於該報。
18. 請參見通聯文件，收錄於Group XLIX, Part I, Cariappa Papers.
19. 請參見1958年12月12日的短箋，收錄於Group XXXIII, Part I, Cariappa Papers. 卡里阿帕繼續聲稱，對於這些巴基斯坦的將領而言，「印度與巴基斯坦之間的戰爭簡直是令人不敢想像。」
20. Frank Moraes致信卡里阿帕將軍，1968年12月19日，收錄於Group XLIX, Part I, Cariappa Papers.
21. J. S. Aurora, 'If Khalistan Comes, the Sikhs will be the Losers', in Patwant Singh and Harji Malik, eds, *Punjab: The Fatal Miscalculation* (New Delhi: Patwant Singh, 1985), pp. 137-8.
22. 請參照Steven Wilkinson, *Army and Nation: The Military and Indian Democracy Since Independence* (Cambridge, Mass.: Harvard University Press, 2015).
23. C. Rajagopalachari quoted in Guy Wint, *Spotlight on Asia* (Harmondsworth: Penguin Books, 1955), p. 130.
24. Woodcock, *Beyond the Blue Mountains: An Autobiography* (Toronto: Fitzhenry and Whiteside, 1987), p. 105.
25. S. Gopal, 'The English Language in India Since Independence', in John Grigg, ed., *Nehru Memorial Lectures, 1966-1991* (Delhi: Oxford University Press, 1992), pp. 202-3.
26. Parry, 'Nehru's Dream and the Village "Waiting Room": Long-Distance Labour Migrants to a Central Indian Steel Town', *Contributions to Indian Sociology*, volume 37, 2003.
27. Pratap Bhanu Mehta, 'Playing the Baloch Card', *Indian Express*, 18 August 2016.
28. Sajal Nag, *In Search of the Blue Bird: Auditing Peace Negotiations in Nagaland*,

後記　打對折的民主

1. Isaiah Berlin, Nationalism: Past Neglect and Present Power (1979), in his *Against the Current: Essays in the History of Ideas*, edited by Henry Hardy (London: Pimlico, 1997), pp. 346-7, 353-4.
2. 論述國族主義的當代文獻簡直可以填滿一個具規模的圖書館，相關著作範例可參見Ernest Gellner, *Nations and Nationalism* (Oxford: Basil Blackwell, 1983); Benedict Anderson, *Imagined Communities: Reflections on the Origins and Spread of Nationalism* (London: Verso, 1983); Anthony D. Smith, *The Ethnic Origin of Nations* (Oxford: Basil Blackwell, 1986); Liah Greenfeld, *Nationalism: Five Roads to Modernity* (Cambridge, Mass.: Harvard University Press, 1992); Eric Hobsbawm, *Nations and Nationalism Since 1780* (Cambridge: Cambridge University Press, 1993); Tom Nairn, *Faces of Nationalism: Janus Revisited* (London: Verso, 1997). 亦可參照早期的經典著作Hans Kohn: *Nationalism: Its Meaning and History* (Princeton: Van Nostrand, 1955).
3. 請參見Mukul Kesavan, *Secular Common Sense* (New Delhi: Penguin India, 2001).
4. 請參照Javeed Alam, *Who Wants Democracy?* (New Delhi: Orient Longman, 2004).
5. Bernard D. Nossiter, *Soft State: A Newspaperman's Chronicle of India* (New York: Harper and Row, 1970), pp. 119-23.
6. Joseph Stalin, *Marxism and the National Question* (London: Martin Lawrence, 1936), pp. 5-6.
7. 此處摘自Peter A. Blitstein, 'Nation-Building or Russification? Obligatory Russian Instruction in the Soviet Non-Russian School', in Ronald Grigor Suny and Terry Martin, eds, *A State of Nations: Empire and Nation-Building in the Age of Lenin and Stalin* (New York: Oxford University Press, 2001), p. 255.
8. 請參見Neil DeVotta, *Blowback: Linguistic Nationalism, Institutional Decay and Ethnic Conflict in Sri Lanka* (Stanford, Calif.: Stanford University Press, 2004), pp. 89-91.
9. 請參見S. M. Burke, ed., *Jinnah: Speeches and Statements 1947–1948* (Karachi: Oxford University Press, 2000), p. 150, 文體強調之處為本書作者所標注。
10. Howard, quoted in Samuel Huntingdon, *Who Are We? America's Great Debate*, (Indian edition: New Delhi: Penguin India, 2004), pp. 28-9.
11. Cf. David Gilmour, *The Ruling Caste: Imperial Lives in the Victorian Raj* (London: John Murray, 2005).
12. CAD, Volume 10, pp. 43-51.

Hindutva in Assam', *EPW*, 28 May 2016.

79. http://timesofindia.indiatimes.com/india/Yogi-Adityanath-Love-jihad-will-be-a-bypoll-issue-in-UP/articleshow/41164779.cms; http://timesofindia.indiatimes.com/india/BJP-MP-Sakshi-Maharaj-calls-Nathuram-Godse-a-patriot-retracts/articleshow/45484389.cms; http://indiaexpress.com/article/india/india-others/aligarh-based-hindu-outfit-announces-mass-re-conversions-on-xmas-bjp-mp-welcomes-move/; http://indiaexpress.com/article/india/india-others/union-minister-spells-out-choice-in-delhi-ramzada-vs-haramzada/ (皆於2016年8月29日查閱).
80. 'Rohith's Living Legacy', *EPW*, 6 February 2016.
81. Ashwaq Masoodi, 'The Rise of Gau Rakshak', *Mint*, 26 July 2016; Arpit Parashar, 'The lynch mob and agenda 2017', *Fountain Ink*, December 2015; Parth M. N., 'Vigilante groups beat and kill to protect cows in India', http://www.latimes.com/world/asia/la-fg-cow-terror-snap-story.html (2016年8月3日查閱).
82. 請參見http://scroll.in/article/812329/your-mother-you-take-care-of-it-meet-the-dalits-behind-gujarat-stirring-cow-carcass-protests (2016年8月3日查閱);《印度時報》2016年7月19日、20日的報導。
83. http://www.ndtv.com/india-news/the-real-story-of-what-hardik-patel-21-wants-and-why-1210424 (2016年8月3日查閱); Mahesh Langa, 'Gujarat on the boil', *The Hindu*, 27 August 2015; Arpit Parashar, 'Jats create new divisions', Fountain Ink, April 2016.
84. Prem Chowdhry, 'Masculine Spaces: Rural Male Culture in North India', *EPW*, 22 November 2014; Alice Tilche, 'Migration, Bacherlood and Discontent among the Patidars', *EPW*, *Review of Rural Affairs*, 25 June—2 July 2016.
85. 本書於2016年10月付梓之時，馬哈拉什特拉邦的馬拉塔人，同時也是該邦的掌控種姓，發起大規模抗爭，為自己爭取優惠待遇，即使必須犧牲達利特人的利益。
86.《週日印度時報》(*Sunday Times of India*)2016年7月10日的報導；Shujaat Bukhari, 'Wrath of Kashmir', *Frontline*, 19 August 2016.
87. Shah Faesal, 'Every hour of prime TV news aggression pushes Kashmir a mile westward from India', *India Express*, 20 July 2016, http://indiaexpress.com/article/opinion/columns/kashmir-protest-burhan-wani-killing-selective-indian-media-coverage-insensitive-residents-column-2922176/ (2016年8月3日查閱).

mantra/articleshow/42670778.cms (2016年8月3日查閱).

64.《印度時報》2016年8月4日的報導。

65. 請參見Vijay Joshi, *India's Long Road: The Search for Prosperity* (Gurgaon: Penguin India, 2015), Chapter 5.

66. Shweta Punj and M. G. Arun, 'Where are the Jobs', *India Today*, 2 May 2016.

67.《金融時報》(*Financial Times*) 2015年9月20日的報導。

68. 請參見http://scroll.in/article/761934/india-is-diluting-forest-protection-by-ignoring-thsi-one-vital-thing (2016年8月3日查閱).

69. 請參見http://indiatogether.org/how-non-compliance-is-condoned-environment; http://www.business-standard.com/article/current-affairs/gov-cancels-rs-200-crore-green-fine-on-adani-116070101477_1.html; http://thewire.in/53410/compensatory-afforestation-bill-not-passed-current-flawed-form/ (皆於2016年8月3日查閱). 請參照Ashish Kothari, 'A Hundred Days Closer to Ecological and Social Suicide', *EPW*, 27 September 2014.

70. 請參見http://www.indiaspend.com/cover-story/india-leads-world-in-environmental-conflicts-10655 (2016年8月3日查閱).

71. 請參見http://timesofindia.indiatimes.com/india/PM-Modis-exclusive-interview-with-Times-now-full-transcript/articleshow/52940908.cms (2016年8月3日查閱).

72. Kanthi Bajpai, 'Modi's foreign policy of shanti and shakti', *Seminar*, January 2016.

73. http://www.ndtv.com/india-news/going-to-pakistan-is-same-as-going-to-hell-says-manohar-parikar-1444813 (2016年8月28日查閱).

74. 請參見http://www.dnaindia.com/india/report-we-share-a-good-chemistry-modi-on-barack-2055609 (2016年8月3日查閱).

75. 然而部分分析師擔心，在莫迪領導下，印度可能過度親近美國，讓自己受到美國利用，成為對抗中國的棋子，而有損自己的策略利益。請參見Srinath Raghavan, 'Skidding Down the Strategic Slope: Indo-US Relations', *EPW*, issue of 25 June—2 July 2016.

76. Rajini Kothari, *Politics in India* (New Delhi: Orient Longman, 1970), pp. 156-7, 187, 192, 304, 307.

77. Ramachandra Guha, 'The Long Life and Lingering Death of the Indian National Congress', in *Democrats and Dissenters* (Gurgaon: Allen Lane, 2016).

78. Malini Bhattacharjee, 'Tracing the Emergence and Consolidation of Hindutva in Assam', *EPW*, 16 April 2016; Udayon Misra, 'Victory for Identity Politics, not

51.《印度快報》2014年5月3日的報導，http://indianexpress.com/article/india/india-others/20-killed-in-36-hours-by-bodo-militants-in-assam-curfew-imposed/ (2016年8月2日查閱).
52. Sripad Motiram and Nayantara Sarma, 'The Tragedy of Identity: Reflections on Violent Social Conflict in Western Assam', *EPW*, 15 March 2014.
53. Deevakar Anand, 'How not to handle a riot's aftermath', *Tehelka*, 12 October 2013; 'Muzaffarnagar: Tales of death and despair in India's riot-torn town', http://www.bbc.com/news/world-asia-india-24172537 (2016年8月2日查閱); Jagpal Singh, 'Communal Violence in Muzaffarnagar', *EPW*, 30 July 2016.
54.《展望雜誌》(*Outlook*) 2014年5月18日，http://www.outlookindia.com/magazine/elections-2014-took-18-months-of-planning/841162 (2016年8月2日查閱).
55. E. Sridharan, 'Class Voting in the 2014 Lok Sabha Elections', *EPW*, 27 September 2014.
56. Rana Ayyub, 'The RSS Blueprint for Narendra Modi', *DNA*, 29 May 2014, http://www.dnaindia.com/analysis/analysis-the-rss-blueprint-for-narendra-modi-1992165 (2016年8月3日查閱).
57. 請參見http://www.economist.com/blogs/banyan/2014/07/indian-politics (2016年8月3日查閱).
58. 請參見http://indiatoday.intoday.in/gallery/when-modi-picked-up-spade-to-clean-varanasi-ghat/a/13353 (2016年8月3日查閱).
59.《印度日報》2014年9月26日的報導，http://www.thehindu.com/business/economy/make-in-india-campaign-industry-lines-up-behind-narendra-modis-pitch/article6447490.ece (2016年8月3日查閱).
60.《印度時報》2015年1月23日的報導，http://timesofindia.indiatimes.com/india/PM-Modi-launches-Beti-Bachao-Beti-Padhao-campaign-says-female-foeticide-is-a-sign-of-mental-illness/articleshow/45985741.cms (2016年8月3日查閱).
61.《經濟時報》(*The Economic Times*) 2015年6月26日的報導，http://economictimes.indiatimes.com/news/economy/policy/pm-narendra-modi-launches-smart-cities-mission-says-centre-committed-to-urban-india/articleshow/74811630.cms (2016年8月3日查閱).
62.《印度日報》2015年1月2日的報導，http://www.thehindu.com/news/national/planning-commission-to-be-renamed-niti-ayog/article6744546.cms (2016年8月3日查閱).
63. 請參見http://timesofindia.indiatimes.com/india/INCH-towards-MILES-Modis-China-

38. Vanshri Randive, 引述於 http://timesofindia.indiatimes.com/city/navi-mumbai/Narendra-Modi-rally-Along-with-the-faithful-came-clueless-villagers/articleshow/27766164.cms (2013年12月23日查閱).
39. Rahul Verma and Shreyas Sardesai, 'Does Media Exposure Affect Voting Behavior and Political Preferences in India?', *EPW*, 27 September 2014.
40. Joyojeet Pal, Priyank Chopra and V. G. Vinod Vydiswaran, 'Twitter and the Rebranding of Narendra Modi', *EPW*, 20 February 2016.
41. *Hindustan Times*, 20 April 2014, http://www.hindutantimes.com/india/bjp-s-advertisement-plan-may-cost-a-whopping-rs-5-000-cr/story-y8x34eYh26zwoAxeRuaCoO.html (2016年8月2日查閱).
42. 關於全國大選精采全貌分析，請見Rajdeep Sardesai, *2014: The Election that Changed India* (Gurgaon: Penguin India, 2015).
43. 請參照http://iihs.co.in/wp-content/uploads/2013/12/IUC-Book.pdf
44. Amrita Datta, 'Migration, Remittance and Changing Sources of Income in Rural Bihar (1999-2011)', *EPW*, 30 July 2016.
45. R. B. Bhagat, 'Nature of Migration and Its Contribution to India's Urbanization', in Deepak K. Mishra, ed., *Internal Migration in Contemporary India* (New Delhi: Sage Publications, 2016).
46. Pramit Bhattacharya, 'The Rise of India's "neo middle class"', *Mint*, 31 December 2012, http://www.livemint.com/opinion/1bdWFKo9ImvhFySfrCI3aJ/The-rise-of-indias-neo-middle-class.html (2016年8月6日查閱).
47. 這些段落資料來自兩本傑出論文集：Himanshu, Praveen Jha and Gerry Rodgers, eds., *The Changing Village in India* (New Delhi: Oxford University Press); 以及《經濟與政治週刊》（*EPW*）農村議題回顧特輯，2016年6月25日至7月2日。兩者都專注於印度不同區域村落的長時間分析，這些村落自1950年起就受到經濟學者與人類學者一再密切研究。
48. Dipankar Gupta, 'The Importance of Being "Rurban"', *EPW*, 13 June 2015.
49. Lydia Polgreen, 'Destroying India's walls with success in business', *International Herald Tribune*, 21 December 2011; Devesh Kapur, D. Shyam Babu and Chandra Bhan Prasad, *Defying the Odds: The Rise of Dalit Entrepreneurs* (New Delhi: Random House, 2014).
50.《印度日報》2012年7月25日的報導，http://www.thehindu.com/news/national/other-states/article3678009.ece (2016年8月2日查閱).

27.《印度日報》2012年12月23日的報導，http://www.thehindu.com/todays-paper/waves-of-protests--slam-raisina-hill/article4230667.ece (2016年8月2日查閱).

28. http://www.thehindu.com/multimedia/archive/01340/Justice_Verma_Comm_1340438a.pdf (2016年8月2日查閱).

29. 印度報業信託報導，2013年3月19日，http://articles.economictimes.indiatimes.com/2013-03-19/news/37844331_1_acid-attacks-life-term-jail-term (2016年8月2日查閱).

30. 請參見http://judis.nic.in/supremecourt/imgs1.aspx?filename=41070 (2016年8月3日查閱).

31.《印度時報》2013年12月12日的報導，http://timesofindia.indiatimes.com/india/Supreme-Court-makes-homosexuality-a-crime-again/articleshow/27230690.cms (2016年8月3日查閱).

32.《印度日報》2013年1月19日與9月7日的報導，http://www.thehindu.com/news/national/congress-prince-corwned-vicepresident/article4323414.ece and http://www.thehindu.com/news/national/rahul-ideal-choice-for-pm-says-manmohan/article5104208.ece (皆於2016年8月2日查閱).

33. 印度報業信託報導，2013年8月20日，http://www.hindubusinessline.com/news/national/sonia-gandhi-launches-food-security-programme-in-delhi/article5042041.ece (2016年8月2日查閱).

34. 請參見http://indiatoday.intoday.in/story/gujarat-chief-minister-narendra-modi-srcc-college-delhi-university /1/249136.html; 代表性演講錄影畫面請見http://www.youtobe.com/watch?v=SOJE59fwj_w (皆於2016年8月2日查閱). 莫迪從21世紀頭十年末期開始重新定位自己的分析，請見Nilanjan Mukhopadhyaya, *Narendra Modi: The Man, the Times* (Chennai: Westland, 2013).

35. 請參見https://intpolicydigest.org/2013/06/12/can-congress-party-stop-narendra-modi/ (2016年12月17日查閱).

36. 請參見http://www.ndtv.com/india-news/at-bhuj-college-narendra-modi-challenges-taunts-manmohan-singh-531714 (2014年8月2日查閱).

37. 莫迪選舉演說範例，請見http://www.youtobe.com/watch?v=FPW8_53X_UQ; http://www.youtobe.com/watch?v=ayMIwPs_Oog; http://www.youtobe.com/watch?v=dHiTiorePLA; 此外，對演說有深刻興趣且具無限耐性的讀者，請見http://www.narendramodi.in/10-memorable-speeches-of-shri-narendra-modi-from-2014-lok-sabha-elections-campaign-3143

hazare-ends-hunger-stike (皆為2016年8月1日查閱).

16.《印度日報》2012年2月3日的報導，http://www.thehindu.com/news/supreme-court-scraps-upas-illegal-2g-sale/article2855383.ece (2016年8月2日查閱).

17.《印度日報》2012年7月4日的報導，http://www.thehindu.com/news/national/cbi-chargesheets-ashok-chavan-12-others-in-adarsh-case /article3601723.ece (2016年8月2日查閱).

18.《商業標準日報》（*Business Standards*）2012年9月25日的報導，http://www.businessstandards.com/article/economy-policy/what-is-maharashtra-irrigation-scam-112092503026_1.html; 以及《印度日報》2013年4月8日的報導，http://www.thehindu.com/news/national/othre-states/ajit-pawars-remark-on-drought-irresponsible-opposition/article4591859.ece (皆為2016年8月2日查閱).

19.《印度日報》2012年8月17日的報導，http://www.thehindu.com/news/national/now-coal-burns-rs186000crore-hole-in-exchequer/article3784709.ece (2016年8月2日查閱).

20. T.K. Rajalakshmi, 'Woman as Victim', *Frontline*, 6 February 2015; Mohammad Ali, 'No smartphones for girls, rules Muzaffarnagar Jat panchayat', *The Hindu*, Bengaluru, 26 June 2016.

21. Purva Khera, Macroeconomic Impacts of Gender Inequality and Informality in India, 國際貨幣基金工作報告，2016年2月，可於http://www.imf.org/external/pubs/ft/wp/2016/wp1616.pdf獲取檔案。

22. Malvika Chandran, 'Women in the Workplace: India ranks lowest in the diversity study', *Mint*, 7 September 2011.

23. Mahendra K. Premi, 'The Missing Girl Child', *EPW*, 26 May 2001; P. N. Mari Bhatt, 'On the Trail of "Missing" Indian Females', 兩期連載, *EPW*, 21 and 28 December 2002.

24. Ravinder Kaur, 'Across-Region Marriages: Poverty, Female Migration and the Sex Ratio', *EPW*, 19 June 2004; Prem Chowdhry, 'Crisis of Masculinity in Haryana: The Unmarried, the Unemployed, and the Aged', *EPW*, 3 December 2005.

25. Rupali Sharma, 'Beware of the Devil at Home', *Sunday Times of India*, Kolkata, 13 January 2013.

26.《印度日報》2012年12月18日的報導，http://www.thehindu.com/todays-paper/gangraped-in-moving-bus-23yrold-girl-fighting-for-life-in-delhi-hospital/article4211729.ece

article1061666.ece (2016年8月1日查閱).

3. David Lalmalsawma, 'Hunger strike over Lokpal Bill as thousands protest corruption', http://in.reuters.com/article/idINindia-56135720110405 (2016年8月1日查閱).
4. Debarshi Dasgupta, 'Beyond Clicktivism', *Outlook*, 18 April 2011, http://www.outlookindia.com/magazine/story/beyond-clicktivism/271256 (2016年8月1日查閱).
5. Sandeep Joshi, 'Hazare ends fast, says fight has begun', *The Hindu*, 9 April 2011, http://www.thehindu.com/news/national/hzare-ends-fast-says-fight-has-begun/article1645213.ece (2016年8月1日查閱).
6. Vinay Kumar, 'Suresh Kalmadi arrested', *The Hindu*, 25 April 2011, http://www.thehindu.com/news/national/ article1765899.ece (2016年8月1日查閱).
7. 如同Jiby Kattakayam的報導，請見：*The Hindu*, 4 June 2011, http://www.thehindu.com/news/national/i-wont-sit-back-and-watch-if-attacks are-made-on-me-ramdev /article2076204.ece (2016年8月1日查閱).
8. 請參見http://www.firstspot.com/politics/crackdown-20504.html (2016年8月1日查閱).
9. 請參見http://timesofindia.indiatimes.com/india/Cabinet-approves-draft-of-Lokpal-Bill-Team-Anna-calls-it-deceit-on-the-nation/articleshow/9394983.cms?referrel=PM (2016年8月1日查閱).
10. Gargi Parsai, 'Cabinet approves Lokpal Bill', *The Hindu*, 28 July 2011, http://www.thehindu.com/news/national/cabinet-approves-lokpal-bill/article2302010.ece (2016年8月1日查閱).
11. http://tribune.com.pk/story/231812/indian-pm-warns-on-graft-on-independence-day/ (2016年8月1日查閱).
12. 本段以《電訊報》（*The Telegraph*）2011年8月17日至21日的報導為基礎。
13. Arati R. Jerath, 'Netas Shaken and Stirred', *Times of India*, 首都版, 27 August 2011; 'Middle Class Deserts Manmohan', *Outlook*封面故事，2011年8月29日。
14. 請參見http://blogs.timesofindia.indiatimes.com/India-circus/why-anna-hazare-should-not-win-this-battle/ (2016年8月1日查閱).
15. Gargi Parsai, 'Anna Hazare ends fast', *The Hindu*, 28 August 2011, http://www.thehindu.com/news/national/anna-hazare-ends-fast /article2405862.ece; Maseeh Rahman, 'Anna Hazare ends hunger strike after Indian government cracks down', *The Guardian*, 28 August 2011, http://www.theguardian.com/world/2011/aug/28/anna-

burns-425750; *The Hindu*, 6 September 2010, http://www.thehindu.com/news/national/other-states/3-killed-as-police-open-fire-on-mob-in-kashmir/article617495.ece (皆於2016年7月20日查閱).

74. Jim Yardly, 'Tensions High Across Kashmir after Koran Protests', *New York Times*, 14 September 2010, http://www.nytimes.com/2010/09/15/world/asia/15kashmir.html?_r=0 (2016年7月20日查閱).
75. Siddharth Varadarajan, 'The Only Package Kashmir Needs is Justice', *The Hindu*, 20 August 2010, http://www.thehindu.com/opinion/lead/the-only-package-kashmir-needs-is-justice/article551897.ece (2016年7月20日查閱).
76. 請參照Yogindr Sikand, 'Jihad, Islam and Kashmir: Syed Ali Shah Geelani's Political Project', *EPW*, 2 October 2010.
77. http://www.thehindu.com/todays-paper /article197456.ece (2016年7月20日查閱).
78. http://www.livemint.com/Politics/PKcxtdYT03keXpSGaL7sCL/Cabinet-approves-50-women8217s-quota-in-panchayats.html (2016年7月20日查閱).
79. *The Hindu*, 9 March 2010, http://www.thehindu.com/todays-paper/article725434.ece (2016年7月20日查閱).
80. *India Today*, 5 August 2010, http://indiatoday.intoday.in/story/Raja+faces+heat+as+CBI+raids+DoT+on+2G+scam/1/67517.html (2016年7月20日查閱).
81. http://indiatoday.intoday.in/story/cwg-officials-suspended-sponsorship-deal-scrapped/1/107925.html (2016年7月20日查閱).
82. *Times of India*, 16 November 2010, http://timesofindia.indiatimes.com/india/2G-scam-Raja-ignored-PMs-advice-says-CAG-report/articleshow/6934810.cms?referral=PM (2016年7月20日查閱).
83. *The Hindu*, 2 February. http://www.thehindu.com/news/national/cbi-arrests-former-telecom-minister-a-raja/article1148712.ece (2016年7月20日查閱).

第三十章　印度人民黨體系興起

1. Anil Agarwal and Sunita Narain, *Towards Green Villages: A Strategy for Environmentally-Sound and Participatory Rural Development* (New Delhi: Centre for Science and Environment, 1989); Mukul Sharma, *Green and Saffron: Hindu Nationalism and Indian Environmental Politics* (New Delhi: Permanent Black, 2011).
2. 引述於Jiby Kattakayam, 'I will fight till joint panel is set up', *The Hindu*, 5 April, http://www.thehindu.com/news/national/i-will-fight-till-joint panel-is-set-up-hazare/

mumbai-terror-attacks-india3 (2016年7月19日查閱).

59. Pralay Kanungo, 'Hindutva's Fury against Christians in Orissa', *EPW*, 13 September 2008.

60. Smita Gupta, 'Hounds and the Flock', http://www.outlookindia.com/magazine/story/hounds-and-the-flock/238766 (2016年7月20日查閱).

61. http://www.hindu.com/todays-paper/tp-national/article1339932.ece (2016年7月20日查閱). 雖是該區首次大型暴動，坎達部落族群與「賤民」的巴諾人長期處於不安對抗關係，1950年人類學者F.G. Bailey已有紀錄。請參見*Tribe, Caste and Nation: A Study of Political Activity and Political Change in Highland Orissa* (Manchester: Manchester University Press, 1960).

62. 請參見'Maya's Magic', *India Today*, 21 May 2007.

63. Smita Gupta, 11 May 2007, in http://www.outlook.com/website/story/11-may-2007/234596 (2016年7月19日查閱).

64. The Hindu, 28 May 2008, http://www.hindu.com/todays-paper/article1265436.ece (2016年7月19日查閱).

65. 一系列關於《全國鄉村就業保障法》影響分析的學術研究，收錄在Jean Dréze, ed., *Social Policy: Essays from EPW* (Hyerabad: Orient Blackswan, 2016), Section Ⅳ.

66. 引述於http://news.bbc.co.uk/2/hi/south_asia/8062882.stm (2016年7月20日查閱).

67. 請參照K. Balagopal, 'Andhra Pradesh: Beyond Media Images', *EPW*, 12 June 2004.

68. Ramachandra Guha, 'Redrawing the Map, Again', *Hindustan Times*, 10 December 2009.

69. 請參見Jairam Ramesh, Old History, *New Geography: Bifurcating Andhra Pradesh* (New Delhi: Rupa, 2016), Chapter 2 and passim.

70. 請參見http://www.lawyerscollective.org/files/Naz per cent20Foundation per cent 20Judgement.pdf (2016年7月20日查閱).

71. 此段文字來源請見http://www.rediff.com/news/amarnath08.html; http://www.greaterkashmir.com/news/gk-magazine/amarnath-land-row-chronology-of-events/28658.html (皆於2016年7月20日查閱). 此外也根據我對於當時事件演變的回憶。

72. *The Christian Science Monitor*, 7 July 2010, http://www.csmonitor.com/world/terrorism-security/2010/0707/Indian-army-deployed-to-quell-deadly-Kshmir-protests (2016年7月20日查閱).

73. http://www.ndtv.com/india-news/kashmirs-bloody-sunday-8-killed-valley-

India (New Delhi: HarperCollins India, 1995), p. 295.

45. N. Lokendra Singh, 'Women, Family, Socity and Politics in Manipur (1970-2000)', *Contemporary India*, volume1, unmber 4, 2002.
46. 莎米拉的故事收錄在Anubha Bhonsle, *Mother, Where's My Country: Looking for Light in the Darkness of Manipur* (New Delhi: Speaking Tiger, 2015). 她最終於開始絕食的15年半之後，2016年7月結束絕食。中間持續在法院與醫院進出，並遭政府強迫灌食。
47. People's Union for Democratic Rights, *Why the AFSPA Must Go* (New Delhi: PUDR, 2005); *The Telegraph*頭版照片故事, 16 July 2004; Sushanta Talukdar, 'Manipur on Fire', *Frontline*, 10 September 2004.
48. 引述於Ramesh, *To the Brink and Back*, p. 186.
49. 請參見C. Raja Mohan, 'The Return of the Raj', *The American Interest*, May-June 2010.
50. *The Hindu*, 29 November 2007, http://www.hindu.com/todays-paper/123-agreement-with-us-is-unacceptable-to-us-advani/article1958019.ece (2016年7月19日查閱).
51. *The Hindu*, 8 February 2008, http://www.hindu.com/todays-paper/article1195519.ece (2016年7月19日查閱).
52. 印度報業信託新聞報導，2008年7月8日，http://www.sify.com/new/left-withdraw-support-to-upa-govt-news-national-jegrS6biadc.html（2016年7月19日查閱）。
53. *The Hindu*, 23 July 2008, http://www.hindu.com/todays-paper/article1312488.ece (2016年7月19日查閱).
54. *The Hindu*, 27 September 2008, http://www.hindu.com/todays-paper/manmohan-to-bush-people-of-india-love-you/article1346764.ece (2016年7月19日查閱).
55. *Outlook*, 19 February 2007, http://www.outlookindia.com/website/story/samjhauta-sabotaged/233930 (2016年7月19日查閱).
56. 《印度日報》的報導，2007年5月19日，以及2008年5月14日與9月14日，http://www.hindu.com/2007/05/19/stories/2007051907990100.htm; http://www.hindu.com/2008/05/14/stories/2008051460640100.htm ; http://www.hindu.com/2008/09/14/stories/2008091457120100.htm (2016年7月19日查閱).
57. 引述於Adrian Levy and Cathy Scott-Clark, *The Siege: The Attack on Taj* (Gurgaon: Penguin Books, 2013), p. 127.
58. *The Observer*, 30 November 2008, http://www.theguardian.com/world/2008/no/30/

30. 請參見S. Viswanathan執筆與收錄的報告：*Dalits in Dravidian Land* (Chennai: Navayana Publishing, 2005). 也請參照Haruka Yanagisawa, *A Century of Change: Caste and Irrigated Lands in Tamil Nadu, 1860s-1970s* (New Dlehi: Manohar, 1996), Chapter 7.
31. Shashi Bhushan Singh, 'Limits to Power: Naxalism and Caste Relations in a South Bihar Village', *EPW*, 16 July 2005.
32. Mukul, 'The Untouchable Present: Everyday Life of Musahars in North Bihar', *EPW*, 4 December 1999.
33. Bela Bhatia, The Naxalite Movement in Central Bihar, 劍橋大學社會政治學研究博士論文, 2000. 也可見Bhatia, 'The Naxalite Movement in Central Bihar', *EPW*, 9 April 2005.
34. 請參見*Labor File*, volume 4, number 5 and 6, 1998. P.39.
35. Bhatia, *The Naxalite Movement*, pp. 134, 87 (作者自己的翻譯).
36. 請參見*The Hindu*, 14 November 2005.
37. Mark Juergensmeyer, *Religion as Social Vision: The Movement Against Untouchability in the 20th Century Pubjab* (Berkeley: University of California Press, 1982); Harish K. Puri, 'Scheduled Castes in Sikh Community: A Historical Perspective', *EPW*, 28 June 2003.
38. Ronki Ram, 'Limits of Untouchability, Dalit Assertion and Caste Violence in Punjab', in Harish K. Puri, ed., *Dalits in Regional Context* (Jaipur: Rawat Publication, 2004); Surinder S. Jodhka and Prakash Louis, 'Caste Tensions in Punjab: Talhan and Beyond', *EPW*, 12 July 2003.
39. *Hindustan Times*, 30 January 2005; *The New Sunday Express*, 30 January 2005.
40. 請見《印度日報》的報導，2005年5月17日。
41. Muzamil Jaleel刊登於《印度快報》的文章，2005年4月8日。
42. 引述自穆維阿專訪，收錄於*The Times of India*，2005年3月2日；以及《印度日報》，2005年4月29日。
43. Bhagat Oinam, 'Patterns of Ethnic Conflict in the North-East: A Study on Manipur', *EPW*, 24 May 2003; U. A. Shimray, 'Social-Political Unrest in the Region Called North-East India', *EPW*, 16 October 2004; 'Manipur Scenario', *Mint*, 25 November 2009; 'Manipur's merger with India was a forced annexation', *Tehelka*, 11 December 2010.
44. Rishang Keishing, 引述於Ved Marwah, *Uncivil Wars: Pathology of Terrorism in*

articles/2008-10-08/india-modi-wins-as-gujarat-gets-tatas-nano-plants-businessweek-business-news-stock-market-and-financial-advice (2016年7月18日查閱).

19. 這幾段引自兩份傑出的調查報告：Nitin Sethi, 'India Undermined', *The Times of India*, Crest Edition, 30 October 2010; Saikat Datta, 'Miner Sins', *Outlook*, 23 November 2009.
20. Radhika Raj, 'Uphill Stuggle', *Hindustan Times*, Mumbai, 31 October 2010.
21. 現在印度礦業對於社會與環境的影響，有許多新興文獻。請參見Hartman de Souza, *Eat Dust: Mining and Greed in Goa* (Noida: HarperCollins India, 2015); Feliz Padel and Samarendra Das, *Out of This Earth: East India Adivasis and the Aluminum Cartel* (Hyderabad: Orient Blackswan, 2010); Nandini Sundar, *The Burning Forest: India's War in Bastar* (New Delhi: Juggernaut, 2016); Rohit Prasad, *Blood Red River: A Journey into the Heart of India's Development Conflict* (Gurgaon：Hachette India, 2016); *"When Land Is Lost, Do We Eat Coal?": Coal Mining and Violations of Adivasi Rights in India* (Bangalore: Amnesty International India, 2016). 本段同時也包含我多次前往烏塔拉坎德邦、果阿、查提斯加爾邦及卡納塔卡邦礦業縣市的經驗。
22. Michael Greenstone, Janhavi Nilekani, Rohini Pande, Nicholas Ryan, Anant Sudarshan and Anish Sugathan, 'Lower Pollution, Longer Lives: Life Expectancy Gains if India Reduced Particulate Matter Pollution', *EPW*, 21 February 2015; Amy Kazmin, 'Gasping for Air', *Financial Times*, 18 November 2015.
23. Victor Mallet, 'Holy river, deadly river', *Financial Times*, 14/15 February 2015, Gargi Parsai, 'Cleaning the Ganga', *Deccan Herald*, 20 July 2016.
24. 請參照'The Indian Road to Sustainability'這個章節，收錄於Ramachandra Guha, *How Much Should a Person Consume? Environmentalism in India and the United Sates* (Berkeley: University of California Press, 2006).
25. 當時民用航空局長Praful Patel，引述於《印度時報》，2010年12月13日。
26. Gurcharan Das刊登於《印度時報》的文章，2011年3月6日。
27. 請參見Bahar Dutt, *Green Wars: Dispatches from a Vanishing World* (New Delhi: HarperCollins India, 2014).
28. Muthukumara Mani, ed., *Greening India's Growth: Costs, Valuations and Trade-Offs* (New Delhi: Routledge, 2013).
29. 關於達利特人在當代印度地位改變的全面觀察，請參見Gilber Etienne, *Dalits in Villages and Poverty Alleviation Policies*, 1963-2008, 出版品第16號, Institute of Rural Management, Anand.

Personal Observations', *Social Action*, volume 54, number 2, 2004; Rinku Murgai and Martin Ravallion, 'Employment Guarantee in Rural India: What Would it Cost and How Much Would it Reduce Poverty?', *EPW*, 30 July 2005.

4. E. Sridharan, 'Electoral Coalitions in 2004 General Elections: Theory and Evidence', *EPW*, 18 December 2004.
5. 請參見薩加爾委員會引發的印度穆斯林特輯，收錄於*EPW*，2007年3月10日。
6. 請參照Yoginder Sikand, *Muslims in India: Contemporary Social and Political Discourses* (Gurgaon：Hope India, 2007).
7. Laurent Gayer and Christophe Jaffrelot, ed., *Muslim in India Cities: Trajectories of Marginalization* (New Dlehi：HarperCollins India, 2012).
8. *Social, Economic and Educational Status of the Muslim Community in India: A Report* (New Delhi: Government of India, 2006).
9. *The Hindu*, 4 January 2007, http://www.thehindu.com/todays-paper/tp-business/sensex-crosses-14000mark/article1777806.ece (2016年7月18日查閱).
10. *The Hindu*, 27 April 2007, http://www.hindu.com/2007/04/27/stories/2007042708181700.htm (2016年7月18日查閱).
11. Alam Srinivas, 'Red Rag and the Matador', *Outlook*, 8 October 2007, http://www.outlookindia.com/magazine/story/red-rag-and-the-matador/235734 (2016年7月18日查閱).
12. http://news.bbc.co.uk/2/hi/7313380.stm; http://www.reuters.com/article/us-tata-jaguar-idUSBMA00084220080602 (皆於2016年7月18日查閱).
13. *The Tribune*, 12 June 2008, http://www.tribuneindia.com/2008/20080612/main1.htm (2016年7月18日查閱).
14. 請參見S. Karthikeyan, 'The Story of a Resistance', *Fountain Ink*, February 2015.
15. *The Hindu*, 11 January 2007, http://www.thehindu.com/todays-paper/salim-group-undeterred-by-the-violence-in-nandigram/article1781092.ece (2016年7月18日查閱).
16. *Economic Times*, 3 September 2008, http://articles.economictimes.indiatimes.com/2008-09-03/news/27712402_1_nano-plant-singular-factory-alternate-options (2016年7月18日查閱).
17. Sheela Bhatt, 'The Talented Mr. Modi', http://ia.rediff.com/news/2005/jan/12sepc.htm, and 'Why does Modi Look Invincible', http://www.rediff.com/news/2005/jan/13sepc1.htm (2016年8月9日查閱).
18. Bloomberg News, 8 October 2008, http://www.bloomburg.com/news/

81. 請參見Noorani, ed., *The Babri Masjid Question*, volume 2, pp. 197ff.
82. 請參見Jyoti Punwani, 'The Carnage at Godhra', in Siddharth Varadarajan, ed., *Gujarat: The Making of a Tragedy* (New Delhi: Penguin Books, 2002).
83. Ashutosh Varshney, *Ethnic Conflict and Civic Life: Hindus and Muslims in India* (New Delhi: Oxford University Press, 2002), esp. pp. 229-30, 240-1, 275-7; Jan Breman, 'Ghettoization and Communal Politics: The Dynamics of Inclusion and Exclusion in the Hindutva Landscape', in Ramachandra Guha and Jonathan Parry, eds, *Institutions and Inequalities: Essays for André Béteille* (New Delhi: Oxford University Press, 1999); Udit Chaudhuri, 'Gujarat: The Riots and the Larger Decline', *EPW*, 2-9 November 2002.
84. Nandini Sundar, 'A Licence to Kill: Patterns of Violence in Gujarat', in Varadarajan, *Gujarat*; Achyut Yagnik and Suchitra Sheth, *The Shaping of Modern Gujarat: Plurality, Hindutva and Beyond* (New Delhi: Penguin Books, 2005), chapter 11; report by Ashis Chakrabarti in *The Telegraph* , 18 May 2002.
85. Bela Bhatia, 'A Step Back in Sabarkantha', *Seminar*, May 2002.
86. Anand Soondas, 'Gujarat's Children of a Lesser God', *The Telegraph*, 13 March 2002; 'Gujarat Villagers Set Terms for Muslims to Come Home', *The New Indian Express*, 6 May 2002.
87. 請參照Varadarajan, ed., *Gujarat*, p. 22f.
88. 對於莫迪政治風格更有洞察力與先見之明的分析，請參見Sankarshan Thakur, 'An Architect of Fractures, or the Man Who Could be Prime Minister', 一開始刊登於*Men's World*, December 2002, 轉載於https://sankarshanthakur.com/2013/09/14/an-architect-for-fractures-or-the- man-who-could-be-prime-minister/ (2016年8月10日查閱).
89. 請參見Manas Dasgupta, 'Vajpayee's Advise to Modi', *The Hindu*, 5 April 2002.
90. Ajit Kumar Jha, 'Atal Wave', *India Today*, 9 February 2004, http://indiatoday.intoday.in/story/vajpayee-bjp-set-for-landslide-win-in-forthcoming-2004-elections/1/197000.html (2016年7月1日查閱).

第二十九章　進步與反挫

1. Harish Khare, 'Reloading the Family Matrix', *Seminar*, June 2003.
2. 請參照T. N. Ninan, 'Big Growth, Bigger Debates', *Seminar*, January 2006.
3. 請參照Jean Dréze, 'Bhopal Convention on the Right to Work: Brief Report and

19 December 2000.

63. Montek S. Ahluwalia, 'Economic Reform of States in Post-Reform Period', *EPW*, 6 May 2000; S. Mahendra Dev, 'Post-Reform Regional Variations', *Seminar*, May 2004.
64. 請參照K. P. Kannan, 'Shining Socio-Spatial Disparities', *Seminar*, May 2004; Jean Dréze, 'Where Welfare Works: Plus Points of the T[amil] N[adu] Model', *The Times of India*, 21 May 2003.
65. Angus Deaton and Jean Dréze, 'Poverty and Inequality in India: A Re-Examination', *EPW*, 7 September 2002.
66. Srinivasan, *Eight Lectures on India's Economic Reforms* (New Delhi: Oxford University Press, 2000), p. 31.
67. *The Statesman*的報導, 20 September 2001.
68. Daniel G. Pink, 'The New Face of the Silicon Age', *Wired*, February 2002 (http://www.wired.com/wired/archive/12.02/india_pr.html).
69. Manjeet Kripalani and Pete Engardio, 'The Rise of India', *Business Week*, 8 December 2003 (http://www.businessweek.com./magazine/content/03_49/b3861001_mz001.htm).
70. Ron Moreau and Sudip Mazumdar, 'An Indian Champion', *Newsweek*, 12 April 2004.
71. Bharat Jhunjhunwala, 'Gathering Storm of Indian Imperialism', *The New Indian Express*, 10 August 2005.
72. Cohen, *India*, pp. xv, 285-92.
73. Sonia Jabbar, 'Blood Soil: Chittisinghpora and After', in Urvashi Butalia, ed., *Speaking Peace: Women's Voices from Kashmir* (New Delhi: Kali for Women, 2002), pp. 226f.
74. 請參見Atal Behari Vajpayee, 'Musings from Kumarakom', *The Hindu*, 2 January 2001.
75. 主要恐怖攻擊列表，請參照*The New Indian Express*, 7 April 2005.
76. *Himal South Asian*, June 2002; Michael Krepon, 'No Easy Exits', *India Today*, 10 June 2002.
77. 請參見*Hindustan Times*, 19 May 2002.
78. James Michael Lyngdoh, *Chronicle of an Impossible Election: The Election Commission and the 2002 Jammu and Kashmir Assembly Elections* (New Delhi: Penguin Books, 2004), pp. 129, 141-2, 149-50, 180-1 etc.
79. Rekha Chowdhury and Nagendra Rao, 'Kashmir Elections 2002: Implications for Politics of Separatism', *EPW*, 4 January 2003.
80. 引述於*The Times of India*, 26 September 2003.

Oxford University Press, 1999), chapter 9.
49. Ramachandran, 'The Best of Times, the Worst of Times', *Seminar*, April 2004.
50. Subhadra Menon, *No Place to Go: Stories of Hope and Despair from India's Ailing Health Sector* (New Delhi: Penguin Books, 2004).
51. Pamela Philipose, 'India Is Seriously Sick', *The New Indian Express*, 24 January 2006.
52. People's Union for Democratic Rights, *Satpura ki Ghati: People's Struggle in Hoshangabad* (New Delhi: PUDR, 1992).
53. Walter Fernandes, 'Development-induced Displacement and Tribal Women', in Govind Chandra Rath, ed., *Tribal Development in India: The Contemporary Debate* (New Delhi: Sage Publications, 2006).
54. Arup Maharatna, *Demographic Perspectives on India's Tribes* (New Delhi: Oxford University Press, 2005), Chapter 2 and passim.
55. 請參照Rahul, 'The Bhils: A People Under Threat', *Humanscape*, volume 8, number 8, September 2001; 各期*Budhan: The Denotified and Nomadic Tribes Rights Action Group Newsletter*.
56. 請參照Amita Baviskar, *In the Belly of the River: Adivasi Battles over 'Development' in the Narmada Valley* (New Delhi: Oxford University Press, 1995); Jean Dréze, Meera Samson and Satyajit Singh, eds, *The Dam and the Nation* (New Delhi: Oxford University Press, 1998).
57. Arjan De Haan and Amaresh Dubey, 'Poverty, Disparities, or the Development of Underdevelopment in Orissa', *EPW*, 28 May—4 June 2005; Sanjay Kumar, 'Adivasis of South Orissa: Enduring Poverty', *EPW*, 27 October 2001; Jean Dréze, 'No More Lifelines: Political Economy of Hunger in Orissa', *Times of India*, 17 September 2001.
58. Meena Menon, 'The Battle for Bauxite in Orissa', *The Hindu*, 20 April 2005.
59. Anon., *The Struggle against Bauxite Mining in Orissa* (Bangalore: Peoples Union for Civil Liberties, 2003); Anon., *How Wrong? How Right?* (Kashipur: Agragamee, 1999).
60. 引述於Manash Ghosh, 'Sins of Development', *The Statesman*, 9 March 1999.
61. Darryl D'Monte, 'Another Look at "Backwardness" ', *Lokmat Times*, 13 October 2000; idem, 'Recent Memories of Underdevelopment', 發表於www.tehelka.com, 12 October 2000.
62. *The Struggle Against Bauxite Mining*, pp. 15-16; 刊載於 *The Indian Express*, 18 and

轍。Galeano, 'The Other Wall', *The New Internationalist*, November 1989.

39. 請參照特輯'Footloose Labour', *Seminar*, November 2003; Supriya Roychowdhury, 'Labour Activism and Women in the Unorganised Sector: Garment Export Industry in Bangalore', *EPW*, 28 May—4 June 2005; 綜合性討論可參見Ajit K. Ghose, 'The Employment Challenge in India', *EPW*, 27 November 2004.
40. P. K. Joshi, Ashok Gulati, Pratap S. Birthal and Laxmi Tewari, 'Agriculture Diversification in South Asia: Patterns, Determinants and Policy Implications', *EPW*, 12 June 2004; M. S. Sidhu, 'Fruit and Vegetable Processing Industry in India: An Appraisal of the Post-Reform Period', *EPW*, 9 July 2005.
41. Ramesh Chand, 'Whithern India's Food Policy: From Food Security to Food Deprivation', *EPW*, 12 March 2005; Jean Dréze, 'Praying for Food Security', *The Hindu*, 27 October 2003; Madhura Swaminathan, *Weakening Welfare: The Public Distribution of Food in India* (New Delhi: LeftWord Books, 2000); Ashok Gulati, Satu Kåhkonan and Pradeep Sharma, 'The Food Corporation of India: Successes and Failures in Foodgrain Marketing', in Satu Kåhkonan and Anthony Lanyi, eds, *Institutions, Incentives and Economic Reforms in India* (New Delhi: Sage Publications, 2000); 特別是, P. Sainath, *Everybody Loves a Good Drought: Stories from India's Poorest Districts* (New Delhi: Penguin India, 1996).
42. P. Sainath, 'Trains Raided for Water in TN', *Times of India*, 14 May 1993; Sowmya Sivakumar and Eric Kerbart, 'Drought, Sustenance and Livelihoods: "Akal" Survey in Rajasthan', *EPW*, 17 January 2004.
43. 請參照Verrier Elwin, *Maria Murder and Suicide* (Bombay: Oxford University Press, 1943).
44. 農民自殺案來自塞納特一系列驚人報導，見《印度日報》。數量太多無法一一羅列，可於網站www.thehinduonnet.com搜尋。也可參照R. S. Deshpande and Nagesh Prabhu, 'Farmers' Distress: Proof beyond Question', *EPW*, 29 October 2005; *Tehelka*, 農業危機特輯，2004年3月6日。
45. 請參照Myron Weiner, *The Child and the State in India* (Princeton: Princeton University Press, 1990).
46. Jean Dréze and Aparajita Goyal, 'Future of Mid-Day Meals', *EPW*, 1 November 2003.
47. Sucheta Mahajan, 'MVF India—Education as Empowerment', *Mainstream*, 16 August 2003; Rukmini Banerji, 'Pratham Experiences', *Seminar*, February 2005.
48. 請參見'The PROBE Team', *Public Report on Basic Education in India* (New Delhi:

'Emerging IT remains Indian Territory', *The New Indian Express*, 3 January 2004.

24. AnnaLee Saxenian, 'Bangalore: The Silicon Valley of Asia?', in Krueger, ed., *Economic Policy Reforms*, p. 175.
25. 更多細節請參見Dinesh C. Sharma, *The Long Revolution: The Birth and Growth of India's IT Industry* (New Delhi: HarperCollins India, 2009).
26. Raj Chengappa and Malini Goyal, 'Housekeepers to the World', *India Today*, 18 November 2002; 'Outsourcing to India', *The Economist*, 5 May 2001.
27. Saritha Rai, 'Prayers Outsourced to India'; idem, 'US Kids Outsource Homework to India', 兩篇報導原刊於*The New York Times*，分別於2004年6月14日和2005年9月77日轉載於*The Asian Age*。
28. Shankkar Aiyar, 'Made in India', *India Today*, 1 December 2003.
29. R. Nagaraj, 'Foreign Direct Investment in India in the 1990s: Trends and Issues', *EPW*, 26 April 2003.
30. Arvind Virmani, 'India's External Reforms: Modest Globalization, Significant Gains', *EPW*, 9 August 2003.
31. 請參見Harish Damodaran, *India's New Capitalists: Castes, Business and Industry in a Modern Nation* (London: Palgrave Macmillan, 2008).
32. E. Sridharan, 'The Growth and Sectoral Composition of India's Middle Class: Its Impact on the Politics of Economic Liberation', *India Review*, volume 3, number 4, 2004.
33. Surinder S. Jodhka and Aseem Prakash, *The Indian Middle Class* (New Delhi: Oxford University Press, 2016).
34. Devesh Kapur, 'The Middle-Class in India: A Social Formation or a Political Actor?', *Political Power and Social Theory*, volume 21, 2010.
35. 請參照William Mazzarella, *Shovelling Smoke: Advertizing and Globalization in Contemporary India* (Durham, NC: Duke University Press, 2003), pp. 74-6, 240, 258, etc.
36. Fillipo Osella and Caroline Osella, *Social Mobility in Kerala: Modernity and Identity in Conflict* (London: Pluto Press, 2000), p. 127.
37. 請參見特輯'Poverty Reduction in [the] 1990s', of the *EPW*, dated 25-31 January 2003; K. Sundaram and Suresh D. Tendulkar, 'Poverty in India in the 1990s: An Analysis of Changes in 15 Major States', *EPW*, 5 April 2003; Angus Deaton, ed., *The Great Indian Poverty Debate* (New Delhi: Macmillan India, 2005).
38. 小說家Eduardo Galeano對拉丁美洲城市的書寫，在這些方面，與印度如出一

(Wesport, Conn.: Praeger, 2001), p. 41f.

9. 刊登於*Newsline*的訪談報導，1998年6月。

10. Bhumitra Chakma, 'Toward Pokharan II: Explaining India's Nuclearization Process', *Modern Asian Studies*, volume 39, number 1, 2005.

11. 1998年試爆與印度更大野心之間的連結，請見Hilary Synnott, *The Causes and Consequences of South Asia's Nuclear Tests*, Adelphi Paper 332 (London: The International Institute for Strategic Studies, 1999); Ashok Kapur, *Pokharan and Beyond: India's Nuclear Behaviour* (New Delhi: Oxford University Press, 2001). 關於印度核子野心的評論論點，收集在M.V. Ramanna與C. Rammanohar Reddy主編的著作裡，請見：*Prisoners of Nuclear Dream* (Hyderabad: Orient Longman, 2003).

12. 請參照《今日印度》的封面故事，1999年3月1日。

13. 關於巴基斯坦為何及如何計書發動卡吉爾戰役，請參見Abbas, *Pakistan's Drift into Extremism*, pp. 169-74; Owen Bennett Jones, *Pakistan: Eye of the Storm* (New Delhi: Viking, 2002), pp. 87ff; Aijaz Ahmad, 'The Many Roads to Kargil', *Frontline*, 16 July 1999

14. Praveen Swami, *The Kargil War* (改版，New Delhi: Leftword Books, 2000), pp. 10-1.

15. Rahul Bedi, 'A Dismal Failure', in *Guns and Roses: Essays on the Kargil War* (New Delhi: HarperCollins India, 1999), p. 142.

16. 卡吉爾戰爭過程已於前章注30、31的參考資料中描述；也可見Srinjoy Chowdhury, *Despatches from Kargil* (New Delhi: Penguin Books, 2000).

17. Abbas, *Pakistan's Drift into Extremism*, p. 174; 沙里夫的專訪，請參見《今日印度》封面故事，2004年7月26日。

18. 請參照相關新聞報導：*The Asian Age*, 4 July 1999; *The Telegraph*, 9 July 1999; *The Hindu*, 19 July 1999.

19. *The Asian Age*, 6 July 1999; *The Hindu*, 4 July 1999.

20. Sarabjit Pandher, 'Spirit of Nationalism Eclipses Memories of [Operation] Bluestar', *The Hindu*, 16 June 1999.

21. 'Army Job Seekers Go Berserk', *The Hindu*, 18 July 1999.

22. 請參見Venkitesh Ramakrishnan, 'A Debate without Direction', *Frontline*, 12-25 September 1998.

23. Nagesh Kumar, 'India Software Industry Development: International and National Perspective', *EPW*, 10 November 2001; Pardosh Nath and Amitava Hazra, 'Configuration of Indian Software Industry', *EPW*, 23 February 2002; Arun Shourie,

Asian Survey, volume 34, number 10, October 1994.

43 Anindita Dasgupta, 'Tripura's Brutal Cul de Sac', *Himal*, December 2001.

44 Bhagat Oinam, 'Patterns of Ethnic Conflict in the North-East: A Study on Manipur', *EPW*, 24 May 2003; U. A. Shimray, 'Socio-Political Unrest in the Region Called North-East India', *EPW*, 16 October 2004.

45 Anon., 'A Blueprint for Mizoram', *Grassroots Options*, Monsoon 1999; Sudipta Bhattacharjee, 'How to be Thirteenth Time Lucky', *The Telegraph*, 30 June 1999; Nitin Gokhale, 'Meghna Naidu in Aizawl', *Tehelka*, 9 October 2004.

46 Sarabjit Singh, *Operation Black Thunder: An Eyewitness Account of Terrorism in Punjab* (New Delhi: Sage Publications, 2002), 特別是22章至30章。

47 請參照Anne Vaugier-Chatterjee, 'Strains on Punjab Governance: An Assessment of the Badal Government (1997-1999)', *International Journal of Punjab Studies*, volume 7, number 1, 2000.

48 請參見'The Dynamic Sikhs', *Outlook*的封面故事，1999年3月29日。

49 Singh, *Operation Black Thunder*, p. 338.

50 Robin Jeffrey, '"No Party Dominant": India's New Political System', *Himal*, March 2002, p. 41.

第二十八章　統治者與富人

1. 請參見E. Sridharan, 'Coalition Strategies and BJP's Expansion, 1989-2004', *Commonwealth and Comparative Politics*, volume 43, number2, 2005.
2. 請參照對尼赫魯看法的批評，收錄於Jaswant Singh, *Defending India* (Bangalore: Macmillan India, 1999), pp. 29, 39, 42-3, 57-8, etc.
3. Stephen P. Cohen, *India: Emerging Power* (New Delhi: Oxford University Press, 2001), pp.144-5.
4. Anupan Srivastava, 'India's Growing Missile Ambitions: Assessing the Technical and Strategic Dimensions', *Asian Survey*, volume 40, number 2, 2000.
5. Perkovich, *India's Nuclear Bomb: The Impact on Global Proliferation* (Berkeley: University of California Press, 1999), pp. 364-76.
6. 同上，頁412。
7. 引述於Raj Chengappa, *Weapons of Peace: The Secret Story of India's Quest to be a Nuclear Power* (New Delhi: HarperCollins India, 2000), pp. 51-2.
8. 請參見Paul R. Dettman, *India Changes Course: Golden Jubilee to Millennium*

and the Postcolonial City (Delhi: Permanent Black, 2001), p. 85.

29 Neerja Chowdhury, 'Sonia Takes a Political Dip at the Kumbh', *The New Indian Express*, 20 January 2001.

30 此事件請見*The Telegraph*, 25 January 1999.

31 後面的說法，請見P. N. Mari Bhatt and A. J. Francis Zavier, 'Role of Religion in Fertility Decline: The Case of Indian Muslims', *EPW*, 29 January 2005.

32 本段取自Hasan Abbas, *Pakistan's Drift into Extremism: Allah, the Army, and America's War on Terror* (Armonk, N. Y.: M. E. Sharpe, 2005), Chapters 9 and 10. Tariq Ali的引言來自其著作：*The Clash of Fundamentalisms: Crusades, Jihads, and Modernity* (London: Verso, 2002), p. 196.

33 Yoginder Sikand, 'Changing Course of Kashmiri Struggle: From National Liberation to Islamist Jihad', *EPW*, 20 January 2001.

34 Pamela Constable, 'Selective Truths', in *Guns and Roses: Essays on the Kargil War* (New Delhi: HarperCollins India, 1999), p. 52; Hafiz Mohammed Saeed接受Amir Mir專訪，收錄於*Outlook*, 23 July 2001.

35 請參照Anil Nauriya, 'The Destruction of a Historic Party', *Mainstream*, 17 August 2002; Praveen Swami, 'The Killing of Lone', *Frontline*, 21 June 2002.

36 請參照*Times of India*於1990年1月24日的新聞報導；Joshua Hammer, 'Srinagar Dispatch', *The New Republic*, 12 November 2001.

37 Reeta Chowdhuri-Tremblay, 'Differing Responses to the Parliamentary and Assembly Elections in Kashmir's Regions, and State-Societal Relations', in Paul Wallace and Ramashray Roy, ed., *India's 1999 Elections and 20th Century Politics* (New Delhi: Sage Publications, 2003).

38 Prabhu Ghate, 'Kashmir: The Dirty War', *EPW*, 26 January 2002.

39 Jaleel, 'I Have Seen my Country Die', *The Telegraph*, 26 May 2002.

40 Buchan, 'Kashmir', *Granta*, number 57, Spring 1997, p. 66.

41 Chandana Bhattacharjee, *Ethnicity and Autonomy Movement: Case of Bodo-Kacharis of Assam* (New Delhi: Vikas Publishing House, 1996); Sudhir Jacob George, 'The Bodo Movement in Assam: Unrest to Accord', *Asian Survey*, volume 34, number 10, October 1994.

42 Sanjoy Hazarika, *Strangers of the Night: Tales of War and Peace from India's Northeast* (New Delhi: Penguin Books, 1995), pp. 167-226. 也請參照Sanjib Baruah, 'The State and Separatist Militancy in Assam: Winning a Battle and Losing the War?',

Oxford University Press, 2003); Nirmal Mukherji and D. Bandopadhyay, 'New Horizons for West Bengal Panchayats', in Amitava Mukherjee, ed., *Decentralization: Panchayats in the Nineties* (New Delhi: Vikas Publishing House, 1994).

16 這類問題相關學術研究逐漸增加。例如Niraja Gopal Jayal, Bishnu N. Mohapatra and Sudha Pai in the 'Democracy and Social Capital' special issue of *EPW*, 24 February 2001; S. Sumathi and V. Sudarsen, 'What Does the New Panchayat System Guarantee: A Case Study of Pappapatti', *EPW*, 20 August 2005.

17 請參照M. P. Singh and Rekha Saxena, *India at the Polls: Parliamentary Elections in the Federal Phase* (Hyderabad: Orient Longman, 2003).

18 請參見Rasheed Kidwai, *Sonia: A Biography* (New Delhi: Viking Penguin, 2003).

19 Mehta, *The Political Mind of India* (Bombay: Socialist Party, 1952), p. 38.

20 Taya and Maurice Zinkin, 'The Indian General Elections', *The World Today*, volume 8, number 5, May 1952.

21 Susanne Hoeber and Lloyd I. Rudolph, 'The Centrist Future of Indian Politics', *Asian Survey*, volume 20, number 6, June 1980.

22 引述於Lise McKean, *Divine Enterprise: Gurus and the Hindu Nationalist Movement* (Chicago: The University of Chicago Press, 1996), p. 315.

23 請參照證據與證言，出自Peter Gottshcalk, *Beyond Hindu and Muslim: Multiple Identities in Narratives from Village India* (New Delhi: Oxford University Press, 2001).

24 Khadar Mohiuddin, 'Birthmark', in Velcheru Narayana Rao, ed. and tr., *Twentieth Century Telugu Poetry: An Anthology* (New Delhi: Oxford University Press, 2002), pp. 221-7.

25 D. R. Goyal, *Rashtriya Swayamsewak Sangh* (second edition, New Delhi: Radhakrishna Prakashan, 2000), pp. 17-8. 關於意識型態完整論述的權威來源，請參見M. S. Golwalkar, *Bunch of Thoughts* (Bangalore: Vikrama Prakashan, 1966).

26 關於國民志願服務團在1947年後的擴張，請參見Tapan Basu et. al., *Khaki Shorts and Saffron Flags: A Critique of the Hindu Right* (Hyderabad: Orient Longman, 1993); Thomas Blom Hansen, *The Saffron Wave: Democracy and Hindu Nationalism in India* (New Delhi: Oxford University Press, 1999); Pralay Kanungo, 'Hindutva's Entry into a "Hindu Province": Early Years of RSS in Orissa', *EPW*, 2 August 2003; Nandini Sundar, 'Teaching to Hate: RSS' Pedagogical Programme', *EPW*, 17 April 2004.

27 Gowalkar, 'Total Prohibition of Cow-Slaughter', The *Hitavada*, 26 October 1952.

28 請參照Thomas Blom Hansen, *Urban Violence in India: Identity Politics, 'Mumbai',*

Company, 2002).

4 關於拉姆與大眾社會黨的興起，請見Sudha Pai, *Dalit Assertion and the Unfinished Democratic Revolution: The Bahujan Samaj Party in Uttar Pradesh* (New Delhi: Sage Publications, 2002); Badri Narayan, *Kanshiram: Leader of the Dalits* (Gurgaon: Penguin India, 2014); Kanchan Chandra, *Why Ethnic Parties Succeed: Patronage and Ethnic Head Counts in India* (Cambridge: Cambridge University Press, 2004).

5 Badri Narayan, 'Heroes, Histories and Booklets', *EPW*, 13 October 2001.

6 James Cameron, *An Indian Summer* (London: Macmillan, 1974), p. 122.

7 André Béteille, 'The Scheduled Castes: An Inter-Regional Perspective', *Journal of Indian School of Political Economy*, volume 12, numbers 3 and 4, 2000.

8 Hugo Gorringe, *Untouchable Citizens: Dalit Movements and Democratisation in Tamil Nadu* (New Delhi: Sage Publications, 2005), p. 112.

9 安貝卡死後的政治影響力還有待嚴肅學術分析。欲了解他對達利特意識的重要性，請見：Chandra Bhan Prasad, *Dalit Diary: 1999-2003* (Chennai: Navayana Publishing, 2004); Fernando Franco, Jyotsna Macwan, and Suguna Ramanathan, *Journeys to Freedom: Dalit Narratives* (Kolkata; Samya, 2004); 以及安貝卡派學者Anand Teltumbde在《經濟與政治週刊》（*EPW*）上撰寫的「邊緣發聲」（Margin Speak）專欄。

10 請參見V. Jayanth, 'Narasimha Rao and the Look East Policy', http://www.thehindu.com/2004/12/24/stories/2004122407541200.htm (2016年7月1日查閱).

11 請參見Sitapati, *Half Lion*, Chapter 13.

12 請參見D. Bandyopadhyay, Saila K. Ghosh and Buddhadeb Ghosh, 'Dependency versus Autonomy: Identity Crisis of India's Panchayats', *EPW*, 20 September 2003.

13 細節請參見Mahi Pal, 'Panchayati Raj and Rural Governance: Experiences of a Decade', *EPW*, 10 January 2004.

14 請參見T. M. Thomas Isaac and Richard W. Franke, *Local Democracy and Development: People's Campaign for Decentralized Planning in Kerala* (New Delhi: LeftWord Books, 2000); Jos Chathukulam and M. S. John, 'Five Years of Participatory Government in Kerala: Rhetoric and Reality', *EPW*, 7 December 2002.

15 Rashmi Sharma, 'Kerala's Decentralisation: Idea in Practice', *EPW*, 6 September 2003; Pranab Bardhan and Dilip Mookherjee, 'Poverty Alleviation Efforts of Panchayats in West Bengal', *EPW*, 28 February 2004; Arild Engelsen Ruud, *Poetics of Village Politics: The Making of West Bengal's Rural Communism* (New Delhi:

Shame', *India Today*, 31 December 1992. 也可見Harinder Bewaja, 'Today, 10 Years Ago: What Really Happened', *The Asian Age*, 6 December 2002.

42 這場對話刊載於*Sunday*, 13-19 December 1992.

43 K.R. Malkani, *The Politics of Ayodhya and Hindu-Muslim Relations* (New Delhi: Har-Anand Publications, 1993), pp. 3-4.

44 引述於Venkitesh Ramakrishnan, 'The Wrecking Crew', *Frontline*, 1 January 1993.

45 Arun Shourie, 'The Buckling State', in Jitendra Bajaj, ed., *Ayodhya and the Future India* (Madras: Center of Policy Studies, 1993), pp. 47-70.

46 Francine R. Frankel, *India's Political Economy: The Gradual Revolution (1947-2004)* (New Delhi: Oxford University Press, 2005), pp. 714-5.

47 請參見'Bloody Aftermath', *India Today*, 31 December 1992.

48 Clarence Fernandez and Naresh Fernandez, 'The Winter of Discontent', in Dileep Padgaonkar, ed., *When Bombay Burned* (New Delhi: UBSPD, 1993), pp. 12-41.

49 Kalpana Sharma, 'Chronicle of a Riot Foretold', in Sujata Patel and Alice Thorner, *Bombay: Metaphor for Modern India* (Delhi: Oxford University Press, 1999), p. 277.

50 譯自馬拉提原文，引述於Purandare, *The Sena Story*, p. 369.

51 Clarence Fernandez and Naresh Fernandez, 'A City at War with Itself', in Padgaonkar, ed., *When Bombay Burned*, pp. 42-104; Sharma, 'Chronicle', pp. 278-86.

52 'Bombay Has Lost Its Character', *The Afternoon Dispatch and Courier*, 10 January 1993, 重新刊載於'Busybee', *When Bombay Was Bombed: Best of 1992-3* (Bombay: Oriana Books, 2004).

53 *Frontline*, 1 January 1993; *Sunday*, 13-19 December 1992; *India Today*, 31 December 1992.

54 Michael S. Serrill, 'India: The Holy War', *Time*, 21 December 1992.

55 *The Times*, 7 and 8 December 1992.

56 Geoffrey Morehouse, 'Chronicle of a Death Foretold', *The Guardian*, 10 March 2001.

57 Paul R. Brass, *The Politics of India Since Independence* (second edition, Cambridge: Cambridge University Press, 1994), pp. 353-4, 365-6, 348-9.

第二十七章　多極政治體系

1 'In Search of the Messiah', *Sunday*, 31 August—6 September 1988.

2 Jaffrelot, *India's Silent Revolution*, Chapter 11.

3 請參照Ghanshyam Shah, ed., *Dalits and the State* (New Delhi: Concept Publishing

The Illustrated Weekly of India, 17 June 1990; in the *Times of India*, 11 February 1991. 也可見Alexander Evans, 'A Departure from History: Kashmiri Pandits, 1990-2001', *Contemporary South Asia*, volume 11, number1, 2002.

27 參照Praveen Swami, 'The Nadimarg Outrage', *Frontline*, 25 April 2003.

28 Vinay Sitapati, *Half Lion: How P.V. Narasimha Rao Transformed India* (New Delhi: Penguin, 2015), Chapters 6 and 7.

29 Anne O. Krueger and Sajjid Chinoy, 'Indian Economy in Global Context', in Anne O. Krueger, ed., *Economic Reforms and the Indian Economy* (New Delhi: Oxford University Press, 2002). 關於改革前夕的印度經濟整體狀態，參見Bimal Jalan, ed., *Indian Economy: Problems and Prospects* (New Delhi: Viking, 1992).

30 請參見Jairam Ramesh, *To the Brink and Back: India's 1991 Story* (New Delhi: Rupa, 2015), pp. 35-7, 144-5, 184.

31 Arvind Panagriya, 'Growth and Reforms during 1980s and 1990s', *Economic and Political Weekly*, 19 June 2004.

32 Ashok V. Desai, *My Economic Affairs* (New Delhi: Wiley Eastern, 1993); Kaushik Basu, 'Future Perfect?', *Hindustan Times*, 5 May 2005.

33 請參見http://indianexpress.com/article/india/india-news-india/manmohan-singh-opening-indian-economy-1991-economic-reforms-pv-narasimha-rao-rbi-indian-rupee-devaluation-2886876/ (2016年7月1日查閱).

34 請參見Dani Rodrick and Arvind Subramanian, From 'Hindu Growth' to *Productivity Surge: The Mystery of the Indian Growth Transition*, National Bureau of Applied Economic Research, Washington, March 2004.

35 Dennis J. Encarnation, *Dislodging Multinationals: India's Strategy in Comparative Perspective* (Ithaca NY: Cornell University Press, 1989), pp. 214-5, 225.

36 Surendra Malik, compiler, Supreme Court Mandal Commission Case, 1992 (Lucknow: Eastern Book Company, 1992), pp. 180, 196, 379, 387, 412, 424, etc.

37 Madhav Godbole, *Ufinished Innings: Recollections and Reflections of a Civil Servant* (Hyderabad: Orient Longman, 1996), pp. 344-53.

38 請參見P. V. Narasinha Rao, *Ayodhya:6 December 1992* (New Delhi: Viking, 2006), pp. 99-100.

39 Godbole, *Unfinished Innings*, p. 363.

40 引述於*Sunday*, 6-12 December 1992.

41 此處關於巴布里清真寺被毀的過程描述，主要參考Dilip Awasthi, 'A Nation's

Frontline, 1993).

14 本書付梓之時，科弗里河爭議再次升高。最高法院下令卡納塔卡邦每日釋放1萬5千立方英尺河水，應付泰米爾納德的夏季農作需求。抗爭在卡納塔卡南方縣市爆發，數個市鎮發生罷工與占據事件，包含邦首府邦加羅爾。見報導，刊於*Times of India* (Bengaluru edition), 7 September 2016.

15 *India Today*, 31 December 1999.

16 Manoj Joshi, *The Lost Rebellion: Kashmir in the Nineties* (New Delhi: Penguin Books, 1999), Chapters 1 and 2. 也可參照Tavleen Singh, *Kashmir: A Tragedy of Errors* (New Delhi: Viking, 1995).

17 Smita Gupta, 'The Rise and Rise of Terrorism in Kashmir', *The Telegraph*, 21 April 1990.

18 Schofield, *Kashmirin Conflict*, p. 147.

19 這些頭條是由邦加羅爾教育與紀錄中心存檔的不同新聞報導中擷取。

20 *The Telegraph*, 27 May 1990; Joshi, *The Lost Rebellion*, pp. 72-3.

21 見國際特赦組織「緊急行動」報告，編號UA 102、108，1991年。副本收錄於邦加羅爾教育與紀錄中心的檔案裡。

22 V. M. Tarkunde et al. 'Report on Kashmir Situation', in Asghar Ali Engineer, ed., *Secular Crown on Fire: The Kashmir Problem* (Delhi: Ajanta Publications), pp. 210-23.

23 本段取自數項資料來源，包含：M. K. A. Siddiqui, *Muslims in Free India: Their Social Profile and Problems* (New Delhi: Institute of Objective Studies, 1998); Abusaleh Shariff, 'On the Margins: Muslims in a State of Socio-Economic Decline', *The Times of India*, 22 October 2004; Yogendra Sikand, 'Lessons of the Past: Madrasa Education in South Asia', *Himal*, volume 14, number11, November 2001; *idem*, 'Countering Fundamentalism: The Ban on SIMI', *Economic and Political Weekly*, 6 October 2001; Arjumand Ara, 'Madrasas and Making of Muslim Identify in India', *Economic and Political Weekly*, 3 January 2004.

24 Navnita Cahndha Behera, *State, Identity and Violence: Jammu, Kashmir and Ladakh* (New Delhi: Manohar, 2000), p. 179.

25 Sonia Jabbar, 'Spirit of Place', in *Civil Lines 5: New Writing from India* (New Delhi: IndiaLink, 2001), pp. 28-9. 另見一位跟隨家人逃離谷地的年輕潘迪特人的親眼見證：Rahul Pandita, *Our Moon Has Blood Clots: The Exodus of the Kashmiri Pandits* (New Delhi: Random House India, 2013).

26 比較以下新聞報導：*The Telegraph*, 1 April 1990; in *Frontline*, 14-27 April 1990; in

76 Vir Sanghvi, 'A Vote for Change', *Sunday*, 3-9 December 1989.

77 *Sunday*, 16-22 June 1985.

78 Kewal Varma, 'The Politics of V. P. Singh', *Sunday*, 19-25 April 1987.

第二十六章　權利與暴動

1 M.N. Srinivas, Caste in Modern India and Other Essays (Bombay: Asia Publishing House, 1962).

2 1960年代及1970年代落後種姓的政治主張，請見Christophe Jaffrelot, *India's Silent Revolution: The Rise of the Low Castes in North Indian Politics* (Delhi: Permanent Black, 2003). 也可見D. L. Sheth, 'Secularisation of Caste and Making of New Middle Class', *Economic and Political Weekly*, 21-28 August 1999.

3 Report of the Backward Classes Commission (Delhi: Controller of Publications, 1980), vol. 1, p. 57.

4 Sanjay Ruparelia, *Divided We Govern: Coalition Politics in Modern India* (New Delhi: Oxford University Press, 2015), p. 117f.

5 André Béteille, 'Distributive Justice and Institutional Wellbeing', *Economic and Political Weekly*, special issue, March 1991; Dharma Kumar, 'The Affirmative Action Debate in India', *Asian Survey*, volume 32, number 3, March 1992; Norio Kondo, 'The Backward Classes Movement and Reservation in Tamil Nadu and Uttar Pradesh: A Comparative Perspective', in Mushirul Hasan and Nariaki Nakazato, eds, *The Unfinished Agenda: Nation-Building in South Asia* (Delhi: Manohar, 2001).

6 Jaffrelot, *India's Silent Revolution*, pp. 345-7.

7 請參見Paranjoy Guha Thakurta and Shankar Raghuraman, *A Time of Coalitions: Divided We Stand* (New Delhi: Sage Publications, 2004).

8 Richard H. Davis, 'The Iconography of Rama Chariot' in David Ludden, ed., *Making India Hindu: Religion, Community and the Politics of Democracy in India* (second edition, New Delhi: Oxford University Press, 1996).

9 同前注，頁46。

10 Jaffrelot, *Hindu Nationalism Movement*, pp. 420-2.

11 請參見Paul Brass, *The Production of Hindu-Muslim Violence in Contemporary India* (New Delhi: Oxford University Press, 2003), pp. 110-23.

12 請參見Katju, *Vishva Hindu Parishad*, p.65.

13 細節請見S. Guhan, *The Cauvery River Dispute: Towards Conciliation* (Chennai:

India Today, 15 June 1988.

56 訪談出處為*India Today*, 30 November 1986.

57 Sten Widmalm, 'The Rise and Fall of Democracy in Jammu and Kashmir, 1975-1989', in Amrita Basu and Atul Kohli, eds, *Community Conflicts and the State in India* (Delhi: Oxford University Press, 1988), pp. 167ff.

58 *Sunday*, 9-15 July 1989.

59 相關文獻可參見A. Jeyaratnam Wilson, *Sri Lankan Tamil Nationalism: Its Origins and Development in the 19th and 20th Centuries* (London: C. Hurst and Co., 2000); Sankaran Krishna, *Postcolonial Insecurities: India, Sri Lanka, and the Question of Nationhood* (Delhi: Oxford University Press, 2000).

60 Shekhar Gupta, 'Operation Pawan: In a Rush to Vanquish', *India Today*, 31 January 1988.

61 Lt. Gen. S. C. Sardeshpande, *Assignment Jaffna* (New Delhi: Lancer, 1992), preface.

62 Krishna, *Postcolonial Insecurities*, p. 154 and *passim*.

63 參見Gill, *Dynasty*, pp. 474-7.

64 參見報告，出自*India Today*, 15 June 1989.

65 封面報導'The Ugly Indian', *Sunday*, 12-18 July 1987.

66 參見報告，出自*Sunday*, 28 September—4 October 1988.

67 Nilanjan Mukhopadhyay, *The Demolition: India at the Crossroads* (New Delhi: HarperCollins India, 1994), pp. 260-2; Christophe Jaffrelot, *The Hindu Nationalist Movement and Indian Politics, 1925 to the 1990s* (New Delhi: Penguin India, 1999), pp. 383ff.

68 參見People's Union for Democratic Rights, *Bhagalpur Riots* (New Delhi: PUDR, 1990).

69 Chitra Subramaniam, *Bofors: The Story Behind the News* (New Delhi: Viking, 1993).

70 *India Today*, 31 March and 15 October 1988; *Sunday*, 30 October—5 November 1988.

71《誹謗法案》（Defamation Bill）的相關討論可見M. V. Desai, 'The Indian Media', in Marshall M. Bouton and Philip Oldenburg, eds, *India Briefing, 1989* (Boulder: Westview Press, 1989).

72 *India Today*, 15 January 1989.

73 *Sunday*, 12-18 March 1989.

74 Indranil Banerjie, 'Mera Dynasty Mahan', *Sunday*, 1-7 October 1989.

75 參見*India Today*, 31 October 1989; *Sunday*, 12-18 November 1989.

41 Roychowdhury, 'State and Business in India', pp. 73, 122.

42 T. N. Ninan and Jagannath Dubashi, 'Dhirubhai Ambani: The Super Tycoon', *India Today*, 30 June 1985; T. N. Ninan, 'Reliance: Under Pressure', *India Today*, 15 August 1986; Perez Chandra, 'Reliance: The Man Behind the Legend', *Business India*, 17-30 June 1985; Paranjoy Guha Thakurta, 'The Two Faces of Dhirubhai Ambani', *Seminar*, January 2003.

43 'Crony Capitalism', *Sunday*, 2-8 October 1988; Teesta Setalvad, 'Pawar, Politics and Money', *Business India*, 10-23 July 1989; Sankarshan Thakur, 'How Corrupt Is Bhajan Lal?', *Sunday*, 21-27 July 1985.

44 Indranil Banerjie, 'The New Maharajahs', *Sunday*, 17-23 April 1988.

45 Niraja Gopal Jayal, *Democracy and the State: Welfare, Secularism and Development in Contemporary India* (Delhi: Oxford University Press, 1999), pp. 46ff.; 'The Wretched of Kalahandi', *Sunday*, 19-25 January 1986.

46 R. Jagannathan, 'Welcome to Hard Times', *Sunday*, 6-12 September 1987

47 M. V. Nadkarni, *Farmers' Movements in India* (New Delhi: Allied Publishers, 1987); 特別號'New Farmers' Movements in India', *Journal of Peasant Studies*, vol. 21, no. 2, 1993-4.

48 Vijay Naik and Shailaja Prasad, 'On Levels of Living of Scheduled Castes and Scheduled Tribes', *Economic and Political Weekly*, 28 July 1984.

49 Tanka B. Subba, *Ethnicity, State and Development: A Case Study of the Gorkhaland Movement in Darjeeling* (New Delhi: Har-Anand Publications, 1992); 'Peace in the Angry Hills?', *Sunday*, 24-30 July 1988.

50 *Sunday*, 27 August—2 September 1989; *India Today*, 15 September 1989; *Business India*, 26 June—9 July 1989.

51 *Sunday*, 25-31 January 1987 and 28 August—3 September 1988.

52 Shekhar Gupta, 'Punjab Extremists: Calling the Shots', *India Today*, 28 February 1986.

53 參見*India Today*, issues of 30 April 1986 and 15 September 1988; *Sunday*, 3-9 January 1986. 1980年代與1990年代，旁遮普警方違反人權的情事，完整記錄於Ram Narayan Kumar et al., *Reduced to Ashes: The Insurgency and Human Rights in Punjab* (Kathmandu: South Asia Forum for Human Rights, 2003).

54 報告出處為*Sunday*, 19-25 May 1985, 19-25 July 1987 and 20-26 March and 1-7 June 1988 and in *India Today*, 15 June and 31 December 1986.

55 Shekhar Gupta and Vipin Mudgal, 'Operation Black Thunder: A Dramatic Success',

in Ayodhya', *Modern Asian Studies*, vol. 21, no. 2, 1987. 這個地區的名字來自阿逾陀的姊妹城鎮費札巴德（Faizabad）。做出判決的官員，基本上是費札巴德的地區法官。

26 Saifuddin Chowdhury, 引述於 *Sunday*, 9-15 March 1986.

27 參見喬杜里的文章，出處為 *The Statesman*, 20 April and 1 May 1986, 重新刊載於 A. G. Noorani, ed., *The Babri Masjid Question*, vol. 1 (New Delhi: Tulika Books, 2003), pp. 260-6.

28 Inderjit Badhwar, 'Hindus: Militant Revivalism', *India Today*, 31 May 1986.

29 Sant Ramsharaan Das of Banaras, 寫於 1989年5月，引述於 Manjari Katju, *Vishwa Hindu Parishad and Indian Politics* (Hyderabad: Orient Longman, 2003), p. 73.

30 *India Today*, 15 March 1986; *Sunday*, 25-31 January 1987.

31 參照 Rajni Bakshi, 'The Rajput Revival', *Illustrated Weekly of India*, 1 November 1987.

32 此數據來自 David Page and William Crawley, *Satellites over South Asia: Broadcasting, Culture and the Public Interest* (New Delhi: Sage Publications, 2001), p. 56.

33 Arvind Rajagopal, *Politics after Television: Religious Nationalism and the Reshaping of the Indian Public* (Cambridge: Cambridge University Press, 2001), p. 84.

34 Sevanti Ninan, *Through the Magic Window: Television and Change in India* (New Delhi: Penguin India, 1995), pp. 6-8.

35 Philip Lutgendorf, 'Ramayan: The Video', *Drama Review*, vol. 34, no. 2, 1990, p. 128.

36 Robin Jeffrey, 'Media Revolution and "Hindu Politics" in North India, 1982-99', *Himal*, July 2001, 文體強調之處為原書作者所標注。

37 訪談出處為 *Financial Express*, 引述於 Supriya Roychowdhury, 'State and Business in India: The Political Economy of Liberalization, 1984-89', unpublished PhD dissertation, Department of Politics, Princeton University, pp. 100-1. 亦參照 Stanley A. Kochanek, 'Regulation and Liberalization in India', *Asian Survey*, vol. 26, no. 12, 1986.

38 H. K. Paranjape, 'New Lamps for Old! A Critique of the "New Economic Policy" ', *Economic and Political Weekly*, 7 September 1985.

39 參照報告，出處為 *India Today*, 15 March and 15 April 1985.

40 T. N. Ninan, 'Rise of the Middle Class', *India Today*, 31 December 1985. 亦參見 'The Rising Affluence of the Middle Class', *Sunday*, 29 October—1 November 1986.

7 Mani Shankar Aiyar, *Remembering Rajiv* (Calcutta: Rupa and Co., 1992), p. 53.

8 Harish Puri, 'Punjab: Elections and After', *Economic and Political Weekly*, 5 October 1985; *India Today*, 15 September and 15 October 1985.

9 *India Today*, 15 September 1985 and 15 January 1986; *Sunday*, 29 December—4 January 1986.

10 參見Lalchungnunga, *Mizoram: Politics of Regionalism and National Integration* (New Delhi: Reliance Publishing House, 2002), Appendix D; 報告出處為*Sunday*, 20-26 July 1986.

11 'Mizoram: Quest for Peace', *India Today*, 31 July 1986.

12 S. S. Gill, *The Dynasty: A Political Biography of the Premier Ruling Family of Modern India* (New Delhi: HarperCollins India, 1996), pp. 394-5.

13 *Business India*, December 31 1984—January 13 1985.

14 Shubhabrata Bhattacharya, 'Rajiv Gandhi's Discovery of India', *Sunday*, 22-28 September 1985.

15 參見判決，出自Criminal Appeal No. 103 of 1981, decided on 23 April 1985 (*Mohd. Ahmed Khan* v. *Shah Bano and Others*), *Supreme Court Cases* (1985), 2 SCC, pp. 556-74.

16 Hutokshi Doctor, 'Shah Bano: Brief Glory', *Imprint*, May 1986.

17 參見Danial Latifi, 'Muslim Law', in Alice Jacob, ed., *Annual Survey of Indian Law*, vol. 21 (New Delhi: The Indian Law Institute, 1985).

18 *Lok Sabha Debates*, 23 August 1985.

19 Ritu Sarin, 'Shah Bano: The Struggle and the Surrender', *Sunday*, 1-7 December 1985.

20 例如社論，出處為*The Statesman*, 19 December 1985.

21 *Indian Express*, 21 December 1985.

22 Vasudha Dhagamwar, 'After the Shah Bano Judgement—II', *Times of India*, 11 February 1986.

23 參見*Eve's Weekly*, issue of 29 March—4 April 1986.

24 R. D. Pradhan, *Working with Rajiv Gandhi* (New Delhi: HarperCollins India, 1995), pp. 130-1.

25 Peter Van der Veer, *Gods on Earth: The Management of Religious Experience and Identity in a North Indian Pilgrimage Centre* (London: The Athlone Press, 1988), especially chapter 1, and '"God Must Be Liberated": A Hindu Liberation Movement

66 Shahnaz Anklesaria, 'Fall-out of Army Action: A Field Report', *Economic and Political Weekly*, 28 July 1984.

67 Sten Widmalm, 'The Rise and Fall of Democracy in Jammu and Kashmir, 1975-1989', in Amrita Basu and Atul Kohli, eds, *Community Conflicts and the State in India* (Delhi: Oxford University Press, 1988); B. K. Nehru, *Nice Guys Finish Second* (New Delhi: Viking, 1997), pp. 627-41.

68 *The Week*, 26 August 1984.

69 甘地夫人致信Erna Sailer，1984年10月20日，副本收錄於Jayakar Papers, Mumbai.

70 Pupul Jayakar, '31 October', 打字稿出處同前注。

71 此段德里反錫克暴動的描述，依據為兩本應當奉為經典的著作：Anon., *Who are the Guilty? Report of a Joint Inquiry into the Cause and Impact of the Riots in Delhi from 31 October to 10 November* (Delhi: PUDR and PUCL, 1984); Uma Chakravarti and Nandita Haksar, *The Delhi Riots: Three Days in the Life of a Nation* (New Delhi: Lancer International, 1987). 我的資料來源也有與暴動後發放救濟物資的朋友和同事的談話。

72 'The Violent Aftermath', *India Today*, 30 November 1984.

73 'Indira Gandhi's Bequest', *Economic and Political Weekly*, 3 November 1984.

74 Daniel Sutherland, 'India Seen Facing Era of Uncertainty', *New York Times*, 1 November 1984; Henry Trewhitt, 'U.S. Fears Assassination may bring Chaos in India, Rivalry in South Asia', *The Sun*, 1 November 1984.

第二十五章　總理之子依在

1 *Times of India*, 4 December 1984.

2 *Times of India*, 14 December 1984.

3 Praful Bidwai, 'What Caused the Pressure Build-Up', *Times of India*, 26 December 1984.

4 Radhika Ramaseshan, 'Profit against Safety', *Economic and Political Weekly*, 22-29 December 1984; *Indian Express*, 5 December 1984. 博帕爾悲劇發生後，生還者及其親屬，與政府（遭控未提供足夠的醫療救援）及美國聯合碳化物公司（遭控補償金額過低）對立，受苦受難的後續效應還在延燒。

5 Hari Jaisingh, *India after Indira: The Turbulent Years (1984-1989)* (New Delhi: Allied Publishers, 1989), pp. 19-20; *Business India*, 17-30 December 1984.

6 Harish Khare, 'The State Goes Macho', *Seminar*, January 1985.

52 Paul Wallace, 'Religious and Secular Politics in Punjab: The Sikh Dilemma in Competing Political Systems,' in Wallace and Chopra, *Political Dynamics of Punjab*, pp. 1-2.

53 M. J. Akbar, *Riot after Riot: Reports on Caste and Communal Violence in India* (New Delhi: Penguin India, 1988).

54 Achyut Yagnik, 'Spectre of Caste War', *Economic and Political Weekly*, 28 March 1981; Pradip Kumar Bose, 'Social Mobility and Caste Violence: A Study of the Gujarat Riots', *Economic and Political Weekly*, 18 April 1981.

55 引述於Moin Shakir, 'An Analytical View of Communal Violence', in Asghar Ali Engineer, ed., *Communal Riots in Post-Independence India*, 2nd edn (Hyderabad: Sangam Books, 1991), p. 95.

56 暴亂事件的個別研究收錄於Akbar, *Riot after Riot*; Engineer, *Communal Riots*; 以及公民自由團體報告和那幾年的《Economic and Political Weekly》刊載的文章。

57 接下來描述及列舉相關主題的幾個段落，依據為本人閱讀之文獻；但亦可參見Asghar Ali Engineer, 'An Analytical Study of the Meerut Riots', *PUCL Bulletin*, vol. 3, no. 1, January 1983.

58 George Mathew, 'Politicisation of Religion: Conversions to Islam in Tamil Nadu', *Economic and Political Weekly*, 19 June 1982.

59 參見M. J. Akbar, *India: The Siege Within* (Harmondsworth: Penguin Books, 1985), pp. 197ff.

60 參照Balraj Puri, 'Who is Playing with National Interest?', *Economic and Political Weekly*, 11 February 1984.

61 Lt. Gen. K. S. Brar, *Operation Blue Star: The True Story* (New Delhi: UBS Publishers, 1987), pp. 35-. 由於布拉爾是藍星行動的指揮官，而且所有記者都事先撤離了，所以他的著作是重建藍星行動不可或缺的史料。不過，應該要同時參考以目擊者和生還者見聞為依據的Tully and Jacob, *Amritsar*.

62 Brar, *Operation Bluestar*, p. 91.

63 同前注，頁126-127。

64 Lt. Gen. J. S. Aurora, 'If Khalistan Comes, the Sikhs will be the Losers', in Patwant Singh and Harji Malik, eds, *Punjab: The Fatal Miscalculation* (New Delhi: Patwant Singh, 1985), p. 133.

65 J. S. Grewal, *The Sikhs of the Punjab*, 2nd edn (Cambridge: Cambridge University Press, 1999), p. 227.

41 此段有關旁遮普爭議的描述，取材自下列書籍與文章：Robin Jeffrey, *What's Happening to India: Punjab, Ethnic Conflict and the Test for Federalism*, 2nd edn (Basingstoke: Macmillan, 1994); Chand Joshi, *Bhindranwale: Myth and Reality* (New Delhi: Vikas Publishing House, 1984); Anup Chand Kapur, *The Punjab Crisis* (Delhi: S. Chand and Co, 1985); Ram Narayan Kumar, *The Sikh Unrest and the Indian State* (Delhi: Ajanta Publishers, 1997); Mark Tully and Satish Jacob, *Amritsar: Mrs Gandhi's Last Battle* (London: Pan Books, 1985); Satinder Singh, *Khalistan: An Academic Analysis* (New Delhi: Amar Prakashan, 1982); Harjot Oberoi, 'Sikh Fundamentalism: Translating History into Theory', in Martin E. Marty and R. Scott Appleby, eds, *Fundamentalisms and the State* (Chicago: University of Chicago Press, 1996); Hamish Telford, 'The Political Economy of Punjab: Creating Space for Sikh Militancy', *Asian Survey*, vol. 32, no. 11, November 1992.

42 參照針對賓德蘭瓦勒布道所做的啟發性分析，出自 Mark Juergensmeyer, 'The Logic of Religious Violence: The Case of the Punjab', *Contributions to Indian Sociology*, new series, vol. 22, no. 1, 1988.

43 Ayesha Kagal, 引述於 Paul Wallace, 'Religious and Ethnic Politics: Political Mobilization in Punjab', in Francine R. Frankel and M. S. A. Rao, eds, *Dominance and State Power in India: Decline of a Social Order*, vol. 2 (Delhi: Oxford University Press, 1990), p. 451.

44 參見賓德蘭瓦勒的檔案，收錄於 *India Today*, 1-15 October 1981; Murray J. Leaf, *Song of Hope: The Green Revolution in a Panjab Village* (New Brunswick: Rutgers University Press, 1984), chapter 7, 'Religion'.

45 剪報出處為 Mss Eur F230/36, OIOC.

46 *Indian Express*, 21 September 1981.

47 意見分別來自 Tully 與 Jacob, *Amritsar*, p. 71, 以及 Joshi, *Bhindranwale*, p. 90.

48 關於阿卡利黨走向極端的壓力，深具洞見的近代描述請參見 Gopal Singh, 'Socio-economic Bases of the Punjab Crisis', *Economic and Political Weekly*, 7 January 1984.

49 Madhu Jain 的訪談出自 *Sunday*, 4 September 1983; Rajinder Puri, 'Remembering 1984', *National Review*, November 2003.

50 Anne Vaugier-Chatterjee, *Histoire Politique du Pendjab de 1947 à nos Jours* (Paris: L'Harmattan, 2001), pp. 158f.

51 永恆王座的重要性請參見 Madanjit Kaur, *The Golden Temple: Past and Present* (Amritsar: Guru Nanak Dev University Press, 1983), pp. 268-70.

eds, *Nagaland File: A Question of Human Rights* (New Delhi: Lancer International, 1984).

25 記者塞納特提供的私人情報，當時他正在報導安德拉邦的政治情況。

26 *Times of India*, 30 March 1982; *Sunday*, 16 January 1983.

27 參見勞的訪談內容，出自*Sunday*, 12 December 1982.

28 *Times of India*, 10 January 1983.

29 M. Ramchandra Rao, 'NTR—Victim of His Own Charisma?', *Janata*, 24 April 1983.

30 *Indian Express*, 15 September 1983.

31 Myron Weiner, *Sons of the Soil: Migration and Ethnic Conflict in India* (Princeton: Princeton University Press, 1978), chapter 3; Alaka Sarmah, *Immigration and Assam Politics* (Delhi: Ajanta Books, 1999); Anindita Dasgupta, 'Denial and Resistance: Sylhet Partition Refugees in Assam', *Contemporary South Asia*, vol. 10, no. 3, 2001.

32 Amalendu Guha, 'Little Nationalism Turned Chauvinist: Assam's Anti-Foreigner Upsurge 1979-80', *Economic and Political Weekly*, annual issue, October 1980.

33 Sanjib Baruah, *India against Itself: Assam and the Politics of Nationality* (Philadelphia: University of Pennsylvania Press, 1999), esp. chapter 5; Tilotomma Misra, 'Assam and the National Question', in *Nationality Question in India*; Udayon Misra, *The Periphery Strikes Back: Challenges to the Nation-State in Assam and Nagaland* (Shimla: Indian Institute of Advanced Study, 2000), chapters 4 and 5.

34 Chaitanya Kalbagh, 'The North-East: India's Bangladesh?', *India Today*, 1-15 May 1980.

35 *Economic Times*, 3 November 1980.

36 引述於*Times of India*, 30 July 1980.

37 參見T. S. Murty, *Assam, the Difficult Years: A Study of Political Developments in 1979-83* (New Delhi: Himalayan Books, 1983).

38 Devdutt, 'Assam Agitation: It Is not the End of the Tunnel', *The Financial Express*, 8 October 1980.

39 廣泛蒐羅錫克政治史相關論文，且頗具價值的著作為Paul Wallace and Surendra Chopra, eds, *Political Dynamics of Punjab* (Amritsar: Guru Nanak Dev University Press, 1981).

40 阿南德普爾薩希布決議有不同的版本。我採用的是經過聖者隆格瓦爾鑑定的版本，刊載於*White Paper on the Punjab Agitation* (New Delhi: Government of India Press, 1984), pp. 67-90.

9 Bashiruddin Ahmad, 'Trends and Options', *Seminar*, April 1980.

10 Bobby Harrypersadh訪談打字稿，日期為1980年5月31日，收錄於Jayakar Papers, Mumbai.

11 *India Today*, 16-31 May 1980.

12 *The Hindu*, 24 June 1980.

13 The *Tribune*, 27 October 1980, 副本收錄於Pupul Jayakar Papers, Mumbai.

14 *India Today*, 16-31 August, 1980.

15 M. V. Kamath, 'Why Rajiv Gandhi?', *Illustrated Weekly of India*, 31 May 1981.

16 *India Today*, 1-15 December 1981.

17 這些描述印度節的段落，依據為剪報與通信，收錄於Mss Eur F215/232, OIOC.

18 Rajni Bakshi, *The Long Haul: The Bombay Textile Workers Strike* (Bombay: BUILD Documentation Centre, 1986); Meena Menon and Neera Adarkar, *One Hundred Years, One Hundred Voices: The Millworkers of Girangaon: An Oral History* (Calcutta: Seagull Books, 2004). 工廠老闆或政府表示，大部分的工廠都「病了」，這場罷工實際上斷送了孟買的紡織業。工廠區此時成為孟買的爭議焦點，人民要求將工廠改建成勞工階級的住宅或公園，房地產投資客則希望將工廠改建成豪華公寓和購物中心。

19 Jan Myrdal, *India Waits* (Hyderabad: Sangam Books, 1984).

20 Mahasveta Devi, 'Contract Labour or Bonded Labour?', *Economic and Political Weekly*, 6 June 1981.

21 Darryl D'Monte, 'In Santhal Parganas with Sibu Soren', *Illustrated Weekly of India*, 8 April 1979, and 'The Jharkhand Movement'（出自兩部分）, *Times of India*, 13 and 14 March 1979. 賈坎德邦議題的大範圍歷史脈絡請見Sajal Basu, *Jharkhand Movement: Ethnicity and Culture of Silence* (Shimla: Indian Institute of Advanced Study, 1984); Susan B. C. Devalle, *Discourses of Ethnicity: Culture and Protest in Jharkhand* (New Delhi: Sage Publications, 1992); Nirmal Sengupta, ed., *Jharkhand: Fourth World Dynamics* (Delhi: Authors Guild, 1982).

22 參見Shankar Guha Niyogi, 'Chattisgarh and the National Question', in *Nationality Question in India: Seminar Papers* (Hyderabad: Andhra Pradesh Radical Students Union, 1982).

23 Bertil Lintner, *Land of Jade: A Journey through Insurgent Burma* (Bangkok: White Lotus, 1990), pp. 83-4 and *passim*.

24 'Report of a Fact-Finding Team', chapter 21 in Luingam Luithui and Nandita Haksar,

57 此段描述依據為過去30年以來，我與這些團體的親身互動經驗。可惜，沒有現代印度公民自由運動的相關歷史紀錄，也沒有針對公民自由運動最重要的團體所做的研究，例如：以德里為根據地的公民自由人民聯盟（People's Union for Civil Liberties）和民主權利人民聯盟（People's Union for Democratic Rights）、以加爾各答為根據地的民主權利保護聯盟（Association for the Protection of Democratic Rights）、以孟買為根據地的民主權利保護委員會（Committee for the Protection of Democratic Rights）、以海德拉巴為根據地的安德拉邦公民自由委員會（Andhra Pradesh Civil Liberties Committee）。在邦加羅爾國家法學院的Sitarama Kakarala博士近期即將完成以安德拉邦公民自由委員會為主題的著作。

58 Anil Sadgopal and Shyam Bahadur 'Namra', eds, *Sangharh aur Nirman: Shankar Guha Niyogi aur Unka Naye Bharat ka Sapna* (Struggle and Construction: Shankar Guha Niyogi and his Dreams for a New India) (Delhi: Rajkamal Prakashan, 1993). 尼約基在1992年遭殺手暗殺身亡——很有可能是當地實業家聘僱的殺手。

59 Robin Jeffrey, *India's Newspaper Revolution: Capitalism, Politics and the Indian-Language Press, 1977-99* (London: C. Hurst and Co., 2000).

第二十四章　失序的民主

1 Walter Schwarz, 'Two-Party Democracy Faces a Test Run', *Guardian*, 14 May 1977.

2 剪報出自*New York Times*, 4 April 1977; 寫給S. K. De的信件，落款日期為1977年6月17日，皆收錄於Temp Mss 577/81, Horace Alexander Papers, Friends House, Euston.

3 亞歷山大致信甘地夫人，1977年4月8日，同前注。

4 這些席次和得票率數據來自統計補充說明，出處為*Journal of Indian School of Political Economy*, vol. 15, nos 1 and 2, 2003, 此部分屬於特別號'Political Parties and Elections in Indian States: 1990-2003', edited by Suhas Palshikar and Yogendra Yadav.

5 Prabhas Joshi, 'And Not Even a Dog Barked', *Tehelka*, 2 July 2005; *India Today*, 1-15 January 1980.

6 參見Mervyn Jones, *Chances: An Autobiography* (London: Verso, 1987), p. 271.

7 Moin Shakir, 'Election Participation of Minorities and Indian Political System', *Economic and Political Weekly*, annual issue, February 1980.

8 Nalini Singh, 'Elections as They Really Are', *Economic and Political Weekly*, 24 May 1980.

40 *New York Times*, 30 October 1977.

41 參照*Himmat*, 10 March 1978.

42 參照James Manor, 'Pragmatic Progressives in Regional Politics: The Case of Devaraj Urs', *Economic and Political Weekly*, annual issue, February 1980.

43 Ramesh Chandran, 'The Battle for Chikmaglur', *Illustrated Weekly of India*, 5 November 1978.

44 Granville Austin, *Working a Democratic Constitution: The Indian Experience* (New Delhi: Oxford University Press, 1999), pp. 463-4.

45 此段關於人民黨內部衝突以及分裂的描述，依據為Arun Gandhi, *The Morarji Papers: Fall of the Janata Government* (New Delhi: Vision Books, 1983); Limaye, *Janata Party Experiment*, vol. 2; Terence J. Byres, 'Charan Singh, 1902-87: An Assessment', *Journal of Peasant Studies*, vol. 15, no. 2, 1987-8; 以及1978年與1979年數期《勇氣》週刊。

46 社論出處為*Opinion*, 16 October 1979.

47 甘地夫人致信Fory Nehru，1977年4月17日，收錄於Jayakar Papers, Mumbai. 在她自己的傳記中（Jayakar, *Indira Gandhi*, p. 303），她引述了這封信件，卻沒有引述關鍵的最後一句話。

48 *Himmat*, 20 July 1979.

49 Jag Parvesh Chandra, *Verdict on Janata* (New Delhi: Metropolitan Book Co., 1979), pp. 26, 96; Thakur, *All the Janata Men*, pp. 148-50.

50 *Himmat*, issues of 6 January and 10 February 1978.

51 Sharad Karkhanis, 引述於Gandhi, *The Morarji Papers*, pp. 97-8.

52 Austin, *Working the Democratic Constitution*, pp. 403-4.

53 *Illustrated Weekly of India*, 6 March 1977.

54 此段描述依據為Austin, *Working a Democratic Constitution*, pp. 409-30. 但亦參照Soli Sorabjee, 'Repairing the Constitution: The Job Remains', *Himmat*, 23 March 1979.

55 Radha Kumar, *The History of Doing: An Illustrated Account of Movements for Women's Rights and Feminism in India, 1860-1990* (New Delhi: Kali for Women, 1993), esp. chapters 6 to 8; Chhaya Datar, *Waging Change: Women Tobacco Workers in Nipani Organise* (New Delhi: Kali for Women, 1989).

56 詳情參見Ramachandra Guha, *How Much Should a Person Consume? Environmentalism in India and the United States* (Berkeley: University of California Press, 2006), chapter 2, 'The Indian Road to Sustainability'.

pp. 11-12, 33-4.

25 The *Guardian*, 12 November 1977.

26 D. D. Thakur, *My Life and Years in Kashmiri Politics* (Delhi: Konark Publishers, 2005), p. 277.

27 Shamim Ahmed Shamim, 'Kashmir', *Seminar*, April 1978. 亦參照Mir Qasim, *My Life and Times* (New Delhi: Allied Publishers, 1992), pp. 154-5.

28 Gilbert Etienne, *India's Changing Rural Scene, 1963-1979* (Delhi: Oxford University Press, 1982).

29 洪流行動的相關實用概述收錄於Martin Doornbos and K. N. Nair, eds, *Resources, Institutions and Strategies: Operation Flood and Indian Dairying* (New Delhi: Sage Publications, 1990); Shanti George, *Operation Flood: An Appraisal of Current Indian Dairy Policy* (Delhi: Oxford University Press, 1985).

30 Ashutosh Varshney, *Democracy, Development, and the Countryside: Urban—Rural Struggles in India* (Cambridge: Cambridge University Press, 1998), chapter 4

31 參照前注，以及Ashok Mitra, *Terms of Trade and Class Relations* (London: Frank Cass, 1977).

32 Neerja Chowdhury, 'Sharpening the Battle Lines', *Himmat*, 23 March 1979; Harry W. Blair, 'Rising Kulaks and Backward Classes in Bihar: Social Change in the Late 1970s', *Economic and Political Weekly*, 12 January 1980.

33 Kalpana Sharma, 'Bihar—the Ungovernable State?', and Rajiv Shankar, 'Why Bihar Remains Poor', both in *Himmat*, 6 October 1978.

34 Sachidananda, 'Bihar's Experience', *Seminar*, November 1979.

35 Arun Sinha, 'Class War, Not "Atrocities" against Harijans', *Economic and Political Weekly*, 10 December 1977; Pravin Sheth, 'In the Countryside', *Seminar*, November 1979.

36 Atyachar Virodh Samiti, 'The Marathwada Riots: A Report', *Economic and Political Weekly*, 12 May 1979.

37 Owen M. Lynch, 'Rioting as Rational Action: An Interpretation of the April 1978 Riots in Agra', *Economic and Political Weekly*, 28 November 1981.

38 Pupul Jayakar, *Indira Gandhi: An Intimate Biography* (New York: Pantheon Books, 1993), pp. 253-4, 263-4.

39 Madhu Limaye, *Janata Party Experiment: An Insider's Account of Opposition Politics*, vol. 1 (Delhi: B. R. Publishing Corporation, 1994), p. 451.

8 S. L. M. Prachand, *The Popular Upsurge and the Fall of Congress* (Chandigarh: Abhishek Publications, 1977).

9 參照Theodore P. Wright, Jr., 'Muslims and the 1977 Indian Election: A Watershed?', *Asian Survey*, vol. 17, no. 12, December 1977.

10 甘地夫人致信Fory Nehru，1977年4月17日，副本收錄於Pupul Jayakar Papers, Mumbai.

11 Khushwant Singh, 寫於他的'Editor's Page', *Illustrated Weekly of India*, 27 March 1977.

12 Janardhan Thakur, *All the Janata Men* (New Delhi: Vikas Publishing House, 1979), p. 148.

13 參見*Himmat*, 30 June 1978.

14 *New York Times*, 22 March 1977, and *Washington Post*, 19 April 1977, 皆引述於Baldev Raj Nayar, 'India and the Super Powers: Deviation or Continuity in Foreign Policy?', *Economic and Political Weekly*, 23 July 1977.

15 Ajit Bhattacharjea, 'Janata's Foreign Policy', *Himmat*, 30 December 1977.

16 參照卡特出訪的新聞剪報，收錄於File 77, Horace Alexander Papers, Friends House, Euston.

17 報告出自*The Times*, 7 November 1977.

18 相關回憶內容出自'When Zia Complimented Vajpayee', *New Indian Express*, 21 February 1999.

19 參照報告，出處為*Himmat*, 4 November 1977.

20 *Himmat*, 20 January 1978.

21 K. A. Abbas, *Janata in a Jam?* (Bombay: Jaico Publishing House, 1978), p. 84.

22 Ajit Roy, 'West Bengal: Not a Negative Vote', *Economic and Political Weekly*, 2 July 1977.

23 Sunil Sengupta, 'West Bengal Land Reforms and the Agrarian Scene', *Economic and Political Weekly, Review of Agriculture*, June 1981; Atul Kohli, *The State and Poverty in India: The Politics of Reform* (Cambridge: Cambridge University Press, 1987), chapter 3; Prabir Kumar De, *The Politics of Land Reform: The Changing Scene in Rural Bengal* (Calcutta: Minerva Associates, 1994).

24 Narendra Subramanian, *Ethnicity and Populist Mobilization: Political Parties, Citizens and Democracy in South India* (New Delhi: Oxford University Press, 1999), pp. 283-6; K. Mohandas, *MGR: The Man and the Myth* (Bangalore: Panther Publishers, 1992),

67 *Satya Samachar*, 26 September 1976; 人民抗爭委員會的新聞簡報，日期為1976年11月23日，皆收錄於‘Emergency File’, Hari Dev Sharma Papers, NMML.

68 Basu, *Underground Literature*, p. 36; Gangadharan et al., *Inquisition*, pp. 130-3.

69 這個觀點的權威文獻是她的前祕書達爾針對緊急狀態時期撰寫的書籍。但類似的看法幾乎出現在甘地夫人的每一本傳記當中。參見Dhar, *Indira Gandhi*，以及前述由Jayakar、Malhotra、Moraes、Vasudev等人所撰寫的傳記。

70 *The Times*, 26 August 1976.

71 John Grigg, ‘Tryst with Despotism’, *Spectator*, 21 August 1976.

72 參見亞歷山大與甘地夫人之間的通信，收錄於File 78, Horace Alexander Papers, Friends House, Euston

73 列文的文章全文刊載於Rao and Rao, eds., *The Press She Could not Whip*, pp. 124-31, 268-76.

74 Dhar, *Indira Gandhi*, p. 344.

75 Henderson, *Experiment with Untruth*, p. 153; Kuldip Nayar, *The Judgement: Inside Story of the Emergency in India* (New Delhi: Vikas Publishing House, 1977), p. 55.

76 A. M. Rosenthal, ‘Father and Daughter: A Remembrance’, *New York Times*, 1 November 1984.

77 參見Jawaharlal Nehru, *Glimpses of World History* (1934; 4th edn London: Lindsay Drummond, 1949).

第二十三章　國大黨退場

1 S. Devadas Pillai, ed., *The Incredible Elections; 1977: A Blow-by-Blow Document as Reported in the Indian Express* (Bombay: Popular Prakashan, 1977), pp. 19-22, 37-8, 43.

2 同前注，頁74-76、107-111。

3 *Illustrated Weekly of India*, 6 March 1977.

4 Ajit Bhattacharjea, *Unfinished Revolution: A Political Biography of Jayaprakash Narayan* (New Delhi: Rupa and Co., 2004), pp. 282-3.

5 Pillai, *The Incredible Elections*, pp. 196, 198, 237, 244-5, 247.

6 Inder Malhotra, ‘The Campaign that Was’, *Illustrated Weekly of India*, 20 March 1977; Javed Alam, *Domination and Dissent: Peasants and Politics* (Calcutta: Mandira, 1985), pp. 63, 65, 98, 168-9.

7 報告收錄於Pillai, *The Incredible Elections*, pp. 419-22.

49 同前注，頁108-110；Dhar, *Indira Gandhi*, pp. 325-9.

50 *Illustrated Weekly of India*, 25 January 1976.

51 *Illustrated Weekly of India*, 15 August, 14 October and 7 and 14 November 1976.

52 Dayal and Bose, *Shah Commission*, pp. 189, 229; Mehta, *The Sanjay Story*, p. 139.

53 Janardhan Thakur, *All the Prime Minister's Men* (New Delhi: Vikas Publishing House, 1977), p. 57; Satyindra Singh, 'Pleasing the Crown Prince', *Sunday Pioneer*, 25 June 2000; Mehta, *The Sanjay Story*, pp. 87, 97, 165.

54 Mehta, *The Sanjay Story*, p. 81.

55 參照Emma Tarlo, *Unsettling Memories: Narratives of India's 'Emergency'* (Delhi: Permanent Black, 2003), pp. 80-2, 98, and map after p. 148.

56 Jagmohan, *Island of Truth* (New Delhi: Vikas Publishing House, 1978), pp. 9-10, 182-3 etc.

57 Mehta, *The Sanjay Story*; Thakur, *All the Prime Minister's Men*; and Vasudev, *Two Faces*, 以上書籍皆或多或少提到這個小團體及其作為。

58 Tarlo, *Unsettling Memories*, p. 140.

59 這段圖克曼門事件的描述，主要依據為John Dayal and Ajoy Bose, *For Reasons of State: Delhi under Emergency* (Delhi: Ess Ess Publications, 1977), chapter 2. 但亦參照Mehta, *The Sanjay Story*, pp. 90-5; 以及Inder Mohan, 'Turkman Gate, Sanjay Gandhi and Tihar Jail', *PUCL Bulletin*, vol. 5, no. 8, August 1985. Dayal、Bose和Mehta都寫下，賈格莫漢決定拆除圖克曼門區的動機，有一部分是因為居民是穆斯林——他顯然將這些人視為巴基斯坦的第五縱隊。賈格莫漢自己對這起事件的描述可見*Island of Truth*, pp. 144-9.

60 Mohammad Yunus, *Persons, Passions and Politics* (New Delhi: Vikas Publishing House, 1980), pp. 251-2.

61 *Satya Samachar*, 12 June 1976, in 'Emergency File', Haridev Sharma Papers, NMML.

62 這個題材的相關文獻非常豐富，這只能堪稱是一小段摘要而已。想要初步探究相關議題如何錯綜複雜，請參見Pravin Visaria, 'Population Policy', *Seminar*, March 2002.

63 *Illustrated Weekly of India*, 15 August 1976.

64 Mehta, *The Sanjay Story*, p. 112.

65 同前注，頁117-29；Tarlo, *Unsettling Memories*, pp. 80-2, 98, 140, 150-1.

66 Lee I. Schlesinger, 'The Emergency in an Indian Village', *Asian Survey*, vol. 17, no. 7, July 1977.

Foreign Press (Bombay: Popular Prakashan, 1977), pp. 20-1.

32 Inder Malhotra, *Indira Gandhi: A Personal and Political Biography* (London: Hodder and Stoughton, 1989), p. 182.

33 J. Anthony Lukacs的報告，收錄於*New York Times*, 重新刊載於Rao and Rao, eds., *The Press She Could not Whip*, pp. 186-98.

34 參見Basu, *Underground Literature*, pp. 7-11.

35 P. G. Mavalankar, *'No, Sir': An Independent MP Speaks During the Emergency* (Ahmedabad: Sannistha Prakashan, 1979), pp. 20-5, 29-30 etc.

36 *The Economist*, 24 January 1976. 這幾乎可以斷定是高估的數字，其依據為地下報紙《真理新聞報》所提供的數據。

37 *Satya Samachar*, 20 September 1976, in 'Emergency File', Hari Dev Sharma Papers, NMML.

38 由Sugata Srinivasaraju翻譯，以題辭的形式刊載於他翻譯的Chi Srinivasaraju's *Phoenix and Four other Mime Plays* (Bangalore: Navakarnataka Publications, 2003).

39 Basu, *Underground Literature*, pp. 27, 29, 65; Henderson, *Experiment with Untruth*, p. 21.

40 關於費南德斯在緊急狀態時期活動的這幾個段落，主要依據為C. G. K. Reddy, *Baroda Dynamite Conspiracy: The Right to Rebel* (New Delhi: Vision Books, 1977); 補充資料來自'Emergency File', Hari Dev Sharma Papers, NMML, and in Snehalata Reddy, *A Prison Diary* (Mysore: Karnataka State Human Rights Committee, 1977).

41 Henderson, *Experiment with Untruth*, p. 27.

42 很遺憾我無法針對這個故事提供確切的參考資料。我不記得第一次是在哪裡聽到這個故事，可能是某個認識克里帕拉尼的朋友告訴我的，也有可能是他去世時刊登在報紙訃聞上面的內容。真可惜，克里帕拉尼和書中許多了不起的人物一樣，都還沒有人替他們寫傳記。

43 'The Emergency: A Needed Shock', *Time*, 27 October 1975.

44 *Sydney Morning Herald*, 1 September 1976.

45 信件收錄於*The Times*, 3 and 14 July 1976.

46 'Indira Gandhi's Year of Failure', 社論收錄於*Observer*, 27 June 1975.

47 本書撰稿時市面上唯一的桑傑傳記是Vinod Mehta的*The Sanjay Story: From Anand Bhavan to Amethi* (Bombay: Jaico, 1978).

48 這篇採訪的全文重新刊載於Uma Vasudev, *Two Faces of Indira Gandhi* (New Delhi: Vikas Publishing House, 1977), pp. 193-208. 採訪者Vasudev是《巨浪》的主筆。

1978), p. 260.

13 1976年1月14日之便箋，收錄於‘Emergency File’, Hari Dev Sharma Papers, NMML.

14 甘地夫人致信埃爾文，1963年1月14日，信件持有者為埃爾文家的Shillong.

15 參見Ved Mehta, *Portrait of India* (New York: Farrar, Straus and Giroux, 1970), pp. 545-6.

16 Granville Austin, *Working a Democratic Constitution: The Indian Experience* (New Delhi: Oxford University Press, 1999), pp. 319-24.

17 同前注，頁334-341。

18 *New York Times*, 30 April 1976.

19 Austin, *Working a Democratic Constitution*, pp. 373-4. 亦參照Nani Palkhivala, ‘Reshaping the Constitution’, *Illustrated Weekly of India*, 4 July 1976.

20 ‘Notes on a Meeting with Indira Gandhi, 1, Safdarjung Road, 14th March 1976’, in Mss Eur F236/269, OIOC.

21 禁止刊登的詳細題材清單請參見Sajal Basu, ed., *Underground Literature During Indian Emergency* (Calcutta: Minerva Associates, 1978), pp. 102-14.

22 Prakash Ananda, *A History of the Tribune* (New Delhi: The Tribune Trust, 1986), pp. 165-6.

23 Ram Krishan Sharma致信沐恩，1975年11月25日，收錄於Mss Eur F230/36, OIOC.

24 報告收錄於*Guardian*, 2 August 1976.

25 John Dayal and Ajay Bose, *The Shah Commission Begins* (New Delhi: Orient Longman, 1978), p. 208; Michael Henderson, *Experiment with Untruth: India under Emergency* (Delhi: Macmillan India, 1977), p. 89.

26 G. S. Bhargava, *The Press in India: An Overview* (New Delhi: National Book Trust, 2005), p. 53 etc.

27 Dayal and Bose, *Shah Commission*, pp. 280-93; Henderson, *Experiment with Untruth*, p. 89.

28 參見K. K. Birla, *Indira Gandhi: Reminiscences* (New Delhi: Vikas Publishing House, 1987), pp. 50-1.

29 Bhargava, *The Press in India*, pp. 65-6.

30 引述於Ved Mehta, *The New India* (Harmondsworth, Penguin, 1978), pp. 63-4.

31 Jonathan Dimbleby的報告，收錄於*Sunday Times*, 重新刊載於Amiya Rao and B. G. Rao, eds, *The Press She Could not Whip: Emergency in India as reported by the*

55 *Indian Express*, 20 March 1975.

56 除非另外說明，否則本節其餘部分的依據報告出自《印度快報》，1975年6月10日至28日。

57 Prashant Bhushan, *The Case that Shook India* (New Delhi: Vikas Publishing House, 1978), pp. 98ff.

58 同前注，頁94。

59 引述於Dom Moraes, *Indira Gandhi* (Boston: Little, Brown and Co., 1980), p. 220.

60 Danial Latifi, 'Indira Gandhi Case Revisited', 無落款日期打字稿，收錄於Subject File 225, P. N. Haksar Papers, Third Instalment, NMML.

第二十二章　女總理凋零

1 Indira Gandhi, *Democracy and Discipline: Speeches of Shrimati Indira Gandhi* (New Delhi: Ministry of Information and Broadcasting, 1975), pp. 1-2.

2 使箋刊載於Pupul Jayakar, *Indira Gandhi: An Intimate Biography* (New York: Pantheon Books, 1993), pp. 202-3.

3 K. R. Malkani, *The Midnight Knock* (New Delhi: Vikas Publishing House, 1978), p. 37.

4 Gandhi, *Democracy and Discipline*, pp. 18-19, 61 etc. 本冊收錄了緊急狀態前三個月，總理的11次訪談內容——幾乎一星期一次——這位總理始終不太喜歡媒體。

5 參見D. V. Gandhi, comp., *Era of Discipline: Documents on Contemporary Reality* (New Delhi: Samachar Bharati, 1976), p. 254.

6 Indira Gandhi, *Consolidating National Gains: Speeches of Shrimati Indira Gandhi* (New Delhi: Ministry of Information and Broadcasting, 1976), p. 29. 此次演講原本使用印地語，我採用的是官方英文翻譯。

7 Joe Elder, 'Report on Visit to India, August 11-22, 1975', in File 78, Horace Alexander Papers, Friends House, Euston.

8 普薩德致信S. K. De，1975年9月16日，同前注。

9 P. N. Dhar, *Indira Gandhi, the 'Emergency', and Indian Democracy* (New Delhi: Oxford University Press, 2000), pp. 307-11.

10 納拉揚致信謝赫，1975年9月23日，刊載於M. G. Devasahayam, *India's Second Freedom—An Untold Saga* (New Delhi: Siddharth Publications, 2004), pp. 351-4.

11 納拉揚釋放出獄的情形，參見前注，第29、30章。

12 參見圖表，收錄於K. Gangadharan, P. J. Koshy, and C. N. Radhakrishnan, *The Inquisition: Revelations before the Shah Commission* (New Delhi: Path Publishers,

39 S. Nihal Singh, *Indira's India: A Political Notebook* (Bombay: Nachiketa Publications, 1978), pp. 215-16.

40 George Perkovich, *India's Nuclear Bomb: The Impact on Global Proliferation* (Berkeley: University of California Press, 1999), pp. 170-80; *Thought*, 25 May 1974; Aziz Ahmad（巴基斯坦外交部長）致信亞歷山大，1974年6月15日，收錄於 Alexander Papers, Friends House, Euston.

41 這些段落依據為甘地夫人與納拉揚的來往信件，收錄於Jayaprakash Narayan Papers, NMML.

42 Bhattacharjea, *Unfinished Revolution*, pp. 211f.; *Everyman's Weekly*, 21 September 1974.

43 參見Acharya Ramamurti與納拉揚的通信，收錄於Subject File 273, Jayaprakash Narayan Papers, Third Instalment, NMML.

44 1974年10月14日之信件，收錄於Subject File 277, Jayaprakash Narayan Papers, NMML. 帕提爾的信件——納拉揚如有回信，已不可考——令人想起他的傑出夥伴，出身馬哈拉什特拉邦的安貝卡博士，在制憲會議上針對這些事所提出的警告。

45 Bhattacharjea, *Unfinished Revolution*, pp. 216-17.

46 *Everyman's Weekly*, 16 and 23 November 1974.

47 參見B. S. Das, *The Sikkim Saga* (New Delhi: Vikas Publishing House, 1983).

48 M. Shah寫給納拉揚的信件，落款日期為1974年7月18日，請見Adoni, Kurnool Dist., A. P., in Subject File 273, Jayaprakash Narayan Papers, Third Instalment, NMML.

49 參見聲明，收錄於Subject File 272, Jayaprakash Narayan Papers, Third Instalment, NMML.

50 前面一種觀點，例子請見1974年至1975年的《Everyman's Weekly》；後面一種觀點請見同時期的《印度圖畫週報》。

51 Katherine Frank, *Indira: A Life of Indira Nehru Gandhi* (London: HarperCollins, 2001), p. 368; Christopher Andrew and Vasili Mitrokhin, *The World was Going our Way: The KGB and the Battle for the World* (New York: Basic Books, 2005), pp. 322-3.

52 除非另外說明，否則本節其餘部分的依據報告和評論出自《印度快報》，1975年2月1日至3月21日。

53 Anon., 'The South Poses a Problem for JP', *Everyman's Weekly*, 4 May 1975.

54 Granville Austin, *Working the Democratic Constitution: The Indian Experience* (New Delhi: Oxford University Press, 1999), pp. 314-16.

Subject File 220, P. N. Haksar Papers, Third Instalment, NMML.

22 參見1973年6月9日甘地夫人寫給納拉揚的信件，以及1973年6月27日納拉揚的回信，皆收錄於Jayaprakash Narayan Papers, NMML.

23 A. G. Noorani, 'Crisis in India's Judiciary', *Imprint*, January 1974.

24 Inder Malhotra, *Indira Gandhi: A Personal and Political Biography* (London: Hodder and Stoughton, 1989), pp. 152-3 etc.

25 *Thought*, 1 January 1972.

26 *Thought*, 8 July 1972.

27 The *Current*, 8 July 1972; *Thought*, 23 September 1972.

28 會談紀錄無法取得，但會中可能談過的事情，相關線索可參見Subject Files 183 and 235, P. N. Haksar Papers, Third Instalment, NMML.

29 這些針對1970年代初期那迦蘭邦的描述段落，所依據之報告出自科希馬週刊《Citizens Voice》，相關刊別出處為Box VIII, Pawsey Papers, CSAS.

30 *Thought*, 2 March 1974.

31 參見Ajit Bhattacharjea, *Unfinished Revolution: A Political Biography of Jayaprakash Narayan* (New Delhi: Rupa and Co., 2004), pp. 193ff.

32 前三段取材自Ghanshyam Shah, 'Revolution, Reform, or Protest? A Study of the Bihar Movement', 出自三部分，*Economic and Political Weekly*, 9, 16 and 23 April 1977.

33 納拉揚與甘地夫人之間的通信很多，為他們寫傳記的作者尚未涉足的通信內容還有很多，這些信件收錄於Jayaprakash Narayan Papers, NMML. 納拉揚與尼赫魯之間的通信，研究程度可能也比不上實際數量，收錄於此檔各處以及Brahmanand Papers，亦收錄於NMML.

34 引述於Bhattacharjea, *Unfinished Revolution*, pp. 205-6.

35 參見報告，收錄於Subject File 272, Jayaprakash Narayan Papers, Third Instalment, NMML.

36 演講英文翻譯刊於*Everyman's Weekly*, 22 June 1974.

37 參見Robert Jay Lifton, *Revolutionary Immortality: Mao Tse Tung and the Cultural Revolution* (Penguin: Harmondsworth, 1967). 我知道將這兩位拿來對照，馬克思主義者和甘地主義者都會提出反駁。馬克思主義者會認為，與開啟中國革命的毛澤東相比，納拉揚是膽小的改革者；而將信奉非暴力主義的人與擔負許多人命的人擺在一起，甘地主義者會因此感到吃驚。

38 Anon., 'Railway Strike in Retrospect', *Economic and Political Weekly*, 18 January 1975.

five Years of Indian Education; An Assessment', in Jag Mohan, ed., *Twenty-five Years of Indian Independence* (New Delhi: Vikas Publishing House, 1973).

7 'Indian Economic Policy and Performance: A Framework for a Progressive Society' (1973), 重新刊載於 Jagdish N. Bhagwati, *Essays in Development Economics* (Cambridge, Mass.: MIT Press, 1985).

8 Anon., 'Mummy Knows Best', *Thought*, 2 October 1971.

9 *Thought*, 5 May 1971; D. R. Rajagopal, 'Sanjay Gandhi', *Illustrated Weekly of India*, 11 July 1971.

10 1971年2月2日之信件，Indira Gandhi Correspondence, P. N. Haksar Papers, NMML.

11 The *Current*, 28 July 1973.

12 *The Star*, 12 August 1973, 剪報收錄於Subject File 93, P. N. Haksar Papers, Third Instalment, NMML.

13 1971年6月29日之便箋，同前注。

14 參見便箋與通信，收錄於Subject Files 242 and 243, P. N. Haksar Papers, Third Instalment, NMML.

15 除非另有說明，否則本節主要依據為下列研究之綜合報告：*Status of Women in India* (New Delhi: Indian Council of Social Science Research, 1974). 該份報告以及此處所引用之數據，大多取自1971年印度人口普查報告。

16 D. R. Gadgil, *Women in the Working Force in India* (London: Asia Publishing House, 1965); Bina Agarwal, 'Women, Poverty and Agricultural Growth in India', *Journal of Peasant Studies*, vol. 13, no. 2, 1985-6.

17 Radha Kumar, *The History of Doing: An Illustrated Account of Movements for Women's Rights and Feminism in India, 1860-1990* (New Delhi: Kali for Women, 1993), chapter 6.

18 更多詳情請參見P. G. K. Pannikar and C. R. Soman, *Health Status of Kerala* (Trivandrum: Centre for Development Studies, 1984).

19 Ronald J. Herring, 'Abolition of Landlordism in Kerala: A Redistribution of Privilege', *Economic and Political Weekly*, *Review of Agriculture*, June 1980; P. Radhakrishnan, 'Land Reforms and Changes in Land System: Study of a Kerala Village', *Economic and Political Weekly*, *Review of Agriculture*, September 1982.

20 參見*Lok Sabha Debates*, 30 November 1971.

21 Justice K. S. Hegde, 'Perspectives of the Indian Constitution', Rajendra Prasad Memorial Lecture, Bharatiya Vidya Bhavan Bombay, March 1972, 副本收錄於

61 無標題便箋，收錄於Subject File 236, P. N. Haksar Papers, Third Instalment, NMML.

62 扎赫爾致信哈克薩，1972年3月23日，收錄於Subject File 243, P. N. Haksar Papers, Third Instalment, NMML (文體強調之處為原書作者所標注). 阿里汗是學生基進分子Tariq Ali的父親；Tariq Ali日後成為一名多產的作家。

63 A. Raghavan, 'Five Days that Changed History', *Blitz*, 8 July 1972.

64 答爾的便箋，落款日期為1972年3月12日，收錄於Subject File 235, P. N. Haksar Papers, Third Instalment, NMML.

65《西姆拉協定》的內文刊載於Appadorai, *Select Documents*, pp. 443-5.

66 此番談話的內容可見於Subject File 93, P. N. Haksar Papers, Third Instalment, NMML.

67 見前注之便箋。

第二十一章 對手

1 參見Indira Gandhi, *India: The Speeches and Reminiscences of Indira Gandhi Prime Minister of India* (London: Hodder and Stoughton, 1975), pp. 215-16.

2 如《印度日報》所報導，1972年8月16日。

3 A. Vaidyanathan, 'The Indian Economy since Independence (1947-70), in Dharma Kumar, ed., *The Cambridge Economic History of India*, vol. 2 (Cambridge: Cambridge University Press, 1983).

4 本段總結數份針對印度農村所做的縱貫性研究，這些研究出自G. Parthasarathy, 'A South Indian Village after Two Decades', *Economic Weekly*, 12 January 1963; Kumudini Dandekar and Vaijayanti Bhate, 'Socio-Economic Change During Three Five-Year Plans', *Artha Vijnana*, vol. 17, no. 4, 1975; Robert W. Bradnock, 'Agricultural Development in Tamil Nadu: Two Decades of Land Use Changes at Village Level', in Tim P. Bayliss-Smith and Sudhir Wanmali, eds, *Understanding Green Revolutions: Agrarian Change and Development Planning in South Asia* (Cambridge: Cambridge University Press, 1984).

5 這些研究有效總結於M. L. Dantwala, *Poverty in India: Then and Now* (Madras: Macmillan India, 1971); and M. Mukherjee, N. Bhattacharya and G. S. Chatterjee, 'Poverty in India: Measurement and Amelioration', in Vadilal Dagli, ed., *Twenty-Five Years of Independence—A Survey of Indian Economy* (Bombay: Vora and Co., 1973). 丹德卡爾與拉特的研究最早發表於*Economic and Political Weekly* in January 1971.

6 J. P. Naik, 'Education', in S. C. Dube, ed., *India since Independence: Social Report on India, 1947-1972* (New Delhi: Vikas Publishing House, 1977); Amrik Singh, 'Twenty-

41 Lt. Gen. A. A. K. Niazi, *The Betrayal of East Pakistan* (Delhi: Manohar, 1998), p. 132.
42 同前注，頁114。
43 D. R. Mankekar, *Pakistan Cut to Size* (New Delhi: Indian Book Co., 1972), pp. 54-63.
44 Jackson, *South Asian Crisis*, pp. 137-8.
45 電報引述於Niazi, *Betrayal*, p. 180.
46 參見Aijazuddin, *The White House*, pp. 447, 449-50.
47 Niazi, *Betrayal*, pp. 187ff.
48 *Lok Sabha Debates*, 16 December 1971.
49 我當時住在離邊界不遠的地方，葉海亞汗發表談話的時候，我聽見了——他在拿起麥克風之前，喝了很多威士忌（巴基斯坦人也這樣說）。
50 Air Chief Marshal P. C. Lal, *My Years with the IAF* (New Delhi: Lancer International, 1986), p. 321.
51 Smith, *Foreign Relations*, pp. 439, 499, 594, 612, 674 etc. 亦參照戰爭結束後甘地夫人與尼克森的往來信件，相關信件重新刊載於Aijazuddin, *The White House*, pp. 476-80.
52 *Time*, 3 January 1972; James Reston, 'India's Victory a Triumph for Moscow', *New York Times*, 無落款日期 (?20 December 1971) 剪報，收錄於Subject File 217, P. N. Haksar Papers, Third Instalment, NMML.
53 *Thought*, 29 January 1972.
54 引述於C. M. Naim, *Ambiguities of Heritage: Fictions and Polemics* (Karachi: City Press, 1999), p. 139.
55 參見'India After Bangla Desh: A Symposium', *Gandhi Marg*, vol. 16, no. 2, 1972.
56 1971年12月8日的信件，收錄於Carol Brightman, ed., *Between Friends: The Correspondence of Hannah Arendt and Mary McCarthy, 1949-1975* (New York: Harcourt Brace and Co., 1995), p. 303.
57 A. B. Vajpayee的話引述於*Thought*, 20 May 1972.
58 Ranajit Roy, *The Agony of West Bengal: A Study in Union—State Relations*, 3rd edn (Calcutta: New Age Publishers, 1973), pp. 3-4; Sajal Basu, *West Bengal—the Violent Years* (Calcutta: Prachi Publications, 1974), p. 78.
59 'Message to Mrs Gandhi from Sir Alec Douglas-Home', 20 March 1972, in Subject File 179, P. N. Haksar Papers, Third Instalment, NMML.
60 如S. R. Sen寫給I. G. Patel的信件所引述，落款日期為1972年3月2日，收錄於Subject File 225, P. N. Haksar Papers, Third Instalment, NMML.

N. Haksar Papers, Third Instalment, NMML.

27 甘地夫人致信尼克森，1971年8月7日，副本收錄於Subject File 220, P. N. Haksar Papers, Third Instalment, NMML.

28 參見文件，收錄於Louis Smith, ed., *Foreign Relations of the United States, 1969-1976*, vol. 11: *South Asia Crisis, 1971* (Washington, DC: Department of State, 2005), pp. 28, 35, 164, 167, 288-9, 303, 316, 324, 557 etc.; 以及相關文件，收錄於Aijazuddin, *The White House*, pp. 242-6, 258-62.

29 關於1970年代初期印度與世界強權的關係變化，更廣泛的脈絡請參見T. V. Kunhi Krishnan, *The Unfriendly Friends: India and America* (New Delhi: Indian Book Co., 1974); Shashi Tharoor, *Reasons of State: Political Development and India's Foreign Policy under Indira Gandhi, 1966-1977* (New Delhi: Vikas Publishing House, 1982); and Linda Racioppi, *Soviet Policy towards South Asia since 1970* (Cambridge: Cambridge University Press, 1994).

30 本段所依據的信件與文件收錄於Subject Files 163, 225 and 229, P. N. Haksar Papers, Third Instalment, NMML.

31 Top Secret Note of 5 June 1971 in Subject File 89, P. N. Haksar Papers, Third Instalment, NMML.

32 'Record of conversations between Foreign Minister and Mr A. A. Gromyko, Minister of Foreign Affairs, USSR, on 7th June 1971', in Subject File 203, P. N. Haksar Papers, Third Instalment, NMML.

33 條約內文重新刊載於A. Appadorai, ed., *Select Documents on India's Foreign Policy and Relations, 1947-1972*, vol. 2 (Delhi: Oxford University Press, 1985), pp. 136-40.

34 Indira Gandhi, *India: The Speeches and Reminiscences of Indira Gandhi, Prime Minister of India* (London: Hodder and Stoughton, 1975), pp. 162-4.

35 參見Aijazuddin, *The White House*, pp. 313, 336-9.

36 Robert Jackson, *South Asian Crisis: India—Pakistan—Bangla Desh* (London: Chatto and Windus, 1975), p. 102.

37 11月23日的信件，出處為Aijazuddin, *The White House*, pp. 364-5.

38 Jackson, *South Asian Crisis*, pp. 106-7; Brian Cloughley, *A History of the Pakistan Army: Wars and Insurrections* (Karachi: Oxford University Press), pp. 148-9.

39 B. G. Verghese, *An End to Confrontation: Restructuring the Sub-Continent* (New Delhi: 1972), pp. 35-50.

40 Cloughley, *A History of the Pakistan Army*, p. 222.

the Liberation War of Bangladesh (Dhaka: Somoy Prakashan, 2000), p. 159.

13 R. K. Dasgupta, *Revolt in East Bengal* (Calcutta: G. C. Ray, 1971), pp. 4, 7, 9, 21, 24-5, 29, 39, 52, 61 etc. 西旁遮普菁英分子在東巴基斯坦實行的殖民措施，亦可參見Anthony Mascarenhas, *The Rape of Bangla Desh* (Delhi: Vikas Publications, 1971).

14 參照目擊者報告，收錄於Anon., *Bangla Desh Documents* (Madras: The BNK Press, 1972), chapter 6.

15 Jyoti Sen Gupta, *History of Freedom Movement in Bangladesh, 1943-1973* (Calcutta: Naya Prokash, 1974), pp. 314-16, 325-6. 做此宣布的少校名叫Zia-ur-Rahman，日後成為孟加拉的總統。

16 國務院的電報，落款日期為1971年7月2日，刊載於Roedad Khan, comp., *The American Papers: Secret and Confidential India—Pakistan—Bangladesh Documents, 1965-1973* (Karachi: Oxford University Press, 1999), pp. 613-15.

17 Maj. Gen. Hakeem Arshad Qureshi, *The 1971 Indo-Pak War: A Soldier's Narrative* (Karachi: Oxford University Press, 2002), pp. 60, 71. 本書引述的這幾句話，很有可能是一名義大利軍隊指揮官在1957年對那迦蘭寫下的描述。

18 Werner Adam, 'Pakistan's Open Wounds', *Washington Post*, 6 June 1971; 報告收錄於*New York Times*, 25 June 1971; 世界銀行團隊報告，收錄於Subject File 171, P. N. Haksar Papers, Third Instalment, NMML.

19 Anon., *Bangla Desh Documents*, chapter 7.

20 K. C. Saha, 'The Genocide of 1971 and the Refugee Influx in the East', in Ranabir Samaddar, ed., *Refugees and the State: Practices of Asylum and Care in India, 1947-2000* (New Delhi: Sage Publications, 2003).

21 Iqbal Akhund, *Memoirs of a Bystander: A Life in Diplomacy* (Karachi: Oxford University Press, 1997), p. 201.

22 標題為「Threat of a Military Attack or Infiltration Campaign by Pakistan」的25頁機密報告，RAW, January 1971, 副本收錄於Subject File 220, P. N. Haksar Papers, Third Instalment, NMML.

23 答爾致信哈克薩，1971年4月18日，同前注。

24 參照報告，收錄於Subject File 169, P. N. Haksar Papers, Third Instalment, NMML.

25 此封信件刊載於F. S. Aijazuddin, ed., *The White House and Pakistan: Secret Declassified Documents, 1969-1974* (Karachi: Oxford University Press, 2002), pp. 129-30.

26 'Record of PM's Conversation with Dr Kissinger', 7 July 1971, in Subject File 225, P.

66 *New York Times*, 26 January 1970.

67 'Is India Cracking up?', 社論收錄於*Thought*, 4 January 1967.

68 'The Meaning of Naxalbari', *Thought*, 17 June 1967.

69 Kathleen Gough, 'The Indian Revolutionary Potential', *Monthly Review*, February 1969 (所依據之論文最初發表於*Pacific Affairs*, winter issue, 1968-9).

70 Lasse and Lisa Berg, *Face to Face: Fascism and Revolution in India*, trans. Norman Kurtin (Berkeley: Ramparts Press, 1971), pp. 23-4, 28, 31, 56, 125, 162, 209-10.

第二十章　致勝妙方

1 *Thought*, 22 November 1969.

2 參見*Election Manifestos 1971* (Bombay: Awake India Publications, 1971).

3 拉賈戈帕拉查理寫給馬薩尼，1971年1月2日，收錄於Subject File 142, C. Rajagopalachari Papers, Fourth Instalment, NMML.

4 甘地夫人致信Dorothy Norman，1971年4月23日，收錄於D. Norman, ed., *Indira Gandhi: Letters to an American Friend, 1950-1984* (New York: Harcourt Brace Jovanovich, 1985), p. 132.

5 *Thought*, 20 May 1972.

6 'A Special Correspondent', 'The Making of Fifth Lok Sabha', *Thought*, 20 March 1971.

7 Khushwant Singh, 'Indira Gandhi', *Illustrated Weekly of India*, 14 March 1971.

8 參見D. R. Mankekar, *Accession to Extinction: The Story of Indian Princes* (Delhi: Vikas Publishing House, 1974), chapter 21.

9 D. N. Dhanagare, 'Urban—Rural Differences in Election Violence', in S. P. Varma and Iqbal Narain, eds, *Fourth General Elections in India*, vol. 2 (Bombay: Orient Longman, 1970).

10 本節依據為Election Commission of India, *Report on the Fifth General Elections in India, 1971-72* (New Delhi: Manager of Publications, 1973), *passim*. 這位選舉委員會主席名叫S. P. Sen Varma；他的報告——充滿神祕感的序言部分——顯然是以傑出前輩蘇庫馬．森所寫、開創先河的同類序言為範本。

11 本段以及接下來的段落主要依據為Herbert Feldman, *The End and the Beginning: Pakistan 1969-1971* (London: Oxford University Press, 1975), chapters 7 to 9. 亦參見D. R. Mankekar, *Pak Colonialism in East Bengal* (Bombay: Somaiyya Publications, 1971).

12 Lt. Gen. A. A. K. Niazi, 引述於Muntassir Mamoon, *The Vanquished Generals and*

47 *Thought*, 8 and 29 March 1969.

48 Uma Vasudev, *Indira Gandhi: Revolution in Restraint* (Delhi: Vikas Publishing House, 1974), p. 502.

49 Malhotra, *Indira Gandhi*, p. 116.

50 *Thought*, 23 December 1967; Morarji Desai, *The Story of My Life*, vol. 2 (Delhi: Macmillan India, 1974), pp. 243f.

51 此段談話刊載於A. Moin Zaidi, *The Great Upheaval, 1969-1972* (New Delhi: Orientalia India, 1972), pp. 103-6.

52 *Thought*, 19 July and 16 August 1969.

53 詳情參見Subject File 153, P. N. Haksar Papers, Third Instalment, NMML.

54 Trevor Drieberg, *Indira Gandhi: Profile in Courage* (Delhi: Vikas Publications, 1972), chapter 7.

55 尼查林加巴致信甘地夫人，1969年11月11日，收錄於Zaidi, *The Great Upheaval*, p. 231.

56 Sukumar Muralidharan and Ravi Sharma, 'A Congressman from Another Age: S. Nijalingappa, 1902-2000', *Frontline*, 1 September 2000.

57 參照演講稿，收錄於Subject File 143, P. N. Haksar Papers, Third Instalment, NMML.

58 N(ikhil) C(hakravartty), 'Syndicate at Waterloo', *Mainstream*, 16 August 1969.

59 Nayantara Sahgal, *Indira Gandhi: Her Road to Power* (New York: Frederick Ungar, 1982), p. 53.

60 哈克薩的便箋，落款日期為1967年9月16日，收錄於Subject File 118, P. N. Haksar Papers, Third Instalment, NMML.

61 Subject File 121, P. N. Haksar Papers, Third Instalment, NMML; Rajinder Puri, *India 1969: A Crisis of Conscience* (Delhi: privately published, 1971), pp. 67-73.

62 參見信件，收錄於Subject File 145, P. N. Haksar Papers, Third Instalment, NMML.

63 此段關於國會及司法介入私用金爭議的描述，依據為D. R. Mankekar, *Accession to Extinction: The Story of Indian Princes* (Delhi: Vikas Publishing House, 1974), chapters 18 to 20.

64 詳情參見M. S. Randhawa, *A History of Agriculture in India*, vol. 4: *1947-1981* (New Delhi: Indian Council of Agricultural Research, 1986), chapters 30 to 32.

65 Don Taylor, 'This New, Surprising Strength of Mrs Gandhi', *Evening Standard*, 21 August 1969.

Business Publications, 1999), pp. 22-4, 42-4 etc.

31 *Thought*, 11 February 1967.

32 參見便箋，收錄於Subject File 128, P. N. Haksar Papers, Third Instalment, NMML.

33 *Thought*, 16 March, 6 July and 19 October 1968; *Daily Telegraph*, 27 June 1968.

34 參見新聞剪報，收錄於Mss Eur F158/239, OIOC.

35 參見信件與文件，收錄於File 61, Alexander Papers, Friends House, Euston.

36 *Thought*, 7 June 1968.

37 A. G. Noorani, 'How Does a Riot Begin and Spread?', *Illustrated Weekly of India*, 9 November 1969; N. C. Saxena, 'The Nature and Origins of Communal Riots in India', in Asghar Ali Engineer, ed., *Communal Riots in Post-Independence India*, 2nd edn (Hyderabad: Orient Longman, 1991); K. D. Malaviya致信艾哈邁德，1967年3月30日，收錄於Subject File 128, P. N. Haksar Papers, Third Instalment, NMML.

38 Ghanshyam Shah, 'The 1969 Communal Riots in Ahmedabad: A Case Study', in Engineer, *Communal Riots*; 由一群國大黨國會議員針對艾哈邁達巴德暴動撰寫的無標題報告，1969年10月7日，收錄於Subject File 142, P. N. Haksar Papers, Third Instalment, NMML.

39 Khushwant Singh, 'Learning Geography through Murder', *Illustrated Weekly of India*, 31 May 1970.

40 社論收錄於*Thought*, 2 March 1968; 亦參照S. E. Hassnain, *Indian Muslims: Challenge and Opportunity* (Bombay: Lalwani Publishing House, 1968).

41 此簡短描述依據為Bidyut Sarkar, ed., *P.N. Haksar: Our Times and the Man* (New Delhi: Allied Publishers, 1989); 與貝泰耶教授的談話，Delhi, February 2005; 以及其他材料，收錄於P. N. Haksar Papers, NMML.

42 Katherine Frank, *Indira: A Life of Indira Nehru Gandhi* (London: HarperCollins, 2001), p. 314.

43 落款日期為1968年1月21日之便箋，收錄於Subject File 198, P. N. Haksar Papers, Third Instalment, NMML.

44 言論出自S. S. Dhawan, London, March 1969, 副本收錄於Subject File 197, P. N. Haksar Papers, Third Instalment, NMML.

45 Inder Malhotra, *Indira Gandhi: A Personal and Political Biography* (London: Hodder and Stoughton, 1989), pp. 108f.

46 *The Years of Challenge: Selected Speeches of Indira Gandhi, January 1966—August 1969*, 2nd edn (New Delhi: Publications Division, 1985), pp. 25-8, 34-9, 172-4, 268-9.

12 *Mainstream*, 8 July 1967, 引述自 Franda, *Radical Politics*, p. 171.

13 Shanta Sinha, *Maoists in Andhra Pradesh* (New Delhi: Gyan Publishing House, 1989), chapters 4-7; Sumanta Banerjee, *In the Wake of Naxalbari: A History of the Naxalite Movement in India* (Calcutta: Subarnarekha, 1980), chapter 5.

14 參見剪報與文件，收錄於Subject File 3, Dharma Vira Papers, NMML.

15 Sankar Ghosh, *The Disinherited State: A Study of West Bengal, 1967-70* (Calcutta: Orient Longman, 1971), chapter 3.

16 參照簡報，收錄於Mss Eur F158/456, OIOC.

17 Ghosh, *The Disinherited State*, pp. 248ff.

18 參見Subject File 99, P. N. Haksar Papers, Third Instalment, NMML.

19 參見IB報告，收錄於Subject File 212, P. N. Haksar Papers, Third Instalment, NMML.

20 參見Ranjit Gupta, *The Crimson Agenda: Maoist Protest and Terror* (Delhi: Wordsmiths, 2004), pp. 105, 110-11, 157-9 etc.

21 Inder Malhotra, 'Naxalites Put City in Fear of Bombs', *Guardian*, 19 August 1970.

22（極為冗長）的指控清單請參見S. N. Dwivedy, *The Orissa Affair and the CBI Inquiry* (New Delhi: privately published, 1965).

23 Sunit Ghosh, *Orissa in Turmoil* (Bhubaneshwar: Bookland International, 1991), pp. 149-57; Sukadev Nanda, *Coalition Politics in Orissa* (New Delhi: Sterling Publishers, 1979), pp. 70-7.

24 標注為「Top Secret」的Special Branch報告，1967年2月26日，收錄於Subject File 25, D. P. Mishra Papers, Second Instalment, NMML.

25 米西拉致信卡馬拉伊，1967年6月21日，同前注。

26 參見R. C. V. P. Noronha, *A Tale Told by an Idiot* (New Delhi: Vikas Publishing House, 1976), chapter 8.

27 Prem Shankar Jha, 'Telengana: Language is not Enough', *Illustrated Weekly of India*, 3 August 1969.

28 S. K. Chaube, *Hill Politics in North-East India* (Bombay: Orient Longman, 1973), chapters 7 and 8.

29 參見信件與便箋，收錄於Subject File 142, P. N. Haksar Papers, Third Instalment, NMML.

30 Dipankar Gupta, *Nativism in a Metropolis: The Shiv Sena in Bombay* (Delhi: Manohar, 1982), pp. 39-40, 82-3 etc.; Vaibhav Purandare, *The Sena Story* (Mumbai:

80 William and Paul Paddock, *Famine—1975! America's Decision: Who Will Survive?* (Boston: Little, Brown and Co., 1968), pp. 60-1, 217-18.

81 S. Mulgaokar, 'The Grimmest Situation in 19 Years', *Hindustan Times*, 3 November 1966.

第十九章 轉向左派

1 Sol W. Sanders, 'India: A Huge Country on the Verge of Collapse', *U.S. News and World Report*, 28 November 1966.

2 Neville Maxwell, 'India's Disintegrating Democracy', in three parts, *The Times*, 26 and 27 January and 10 February 1967 (文體強調之處為原書作者所標注).

3 參照Yogesh Atal, *Local Communities and National Politics* (Delhi: National, 1971); A. M. Shah, ed., *The Grassroots of Democracy* (New Delhi: Permanent Black, 2007).

4 E. P. W. da Costa, *The Indian General Elections 1967: The Structure of Indian Voting Intentions: January 1967. A Gallup Poll with Analysis* (New Delhi: Indian Institute of Public Opinion).

5 *Thought*, 4 March 1967.

6 這幾段關於拉馬錢德蘭及達羅毗荼進步聯盟的描述，依據為Robert L. Hardgrave and Anthony C. Neidhart, 'Films and Political Consciousness in Tamil Nadu', *Economic and Political Weekly*, 11 January 1975; N. Balakrishnan, 'The History of the Dravidian Munnetra Kazhagam, 1949-1977', unpublished PhD dissertation, School of Historical Studies, Madurai Kamaraj University, 1985, esp. pp. 278-86.

7 Narendra Subramanian, *Ethnicity and Populist Mobilization: Political Parties, Citizens and Democracy in South India* (New Delhi: Oxford University Press, 1999), pp. 204-10; Sagar Ahluwalia, *Anna—the Tempest and the Sea* (New Delhi: Young Asia Publications, 1969), pp. 51-7, 82-4.

8 Jyoti Basu, *Memoirs: A Political Autobiography* (Calcutta: National Book Agency, 1999), pp. 195-209.

9 Bhabani Sengupta, *Communism in Indian Politics* (New York: Columbia University Press, 1972).

10 Marcus F. Franda, *Radical Politics in West Bengal* (Cambridge, Mass.: MIT Press, 1971), chapter 6.

11 參照Rabindra Ray, *The Naxalites and their Ideology* (New Delhi: Oxford University Press, 1992).

60 Singh, *In the Line of Duty*, p. 357.

61 參見剪報，收錄於Mss Eur F158/295. 創建新的旁遮普邦和哈里亞納邦，於1966年3月通過，但要到邊界劃分之後，這項決定才終於在11月生效。參照*Hindustan Times*, 2 November 1966.

62 參照C. Subramaniam, *Hand of Destiny: Memoirs*, vol. 2: *The Green Revolution* (Bombay: Bharatiya Vidya Bhavan, 1995), chapter 11 and *passim*.

63 甘地夫人的美國之行描述於K. A. Abbas, *Indira Gandhi: Return of the Red Rose* (Delhi: Hind Pocket Books, 1966), pp. 147-57.

64 Chester Bowles, *Promises to Keep: My Years in Public Life, 1941-1969* (New Delhi: B. I. Publications, 1972), pp. 525-35. 亦參照Howard B. Schaffer, *Chester Bowles: New Dealer in the Cold War* (New Delhi: Prentice-Hall India, 1994), pp. 280ff.

65 Anon., 'India's Food Crisis, 1965-67', in File 7, Box 32, Thomas J. Schonberg Files, Dean Rusk Papers, University of Georgia, Athens.

66 傅利曼寫給詹森總統的備忘錄，1966年7月19日，收錄於File 6, Box 32, Thomas J. Schonberg Files, Dean Rusk Papers, University of Georgia, Athens.

67 此段關於1966年貨幣貶值的描述，依據為Rahul Mukherji, 'India's Aborted Liberalization—1966', *Pacific Affairs*, vol. 73, no. 3, 2000, 補充資料為Kuldeep Nayar, *Between the Lines* (Bombay: Allied Publishers, 1969), chapter 3.

68 甘地夫人致信納拉揚，1966年6月7日，副本收錄於J. J. Singh Papers, NMML.

69 *Thought*, 11 June 1966.

70 納拉揚致信甘地夫人，1966年6月23日，請見Sarvodaya Ashram, Sokhodeora (Gaya), 副本收錄於J. J. Singh Papers, NMML.

71 甘地夫人致信納拉揚，1966年7月6日，副本收錄於J. J. Singh Papers, NMML.

72 *Thought*, 15 October 1966.

73 *Hindustan Times*, 31 October—5 November 1966.

74 報告收錄於*Hindustan Times*, 5 and 6 November 1966.

75 *Hindustan Times*, 7 November 1966; *Thought*, 12 November 1966.

76 'Indians Becoming Increasingly Hostile to West', *Sydney Morning Herald*, 13 December 1965.

77 Ronald Segal, *The Crisis of India* (Harmondsworth: Penguin, 1965), pp. 171, 227, 255-7, 272, 309-10.

78 Ursula Betts致信Ian Bowman，1966年5月25日，請見Mss Eur F229/24, OIOC.

79 Paul Ehrlich, *The Population Bomb* (New York: Ballantine Books, 1968), Preface.

44 John P. Lewis, *India's Political Economy: Governance and Reform* (Delhi: Oxford University Press, 1995), chapter 4; Gilles Boque'rat, *No Strings Attached? India's Policies and Foreign Aid, 1947-1966* (Delhi: Manohar, 2003), chapter 15.

45 Srivastava, *Lal Bahadur Shastri*, chapter 31.

46 'Shastri's Last Journey', *Life*, 21 January 1966.

47 寫給Dorothy Norman的信件，1965年3月13日，收錄於D. Norman, ed., *Indira Gandhi: Letters to an American Friend, 1950-1984* (San Diego: Harcourt Brace Jovanovich, 1985), p. 111.

48 彭迪特致信A. C. Nambiar，1964年7月31日與1966年1月26日，副本出自Pupul Jayakar Papers，持有者為Radhika Herzberger, Mumbai.

49 Anand Mohan, *Indira Gandhi: A Personal and Political Biography* (New York: Meredith Press, 1967), pp. 20-37.

50 尼赫魯寫給德希穆克，1956年4月16日，收錄於Subject File 67, C. D. Deshmukh Papers, NMML.

51 'A Fitful Improvisation', *Thought*, 22 January 1966.

52 Nirmal Nibedon, *Mizoram: The Dagger Brigade* (New Delhi: Lancer, 1980), esp. pp. 30-51.

53 Sajal Nag, *Contesting Marginality: Ethnicity, Insurgency and Subnationalism in North-East India* (New Delhi: Manohar, 2002), pp. 217-24, and 'Tribes, Rats, Famine, State and the Nation', *Economic and Political Weekly*, 24 March 2001; 亦參見相關報告，收錄於*Thought* (New Delhi)，1966年4月2日與1967年10月7日、14日。

54 寫給I. A. Bowman的未落款信件，郵戳日期為1966年3月13日，收錄於Mss Eur F229/62, OIOC.

55 納拉揚致信Marjorie Sykes，1966年2月24日，副本收錄於J. J. Singh Papers, NMML. Narayan, *Nagaland Mein Shanti Ka Prayas* (The Quest for Peace in Nagaland) (Varanasi: Sarva Seva Sangh, 1966).

56 參見剪報，收錄於Mss Eur F158/239, OIOC.

57 溫特致信I. A. Bowman，1966年9月16日，收錄於Mss Eur F229/24, OIOC.

58 Nirmal Nibedon, *Nagaland: The Night of the Guerillas* (New Delhi: Lancer, 1983), pp. 137-45.

59 Subject File 136, D. P. Mishra Papers, Third and Fourth Instalments, NMML; Nandini Sundar, *Subalterns and Sovereigns: An Anthropological History of Bastar, 1854-1996* (Delhi: Oxford University Press, 1997), chapter 7.

27 Lal, *My Years*, p. 134.

28 參見C. P. Srivastava, *Lal Bahadur Shastri: A Life of Truth in Politics* (New Delhi: Oxford University Press, 1995), pp. 273-5.

29 參照Bhargava, *After Nehru*, pp. 300-3.

30 Herbert Feldman, *From Crisis to Crisis: Pakistan, 1962-1969* (London: Oxford University Press, 1972), p. 146.

31 John Frazer, 'Who Can Win Kashmir?', *Reader's Digest*, January 1966.

32 我的消息來源是當時駐喀拉赤的印度總領事K. S. Bajpai。

33 Lt. Gen. Jahan Dad Khan, *Pakistan Leadership Challenges* (Karachi: Oxford University Press, 1999), p. 51.

34 引述於Feldman, *From Crisis to Crisis*, pp. 139-40.

35 引述於Cloughley, *A History*, p. 71.

36 詳細分析請參見Prem Nath Bazaz於1965年10月24日針對喀什米爾寫的無標題便箋，收錄於Subject File 46, C. Rajagopalachari Papers, Fourth Instalment, NMML.

37 Alastair Lamb, *Kashmir: A Disputed Legacy, 1846-1990* (Karachi: Oxford University Press, 1992), p. 263.

38 Nayantara Sahgal, 'What India Fights For', *Illustrated Weekly of India*, 3 October 1965; Anon., *The Fight for Peace* (New Delhi: Hardy and Ally (India), 1966), esp. pp. 260ff.

39 T. V. Kunhi Krishnan, *Chavan and the Troubled Decade* (Bombay: Somaiya Publications, 1971), pp. 99-115; R. D. Pradhan, *Debacle to Revival: Y. B. Chavan as Defence Minister* (Hyderabad: Orient Longman, 1999), pp. 182-7, 207-12, 238-42.

40 夏斯特里致信納拉揚，1965年7月21日（以印地語書寫），收錄於Subject File 28, Brahmanand Papers, NMML.

41 此段談話刊載於D. R. Mankekar, *Lal Bahadur: A Political Biography* (Bombay: Popular Prakashan, 1965), appendix 3. 夏斯特里不像尼赫魯，他是一名身體力行的印度教徒。但訪問者請他談自己的信仰時，他回答：「在公共場合談論自己的信仰並不恰當。」訪談內容出處為*Illustrated Weekly of India*, 18 October 1964.

42 Singh, *Portrait of Lal Bahadur Shastri*, pp. 87-8.

43 與制定新政策有關的珍貴討論內容，收錄於西瓦拉曼的回憶錄*Bitter Sweet: Governance of India in Transition* (New Delhi: Ashish Publishing House, 1987). 請特別參見chapter 11, 'Green Revolution'.

12 參見K. S. Ramanathan, *The Big Change* (Madras: Higginbothams, 1967), chapter 6.

13 A. S. Raman, 'A Meeting with C. N. Annadurai', *Illustrated Weekly of India*, 26 September 1965.

14 參見Robert D. King, *Nehru and the Language Politics of India* (New Delhi: Oxford University Press, 1997); Mohan Ram, *Hindi Against India: The Meaning of DMK* (New Delhi: Rachna Prakashan, 1968).

15 此段描述主要依據之新聞報導出處為*The Hindu*, 27 January–15 February 1965. 但亦可參見共四頁篇幅的相關照片，收錄於'Language Riots in Madras', in the *Illustrated Weekly of India*, 28 February 1965.

16 Eric Stracey, *Odd Man in: My Years in the Indian Police* (New Delhi: Vikas Publishing House, 1981), pp. 209-27.

17 參照Morarji Desai, 'National Unity through Hindi', the *Current*, 30 January 1965.

18 參見*Selected Speeches of Lal Bahadur Shastri* (New Delhi: Publications Division, 1974), pp. 119-22.

19 *Lok Sabha Debates*, 18 February 1965.

20 葛許致信寫給亞歷山大，1965年3月3日，收錄於File 60, Horace Alexander Papers, Friends House, Euston.

21 Sir Morrice James, *Pakistan Chronicle* (London: Hurst and Co., 1993), pp. 123-6; G. S. Bhargava, *After Nehru: India's New Image* (Bombay: Allied Publishers, 1966), pp. 260-3, 276, 439-41. 卡吉鹽沼地停戰協議由代表兩國外交部長的官員簽訂，兩位都是穆斯林，而且他們碰巧是一等表親，其中一位選擇成為印度國民。

22 寫於1965年5月24日之信件，收錄於in File 60, Horace Alexander Papers, Friends House, Euston.

23 James, *Pakistan Chronicle*, pp. 128-31.

24 參見時任查謨與喀什米爾邦主任祕書於1965年8月撰寫之信件，收錄於Nayantara Sahgal and E. N. Mangat Rai, *Relationship: Extracts from a Correspondence* (New Delhi: Kali for Women, 1994), pp. 134-9.

25 這段對戰爭行動的描述主要依據Brian Cloughley, *A History of the Pakistan Army: Wars and Insurrections* (Karachi: Oxford University Press, 1999), pp. 68-72, 84-5, 102-6; Air Chief Marshal P. C. Lal, *My Years with the IAF* (New Delhi: Lancer, 1987), pp. 126-34; Lt. Gen. Harbaksh Singh, *In the Line of Duty: A Soldier Remembers* (New Delhi: Lancer, 2000), pp. 334-53.

26 Singh, *In the Line of Duty*, p. 353.

注釋

第十八章　戰爭與繼任

1 V. K. Narasimhan, *Kamaraj: A Study* (Bangalore: Myers Indmark, 1967); Duncan B. Forrester, 'Kamaraj: A Study in Percolation of Style', *Modern Asian Studies*, vol. 4, no. 1, 1970; J. Anthony Lukacs, 'Meet Kumaraswamy Kamaraj', *Illustrated Weekly of India*, 22 May 1966.

2 此段描述依據為Michael Brecher, *Succession in India: A Study in Decision Making* (London: Oxford University Press, 1966), chapters 2 and 3. 但亦可參見Stanley Kochanek, *The Congress Party of India: The Dynamics of One-Party Democracy* (Princeton: Princeton University Press, 1968) pp. 88f.

3 參照Brecher, *Succession*, pp. 115-17.

4 The *Guardian*, 3 June 1964（社論），剪報出處為Mss Eur F158/1045, OIOC.

5 Patrick Keatley, 'A Sparrow's Strength', 再版於*The Bedside Guardian 13: A Selection from 'The Guardian' 1963-1964* (London: Collins, 1964), pp. 200-3.

6 J. H. Hutton致信帕斯，1964年5月29日，收錄於Box II, Pawsey Papers, CSAS.

7 M. Aram, *Peace in Nagaland: Eight Year Story, 1964-72* (New Delhi: Arnold-Heinemann (India), 1974), pp. 20-38: A. Paul Hare and Herbert H. Blumberg, eds, *A Search for Peace and Justice: Reflections of Michael Scott* (London: Rex Collings, 1980), chapter 11 ('Nagaland Peace Mission').

8 納拉揚致信J. J. Singh，落款Kohima，1964年9月11日，收錄於J. J. Singh Papers, NMML.

9 參見V. K. Nuh, comp., *The Naga Chronicle* (New Delhi: Regency Publications, 2002), pp. 274ff.

10 巴巴博士的談話一字不漏地引述於*Lok Sabha Debates*, 27 November 1964.

11 *Lok Sabha Debates*, 27 November and 11 December 1964. 卡齊瓦與夏斯特里皆以印地語發言。

全球視野90

印度：最大民主國家的榮耀與掙扎（上、下）

2020年12月初版　　定價：新臺幣上下一套1150元

著者　Ramachandra Guha
特約編輯　張彤華
校對　蘇暉筠
馬立軒
封面設計　許晉維

譯者
周佳欣、陳韋綸、董文琳、趙盛慈、林玉菁

出版者	聯經出版事業股份有限公司
地址	新北市汐止區大同路一段369號1樓
叢書編輯電話	(02)86925588轉5306
台北聯經書房	台北市新生南路三段94號
電話	(02)23620308
台中分公司	台中市北區崇德路一段198號
暨門市電話	(04)22312023
台中電子信箱	e-mail：linking2@ms42.hinet.net
郵政劃撥帳戶第	0100559-3號
郵撥電話	(02)23620308
印刷者	文聯彩色製版印刷有限公司
總經銷	聯合發行股份有限公司
發行所	新北市新店區寶橋路235巷6弄6號2樓
電話	(02)29178022

副總編輯	陳逸華
總編輯	涂豐恩
總經理	陳芝宇
社長	羅國俊
發行人	林載爵

行政院新聞局出版事業登記證局版臺業字第0130號

本書如有缺頁，破損，倒裝請寄回台北聯經書房更換。　ISBN　978-957-08-5514-2 (一套：平裝)
聯經網址：www.linkingbooks.com.tw
電子信箱：linking@udngroup.com

國家圖書館出版品預行編目資料

印度：最大民主國家的榮耀與掙扎（上、下）/ Ramachandra Guha著．
周佳欣等譯．初版．新北市．聯經．2020年12月．上560面、下536面．
14.8×21公分（全球視野90）
譯自：India after Gandhi: the history of the world's largest democracy
ISBN　978-957-08-5514-2（一套：平裝）

1.印度史

737.01　　　　109004472